Paul Ka'ikena Pearsall

Aloha
die Lust am Leben

Paul Ka'ikena Pearsall

Aloha
die Lust am Leben

Lebenskunst auf polynesisch

Verlag Hermann Bauer
Freiburg im Breisgau

Die Deutsche Bibliothek – CIP-Einheitsaufnahme

Ein Titeldatensatz für diese Publikation ist bei
Der Deutschen Bibliothek erhältlich

Die amerikanische Originalausgabe erschien 1996 bei
Hunter House Inc., Alameda, Kalifornien, unter dem Titel
The Pleasure Prescription
© 1996, Paul Pearsall, Ph. D.

Deutsch von Angelika Bardeleben
Lektorat: Dr. Giovanni Bandini

1. Auflage 2000
ISBN 3-7626-0749-4
© 2000 by Verlag Hermann Bauer GmbH & Co. KG,
Freiburg i. Br.
Coverdesigin: Maria Fellhauer
Foto: © by Vontobel, CH-8706 Feldmeilen
Satz: CSF · ComputerSatz GmbH, Freiburg i. Br.
Druck und Bindung:
Freiburger Graphische Betriebe GmbH, Freiburg i. Br.
Printed in Germany

Das Aloha-Prinzip

»Aloha« im Gegensatz zu »Haole«

Haole – die geistige und körperliche Erschöpfung der Millionen überlasteter und überarbeiteter Menschen in der heutigen Gesellschaft führt zu dem, was die Polynesier ein »*haole*-Leben« (*ha* = Atem, *ole* = ohne) nennen. *Haole*-Leben ist eine gehetztes, atemloses Dasein, gekennzeichnet durch das ständige Streben nach einem flüchtigen »Besseren«, das den Menschen entfremdet und erschöpft zurückläßt.

Aloha – die ozeanischen Menschen lehrten, daß ein glückliches und gesundes Leben darauf basiert, daß wir unserem »siebten Sinn« oder unserer *aloha* folgen: dem instinktiven Impuls, das zu tun, was beglückend und heilsam ist. *Alo* bedeutet »teilen« und *ha* bedeutet »Atem«, also bedeutet *aloha* wörtlich, den Atem des Lebens zu verschenken und zu teilen.

Aloha – die Lust am Leben handelt von der Wiederentdeckung unserer Aloha, des wörtlichen und metaphorischen »Atemschöpfens«. (Um herauszufinden, wieviel Aloha Ihr Leben momentan hat, schlagen Sie Seite 60 auf und führen Sie den »Aloha-Test« durch.) Haben Sie erst einmal selbst Atem geschöpft, werden Sie erkennen, daß wahre Entspannung, Zufriedenheit, Gesundheit und ein langes Leben daher rühren, daß Sie diesen Hauch des Lebens verschenken und mit anderen teilen.

Widmung

Für meine *ku'uipo wahine* (liebevolle Ehefrau), Celest Kalahani, die mir das Leben rettete, es mit Freude erfüllt und jeden, der ihr begegnet, die wahre Bedeutung von Aloha lehrt, und für meine Söhne Roger und Scott, die die Quelle unseres Stolzes und unserer Freude sind.

Widmung

Inhalt

Dank

Was immer sich auf diesen Seiten an Weisheit findet, entspringt dem anmutigen Geist und der tiefen Aloha der *kanaka maoli* (des hawaiianischen Volkes). Meine tiefste Dankbarkeit gilt all meinen hawaiianischen Lehrern: *kumu* Frank Kawaikapuokalani Hewett, *kupuna* Aunty Betty Kawoniokalani Jenkins, ihrem Mann Jack und ihrer Mutter Elizabeth (Tutu Mamma) Nalani Ellis, Fred Cachola von den Kamehameha Schools, und Clay Park – alle von der Insel Oahu. *Mahalo* auch Charles und Nina Maxwell und Keali'i Reichel von meiner Heimatinsel Maui, dem Lehrer für hawaiianische Kulturgeschichte Pua Case Lapulapu, Kia Frond (dem Tarofarmer aus Waipio Valley) und dem *Pai 'ohana* von Honokohauiki, alle von der großen Insel Hawaii, ebenso wie Sabra Kauka und Kai'opua Fyfe von der Insel Kauai. Für alle Falschdarstellungen oder Fehler, die mir bei meinem Versuch, die tiefen und heiligen Lehren Polynesiens dem modernen kontinentalen Denken zugänglich zu machen, unterlaufen sein mögen, bin ich allein verantwortlich. *Mahalo* auch meiner Mutter Carol, meinem Bruder Dennis und meinem verstorbenen Vater Frank, die mich alle lehrten, welch liebevolle Kraft in der 'ohana liegt. Alle diese Menschen haben mir geholfen, mein Rezept für das Glück zu schreiben: in jedem Moment des Lebens ein Wunder zu entdecken.

Mein herzlichstes Aloha auch der gesamten 'ohana bei Hunter House Publishers, insbesondere meiner sehr engagierten und sorgfältigen Lektorin Lisa Lee, dem geduldigen Verleger Kiran Rana und meiner energischen Presseagentin Corrine Sahli. Ihnen allen *mahalo nui loa* für ihren Glauben an meine Arbeit. Ich hoffe, daß das Ergebnis unserer gemeinsamen Bemühungen ein Buch ist, das vielen Menschen helfen wird, in ihrem Leben mehr gesunde Freude zu finden, und daß wir, wie wir auf Hawaii sagen, *hana hou* (es noch einmal wiederholen) können!

Dank

Wichtiger Hinweis für den Leser

Das in diesem Buch vorgestellte Material soll einen Überblick verschaffen über die gesundheitlichen und therapeutischen Implikationen der polynesischen Traditionen und Praktiken sowie den gegenwärtigen Stand der entsprechenden naturwissenschaftlichen und medizinischen Forschung, vor allem auf dem Gebiet der Psychoneuroimmunologie. Ich habe mich bemüht, den Lesern und Leserinnen genaue und verläßliche Informationen zur Verfügung zu stellen. Sie sollten sich jedoch bewußt sein, daß manche Fachleute das einschlägige Datenmaterial durchaus auch anders deuten können und daß außerdem ständig neue Erkenntnisse gewonnen werden. Alle in diesem Buch vorgeschlagenen Techniken, Therapien oder Veränderungen des Lebensstils sollten nur unter der Anleitung eines professionellen Therapeuten oder eines Arztes ausprobiert werden. Verfasser, Lektorat und Verleger übernehmen keine Verantwortung für die Folgen, die sich durch Umsetzung der in diesem Buch vorgetragenen Ideen und Vorschläge – sei es im Rahmen eines Selbsthilfeprogramms oder auch unter der Aufsicht eines Arztes oder Therapeuten – ergeben könnten. Die in diesem Buch beschriebenen Ideen, Vorschläge und Techniken sollten nicht *anstelle* anderer medizinischer Therapien angewandt werden.

Einleitung

Denken Sie einmal über die folgenden Ereignisse im Leben nur einiger »erfolgreicher« Menschen von heute nach:

- Der junge Coach des Basketballteams »Las Vegas Runnin' Rebels« wird mit dem Rettungswagen ins Krankenhaus gebracht. Wenige Tage später kündigt er den Job, den er sein ganzes junges Leben lang angestrebt hatte. Als Gründe nennt er völlige Erschöpfung und den Streß, immer gewinnen zu müssen. Er sagt, er könne den Druck nicht ertragen und habe »keine Freude mehr am Leben«.
- Nachdem er den größten Teil seines Lebens darauf hingearbeitet hat, den Posten des Präsidenten der Harvard University zu bekommen, beginnt Neil Rudenstine während wichtiger Konferenzen einzuschlafen. Auf dem Gipfel seiner Karriere nimmt er sich ein Freisemester, um »endlich ein wenig Freude am Leben zu haben, indem ich Lewis Thomas lese, der Musik von Ravel lausche und mit meiner Frau an einem Strand in der Karibik spazierengehe«.
- Der Bezirksstaatsanwalt von Los Angeles, William Hodgman, greift sich an die Brust, während Millionen sich sein Eröffnungsplädoyer im O.J.-Simpson-Prozeß anschauen. Kurz darauf wird er mit dem Rettungswagen ins Krankenhaus eingeliefert; seine Frau Janet schildert seinen Zustand mit den Worten: »Totaler Zusammenbruch infolge Überarbeitung ohne einen Augenblick Zeit für sich selbst«.
- Die Buchhalterin Margie Smith kündigt ihren Job nur wenige Tage, nachdem man sie in ihrer Firma zur Teilhaberin gemacht hat: eine Position, die sie seit ihrer Collegezeit angestrebt hatte. Sie sagt, sie habe es satt, »ständig irgend etwas nachzujagen, das sich, sobald ich es habe, als völlig wertlos erweist«. Sie verkauft den neuen Mercedes, den sie mit dem Vorschuß auf ihr neues Gehalt bezahlt hatte, inseriert ihr Haus und nimmt zusammen mit ihren Kindern die nächste Maschine in die Karibik. Sie sagt zu dem Ticketverkäufer: »Wir wollen nur noch weg. Ich bin erschöpft, und die Kinder sind erschöpft. Wir haben noch nicht einmal

genügend Zeit füreinander, um uns darüber zu beklagen. Ich werde in
Jamaika Angelgeräte verkaufen und mit meinen Kindern am Strand spielen, bevor es zu spät ist.«

Diese Menschen erleben das, womit immer mehr Menschen überall auf der
Welt jeden Tag kämpfen: »toxischen« Erfolg, einen Mangel an Freude im
Alltag und die Krankheiten, die mit zuviel Arbeit und zuwenig Spiel einhergehen. Und sie alle werden unbewußt von ihrem »siebten Sinn« geleitet,
einem Wissen, das jenseits der physischen und psychischen Sinne liegt.
Dieser siebte Sinn führt uns zu dem, was für ein wirklich gesundes und
glückliches Leben fundamental und unerläßlich ist, und fort von den Dingen, die uns unserer natürlichen Fähigkeit berauben, Freude zu empfinden.
    Überall auf der Welt gibt es unterschiedliche Ansätze, mit dem Problem
des *burnout* oder der Erschöpfung durch Streß umzugehen. Die westliche
Welt hat verschiedene Techniken zur Streßbewältigung entwickelt, setzt
sich aber nicht mit den *Ursachen* des Stresses auseinander. Ergebnis: Streßabbau wird nur zu einer weiteren streßerzeugenden Verpflichtung. Der
östliche Kulturkreis betrachtet diesen Zustand als Ausdruck und Folge
mangelnder Bewußtheit und erklärt, er sei durch Innenschau zu bessern.
Wenn jedoch immer mehr Zeit darauf verwendet wird, den Blick nach
innen zu wenden, dann werden intime persönliche Beziehungen vernachlässigt, und sowohl der nach innen Schauende als auch seine Familie
vereinsamen. Bei den Japanern heißt das Burnout-Syndrom *karoshi*, wörtlich: »sich zu Tode zu arbeiten«, und es ist mittlerweile Japans Todesursache Nummer eins. Viele Japaner versuchen, mit ihrer Überarbeitung dadurch fertig zu werden, daß sie von Zeit zu Zeit einen gehetzten und
intensiven einwöchigen Urlaub nehmen, den sie »die goldene Woche«
nennen.
    Dieses Buch identifiziert die eigentliche Ursache unserer vielfältigen
Streßreaktionen und zeigt, wie man sie dadurch verändern kann, daß man
einen völlig anderen Weg beschreitet: den des Aloha-Prinzips.
    Bücher, Fernsehgurus, Schlagzeilen in Zeitschriften und selbsternannte
Therapeuten versuchen allesamt, uns weiszumachen, Sport, Diäten, Techniken zum Streßabbau und Strategien für eine beständig positive Einstellung könnten uns zu glücklicheren, gesünderen, besseren Menschen
machen. Ihre Strategien zielen also im wesentlichen darauf ab, uns
»gesundzuängstigen« oder »gesundzutrainieren«. Dieses Buch zeigt einen
völlig neuen Weg zum Wohlbefinden, der statt auf »ängstigendem Fitneß-
wahn« auf »aufgeklärtem Hedonismus« basiert. Es geht in diesem Buch

nicht darum, etwas zu beseitigen, aufzugeben oder unter Kontrolle zu halten. Es geht nicht darum, wie man – ständig – glücklicher sein kann. *Das Aloha-Prinzip* lehrt vielmehr, auf die Botschaften unseres Körpers und Geistes zu hören, um Gesundheit und Glück zu finden. Es handelt davon, wie wir Leid und Glück im Alltag harmonisieren und dadurch unser elementares Bedürfnis nach Sinn und Zugehörigkeit befriedigen können. Wenn Heilsein Ganzsein bedeutet, dann brauchen wir die Lektionen aus unseren unglücklichen Momenten ebenso dringend, wie wir uns der Freude in unserem Leben öffnen müssen. Wir müssen uns von dem rastlosen Streben nach dem Glück oder dem ängstlichen Vermeiden des Schmerzes lösen, und wir müssen lernen, das natürliche Chaos des Lebens mit Gelassenheit zu akzeptieren. David Shaw führt aus, das Leben sei ein sexuell übertragener pathologischer Zustand mit einer Sterblichkeitsrate von 100 Prozent – niemand von uns kommt mit dem Leben davon. Deshalb können wir uns genausogut – solange es geht – bemühen, soviel zu lernen, zu lieben und uns zu freuen, wie wir irgend können.

Die Inspiration zu diesem Buch

Das »Glücksrezept«, das ich hier anbiete, stammt aus Polynesien und basiert auf der Idee, daß wir von Natur aus dazu bestimmt sind, uns gemeinsam zu freuen, daß alles, was Freude bringt, Leben bringt und daß Glück nicht nur eine gehobene Stimmung darstellt, sondern eine Form von harmonischer spiritueller Stärke ist, die uns befähigt, aus jedem Aspekt unses täglichen Lebens Freude zu schöpfen. Es ist eine innere Kraft, die es uns ermöglicht, aus *allen* emotionalen Zuständen zu lernen, damit wir die Fähigkeit erlangen, mit unserer turbulenten Welt auf harmonischere Weise umzugehen und ihr zu helfen. Der Philosoph Ding Ling schreibt: »Glück bedeutet, inmitten des Unwetters den Kampf aufzunehmen, und nicht, im Mondschein die Laute zu zupfen und inmitten von Blüten Gedichte zu rezitieren.«

Im Verlauf dieses Buches nehme ich immer wieder Bezug auf die westliche Wissenschaft und ihre unbestreitbaren großen Erfolge auf dem medizinischen und psychologischen Sektor sowie auf die introspektiven Erkenntnisse der östlichen Spiritualität. Dies sind die beiden Weltanschauungen, die den stärksten Einfluß auf unsere heutige Lebensweise haben. Sie liefern mir den Kontext, in den ich die Bestandteile des Aloha-Prinzips stelle: fünf Lebensprinzipien, die auf den Traditionen der ozeanischen Kulturen basieren. Darüber hinaus beziehe ich mich auf jüngste Resultate der medizinischen und naturwissenschaftlichen Forschung, um zu verdeutlichen, wie und warum das Aloha-Prinzip funktioniert.

Polynesien ist nicht lediglich eine Gruppe von winzigen Inselparadiesen, die irgendwo im Pazifik liegen. Was einige »Meganesien« nennen, um seine Größe zu veranschaulichen, stellt sich auf modernen Landkarten als ein riesiges Gebiet dar, das sich vom nördlich des Äquators gelegenen Hawaii-Archipel in südöstlicher Richtung bis hinunter nach Rapa Nui (der Osterinsel) erstreckt und von da aus nach Westen bis Aotearoa reicht, der Ansammlung größerer und kleinerer Inseln, die den Staat Neuseeland bilden. Da die Inseln sich über den gesamten nördlichen und südlichen Pazifik erstrecken, bezeichne ich ihre Kulturen insgesamt als »ozeanisch«. Sie stehen nicht im *Gegensatz* zu östlichen und westlichen kontinentalen Traditionen; sie sind nur *anders*, repräsentieren eine *dritte* Lebenseinstellung.

Sowohl die westlichen als auch die östlichen Traditionen verherrlichen das Individuum, entweder in seinem Streben nach Selbst-*Verwirklichung* oder nach Selbst-*Erkenntnis*. Die ozeanische oder polynesische Tradition verherrlicht die Ganzheit. Die meisten Bücher über Gesundheit sind aus der kulturellen Perspektive des Westens, des Ostens oder einer Mischung von beidem heraus geschrieben. Obwohl wir beide Traditionen akzeptieren und zu begreifen versuchen, spüren viele von uns ein Bedürfnis, das durch sie nicht befriedigt wird, eine Sehnsucht nach einer tieferen spirituellen Verbundenheit. Mit Hilfe dieses Buches werden Sie, wie ich hoffe, den Weg finden, diese Sehnsucht zu stillen.

Zuerst und vor allem hoffe ich aber, daß Sie dieses Buch – trotz seiner vielen Warnungen im Hinblick auf unsere moderne Lebensweise – *erfreulich* finden werden. Wenn das, was Sie lesen, Ihnen keine Freude bringt, dann habe ich mein Ziel verfehlt. Ich hoffe, aufzeigen zu können, daß Polynesien, wie die Freude selbst, nicht bloß ein angenehmes (Reise-)Ziel ist, sondern uns eine grundsätzlich andere Denk- und Seinsweise ermöglicht, die zugleich uralt ist und unsere jüngsten, bahnbrechenden wissenschaftlichen Erkenntnisse vorwegnimmt. Dieses Buch stellt fünf der ältesten »Lehren« über ein fröhliches, gesundes, langes Leben vor und untermauert sie mit den neuesten und wichtigsten Erkenntnissen über unser komplexes und sehr empfindungs- und reaktionsfähiges Immunsystem.

Das Buch gliedert sich in drei Teile, gefolgt von Anmerkungen, einem Glossar der verwendeten polynesischen Begriffe und einer Bibliographie. Der erste Teil, »Das Glücks-Paradigma«, stellt das Konzept des »aufgeklärten Hedonismus« als entscheidenden Weg zu Gesundheit und Wohlbefinden vor. In diesem Teil wird unsere gegenwärtige Lebensweise im Kontext unserer evolutionären, biologischen und spirituellen Bedürfnisse erörtert. Daneben werden die jüngsten Forschungsergebnisse der Psychoneuroimmunologie (PNI) und Psychoneurokardiologie (PNK) vorgestellt, die die Effektivität des Aloha-Prinzips wissenschaftlich belegen. Das letzte Kapitel des ersten Teils handelt von der Notwendigkeit, das »selbstsüchtige« Gehirn zum Schweigen zu bringen und die natürlichen Leitungsbahnen des Glücks, die von dem antrainierten Bedürfnis unseres Gehirns nach Streß-Neurohormonen lahmgelegt wurden, sowie unseren siebten Sinn zu befreien und zu reaktivieren.

Der zweite Teil, »Aloha erlernen«, stellt die fünf Prinzipien der Aloha im einzelnen dar. Die fünf Kapitel dieses Abschnitts stellen moderne Forschungsergebnisse vor, die die verschiedenen Komponenten des Aloha-Prinzips naturwissenschaftlich untermauern, und enden jeweils mit einer spezifischen Empfehlung für die Umsetzung dieser bestimmten Komponenten in unserem Alltag. Der dritte Teil, »Aloha leben«, zeigt, wie wir das Aloha-Prinzip auf die verschiedenen Herausforderungen des Alltags anwenden können.

Wenn Sie im Augenblick wegen Krankheit, Arbeitsproblemen oder Spannungen in der Familie unter einem Mangel an Freude leiden, dann möchten Sie möglicherweise zunächst dasjenige Kapitel des dritten Teils lesen, das von Ihren konkreten Sorgen handelt. Wenn Sie zu der Sorte Leser gehören, die sich am liebsten zuallererst einen allgemeinen Eindruck von einem Buch verschafft, dann möchten Sie vielleicht zunächst Ihren »Freudepuls« messen, indem Sie den Aloha-Test im dritten Kapitel machen. Tun Sie dies nach Möglichkeit zusammen mit jemandem, der Sie gut kennt und mit dem sie Ihre Resultate besprechen können, und lesen Sie anschließend die Kapitel, die Ihre spezifischen »Schwachstellen« behandeln. Wenn Sie im Bereich der Gesundheitsfürsorge arbeiten, dann möchten Sie vielleicht mit dem ersten Teil beginnen und sich über die theoretischen und medizinischen Grundlagen des Aloha-Prinzips informieren. Und wenn Sie schließlich Bücher gern von Anfang bis Ende lesen – dann lesen Sie jetzt einfach weiter!

Am Ende des Buches finden Sie ein Glossar, das kurze Definitionen der verwendeten polynesischen Begriffe sowie eine Erklärung der polynesischen Aussprache liefert.

An mehreren Stellen dieses Buches habe ich Tests eingefügt und einfache Formeln und Schlagwörter benutzt, die komplexe Ideen auf einen kurzen Nenner bringen sollen. Häufig zitiere ich aus Interviews, die ich mit 100 polynesischen *kupuna* (Älteren) und *kahuna* (Heilern) geführt habe. Diese Aussagen sind als »Prüfsteine« gedacht, die es Ihnen, wie ich hoffe, erleichtern werden, das Aloha-Prinzip zu verstehen und in die Tat umzusetzen. Ich möchte nicht verschweigen, daß es viele, zum Teil sehr komplexe Aspekte der polynesischen Kultur gibt, die in diesem Buch nicht angesprochen werden konnten. Hawaii ist meine Heimat, aber ich habe das gesamte Gebiet Polynesiens bereist. Zwar gibt es viele Unterschiede zwischen den einzelnen Inseln, aber sie alle vereint *ein* gemeinsames »Leitmotiv« – die fünf Elemente der Lebensweise, die sich Aloha nennt: Geduld, Einssein, Friedfertigkeit, Demut und Sanftheit im Umgang mit anderen.

Ein Wort zur Lektüre dieses Buches: Das Geheimnis des Aloha-Prinzips ist Verbindung und Verbundenheit – also die Einsicht, *daß* und *wie* unser Körper, unser Geist und unsere Seele miteinander zusammenarbeiten und daß unsere Gesundheit und unser Glück nicht nur *miteinander*, sondern auch aufs engste mit der uns umgebenden Welt zusammenhängen. Da die Ideen hinter dem Aloha-Prinzip – und ebenso die Forschungsergebnisse, die sie bestätigen – eher synchron miteinander vernetzt sind, als daß sie sich linear auseinander ergäben, habe ich zu ihrer Darstellung eine analoge, assoziative, holistische Methode gewählt. Das Aloha-Prinzip ist nichts, was man wie eine »Technik« anwenden könnte, es ist etwas, was man verstehen und verinnerlichen muß. Indem Sie diesen Ideen in immer neuen Kontexten begegnen, können Sie, wie ich hoffe, nach und nach mit ihnen vertraut werden, mit ihnen bereits gemachte Erfahrungen wiedererkennen und sie sich gleichsam von innen heraus zu eigen machen.

Ein weiterer Zweck dieses Buches ist, »professionellen Helfern« (im weitesten Sinne des Wortes: Therapeuten, Lehrern, Geistlichen und jedem, der anderen von Berufs wegen Führung und Unterstützung anbietet) den Anreiz zu geben, die Lehren des ozeanischen Kulturkreises in ihre eigenen Theorien und Methoden einzubeziehen. Ich hoffe, sie werden sich ihres siebten Sinns – und ihrer Verantwortung ihm gegenüber – immer deutlicher bewußt werden und zumindest die *Möglichkeit* in Erwägung ziehen, sich bei ihrer Arbeit von diesen Aloha-Prinzipien leiten zu lassen.

Das Aloha-Prinzip ist kein »Selbsthilfe-Wohlfühlbuch«. Es ist ein Kursus über eine *neue* Art des Sichwohlfühlens, ein »gesunder Hula«, wenn Sie so wollen: eine Möglichkeit, zusammen mit anderen zu dem fröhlichen, harmonischen Rhythmus des Alltagslebens zu tanzen.

Mahola nui loa (recht herzlichen Dank) dafür, daß Sie bereit sind, über einen neuen Weg zum Wohlbefinden nachzudenken!

Das Glücks-Paradigma

In diesem ersten Teil werden Sie lernen ...

• das »Freudemangel-Syndrom« zu diagnostizieren;
• Ihren angeborenen »siebten Sinn« für die gesunde Freude zu entdecken, die zu einem längeren, gesünderen, glücklicheren Leben führt;
• daß ein langes und glückliches Leben weniger von Diäten, Sport, Streß-minderung und Erfolg abhängt als von einem täglich praktizierten, aufge-klärten, moderaten, nicht-egoistischen Hedonismus;
• was das Aloha-Prinzip ausmacht: eine große Portion Optimismus, um hoffen und aus Zeiten des Leidens lernen zu können, ein Schuß Pessimis-mus, um Selbstgefälligkeit in Zeiten großer Freude zu verhindern, und genügend Realismus, um die Dinge, die wir kontrollieren können, von denen zu unterscheiden, die sich unserer Einflußnahme entziehen, all das zu einer geteilten Freude vermengt, gemeinsam am Leben zu sein;
• auf welche Weise sich der Dritte Weg zum Wohlbefinden aus den fünf Komponenten der polynesischen Aloha zusammensetzt, den wesentli-chen Elementen des Aloha-Prinzips;
• inwiefern die jüngsten Forschungsergebnisse der Psychoneuroimmunolo-gie (PNI) und der Psychoneurokardiologie (PNK) die heilenden und immunverstärkenden Prinzipien der Aloha bestätigen;
• worin die Neurologie der Fröhlichkeit besteht und inwiefern »Abhängig-keit« für vollkommene Gesundheit natürlich und notwendig ist.

Erstes Kapitel

Atem schöpfen – und unser Leben retten

»Fürchtet nicht, daß Euer Leben einmal enden wird,
sondern vielmehr, daß es niemals beginnen könnte.«
John Henry Kardinal Newman

Eine neue Seuche sucht die Welt heim. Sie ist der Grund für mehr als jedes vierte Gesundheitsproblem in den Vereinigten Staaten, die häufigste Todesursache in Japan, sie gehört zu den fünf Hauptgründen, warum Menschen den Arzt rufen, und trägt, mehr als irgendein anderer Faktor, direkt oder indirekt zu einem vorzeitigen Tod bei. Sie ist ein lautloser Killer, der nicht nur sein Opfer umbringt, sondern auch die Familie, die Freunde und die Umgebung des Opfers attackiert. Sogar noch bedrohlicher wird diese modere Seuche dadurch, daß sie die Erkrankten nur ganz allmählich umbringt und so durch sie noch jahrelang weiter verbreitet werden kann. Erst wenn es zu spät ist, erkennt das Opfer, daß diese Seuche auch die Menschen, die es liebt, langsam tötet.

Dieser Killer ist kein Virus oder Bakterium, obwohl er die Abwehr des Körpers gegen derlei Eindringlinge erheblich schwächt. Er ist nicht das Ergebnis schlechter Ernährung, eines Mangels an sportlicher Betätigung oder der Unfähigkeit, Streß abzubauen. Er ist ein Mangel an Freude, das Entbehren von genügend alltäglichem Glück, um psychisch und physisch gesund sein zu können, und ich nenne ihn das »Freudemangel-Syndrom«.

Zur Diagnose des Freudemangel-Syndroms

Bevor wir über den »Dritten Weg« zu leben reden, der täglich Freude in unseren Alltag bringen kann, sollten Sie überprüfen, ob Sie nicht selbst unter diesem Freudemangel-Syndrom leiden. Unter wie vielen der unten beschriebenen Symptome leiden Sie selbst?

1. *Chronische Müdigkeit* – gewöhnlich begleitet von Schlaf- oder Durch-schlafstörungen (man schläft sofort ein, wacht nach ein paar Stunden auf und ist dann nicht fähig, wieder einzuschlafen).
2. *Beklemmung* – die sich gewöhnlich als Steifheit in der »verspannten Muskeltriade« der Stirn, des Nackens und des oberen Schulterbereichs äußert.
3. *»Chronophobie«* – die Angst, in zu wenig Zeit zu vieles erledigen zu müssen.
4. *Konsumzwang* – ein ständiges Bedürfnis, mehr, Besseres und Neueres zu erwerben.
5. *Das Gefühl inneren Konflikts* – sich hin- und hergerissen fühlen zwischen dem Bedürfnis, mit dem Ehepartner, der Familie und den Freunden zusammenzusein, und demjenigen, seinen beruflichen Pflichten nach-zukommen.
6. *Das Gefühl der Ausweglosigkeit* – gefangen zu sein zwischen täglichen Verpflichtungen und Träumen von einem verpaßten Leben.
7. *Kontrollzwang* – das Gefühl, ständig alles im Griff haben zu müssen, damit einem die Dinge nicht über den Kopf wachsen, oder das Gefühl, von anderen ausgenutzt oder kontrolliert zu werden.
8. *Das Gefühl, sich ständig beweisen zu müssen* – sonst könnte jemand anders »das Stück des Kuchens« bekommen, das einem selbst zusteht.
9. *Zunehmende Achtlosigkeit* – bei den einfachsten und alltäglichsten Aktivi-täten Fehler machen.
10. *Eine zynische Grundhaltung* – die sich als Sarkasmus oder als Unfähigkeit äußert, Menschen zu vertrauen und eigentlich angenehme Aktivitäten zu genießen, weil sie einem oberflächlich erscheinen oder scheinbar von den eigentlichen Aufgaben ablenken.

Je mehr dieser Symptome Sie bei sich selbst entdecken, desto wahrscheinli-cher ist es, daß Sie unter dem Freudemangel-Syndrom leiden. Glücklicher-weise gibt es dagegen ein Heilmittel: kleine, tägliche Dosen Freude!

Und um was für eine Zaubermedizin handelt es sich dabei? Es ist keine Droge, kein Zaubertrank, keine bestimmte Gymnastik, kein Talisman. Es ist eine bestimmte Art der Lebensführung – weit eher eine Art zu *sein* als schon wieder etwas, was wir unbedingt *tun* müßten. Bevor Sie also lernen, diese Medizin für sich selbst zu nutzen, müssen Sie erkennen, warum Ihre gegen-wärtige Lebensweise Ihnen nicht das freudige Wohlgefühl vermittelt, das Sie sich erhoffen. In diesem und im nächsten Kapitel werden wir den Konflikt zwischen Ihrem gegenwärtigen Lebensstil und den instinktiven

Bedürfnissen und Sehnsüchten Ihres Körpers näher untersuchen. Danach werden Sie verstehen, wie eine alternative Herangehensweise an den Alltag Ihnen den Schlüssel zu physischer, mentaler und spiritueller Gesundheit schenken kann.

Die Glücksmedizin einnehmen

Nutze ich wirklich alle Vorteile der Tatsache, daß ich im Paradies lebe? Bin ich und sind die Menschen in meiner Umgebung wirklich froh und zufrieden? Fühle ich mich mit mir selbst wohl – und fühlen sich andere mit mir wohl? – Mehr als die Ergebnisse irgendwelcher medizinischen Tests werden Ihre Antworten auf diese Fragen eine Voraussage ermöglichen, wie lange, wie glücklich, gesund und intensiv Sie und die Menschen in Ihrer Umgebung leben werden.

Wissenschaftliche Untersuchungen haben gezeigt, daß das, was wir selbst über unsere Gesundheit und unsere vermutliche Lebensdauer denken, möglicherweise wichtiger ist als jede Einschätzung durch einen Arzt. Menschen, die das Leben genießen und erwarten, es auch in Zukunft noch lange zu genießen, haben eine dreimal geringere Wahrscheinlichkeit, jung zu sterben, als Menschen, die damit rechnen, früh zu sterben. Diese Behauptung wird durch Forschungsergebnisse unterstützt, die zeigten, daß Menschen, deren Gesundheitszustand von Ärzten als schlecht, von ihnen selbst aber als gut eingeschätzt wurde, zu einem höheren Prozentsatz genasen als solche, die das Urteil ihrer Ärzte akzeptierten.

Die meisten von uns werden sehr viel länger leben als unsere Urgroßeltern, aber leben wir auch *besser* als sie? Ist unser Leben schöner, beglückender als ihres? Durch die moderne Technik hat die westliche Wissenschaft in unglaublichem Maße zu unserem körperlichen Wohlbefinden beigetragen – weitaus weniger allerdings zu unserem spirituellen und emotionalen Glück. Während die Technologie sich immer rascher weiterentwickelt, trennen wir unsere physische Gesundheit in immer stärkerem Maße von unserem mentalen und spirituellen Selbst. Die Folge davon ist, daß wir unter vielfältigen körperlichen und emotionalen Problemen leiden und von unserem Alltag enttäuscht sind.

In *Aloha – die Lust am Leben* werde ich Ihnen zeigen, wie Sie vor Gesundheit geradezu strotzen können – die Polynesier reden von *lamalama ka'ili* – und dabei jeden Schritt Ihres Weges zu diesem wunderbaren Zustand selbst dann noch genießen können, wenn Sie nicht besonders glücklich sind oder sich krank fühlen. Die in diesem Buch beschriebenen Ansätze eröffnen uns das, was unser Leben retten und verlängern kann: uns selbst und anderen zu helfen, die einfachen Freuden des Lebens zu genießen, anstatt ihnen aus dem Weg zu gehen, und voll in das Wunder der Welt, so, wie sie ist, einzutauchen.

Die ozeanischen Völker lehrten, daß ein von Freude erfülltes und gesundes Leben darauf basiere, unserem siebten Sinn zu folgen – dem instinktiven Impuls zu tun, was gesund und angenehm ist –, der sich in der sogenannten Aloha manifestiert. *Alo* bedeutet »teilen«, und *ha* bedeutet »Atem«, also bedeutet *aloha* wörtlich, den Atem des Lebens zu verschenken und an ihm teilzuhaben. Beim Aloha-Prinzip geht es darum, Atem zu schöpfen und zu jener Entspannung, jenem Glück und langen Leben zu finden, das daraus resultiert, daß man diesen Atem verschenkt und an ihm teilhat.

Atem schöpfen

Bevor wir uns mit dem eigentlichen Glücksrezept, dem Aloha-Prinzip, beschäftigen, möchte ich Ihnen noch einen weiteren Vorschlag machen. Wenn Sie sehr beschäftigt und abgelenkt sind und augenblicklich nicht viel Zeit für Vergnügungen haben, dann sind Sie möglicherweise süchtig nach den Streßhormonen, die Ihren Sinn für Freude betäuben. Bevor Sie weiterlesen, rate ich Ihnen deswegen, *Atem zu schöpfen*.

Suchen Sie sich ein stilles Plätzchen, schließen Sie die Augen, und holen Sie ein paarmal tief Luft. Atmen Sie sehr tief durch die Nase ein, bis sich Ihr Bauch vorwölbt. Sagen Sie *alo*, in Gedanken oder mit leiser Stimme. Denken Sie daran: *alo* bedeutet »teilen«. Dann atmen Sie aus, und sagen Sie leise das Wort *ha*, »Atem«.

Stellen Sie sich vor, Sie säßen an einem der Strände Polynesiens. Es ist früher Morgen, und Sie sind gerade aufgewacht. Spüren Sie, wie die warme Brise des neuen Tages vom Ozean herüberweht, und hören Sie, wie die Wellen an den weißen Sandstrand plätschern. Atmen Sie den Duft der frischen tropischen Luft ein, die sich immer so anfühlt, als sei gerade ein leiser Regen niedergegangen, und nehmen Sie die sich sanft verändernden Düfte in Ihrer Umgebung wahr. Spüren Sie, wie Ihr Herz schlägt: Es ist, als würden in Ihnen die dumpfen Trommeln des Pazifiks sanft ihren gesunden Rhythmus schlagen. Betrachten Sie die Regenbogen, die an einem frischen, neuen Tag in Polynesien über den Bergen lächeln.

Wenn Sie sich dann ein bißchen weniger *baole* oder »atemlos« fühlen, stehen Sie auf und strecken Sie sich. Rufen Sie jemanden, den Sie gernhaben, und sagen Sie ihm, daß Sie anfangen werden, ein wenig mehr gesunde Freude in Ihr – und hoffentlich auch in sein – Leben zu bringen, und damit in die ganze Welt. Denken Sie daran: lediglich Atem zu schöpfen genügt nicht, um die volle Glückseligkeit der Aloha zu spüren. Um ein Leben im Sinne der Aloha zu führen, müssen wir den Atem des Lebens beständig mit anderen teilen.

Im Augenblick tanzen

In seinem Buch *Full Catastrophe Living* (deutsch: *Stark aus eigener Kraft*) betont der Psychologe Jon Kabat-Zinn, wie wichtig es ist, die Augen für alles zu öffnen, was das Leben zu bieten hat, und zitiert die 85jährige Nadine Stairi, die ihm erzählte, sie habe durchaus schöne Augenblicke erlebt, und wenn sie noch eine zweite Chance bekäme, dann würde sie noch mehr davon haben. Tatsächlich würde sie sich bemühen, *nichts anderes* zu haben. »Nur Augenblicke, einen nach dem anderen, anstatt jeden Tag so viele Jahre im voraus zu leben.«[1]*

In vielerlei Hinsicht ist dieser Gedanke die Essenz des »Glücksrezeptes«. *Aloha – die Lust am Leben* ist jedoch kein weiteres Buch zu dem Thema, das Leben »einen Tag nach dem anderen« zu leben – so einfach ist das Leben nicht! Als ich mit dem Krebs rang, sagten Dutzende von Menschen, die mich medizinisch betreuten, und wohlmeinende Besucher: »Leb einfach einen Tag nach dem anderen.« Diejenigen unter uns, die von den Sterbenden zurückgekehrt sind, wissen, daß das Leben aus *Augenblicken*, nicht aus Tagen besteht. Denken Sie an Ihre schönsten Erinnerungen, und sie werden Ihnen als Augenblicke, nicht als bestimmte Tage zu Bewußtsein kommen: als innere momentane Erfahrungen, nicht als »Ereignisse« mit einem Anfang und einem Ende.

Der Kraft des Aloha-Prinzips und ihrer alle Höhen und Tiefen durchziehenden Freude-des-Augenblicks wurde ich mir zum erstenmal bewußt, als ich eine junge hawaiianische Hulatänzerin beobachtete. Ich sah, daß sie weinte. Sie lächelte und wiegte sich harmonisch zum Rhythmus der sanften Gesänge und der Musik, aber Tränen glitten ihre Wangen hinunter und befeuchteten den Blumenkranz um ihren Hals. Als sie ihren Tanz beendet

---

* Anmerkungen siehe Seite 283.

hatte, sagte ich: »Sie haben heute wunderschön getanzt. Sie haben sich so wunderbar bewegt, obwohl Sie traurig zu sein scheinen.« Sie lächelte, wischte sich eine Träne aus dem Augenwinkel und sagte: »Ich bin sehr traurig. Ich habe gerade erfahren, daß ich einen Tumor in der Brust habe. Dies ist der beste Augenblick, um zu tanzen. Tanzen ist leicht, wenn du glücklich bist, aber es ist heilend und notwendig, wenn du verletzt bist. Das Leben ist ein Hula, und du mußt lernen, den Hula zu lieben und zu tanzen, was auch immer das Leben dir zugeteilt hat. Der Hula hilft mir, die Harmonie in meinem Leben zu bewahren, selbst wenn die Melodie, die die Natur für mich spielt, nicht angenehm ist. Wenn du den Hula tanzt, dann bewegst du dich sowohl nach rechts als auch nach links. Rechts ist nicht wichtiger als links. Dein Hula ist ein Mittel, im *pono* (Gleichgewicht) zu sein und in *pololei* (Verbindung) zu bleiben.«[2]

Ist Ihr Leben ein harmonischer Tanz oder laufen Ihre Bewegungen eher mechanisch ab? Sind Sie ein gut angepaßter Roboter oder eine lernende, ringende Seele? Bewegen Sie sich mit Harmonie, mit Ausgeglichenheit und in Verbundenheit mit anderen, oder fühlen Sie sich ständig gehetzt, den nächsten Schritt zu tun? Was ist es, das Sie davon abhält, im Augenblick zu tanzen? Sind Sie so gesund, wie Sie sein könnten?

Dem Gesundheitsterror entfliehen

Der Kassandrakomplex   In der griechischen Sage litt Kassandra, die Prophetin des alten Troja, unter dem Fluch, daß ihr niemand glaubte. Ihr wurden viele Offenbarungen zuteil, und sie machte eine Prophezeiung nach der anderen. Zum Teil aufgrund der Unmenge an Prophezeiungen, die sie von sich gab, hörten ihr die Leute bald einfach nicht mehr zu. Unser Gesundheitssystem ist eine moderne Kassandra geworden, die fortwährend Warnungen ausspricht, von denen viele widersprüchlich klingen. Unfähig, Spekulation und Realität voneinander zu trennen, und betäubt durch das Sperrfeuer schlechter Nachrichten, haben viele von uns aufgehört, diese Prophezeiungen und Warnungen ernst zu nehmen. Wir leben entweder in ständiger Angst, chronisch bemüht, die schlimmen Folgen zu vermeiden, die von der modernen Medizin an die Wand gemalt werden, oder wir entschließen uns, sie tollkühn zu ignorieren und damit zu verdrängen, was in Wirklichkeit für unser Wohlbefinden wichtig sein könnte.

Wenn wir uns von der modernen Medizin enttäuscht fühlen, dann wenden wir uns vielleicht in unserer Not sogenannten »alternativen« medizini-

schen Heilmethoden zu. Allzu häufig werden wir jedoch auch von ihnen
enttäuscht, und zwar einfach deswegen, weil wir mit falschen Erwartungen
an sie herantreten. Wir informieren uns nicht über die philosophischen und
kulturellen Hintergründe dieser Systeme; wir respektieren und praktizieren
sie nicht. Wir suchen eine Wunderpille, und wenn sie nicht wirkt, dann
probieren wir es eben mit der nächsten. Wir fragen uns, warum so viele
Menschen, die die Warnungen der Ärzte in den Wind schlagen, gesund zu
sein scheinen, während andere, die sich streng nach ihnen richten, so früh
zu sterben scheinen. Warum gibt es kranke Gesundheitsapostel und »Ge-
sundheitsketzer«, die vor Kraft strotzen? Zum Teil deshalb, weil Gesundheit das Ergebnis eines äußerst komplexen dynamischen Prozesses ist, der
sich aus dem Zusammenspiel unseres Körpers, unseres Geistes, unserer
Gefühle, unsererer Spiritualität und unserer Beziehungen zu anderen und zu
unserer Umwelt ergibt.

Selbst die konservativsten Ärzte räumen ein, daß der größte Teil dessen,
was krank macht oder heilt, noch immer weitgehend unbekannt ist und daß
Gesundheit nicht einfach das Resultat einer »Wunderpille« ist. Der Arzt
James McCormick warnt in einem Artikel in der renommierten medizinischen Fachzeitschrift *Lancet* vor dem »Gesundheitspuritanismus«, der uns
eines großen Teils der Freude beraubt, die mit körperlicher Fitneß einhergeht. Er sagt: »Die Ärzte täten besser daran, die Menschen zu ermutigen,
einem gemäßigten Hedonismus zu frönen, damit sie das einzige Leben, das
sie wahrscheinlich haben werden, auch wirklich voll auskosten können.«[3]

Der Arzt Arthur Caplan, Direktor des Center of Bioethics an der University of Pennsylvania, äußert sich besorgt über das neue »Kassandratum« der
westlichen Medizin. Er meint, daß die einstigen Schreckgespenster
»Hölle«, »Vorhölle« und »ewige Verdammnis« neuerdings eine weltliche
Reinkarnation als nicht minder abstrakte Vorstellungen von hohem Blutdruck, schädlichem Cholesterin und Idealgewicht erleben. Indem wir mit
religiösem Eifer an die Prophezeiungen der Forscher glauben, verleihen wir
der Medizin eine Bedeutung, die weit über das Körperliche hinausgeht, und
schaffen Glaubenssätze, die die Art und Weise bestimmen, wie wir unser
Leben erleben. Ironischerweise bewirkt diese Herangehensweise an das
Leben trotz aller guten Absichten und wissenschaftlichen »Beweise« lediglich, daß unsere Untersuchungsergebnisse sich verbessern – nicht aber, daß
wir uns tatsächlich besser *fühlen*.

Jemand sagte einmal, daß medizinische Statistiken wie ein Bikini seien:
Was sie enthüllen, ist interessant, aber das Entscheidende zeigen sie nicht.
Hinter der eindrucksvollen statistischen Überzeugungskraft der modernen

Naturwissenschaft verbergen sich die bemerkenswerten vernachlässigten Lehren unseres Geistes und ein siebter Sinn, der uns zu dem führen kann, was uns gesund erhält und schützt. Und was uns gesund erhält und schützt, ist *Freude*.

Im Rahmen eines sorgfältig konzipierten, noch laufenden Forschungsprojekts hat der Psychoneuroimmunologe Arthur Stone an der State University of New York entdeckt, daß positive Ereignisse sich in weitaus stärkerem Maße positiv auf das Immunsystem auswirken als unangenehme negativ. Einfache, vergnügliche Aktivitäten, beispielsweise ein paar Freunde zum Abendessen einzuladen oder zusammen mit einem Menschen, den man liebt, einen Sonnenuntergang zu erleben, können sich sofort positiv auswirken, beispielsweise dadurch, daß sie das Immunsystem stärken und zeitweilig den Blutdruck senken.

Die besorgten Gesunden   Wir lesen jeden Tag über Gesundheitsrisiken, aber wir lesen selten über die »Robustheitsfaktoren« – jene Aspekte des Lebens also, die Spaß machen und unsere Gesundheit fördern. Wir erfahren selten, daß die meisten Menschen – trotz der unangenehmen, vorübergehenden, und, wie wir in einem späteren Kapitel sehen werden, notwendigen Krankheiten, die wir alle durchmachen – die meiste Zeit ihres Lebens im großen und ganzen gesund sind, ob sie nun darauf achten, hundertprozentig gesundes Essen zu essen und täglich Fitneßübungen zu machen oder nicht. Was ist also mit uns los? Wir sind zu besorgten Gesunden geworden: Wir konzentrieren uns auf unsere Befürchtungen und achten ständig auf irgendwelche Symptome, schlucken dosenweise Vitaminpillen und verbringen Stunden in den Wartezimmern der Ärzte, häufig nur, um im besten Fall mit ermutigenden Sprüchen (»Das gibt sich schon«) oder im schlimmsten Fall mit unnötigen Medikamenten, die durch Überdosierung allmählich an Wirkung verlieren, wieder nach Hause geschickt zu werden.

Ein Großteil unserer ständigen Sorge um unsere Gesundheit rührt von einem freudlosen, paranoiden Lebensstil her. Viele von uns fühlen sich in immer stärkerem Maße unfähig, ihr Schicksal zu kontrollieren. Da unsere Bemühungen, ein Gefühl der Sicherheit in unserem Leben zu finden und unsere Welt zu kontrollieren, scheitern, fühlen wir uns in immer stärkerem Maße verletzlich. Wir fühlen uns ständig bedroht: durch verseuchtes Wasser oder vergiftete Lebensmittel, durch eine neue Bakterie, die unseren stärksten Medikamenten trotzt, einen betrunkenen Autofahrer, einen Süchtigen, der uns möglicherweise ermordet, um seinen Drogenkonsum zu finanzieren, oder durch eine verirrte Pistolenkugel von einem frustrierten

Arbeiter. Um in einer zunehmend bedrohlicheren Welt (an deren Kon-
struktion wir tatkräftig mitwirken) überleben zu können, ziehen wir uns von
ihr zurück. Wir wenden uns auch nach innen, um das *eine* zu überwachen
und zu beschützen, das wir kontrollieren zu können glauben: unseren
Körper. Aber wir sind blind gegenüber der Tatsache, daß es so etwas wie
»Selbstheilung« nicht gibt. Gesundheit und Heilung sind dynamische Prozesse – und beeinflussen sich wechselseitig. Sie kommen sowohl aus uns
selbst heraus als auch von außerhalb unserer selbst. Nur ein »einschließender« Ansatz, der auf Respekt, Liebe und Fürsorge für uns selbst, unsere
Mitmenschen und unsere Umwelt basiert, kann uns retten.

Anstatt »harmonische Heiler der Welt« zu sein, sind wir zu ängstlichen
Einzelkämpfern geworden, die darum ringen, so lange wie möglich in einer
zunehmend unzivilisierteren Gesellschaft zu überleben. Wir versuchen, für
den Kampf fit zu bleiben, indem wir unseren Puls überwachen, unseren
Blutdruck messen, unsere Kalorien zählen, auf unser Gewicht achten und
Sport treiben, um in Form zu bleiben, um der »Tauglichste«, Bestangepaßte
zu sein, der den alltäglichen und allnächtlichen Wettstreit zwischen den
Wohlhabenden und den Habenichtsen überlebt. Wir erkennen nicht, daß
unsere körperlichen Krankheiten und unsere sozialen Krankheiten eng
miteinander verwandt sind.

Gesundheit und Glück sind nicht käuflich   Wie gehen wir mit unserer
Gesundheit und unserem Glück um? Wie gehen wir an die Probleme in
unserer Umgebung heran? Wissenschaftler haben den Beweis erbracht, daß
Glück nicht käuflich ist.[4] Auch Gesundheit oder Zufriedenheit mit unserem
Gesundheitssystem konnten wir uns mit Geld nicht erkaufen. Wir Amerikaner wenden pro Tag mehr als 2 Milliarden Dollar allein für Bypass-Opera-
tionen auf. Leider vermag ein Großteil unserer finanziellen Investitionen in
die Gesundheit uns das, wofür wir bezahlt haben, nicht zu verschaffen: ein
längeres, glücklicheres, gesünderes Leben.

Es ist also nicht verwunderlich, wenn sich die meisten von uns betrogen
fühlen. Dr. Michael Alukian, der Präsident der American Public Health
Association, sagt, daß wir letztlich ein Gesundheitssystem haben, das weder die Gesundheit fördert noch wirklich ein System ist. Bei dem gegenwärtigen Tempo wird unser medizinisches System schon Anfang des nächsten
Jahrtausends fast die Hälfte unseres Bruttosozialprodukts verschlingen, aber
89 Prozent der Amerikaner erklären, sie seien mit dem Gesundheitswesen
nicht zufrieden. Unter den zehn am höchsten entwickelten Nationen der
Welt stehen die Amerikaner, was die Zufriedenheit mit ihrem Gesundheits-

system angeht, an neunter Stelle. Wie Leute, die auf einer sinkenden *Titanic* Liegestühle aufstellen, bemühen wir uns krampfhaft, unsere kurze Kreuzfahrt ein wenig angenehmer erscheinen zu lassen, während das eigentliche Problem darin besteht, ob wir überhaupt auf dem richtigen Schiff sind.

Auch im Hinblick auf unsere Lebensqualität hat sich eine alarmierende globale Wende ergeben. Wir haben es so lange vernachlässigt, in Kooperation mit unserem Planeten Erde zu leben, daß wir jetzt fast den Punkt überschritten haben, wo es noch möglich wäre, den von uns verursachten ökologischen Schaden zu beheben. Eine durchschnittliche Lebensverlängerung um ein Jahr durch Krebsvorsorge kostet rund 750 000 Dollar. Um jedoch zu verhindern, daß Fabriken weiterhin Chemikalien wie Benzol und Formaldehyd, die den Krebs überhaupt erst verursachen, ausstoßen, müssen wir bei den heutigen Preisen für dasselbe Lebensjahr mehr als 2,5 Millionen Dollar aufwenden.

Es ist klar, daß wir uns von den Problemen, die wir geschaffen haben, nicht freikaufen können. Es ist kaum sinnvoll, jährlich über 21 Milliarden Dollar für drastische lebensrettende Maßnahmen auszugeben, während wir gleichzeitig einen Planeten schaffen, auf dem das Leben in kurzer Zeit nicht mehr lebenswert sein wird. Etwas muß getan werden, um uns wieder ins Gleichgewicht zu bringen. Was also haben *Sie* dafür getan?

Risikoroulette   Von all dem Geldausgeben und Sichsorgen völlig überwältigt, haben viele von uns begonnen, ihre Gesundheit aufs Spiel zu setzen. Gelegentlich entfliehen wir unserem hektischen Lebensstil, indem wir uns »ein paar Augenblicke Zeit für uns selbst« nehmen, uns von einer Umwelt zurückziehen, die wir selbst so anstrengend und bedrohlich gemacht haben. Oder wir ziehen uns in die Sicherheit unseres privaten Arbeitszimmers zurück, verzichten auf die sozialen Kontakte des normalen Arbeitsplatzes, kommunizieren per Internet anstatt durch Interaktion und machen unser Heim zum Zentrum unserer beruflichen Aktivitäten anstatt der friedlichen, fröhlichen Geborgenheit.

Viele von uns haben nicht begriffen, daß wirkliches Glück nur durch geteilte Freude möglich wird. Wir spielen zudem ein »Risikoroulette«, bei dem es nur *ein* mögliches gutes Ergebnis gibt – Gesundheit, so, wie die Medizin sie uns verspricht – und Hunderte von schlechten, auf die wir uns konzentrieren, während wir das Rad des Lebens drehen. Der Arzt Larry Dossey schreibt: »Es ist so, als wären alle unsere potentiellen Gedanken ein Rouletterad der Möglichkeiten, auf dem es nur einen einzigen positiven Schlitz unter Tausenden von schwarzen, negativen gibt.«[5]

Wenn wir auf Schwarz landen und krank werden, bemühen wir uns, Abhilfe zu schaffen. Wir denken, die Medizin könne uns wiederherstellen, aber, wie der Medizinjournalist René Dubois schreibt: »Wenn es darum geht, Krankheit abzuwehren oder wieder gesund zu werden, fällt es dem Menschen gewöhnlich leichter, sich auf Heiler zu verlassen, als sich zu bemühen, sich der schwierigeren Aufgabe zu stellen: weise zu leben.« Weise zu leben ist die Aufgabe, die wir bewältigen müssen, und wo könnten wir bessere Ratschläge für ein weises Leben suchen, als bei denen, die vor uns ein langes und erfolgreiches Leben gelebt haben?

Ein hawaiianischer Kahuna (Heiler) beschrieb den ozeanischen Weg des »Lebens in Weisheit« mit den folgenden Worten: »Gesundheit ist Harmonie. Um in Harmonie mit unserer 'aina (Erde) zu leben, müssen wir lernen, daß wir wie Teile ihres Körpers sind. Die Erde lebt, und wir sind ihre Organe. Wir handeln uns garantiert großes Leid ein, wenn wir wie Krebszellen leben, die sich selbstsüchtig vermehren, ohne Rücksicht auf den gesamten Organismus, den wir Erde nennen.«

Geheimtips für ein langes Leben

Als »erste Lieferung« des Glücksrezepts gebe ich im Folgenden zwanzig Forschungsergebnisse wieder, die den »Gesundheitsterror« und die Medizingläubigkeit der heutigen Zeit in Frage stellen. Ich hoffe, daß sie Ihre Gedanken ein wenig von den »Gefahren und Risiken« ablenken werden, zu deren Vermeidung Sie schon so viel wertvolle Zeit vergeudet haben. Lassen Sie sich durch diese guten Nachrichten helfen, Ihren Alltag vom Damoklesschwert eines frühen Todes zu befreien, und fangen Sie einfach an, jetzt, in diesem Augenblick, völlig lebendig zu sein. Jede dieser Erkenntnisse basiert auf Untersuchungen, die von renommierten Wissenschaftlern im Kampf gegen den Kassandrakomplex der modernen Medizin durchgeführt wurden.

Zwanzig erfreuliche Erkenntnisse über Gesundheitsrisiken

1. *Machen Sie sich keine Sorgen über die Ergebnisse medizinischer Routine-Untersuchungen.* Niedriger Blutdruck und Cholesterinspiegel sind nicht die besten Indikatoren für Gesundheit und ein langes Leben.
2. *Machen Sie sich keine Sorgen, daß sich Ihr Salzkonsum negativ auf Ihren Blutdruck*

auswirken könnte. Mehr als 90 Prozent der Menschen sind nicht »salzempfindlich« und reagieren auf Salz *nicht* mit erhöhtem Blutdruck.

3. *Machen Sie sich keine Sorgen, daß Sie an Krebs erkranken und sterben könnten.* Es gibt mittlerweile mehr Wissenschaftler, Mediziner, Schwestern und Pfleger, Therapeuten, Bürokraten und Krankenversicherungsangestellte, die vom Kampf gegen den Krebs leben, als Menschen, die an Krebs sterben. Die meisten Menschen, bei denen Krebs diagnostiziert wurde, erholen sich wieder. Auch ich wurde wieder gesund! Tatsächlich habe ich ein metastasierendes Lymphom, drei Chemotherapien, Ganzkörperbestrahlung und eine Knochenmarkstransplantation überlebt. Diejenigen, deren Krebs sich nicht zurückbildet, werden häufig zu glücklicheren und lebendigeren Menschen, als sie vor ihrer Erkrankung waren, und mit Sicherheit glücklicher als Menschen, die nie Krebs hatten. Wir führen einen Krieg gegen den Krebs, aber wir haben noch nicht gelernt, den täglichen Frieden eines glücklichen Lebens zu genießen, der das Risiko eines Karzinoms signifikant reduzieren und uns, *wenn* wir eines bekommen, helfen könnte, wieder gesund zu werden.

4. *Machen Sie sich keine Sorgen über die Auswirkungen, die negative Ereignisse auf Ihr Leben haben könnten.* Angenehme Erfahrungen haben einen sehr viel stärkeren Einfluß auf die Gesundheit als negative und können einen Großteil der Wirkungen der negativen Erfahrungen aufheben. Im übrigen *brauchen* wir die Herausforderungen des Lebens, um das Geschenk des Lebendigseins erst richtig wertschätzen zu können.

5. *Machen Sie sich keine Sorgen über den Streß, den Sie täglich erleben.* Wir brauchen Streß, um leben zu können. Streß ist längst nicht so ungesund, wie man uns einredet: Er ist in sogar sehr wichtig für ein gesundes und langes Leben. Menschen, die dem stärksten Streß ausgesetzt sind, erwerben häufig eine »streßbedingte Abhärtung«, die ihnen, wenn sie von einer ernsten Krankheit heimgesucht werden, von großem Nutzen sein kann. Während ein Übermaß an »heißen« Streßreaktionen nicht gesund ist, können allzu viele streßfreie, »kühle« Reaktionen die Entwicklung angepaßter, ausgewogener physiologischer Verhältnisse behindern. Ein Leben ohne Streß wäre überhaupt kein Leben. Tatsächlich bemühen wir uns häufig so krampfhaft, jeden Streß zu vermeiden, daß uns die Freude entgeht, die positiver, herausfordernder Streß – Psychologen nennen ihn *Eustress* – hervorruft.

6. *Machen Sie sich nicht allzu viele Sorgen über Ihre Ernährung.* Diät halten ist nicht gesund, keine Diät funktioniert auf Dauer, und was uns gut

schmeckt, *ist* gewöhnlich auch gut für uns, sonst käme unser Körper gar nicht auf die Idee, es für gut zu halten. Ganz ohne Fett, Zucker und Cholesterin könnten wir überhaupt nicht leben. Eine leichte Gewichtszunahme, wenn man älter wird, ist natürlich und ebenfalls gesund. Gelegentlich eine fettreiche Mahlzeit zu sich zu nehmen wird Ihnen nicht schaden, eine Portion Fleisch kann durch ihre Inhaltsstoffe an »gutem« Fett tatsächlich helfen, den Cholesterinspiegel zu senken. Eine ballaststoffreiche Ernährung ist nicht immer nötig. Ein gelegentlicher Milk-Shake mit einem relativ hohen Anteil an Butterfett wird Ihren Cholesterinspiegel kaum erhöhen. Und das Schreckgespenst jeder Diät, Eiskrem, kann den Cholesterinspiegel sogar senken. Ebenso wichtig für unsere Gesundheit wie das, *was* wir essen, sind die Umstände, unter denen wir essen, und der Geist, in dem wir es tun. Oder, wie es im folgenden Gedichtchen heißt:

> Wer Bier trinkt und nur Junk-Food ißt
> Und dabei froh und dankbar ist,
> Der lebt gesünder als der Tropf,
> Der angstverkrampft
> Nur Müsli mampft.

7. *Beobachten Sie Körpersymptome, aber machen Sie sich deshalb nicht ständig Sorgen.* Die meisten Krankheiten sind nach ein paar Tagen ausgestanden, ein Mindestmaß an Krankheit ist sehr wichtig für die Entwicklung unseres Immunsystems, und was die Symptome verursacht, sind Prozesse, die für die Genesung wesentlich sein können. Die meisten Symptome sollten nicht zu früh beseitigt werden – das Immunsystem wird dadurch, daß es Krankheiten wie Masern und Windpocken besiegt, gestärkt, und entwickelt neue Abwehrkräfte. Eine laufende Nase, ein leichtes Fieber und ein ordentlicher Husten unterstützen allesamt den Heilungsprozeß. Fast alle landläufigen Krankheiten klingen nach einer Weile wieder ab, aber die häufig öden, überfüllten, langweiligen Praxen der Ärzte sind voll von besorgten Gesunden, denen der Sonnenschein entgeht, der ihnen helfen könnte, sich besser zu fühlen. Vergessen Sie folgende Grundregel nicht: Eine der besten Möglichkeiten, sich von seinem eigenen Körper abzulenken, besteht darin, sich für denjenigen eines anderen Menschen zu interessieren!

8. *Machen Sie sich keine Sorgen, wenn Sie ein bißchen deprimiert sind.* Traurigkeit ist keine Krankheit. Während bei einer chronischen, tiefen Depression

die sofortige Hilfe eines Facharztes erforderlich ist, kann ein Quentchen Niedergeschlagenheit sehr gesund sein. Sie kann als emotionale Abkühlung für einen ansonsten hektischen Lebensstil dienen. Sie injiziert uns eine Dosis dringend benötigter Realität, die uns dabei helfen kann, unsere Träume zu verwirklichen, und uns psychisch und physisch wieder ins Gleichgewicht bringt. Wie wir in der Einführung gesehen haben, basiert das Aloha-Prinzip nicht auf einer positiven Einstellung, sondern auf einer gesunden Mischung aus Optimismus, Pessimismus und Realismus. Ein Zustand leichter Depression wird häufig von Nachdenklichkeit und wertvollen Einsichten begleitet, und deprimierte Menschen sind gewöhnlich sehr scharfsichtig und stärker mit der Realität in Kontakt als solche, die sich durch Pseudo-Fröhlichkeit selbst etwas vormachen.

 9. *Machen Sie sich keine Sorgen, daß Sie sich ständig bemühen müßten, gut gelaunt zu sein.* Irrationale Fröhlichkeit kann unser Leben verkürzen. Menschen, die fast immer fröhlich sind, neigen auch dazu, sich gefährlich impulsiv zu verhalten und selbst naheliegendste Rücksichten auf die Gesundheit zu vernachlässigen. Menschen, die depressive Stimmungen erleben, haben die Fähigkeit, die Realität zu sehen, statt sie zu verleugnen.[6] Das Bemühen, ständig obenauf zu sein, kann uns am Ende zu Boden zwingen. Wenn wir allzu hoch emporsteigen, ist der Absturz unausweichlich.

10. *Machen Sie sich keine Sorgen wegen Ihrer Figur.* Ein dicker Hintern kann ein Anzeichen für gute Gesundheit sein, und an unserem Körperbau können wir äußerst wenig ändern. Seinen Körper zu akzeptieren und sich daran zu erfreuen ist gesünder, als sich wegen seiner Form Sorgen zu machen. Die Mühen, denen wir uns unterziehen, um jung, straff und wohlgeformt zu bleiben, fügen einem bereits anstrengenden Leben noch weitere Belastungen hinzu. Sobald wir unsere Fixierung auf das Ideal, jung, schlank und schön zu sein, aufgeben, erteilen wir uns die Erlaubnis, die sinnlichen Freuden des einzigen Körpers zu genießen, den wir jemals haben werden.

11. *Machen Sie sich keine Sorgen darüber, daß Sie älter werden.* Untersuchungen haben gezeigt, daß wir mit zunehmendem Alter glücklicher werden.[7] Hören Sie deshalb auf, sich ständig zu bemühen, Ihr »inneres Kind« zufriedenzustellen, und fangen Sie statt dessen an, Ihren »inneren Senior« zu entwickeln. An seinem einhundertsten Geburtstag gab der Komödiant George Burns sein Geheimnis eines langen Lebens preis. Er sagte: »Denken Sie nicht ans Älterwerden, stehen Sie ganz einfach auf.

Sorgen Sie dafür, daß Sie immer etwas haben, was Sie motiviert, aus dem Bett zu steigen.«

12. *Machen Sie sich keine Sorgen, daß Sie nicht genügend Bewegung haben.* Bringen Sie sich nicht um, um Ihr Leben zu retten. Um gesund zu bleiben und lange zu leben, ist es nicht nötig, intensiv Sport zu treiben. Die Einstellung »Kein Schmerz, kein Gewinn« ist für die körperliche Fitneß eher kontraproduktiv. Ein halbstündiger Spaziergang, Schwimmen oder eine andere, angenehme Aktivität, bei der man sich zusammen mit einem anderen Menschen ein paarmal in der Woche bewegt, genügt vollauf, um von den Vorteilen regelmäßiger Bewegung zu profitieren. *Spaß* an der Bewegung ist die entscheidende Voraussetzung dafür, daß wir uns unsere geistige und körperliche Energie bewahren. Wenn wir Sport treiben, weil wir es »müssen«, entgeht uns der Freudebonus, der körperliche Übungen sogar noch gesünder macht. Mark Twain traf den Nagel auf den Kopf, als er sagte: »Immer, wenn ich das Gefühl habe, ich *sollte* Sport treiben, dann setze ich mich einfach hin und genieße es, nichts zu tun, bis der Anfall vorüber ist.«

13. *Machen Sie sich keine Sorgen, weil Sie das Gefühl haben, unter Zeitdruck zu stehen.* Es gibt einen Unterschied zwischen den gesundheitlichen Auswirkungen von freudigen Streßgefühlen und Streß, der dadurch entsteht, daß man verbissen auf ein bestimmtes Ziel hinarbeitet. Wenn Sie das angenehme Prickeln, die freudige Erregung über all das spüren, was das Leben anzubieten hat, dann reagiert Ihr Körper mit einem Glücksgefühl. Wenn Sie andererseits ständig zu beschäftigt sind, um die einfachen Freuden des Alltags zu genießen, dann werden Sie am Ende unter dem »Hektiksyndrom« leiden: Ihr Körper ist zu sehr abgelenkt, um Freude zu empfinden, und zu beschäftigt, um sich gegen die Krankheit wehren zu können. Es ist schon viel über die sogenannte Typ-A-Persönlichkeit geschrieben worden. Ein übellauniger Typ A zu sein kann sich auf das Herz negativ auswirken, aber ein angenehmer und vergnügter Typ A zu sein, der das Leben zu genießen weiß, erhöht das Risiko für das Auftreten von Herzerkrankungen *nicht*. Ein äußerst aktives, sogar hektisches Leben kann viel Spaß machen und sehr gesund sein, wenn wir zum Ausgleich dafür Glücksmomente erleben, die wir mit anderen Menschen teilen.

14. *Machen Sie sich keine Sorgen wegen Ihres Herzens.* Das Herz ist der stärkste Muskel in unserem Körper, und wenn wir ihm seine tägliche Dosis Freude nicht verweigern, dann wird es mit dem Älterwerden auch nicht schwächer. Ein ständiges Sich-Sorgen über »Risikofaktoren für das

Herz« kann uns zu Herz-*Neurotikern* machen. Ja, gewiß, es ist unklug, das Schicksal herauszufordern und den Körper durch übermäßiges Essen, Rauchen, Trinken oder Drogenmißbrauch zu schädigen, aber die meisten Menschen, bei denen einige der wesentlichen Herzrisiko-faktoren nachweisbar sind, werden niemals einen Herzinfarkt erleiden. Und bei 50% der Menschen, die tatsächlich einen Herzinfarkt bekom-men, sind keine der Risikofaktoren nachweisbar, die zu fürchten man uns gelehrt hat. Anstatt unser Herz in Watte zu packen, täten wir besser daran, es mit anderen Herzen zu verbinden, um unser Leben und unsere Möglichkeiten zu lieben besser genießen zu können. Je mehr wir unser Herz öffnen, desto geringer ist die Wahrscheinlichkeit, daß wir je eine Operation am offenen Herzen brauchen werden.[8]

15. *Machen Sie sich keine Sorgen, daß Sie eine »Ihnen vorbestimmte Krankheit« haben könnten.* Es gibt keine schlüssigen Beweise dafür, daß bestimmte Persön-lichkeitsstrukturen für irgendwelche Krankheiten prädisponieren wür-den. Wenn Sie nach einem Rollenvorbild für ein langes Leben Aus-schau halten, dann sollten Sie nicht auf Jogger, Ernährungsfanatiker oder New-Age-Gurus blicken. Schauen Sie besser auf Menschen, die tatsächlich lange gelebt *haben*. Sie werden entdecken, daß sie in ihrem Leben täglich kleine Anlässe suchten, sich zu freuen, und sich bemüh-ten, anderen Freude zu bereiten.[9] Der große Philosoph und Komiker Redd Foxx hat einmal gesagt, daß all diese Fitneßfanatiker und Gesund-heitsapostel ziemlich dumm aus der Wäsche gucken werden, wenn sie erst einmal im Krankenhaus liegen und an absolut gar nichts sterben.

16. *Frauen sollten sich keine Sorgen machen, daß sie durch Streß am Arbeitsplatz in demselben Ausmauß wie Männer Gefahr liefen, Bluthochdruck zu bekommen.* Berufs-tätige Frauen haben in Wirklichkeit einen niedrigeren Blutdruck als Frauen, die zu Hause bleiben. Bluthochdruck hat mehr damit zu tun, wie wir uns fühlen, als damit, wo wir uns aufhalten und welchem Geschlecht wir angehören.

17. *Machen Sie sich keine Sorgen, wenn Sie vor einer medizinischen Behandlung oder einem chirurgischen Eingriff nicht genügend entspannt sind.* Zwar hilft Ent-spannungstraining vor einer Operation dem Patienten, sich weniger verspannt zu fühlen, aber Forscher haben herausgefunden, daß der Ausstoß von Streßhormonen, die nach einer Operation die Heilung beeinträchtigen, besonders stark bei Menschen ansteigt, die sich vor-her einem Entspannungstraining unterzogen haben. Bei Menschen, die *nicht* gelernt hatten, sich zu entspannen, und sich Sorgen machten, wurden nach einer Operation weniger Streßhormone nachgewiesen.

Das Motto scheint hier zu sein: »Entspannen Sie sich nicht, machen Sie sich Sorgen!«[10]

18. *Machen Sie sich keine Sorgen, wenn Sie sich noch nicht der Fitneßbewegung angeschlossen haben.* Eine Studie, die in 22 Krankenhäusern an fast 13 000 Männern durchgeführt wurde, ergab, daß trotz einer erfolgreichen Verminderung der Gesundheitsrisikofaktoren für Herzkrankheiten (Rauchen, fettes Essen, Mangel an Bewegung und dergleichen) die Sterblichkeitsrate höher war als in der Kontrollgruppe, die ihre Risikofaktoren *nicht* reduziert hatte.[11]

19. *Machen Sie sich keine Sorgen, wenn Sie Ihre alljährliche Vorsorgeuntersuchung beim Arzt verpaßt haben.* Die alljährliche Vorsorgeuntersuchung wurde vor über 80 Jahren eingeführt, aber es gibt bis jetzt keine überzeugenden Daten, die die Wirksamkeit eines solchen Check-ups für Erwachsene belegen würden.[12] Während einige regelmäßige Tests, wie Scheidenabstriche, Mammographie und Rektum- und Prostatauntersuchung der Früherkennung dienen können, ist eine Gesamtuntersuchung möglicherweise *nicht* das kosteneffektive Patentrezept, für das wir sie hielten.

20. *Machen Sie sich keine Sorgen wegen der beiden großen Risikofaktoren: hoher Cholesterinspiegel und wenig Bewegung.* Untersuchungen haben mittlerweile gezeigt, daß ältere Männer mit niedrigem Cholesterinspiegel unter schweren Beeinträchtigungen wie Depressionen und Selbstmordgedanken leiden und allgemein feindseliger und unglücklicher sind als Männer, die einen hohen Cholesterinspiegel haben.[13] Zwar kann Sport, wie bereits ausgeführt, sich positiv auf Herz und Kreislauf auswirken, aber es gibt keine eindeutigen klinischen Beweise dafür, daß vermehrte körperliche Aktivität bei Menschen mit vorwiegend sitzender Lebensweise zu einer signifikanten und dauerhaften Senkung der Krankheitsanfälligkeit führen würde.[14]

Diese 20 guten Nachrichten über die schlechten Nachrichten, die das medizinische Establishment uns häufig auftischt, dürfen uns natürlich nicht dazu verleiten, uns in einer falschen Sicherheit zu wiegen. Es ist nachlässig und potentiell lebensgefährlich, die Geschenke zu ignorieren, die die moderne Medizin uns anbietet, aber es ist dumm und lebenseinschränkend, unser Leben von den bisher unbewiesenen Mythen über eine gesunde Lebensweise beherrschen zu lassen. Das Aloha-Prinzip verlangt nach Ausgewogenheit. Wie der Autor Jeremiah Abrams ausführte: »Die Einseitigen werden auf einem Auge blind.«

Diese Erkenntnisse und die vielen anderen, die im weiteren Verlauf dieses

Buches diskutiert werden, zeigen, daß wir im allgemeinen viel zu hart daran arbeiten, gesund zu sein, uns allzu viele Schuldgefühle wegen unserer Ernährung, unseres Verhaltens, unseres Gewichts und unseres Aussehens machen und unserem Leben, nur um es zu verlängern, jegliche *Freude* rauben. Aber es ist nicht nötig, sich nur auf mich und diese Erkenntnisse der westlichen Wissenschaft zu verlassen, um das Aloha-Prinzip zu verstehen. Ihr Körper und Ihr siebter Sinn für gesunde Freude werden Ihnen beweisen, daß Sie dann am widerstandsfähigsten sind, wenn Sie am glücklichsten sind. Sie brauchen sich nicht umzubringen, um länger zu leben!

Zweites Kapitel

Freude – der siebte Sinn

»Polynesien ... ein Ort, wo man in die Wahrheit eintauchen,
eins mit der Natur werden kann, und wo das Leben,
nach der Krankheit der Zivilisation,
eine Rückkehr zur Gesundheit bedeutet.«
Paul Gauguin

Paul Gauguin hatte nur wenig Freude am Leben. Trotz seines Ruhms als
bedeutender Künstler litt er unter lang anhaltenden, tiefen Depressionen
und schlechter Gesundheit. Obwohl er viel von dem erreichte, was er sich
erträumt hatte, quälte Gauguin sich ständig damit, daß er seine eigenen
Maßstäbe von Perfektion nicht zu erfüllen vermochte. Unfähig, in seinem
Pariser Alltag inneren Frieden zu finden, floh er nach Tahiti, um sich
auszuruhen und zu erholen. Dort lernte er ein ganz anderes Leben kennen.
Wie viele andere Künstler, Schriftsteller, Wissenschaftler und Musiker vor
und nach ihm, verliebte sich Gauguin in die Menschen Polynesiens und in
ihr Leben, das von den fünf Aloha-Prinzipien geprägt war, die ihnen
Gesundheit, Glück und ein langes Leben brachten.

Gauguin fand eine tiefe innere Erfüllung durch eine Lebensweise namens
Aloha, ein 2000 Jahre altes Prinzip, das darauf basiert, sich dem Leben als
einer gemeinschaftlichen sakralen Erfahrung hinzugeben. Er fand Trost in
den sinnlichen Freuden eines Inselparadieses, in dem der Alltag durch eine
kraftvolle Kombination von Geduld (anstelle von Hast), Naturverbunden-
heit (anstelle von versuchter Naturbeherrschung), Zusammenarbeit (anstelle von Wettbewerb), Demut (anstelle von Selbstverherrlichung) und
sanfter Freundlichkeit (anstelle von Feindseligkeit) geprägt war. Gauguin
war zutiefst erstaunt über die harmonische Verbundenheit der Menschen
mit der Natur und über ihre Fürsorglichkeit ihr gegenüber, und er spürte die
verjüngende Wirkung einer Lebensweise, die Vitalität, Kraft und Ausdauer
förderte. Er sagte, die Polynesier schienen mit einem »übersinnlichen« Sinn

zu kommunizieren, der es ihnen ermögliche, mit der Welt, die sie umgab, ebenso leicht in Verbindung zu treten, wie sie es untereinander taten. Gauguin fand in Polynesien Gesundheit und Freude wieder, und er blieb für den Rest seines Lebens dort, wobei er mit Mark Twain, einem anderen Inselbesucher, übereinstimmte, daß dieser magische Ort der »Himmel auf Erden« sei.

Gauguins Entdeckung des Paradieses war weniger die Entdeckung eines *Ortes* als einer *Lebensweise*. Das Unbehagen und die Verzweiflung, die ihn nach Tahiti trieben, sind uns Menschen von heute nicht fremd. Glücklicherweise können die Geheimnisse der Aloha, die jetzt zum erstenmal gelüftet werden, uns allen zu einem längeren, gesünderen Leben verhelfen. Wenn Sie sich eine gesunde Harmonie in Ihrem Liebesleben, bei Ihrer Arbeit, beim Spiel und im Familienleben wünschen, dann lesen Sie weiter. Und Sie brauchen nicht einmal nach Tahiti zu reisen, denn Sie können sie hier, in Ihrem eigenen Heim, finden!

Von uns selbst abgekoppelt

Der hawaiianische Gelehrte Michael Kioni Dudley fragt: »Wer auf der Welt ist wirklich glücklich? Ist es der energiegeladene, schnellebige Individualist, der jedes Quentchen Zeit, Energie und Denken dafür nutzt, ein finanzielles Imperium aufzubauen und zu erhalten? Sind es die Menschen, die sich in dem Glauben, mehr Besitztümer brächten mehr Glück, dem Konsumdenken verschrieben haben?«[1] Dieses Buch zeigt, daß die psychische und körperliche Erschöpfung der »erfolgvergifteten« Menschen, von der in der Einführung die Rede war, und der Millionen anderer, die es ihnen gleichtun, auf das zurückzuführen ist, was die Polynesier ein *haole*-Leben (*ha* = Atem, *ole* = ohne) nennen. Ein *haole*-Leben ist ein Alltag atemloser Gehetztheit, den man damit verbringt, ständig nach dem »Besseren« zu streben. Es ist eine niemals endende Reise, die uns unzufrieden und erschöpft zurückläßt. Eine wesentliche Ursache des *haole*-Lebens ist unser Abgekoppeltsein von uns selbst, der Erde und den Menschen in unserer Umgebung. Dieser Zustand »pathologisiert« das Leiden so gründlich, daß es uns unmöglich wird, von dem natürlichen Chaos des Lebens zu lernen. Unsere ganze Energie ist darauf gerichtet, jegliches Unglücklichsein zu vermeiden, anstatt die Erkenntnisse eines abgerundeten, sinnvollen Lebens zu nutzen, das *alle* emotionalen Zustände, von Verzweiflung bis hin zu großer Freude, umfaßt.

Der Neurologe Antonio R. Damasio beschreibt die »Unverbundenheit«, die wir empfinden, als den »kartesianischen Trugschluß«, weil sie aus der Annahme resultiert, unser Gehirn sei von unserem Körper getrennt. Eine weitere Folge dieses Irrtums ist unser Getrenntsein von unserer Umgebung. Weil wir unsere Umgebung beeinflussen und sie uns beeinflußt, ist sie in Wirklichkeit ein Teil von uns. Wir betrachten die Natur mittlerweile als seelenlose, mechanische Materie, die im Wettbewerb mit anderen, die gleichfalls die Kontrolle über die Welt zu erlangen suchen, genutzt werden kann.[2] Viele von uns haben die medizinische Richtung, die den Geist über den Körper setzt, als einen Versuch begrüßt, die Trennung unseres physischen Körpers von der Gesamtheit unserer selbst wieder rückgängig zu machen. Zwar wird dieser Ansatz häufig als »holistische Medizin« bezeichnet, aber er ist noch immer Ausdruck einer Lebensphilosophie, die das Ich oder das Selbst über die Welt setzt. Die Trennung wird lediglich verlagert: *ein* Geist, der versucht, sich *eines* Körpers zu bemächtigen. Wir müssen erkennen, daß der ozeanische Ansatz, die Erde und andere Menschen zu heilen, eine notwendige Bedingung der Möglichkeit ist, uns selbst zu heilen. Die Lehre der Aloha besagt, daß wir noch so viel Geld und Gut und Erfolg haben können – solange andere Menschen und die Erde und ihre Geschöpfe unglücklich sind, sind wir es letztlich auch.

Gehirn und Geist

Freude ist der Mechanismus, der alle Aspekte unserer selbst – unsere Sinne und unseren Körper, unseren Geist und unser Gehirn – miteinander verbindet. Überlegen Sie einmal, womit Sie sich zur Zeit in Gedanken überwiegend beschäftigen. Ralph Waldo Emerson sagte, daß »das Leben aus dem besteht, was der Mensch den ganzen Tag über denkt«. Kreist Ihr Denken um Verpflichtungen, Sachzwänge, Bedürfnisse, Wünsche, Bestrebungen, Zukunftspläne, den Drang, immer mehr zu tun und mehr zu haben? Wenn Sie joggen, denken Sie dann über die wunderbare Landschaft nach – oder über Ihre Arbeit? Wenn Sie ins Fitneßstudio gehen, denken Sie dann über das Schöne in Ihrem Leben nach – oder darüber, wie Sie Ihre Gesäßmuskeln festigen? Wenn Sie essen, reden Sie dann über häusliche Probleme oder über den Geschmack Ihres Essens? Wenn Sie Urlaub nehmen, um endlich einmal »von allem wegzukommen«, was ist dann dieses »Alles«, dem Sie entfliehen möchten? Können Sie dieses »Alles« aus Ihren Gedanken verbannen? Warum wollen Sie ihm entfliehen? Sind Ferien eine Flucht vor Ihrer eigenen Lebensweise – kurze Freigänge, die eine lebenslängliche Gefängnisstrafe der Verpflichtungen unterbrechen? Oder, frei nach John Lennon: *Ist Ihr Leben das, was abläuft, während Sie andere Pläne machen?*

Wenn das der Fall ist, dann ist Ihr Geist »verwestlicht« worden und Sie vernachlässigen Ihren »eingeborenen Geist der Freude«. Der Aloha-Test im dritten Kapitel wird Ihnen helfen, das Ausmaß einzuschätzen, in dem Sie den Kontakt zu Ihrem »eingeborenen Geist« verloren haben. Das sechste Kapitel, »Zerebrale G-Punkte«, wird Ihnen helfen, eine genauere Vorstellung von der Neurologie der Freude und ihrer Funktionsweise zu gewinnen.

Womit beschäftigt sich Ihr Gehirn?

Meist machen wir uns den Unterschied zwischen Gehirn und Geist nicht bewußt, aber es ein wesentlicher Unterschied. Im Augenblick verarbeitet Ihr Gehirn das Licht, das die gedruckten Zeichen überträgt, die das Gehirn als Wörter ansieht. Ihr Geist verleiht den Wörtern in diesem Augenblick Bedeutung, im Gegensatz zu ihrer Bedeutung in der Vergangenheit und in der Zukunft. Ihr Geist ist der Bereich, an dem Freude geboren oder abgetrieben wird, und er ist der Ursprung Ihres siebten Sinnes.

Das Gehirn kann lauter reden als der Geist, und es übertönt die Botschaften des siebten Sinnes. Um zu sehen, welches Thema im Augenblick die meiste Sendezeit in Ihrem Leben bekommt, machen Sie einmal folgende Übung.

Am Ende des Tages, vor dem Abendessen, setzen Sie sich mit einem Block und einem Bleistift irgendwo in ein stilles Eckchen. Ohne Ihre Gedanken auch nur im geringsten zu zensieren, schreiben Sie auf, was Ihr Gehirn Ihnen sagt. Redigieren Sie Ihre Gedanken nicht, schreiben Sie sie einfach auf. Drängt Ihr Gehirn Sie, zu essen, zu arbeiten oder sich wegen Ihrer Arbeit Sorgen zu machen oder etwas zu vermeiden, was Sie eigentlich tun sollten, oder sagt es Ihnen, Sie brauchten Sex? Welche Befehle des Gehirns werden zu Ihren Organen geleitet? Schreiben Sie mindestens zehn Gedanken auf, die Ihnen durch den Kopf gehen. Legen Sie diese Liste bis zum späten Abend beiseite. Später legen Sie irgendeine Musik auf, die Sie entspannend finden, setzen sich erneut in Ihr stilles Eckchen und lesen sich Ihre Liste noch einmal durch. Wie viele dieser Gedanken möchten Sie wirklich auf der Liste haben? Wie viele von ihnen sind repräsentativ für die Art, wie Sie Ihr Leben leben?

Wenn Sie wie die meisten Menschen sind, werden Sie feststellen, daß die

Botschaften Ihres Gehirns um die vier hauptsächlichen Aspekte des Überlebens kreisen: Ernährung, Kampf, Flucht und Sex. Das Gehirn versucht möglicherweise, Sie an der Nase herumzuführen, indem es seine Fixierung auf diese grundlegenden Aspekte kaschiert, aber wenn Sie genau hinschauen, werden Sie entdecken, daß diese Skripts immer wieder auftauchen, als Leitmotive Ihres Lebens. Schauen Sie sich die Liste mit Ihrem Geist an, nicht mit Ihrem Gehirn. Ihr Gehirn wird die einzelnen Punkte der Liste als Erinnerungen an Verpflichtungen und Aufgaben betrachten, aber Ihr Geist kann den Wert der Botschaften im Hinblick auf Ihre persönliche, selbst gewählte Lebensweise einschätzen. Möglicherweise werden Sie sogar sehen, daß Ihr Geist verblüffende Dinge auf die Liste setzt, die dort überhaupt nicht hinzupassen scheinen. Dies könnten Gedanken sein wie: »Ich möchte mit meinem Partner einen gemütlichen Spaziergang machen.« Ihr Gehirn wird dem möglicherweise sofort entgegenhalten: »Du hast keine Zeit, spazierenzugehen. Geh lieber eine halbe Stunde joggen, damit du deinen Körper in Form hältst.« Ihr Geist könnte sagen: »Ich möchte einen schönen, dicken Cheeseburger essen und jeden einzelnen Bissen davon genießen.« Ihr Gehirn könnte dem entgegenhalten: »Ich brauche sofort was Eßbares. Es ist mir egal, was, solange es meinen Hunger stillt.«

Der Geist ist unser »höheres Selbst«, und er ist der Prozeß unseres Träumens, Hoffens, Betens und des Bestrebens, mit allem und mit allen anderen geistigen Einheiten eins zu werden. Er leitet uns an, uns nach außen zu orientieren, uns anderen Menschen anzuschließen – nicht, uns nach innen oder *gegen* andere zu wenden. Während das Gehirn stets den Reiz des Neuen sucht, weiß der Geist das Alte zu schätzen, empfindet es als beruhigend. Der Geist genießt Frieden und Ruhe, aber das Gehirn ist hyperaktiv und sendet ständig irgendwelche Kommandos aus: Wir sollen essen, kämpfen, fliehen oder Liebe machen, anstatt einfach dazusitzen und uns mit der Welt zu verbinden.

Der Neurologe Richard Restak schreibt: »Der Geist kann das Gehirn beeinflussen; das Gehirn kann den Geist beeinflussen. Aber läßt sich das eine vom anderen trennen? Nicht mehr, als die Rückseite des Papiers von der Seite getrennt werden kann, die Sie gerade lesen.«[3] Die Illusion, daß das Gehirn unser Leben unter Kontrolle habe, hindert uns daran, zu der gesunden Ausgeglichenheit und Verbundenheit zu finden, die nötig ist, um sich des Lebens zu freuen. Das Gehirn hat bestimmte Aufgaben, die es erfüllen muß, aber es ist ein Bestandteil unseres Schicksals, und nicht sein Regisseur.

Den Terminplan des selbstsüchtigen Gehirns kontrollieren

Unser Gehirn hat den Verstand verloren. Obwohl es selbst anderer Meinung ist, ist unser Gehirn nicht »wir selbst«. Es ist ein wichtiger Teil des am wunderbarsten integrierten biologischen Systems der Welt, aber es ist nicht das, was »wir« sind. Seine primäre Funktion ist, für die Aufrechterhaltung unserer Gesundheit zu sorgen, aber oft genug verliert es diese langfristige Aufgabe aus den Augen, weil es völlig davon in Anspruch genommen ist, uns kurzfristig am Leben zu erhalten. Deshalb müssen wir unser Gehirn lehren, im Team zu arbeiten und mit anderen Aspekten unserer selbst zu kooperieren – mit unserem Geist, unserem siebten Sinn und unserem Körper –, damit es uns hilft, die Aloha zu leben, die uns zu Gesundheit und Wohlbefinden verhilft. Dieser Lebensstil fördert eine Achtsamkeit, die uns die größtmögliche Freude schenkt. Was für eine Art Gehirn haben *Sie*?

Das ungeduldige Gehirn   Erzählt Ihr Gehirn Ihnen, daß Sie reichlich Zeit hätten, oder daß die Zeit nie ausreiche? Wenn wir es nicht immer wieder dazu ermahnen, ist das Gehirn nicht geduldig. Es will Belohnung, sofort, und es wird jede Körperreserve nutzen, um sich selbst im Augenblick am Leben zu erhalten, ohne einen Gedanken an die langfristigen gesundheitlichen Konsequenzen seines Handelns zu vergeuden.

Das Gehirn hat kein angeborenes Gespür für andere Menschen. Es ist voll und ganz mit den vier Grundbedürfnissen beschäftigt, die die Richtlinien seines Handelns bestimmen. Es glaubt, wenn etwas nicht gegessen, bekämpft, geflohen oder begattet werden kann, dann verdiene es keine allzu große Aufmerksamkeit. Infolgedessen ist das Gehirn in einem ständig gehetzten Zustand, und jedes Gefühl von Freude und Zufriedenheit ist im besten Fall eine ablenkende Ruhepause, die genutzt werden muß, um neue Energie für die Rückkehr zum täglichen Überlebenskampf zu tanken.

Das entfremdete Gehirn   Das Gehirn ist auf sich selbst fixiert und kümmert sich wenig um Verbundenheit und Ganzheit. Es denkt nur über sein eigenes Wohlergehen nach. Wir müssen unser Gehirn lehren, fürsorglich zu sein und zum Glück der Welt beizutragen. Ohne das höhere verbindende Bewußtsein, das uns den Weg zu wirklicher Freude zeigt, folgt das Gehirn der Maxime vom Überleben des Tauglichsten. Es benutzt die sechs Basissinne mehr als Waffen denn als Wege zu gesundem Vergnügen.

Wenn jemand sich widerwärtig verhält, sagt Ihnen Ihr Gehirn dann, daß dieser Mensch Ihre Hilfe und Ihr Verständnis braucht, weil sein Verhalten zeigt, daß er sich verängstigt und beziehungslos fühlt? Oder reagiert Ihr Gehirn selbstsüchtig, sagt es Ihnen, dieser Mensch sei ein Idiot, und überlegt sich Möglichkeiten, ihn dies auch spüren zu lassen? Ein nicht abgekoppeltes Gehirn denkt auf die erste, versöhnlichere Art.

Das wütende Gehirn   Da es ungeduldig und beziehungslos ist, ist das Gehirn von Natur aus weder liebenswürdig noch friedfertig. Es neigt dazu, von einem Augenblick zum anderen auf Kampf zu schalten. Es unterscheidet nicht zwischen der symbolischen Bedrohung durch einen verbalen Angriff und der wirklichen Gefahr, körperlich verletzt zu werden. Sein Normalzustand ist die Kampf-oder-Flucht-Reaktion, die Bereitschaft, alles abzuwehren, was es als eine Verletzung seines kleinen Reviers betrachtet. Wie ein hungriges Tier, ist es leicht gereizt.

Was ist Ihr erster Gedanke, wenn jemand Ihnen im Verkehr den Weg abschneidet? Denken Sie: »Der Ärmste hat es so eilig, daß er mich nicht einmal gesehen hat«? Oder denken Sie: »Wofür hält der Kerl sich eigentlich? Na, dem zeig ich's jetzt!« Der erste Gedanke bringt Freude und Gesundheit, der zweite ist der Ausdruck des wütenden Gehirns, das sein Revier verteidigt und dabei die Ressourcen des Körpers aufbraucht.

Das arrogante Gehirn   Das Gehirn ist sehr stark und herrschsüchtig, es hält sich selbst für brillant, und es fällt ihm schwer, zu einer Haltung der Demut zu finden. Es glaubt, seine Art sei »die« richtige. Außer wir bringen es ihm bei, nimmt es wenig Rücksicht auf ein anderes Gehirn – es sei denn, dessen Besitzer wäre Nahrungsquelle, jemand, den man bekämpfen oder vor dem man fliehen müßte, oder jemand, mit dem man Sex haben möchte.

Erzählt Ihnen Ihr Gehirn, daß die meisten Menschen nicht so intelligent und clever seien wie Sie selbst – oder daß jeder Mensch seine einzigartige Art der Intelligenz habe, von der es lernen kann?

Das anästhetisierte Gehirn   Zwar fließt jede Empfindung durch irgendeine Schicht des Gehirns, aber das Gehirn selbst kann nicht fühlen. Es ist nur eine Verarbeitungsinstanz, und wenn wir nicht die Kontrolle über unser Gehirn übernehmen, dann kümmert es sich um weniger dringliche Freuden und Vergnügungen so gut wie gar nicht. Wenn wir unser Gehirn nicht Sanftheit und Einfühlungsvermögen lehren, dann ist seine Herangehensweise an das Leben weder sanft noch freundlich.

Sagt Ihr Gehirn Ihnen, Sie sollten sich nehmen, was Sie sich nehmen können, wann immer Sie es sich nehmen können – oder sagt es Ihnen, Sie sollten berühren, festhalten, schenken, hegen, helfen und umarmen? Letzteres ist eine Weise, über das Leben zu denken, die dem Gehirn mitteilt, daß der Körper sanfte, liebevolle Freundlichkeit braucht, da er sonst aufhören wird, die Nahrung zu spenden, die das Gehirn braucht, um am Leben zu bleiben.

Der siebte Sinn

Wir leben im wesentlichen mit Hilfe von fünf physischen »Basissinnen«: dem Gesichts-, Gehör-, Geruchs-, Geschmacks- und Tastsinn. Manchmal spüren wir die Existenz eines sechsten, »über-sinnlichen« Sinnes, der eine Energie überträgt und wahrnimmt, die wir nicht immer beschreiben oder messen können. Unsere sechs Sinne haben sich entwickelt, um dafür zu sorgen, daß wir uns holen, was wir zum Überleben brauchen, und daß wir den Dingen aus dem Wege gehen, die unser Überleben bedrohen. Über diese physischen und psychischen Sinne hinaus gibt es jedoch noch einen siebten Sinn, einen, den die moderne Gesellschaft häufig nicht genügend fördert. Es handelt sich dabei um eine Intuitivität, die sich aus der gemeinsamen Arbeit aller Basissinne ergibt. Sie lenkt und beschäftigt die anderen Sinne, das zu erspüren, was wahre, gesunde Freude ist. Betrachten Sie sie als ein evolutionäres Gespür für Glück und Lebensfreude.

Der siebte Sinn koordiniert die Arbeit der Basissinne. Der siebte Sinn ist die Gestalt, die sich aus dem Zusammenwirken unserer sechs Basissinne ergibt und mehr als die Summe dieser Sinne ist. Er ist das Gefühl: »Irgend etwas sagt mir, daß etwas fehlt, daß es noch etwas anderes gibt.« Der siebte Sinn ist raffiniert: Er erzwingt unsere Aufmerksamkeit, indem er in unser Bewußtsein eindringt und uns dazu inspiriert, über ein sinnvolles, freudiges, erfreuliches Leben nachzudenken.

Der siebte Sinn steuert Gehirn, Geist und Körper und stellt sicher, daß wir uns die grundlegenden Dinge »zuführen«, die für Glück und Gesundheit notwendig sind. Wie Nahrung, die wir für den Körper brauchen, sucht der siebte Sinn Nahrung für die Seele. Er hat einen mäßigenden, beruhigenden Einfluß; wenn wir uns von ihm leiten lassen, wird er uns vor Kränkungen und Verletzungen bewahren und uns direkt zu dem führen, was uns und anderen die größte Freude und Gesundheit bringt. Meine Beschäftigung mit den Zusammenhängen zwischen der gegenwärtigen medizinischen

Forschung und der ozeanischen Tradition hat mich überzeugt, daß die Art des Fühlens, Denkens und Sich-Verhaltens in der Welt, die die Polynesier Aloha nannten, der Schlüssel zur Entdeckung und Entwicklung unseres eigenen siebten Sinnes ist.

Paradoxe Freuden

Im Laufe meiner mehr als dreißigjährigen klinischen Arbeit habe ich viele paradoxe Aspekte der Freude entdeckt. Einer der signifikantesten ist die Tatsache, daß die Menschen, die in ihrem Leben besonders gute Karten hatten, anscheinend weniger Freude in ihrem Leben finden als Menschen, die weniger vom Glück begünstigt waren. Letztere scheinen zu wissen, daß es, wie Robert Louis Stevenson es formulierte, im Leben nicht immer darum geht, gute Karten zugeteilt zu bekommen, sondern mit *jedem* Satz Karten ein gutes Spiel zu spielen; daß eine Erfahrung nicht das ist, was einem zustößt, sondern das, was man daraus macht. Fast immer sind solche Menschen fähig, sich an einfachen Dingen zu freuen, während ihre »mehr vom Glück begünstigten« Mitmenschen darum *kämpfen* müssen, in ihrem komplexeren Leben ein wenig Freude und Frieden zu finden.

Wenn Sie dieses Paradox der Freude in Aktion sehen möchten – und dabei einige sehr gesunde Menschen kennenlernen, die das Aloha-Prinzip in ihrem Leben realisiert haben – dann besuchen Sie einmal eine Krebsstation. Die Menschen dort wissen, daß Wohlbefinden sehr viel mehr ist, als nicht krank zu sein. Ich mußte mehrere Monate in einer Station für Knochenmarkstransplantationen zubringen, wo jeder Patient dem Tod nahe war, und ich habe niemals so viele glückliche Menschen auf so engem Raum gesehen.

Eine der Patientinnen, Alice, bemerkte diesen Unterschied und erklärte: »Krebspatienten empfinden die Freude des Überlebenden. Die Leute, denen alles auf einem silbernen Tablett serviert wurde, erhielten ein Geschenk, das sie nicht annehmen konnten. *Wir* verdienen uns unsere Freude in der Schule der harten Schicksalsschläge, und wir sind mehr als bereit, das kleinste Geschenk der Freude in Empfang zu nehmen.« Alice führte weiter aus, daß bei den »Silbertablettmenschen« die Fähigkeit abgestumpft sei, einen Sinn für Freude – den siebten Sinn – zu entwickeln, während Krebspatienten zwangsläufig lernen müßten, diesen Sinn zu benutzen, weil viele ihrer anderen, physischen Sinne durch Chemotherapie oder Bestrahlung geschädigt seien. Sie fügte hinzu: »Der Krebs ist ein hervorragendes Mittel gegen die Selbstsucht. Du hast es so bitter nötig, mit dem Leben in Verbindung zu bleiben, daß du jeden Tropfen Freude einsaugst, der dir das Gefühl vermittelt, noch lebendig zu sein. Wir Krebspatienten haben häufig weniger Angst vor dem Tod als davor, nicht sterben zu können, wenn unsere Zeit gekommen ist. Vielleicht ist das der Grund, warum wir soviel mehr Freude im Leben finden. Es ist nicht mehr das Sterben, was unser Leben beherrscht, sondern die Freude darüber, noch am Leben zu sein. Wir wissen, daß der Tod zwei Aspekte hat: das Leben loszulassen und zu sterben. Das Leben loszulassen ist eigentlich nicht viel anders, als dein Kind loszulassen, weil es heranwächst und sich von dir abnabeln muß. Du möchtest es nicht gehen lassen, du weißt, daß es gehen muß, und so versuchst du, die Zeit, die du noch mit ihm zusammen bist, wirklich zu genießen.« Eine andere Patientin sagte zu ihrer Besucherin: »Ich glaube, ich sehe vom Fenster meines Krankenzimmers aus mehr als du, wenn du da draußen bist. Du scheint sehr viel mehr eingesperrt zu sein als ich.«

Menschen, die dem Tod ins Auge schauten   Wie viele Therapeuten, habe auch ich in meiner Praxis festgestellt, daß persönliche Krisen nicht so sehr Katalysatoren für drastische Veränderungen im Leben sind als Anreize, das Leben mit anderen Augen zu betrachten. Was ich erfahren habe, unterscheidet sich von einigen der landläufigen Vorstellungen über die Folgen persönlicher Lebenskrisen.

Entgegen der weitverbreiteten Auffassung ist es bei Menschen, die dem Tod ins Auge schauen, weniger so, daß sie beschließen würden, ein neues Leben zu beginnen oder zu versuchen, so viel wie möglich aus dem Leben herauszuholen, als daß sie vielmehr innehalten, um die Schönheit, die sie umgibt, in sich aufzunehmen. Die meisten kehren zu ihrem bisherigen Leben zurück, aber erleben von da an jeden Augenblick mit größerer Achtsamkeit. Sie werden wahrscheinlich lieber angeln als Fallschirm springen, lieber mit ihrer Familie zusammensitzen als allein ihren Gedanken nachhängen. Sie beschäftigen sich weniger mit sich selbst als mit anderen. Das Licht, das sie im Angesicht des Todes verklärt, ist weniger die Verheißung eines verlockenden Lebens nach dem Tode als ein inneres seliges Strahlen darüber, in diesem Augenblick noch am Leben zu sein. Sie fürchten den Tod weniger als Menschen, die ihn noch nicht unmittelbar kennengelernt haben, und sind weniger motiviert, den Tod um jeden Preis zu vermeiden. Ich betrachte sie als »Menschen des siebten Sinnes«, weil sie mit dem Leben und dem, was ihnen Freude bringt, tief verbunden sind und in sehr viel stärkerem Maße ihren Geist einsetzen, nicht nur ihr Gehirn.

Die Menschen des siebten Sinnes gehören keinem bestimmten »Typus« an, und ich habe unter ihnen Kämpfer, Dulder, Märtyrer, Lügner und Aufschneider kennengelernt. Eines aber haben sie gemeinsam: Sie *änderten ihre Geisteshaltung* und veränderten dadurch ihre ganze Einstellung zum Leben. Sie entwickelten eine holistische Sichtweise des Lebens und fällten die emotionale und spirituelle Entscheidung, in stärkerem Maße zu allem zu gehören. Als Folge davon konnte sich ihr siebter Sinn voll entwickeln. Ihr Sinn für Freude öffnete ihnen die Augen, und sie konnten den Donner sehen. Er bemächtigte sich ihrer Ohren, und sie konnten Blitze hören. Er bemächtigte sich ihrer Nase, und sie konnten den Regen riechen. Er bemächtigte sich ihres Tastsinnes, und sie konnten die Blumen fühlen. Sie hörten auf, *vacations* (Urlaub) zu machen, sondern erlaubten sich statt dessen regelmäßige *vocationes* – das lateinische Wort für kurze Pausen, um Schönheit zu genießen.[4] Statt eine Kreuzfahrt um die Welt zu buchen, fuhren sie eher an den Straßenrand, um sich in Ruhe den Sonnenuntergang anzuschauen.

Schönheitsneurose   Menschen des siebten Sinnes haben das überwunden, was der Autor James Hillman die »Schönheitsneurose« nennt: einen hyperaktiven Lebensstil, der intensive Aktivität mit der Fähigkeit verwechselt, sich in die Welt einzubringen.[5] Nach den Vorstellungen der Renaissance sind die drei Zierden des Lebens Schönheit, Mäßigung und Freude. Diese drei Aspekte fehlen im Leben des Schönheitsneurotikers. Unser Sinn für Freude sehnt sich nach Schönheit, und wenn diese Schönheit fehlt, leidet er unter dem sinnentleerten, roboterhaften Leben des Schönheitsneurotikers. Schönheitsneurotiker werden Opfer ungesunder Süchte, Ersatzbefriedigungen, die ihren chronischen Mangel an Freude kaschieren.

Die fünf physischen Sinne der Schönheitsneurotiker stehen unter der ständigen Kontrolle des selbstsüchtigen Gehirns, das sie mißbraucht und in seinem freudlosen Überlebenskampf ihr Freudepotential vergeudet. Diese Menschen neigen zur Maßlosigkeit und werden häufig zu Workoholics. Ohne es zu wissen, sehnen sie sich nach der sanften Berührung durch einen geliebten Menschen, aber sie suchen sie eher im Sex als in beglückender sinnlicher Zweisamkeit. Menschen des siebten Sinnes dagegen streben weniger danach, »oben« zu sein als »in Kontakt« oder »mittendrin«. Sie leben nicht, um zu arbeiten – sie arbeiten, um zu leben. Sie »füttern« nicht nur ihren Tastsinn, sondern auch ihre übrigen sinnlichen Fähigkeiten.

Da Menschen des siebten Sinnes häufig intensive spirituelle Erfahrungen gemacht haben, haben sie möglicherweise eine andere Einstellung zur

Seele. Sie streben weniger danach, ihre persönliche, innere Seele zu »retten«, als danach, ihr zu ermöglichen, sich hier auf Erden liebevoll mit anderen Seelen zu vereinigen. C.G. Jung hatte eine ganz ähnliche Auffassung von der Seele wie die Polynesier und andere Völker des siebten Sinnes. Er schrieb, die Seele sei »weitgehend außerhalb des Körpers.«[6] Viele unserer Religionen konzentrieren sich auf das individuelle Seelenheil und fördern dadurch dieselbe Risikomentalität wie die moderne Medizin. Wir werden aufgefordert, uns auf den Tag des Jüngsten Gerichts vorzubereiten, da unsere Seele die »irdische Schule« abschließen und ihr Zeugnis für den Zugang zu etwas Höherem wird vorweisen müssen. Menschen des siebten Sinnes sind frei von solchen Ängsten, denn sie betrachten sich als Teil einer kollektiven Seele – einer Einheit, die die Polynesier *aumakua* nennen. In ihren Augen haben wir alle an dieser Seele teil, und *wir leben bereits im Paradies.* Wie ein Krebspatient sagte: »Um in den Himmel zu kommen, müssen wir weniger Zeit damit verbringen, unsere eigene Seele zu retten, und mehr damit, alle Seelen zu lieben.«

Und vor allem scheinen Menschen des siebten Sinnes so geduldig zu sein, daß sie sich die Zeit nehmen, das Leben zu *empfinden*, anstatt blindlings darauf zu reagieren. Ich werde darüber im siebten Kapitel noch mehr zu sagen haben. Menschen des siebten Sinnes erscheinen wie Verkörperungen von Rabindranath Tagores Ausspruch: »Der Schmetterling zählt keine Monate, sondern Augenblicke, und er hat Zeit genug.«

Als ich auf der Krebsstation lag und intensive und schmerzhafte Chemo- und Strahlentherapie erhielt, wurde mir noch ein weiteres Paradox des Aloha-Prinzips bewußt: *Die Patienten, die von ihren Freunden und ihrer Familie besucht werden, spenden genausoviel und häufig mehr emotionale Unterstützung, als sie erhalten.* Ich sah, wie Mitpatienten, die sich vom Leben verabschieden mußten, weil ihre Krankheit bereits zu weit fortgeschritten war, schließlich zum Wohle ihrer Familien starben. Im Wissen, daß ihr eigenes Leben zu Ende war, und bestrebt, die Menschen, die sie liebten, von emotionalen und finanziellen Belastungen zu befreien, starben diese Patienten häufig in der Nacht, nachdem sie ihre Familienangelegenheiten geregelt und sich von ihren Verwandten verabschiedet hatten. Andere Patienten trösteten häufig das Pflegepersonal und munterten die Besucher noch mehr auf, als sie sich von den Schwestern und den Besuchern trösten ließen. Sobald es ihnen gelang, die Angst, daß sie ebenfalls krank werden könnten, zu überwinden, verließen die Besucher das Krankenhaus, durch das Mana (die spirituelle Energie) derer, die sich in einer Krise befanden, belebt und berührt von der Kraft ihres siebten Sinnes.

Kumu: Lehrer des Dritten Weges

Ich kenne nur eine einzige gesunde Gruppe, deren Mitglieder ihren siebten
Sinn ungewöhnlich stark entwickelt haben, und dies sind die Lehrer und
Heiler Polynesiens. Sie waren es, die mir als erste das Aloha-Prinzip und die
Kraft der Aloha nahebrachten, und ich empfinde Demut angesichts des
unglaublichen Entwicklungsgrads ihres siebten Sinnes. Ich habe daheim in
Maui und während mehrerer Reisen im Südpazifik mit Hunderten polynesi-
scher *kumu* (Lehrer) gesprochen. Zwar gibt es viele Menschen, die die
Schönheit der Inseln unmittelbar kennengelernt und erlebt haben, aber nur
wenige wissen etwas über die 2000 Jahre alte Weisheit der ozeanischen
Völker.

Der Dritte Weg Polynesiens und die fünf Schlüsselelemente der Aloha
sind nur ein kleiner Teil der Lehren Polynesiens. Die Polynesier lehren
nicht durch das geschriebene Wort, deshalb ist mein Versuch, ihre kraftvolle Psychologie, Spiritualität und Medizin in Buchform vorzustellen, eine
subjektive Interpretation eines ganzen Spektrums von Ideen. Die Zitate, die
ich überall in diesem Buch anführe, sind meinen Interviews mit den Inselmenschen entnommen. Ich wurde durch das westliche Denken geprägt,
deshalb kann ich mich in meiner Darstellung des polynesischen Denkens
seinem Kern nur annähern. Ich möchte Ihnen die Weisheit der Polynesier
nahebringen, aber ich kann nicht *für sie* sprechen. Ich hoffe jedoch, zumindest Ihr Interesse zu erregen, die Lektionen aus dem Paradies als liebevolle
Prinzipien zu betrachten, nach denen Sie und Ihre Familie leben sollten, um
ein größeres Maß an Freude und Glück miteinander zu teilen.

Die Weisheit der Inseln gründet auf Erfahrung. Die Natur der Aloha-
Prinzipien und die Weise, wie sie unser Leben biologisch, psychologisch
und spirituell beeinflussen, ist dynamisch – sie ist nicht linear. Sie ist mehr
durch das *Fühlen* als durch das *Denken* erfahrbar. Ich hoffe, Sie zu ermutigen,
sich die polynesische Lebensart anzueignen, indem Sie nicht nur Ihr westli-
ches Gehirn, sondern auch Ihren »eingeborenen Geist« nutzen. Wie ein
Polynesier es einmal formulierte: »Ich glaube, es ist ganz okay, einen
gehirnlosen Geist zu haben, weil wir eines Tages sowieso alle so enden. Ich
glaube aber nicht, daß es okay ist, ein geistloses Gehirn zu haben, denn
damit kann man keine gesunde Freude im Leben finden.«

Drittes Kapitel

Der Aloha-Test

»Es ist nicht die Bedrohung durch den Tod, Krankheit,
Elend oder Armut, die den menschlichen Geist vernichtet,
es ist die Furcht davor,
im Universum allein und ungeliebt zu sein.«
Anthony Welsh

Mark Twain sagte einmal, unsere Vorfahren hätten all unsere besten Ideen gestohlen. Vor zwei Jahrtausenden nahm das weise Volk der Polynesier die wunderbaren Entdeckungen vorweg, die wir erst jetzt auf dem Gebiet der modernen Physik, Psychologie und Medizin machen. Sie kannten die heiligen Geheimnisse eines Lebens in beglückender Verbundenheit und lebten jeden Tag im Einklang mit ihnen. Sie waren die vollkommenen Wissenschaftler, hatten ein tiefes Verständnis für die Sterne und Planeten, deuteten die Veränderungen des Meeres, widmeten sich erfolgreich der Fischzucht, lenkten kleine, aber robuste Kanus ohne irgendwelche Navigationsinstrumente Tausende von Meilen weit über das Meer. Sie konnten Zeichen deuten, die von den Wellen, den Sternen und den Geschöpfen des Meeres ausgingen, und betrachteten sie, als suchten sie in den Augen eines Geliebten nach Anzeichen von Leidenschaft. Hunderte von Jahren, bevor die Wikinger in See stachen, um zu erobern und zu plündern, hatten die Polynesier mit ihren Schiffen bereits den riesigen Pazifik bereist, von ihm gelernt und freudig seine Geheimnisse akzeptiert.

Vereint durch eine gemeinsame Kultur und ähnliche Sprachen, breiteten sich die Polynesier über 3500 Kilometer Ozean hinweg in ihrem unsichtbaren Dreieck von Inseln aus, das sich über nahezu ein Drittel der Erdoberfläche erstreckt. Die ersten atlantischen Seefahrer, die diesen Menschen begegneten, konnten nicht begreifen, wie es möglich sein sollte, daß eine ganze Nation das größte Meer auf Erden Jahrhunderte, bevor sie selbst segeln gelernt hatten, mit ihren Schiffen bereist hatte. Sie konnten nicht verstehen, wie diese geduldigen, einfachen, ausgeglichenen, freundlichen, bescheidenen, sanften »Wilden« so erfolgreiche Forscher sein und so gut organisierte und funktionsfähige Gemeinwesen verwalten konnten. Die europäischen Seeleute waren aus einer »zivilisierten« Welt gekommen, in der Erfolg und Glück gleichgesetzt wurde mit Konkurrenzverhalten, Kampfgeist und Aggressivität, mit dem Erwerb von Macht und damit, andere Menschen zu beherrschen – nicht, ihnen etwas zu schenken. Die Polynesier waren das genaue Gegenteil der Europäer, und diese Inselmenschen hatten etwas an sich, das die Forscher seltsam bewegte und sogar traurig machte, da sie in ihnen vielleicht ihr eigenes brachliegendes Potential für ein glücklicheres Leben erahnten.

Für die Polynesier ist das Leben nicht linear. Was wir das »Polynesische Dreieck« nennen, ist in Wirklichkeit eine unendlich große Pyramide, die sich in das Meer und in den Himmel hinein erstreckt. Es ist eine Lebensweise und kein geographischer Ort. Es kann auf unseren westlichen Landkarten nicht akkurat dargestellt werden, weil es keine Grenzen hat, kein Territorium, das es zu schützen oder zu erobern gälte, keine Grenzen, an denen entlang man patrollieren müßte. Wie die alten ägyptischen Pyramiden ist Polynesien eine durch die Dreiecksgestalt veranschaulichte Idee, eine dreidimensionale ozeanische Darstellung der heiligen Dreifaltigkeit von Menschlichkeit, Göttlichkeit und der gesamten Natur.

Entgegen landläufiger Klischeevorstellungen sind die Polynesier keine Peter Pans des Pazifiks, die ihren Tag damit verbringen würden, zu schwimmen und zu relaxen. Es ist herabwürdigend und falsch, sie als »edle Wilde« zu betrachten. Außerdem waren und sind sie gewiß keine vollkommenen Menschen. Sie haben jedoch ein »Gesundheitsfürsorgesystem« des Zusammenlebens, der gemeinsamen Problemlösung und der Lebensfreude entwickelt, das unserem eigenen weit voraus ist.

Da die alten Polynesier sich in ihrem Leben vor allem durch ihren siebten Sinn leiten ließen – den Sinn für Freude, der von den europäischen Forschungsreisenden so entstellt und mißbraucht wurde –, begingen jene Seeleute denselben Fehler wie viele andere. Sie betrachteten diese liebevollen Menschen als edle, aber naive Wilde, die durch ein wunderbares Klima und eine reiche Landschaft gesegnet waren. Selbst heute bleiben die Inseln für viele kontinentale Menschen ein Land der Phantasie, ein Ort, an dem man Ferien machen, aber gewiß keine wichtigen Lehren über das Leben lernen kann, ein schöner Zufluchtsort, aber kein Zentrum der Weisheit und der Heilung. Ein hawaiianischer Kupuna (Alter) sagte mir gegenüber: »Sie haben meine Leute immer Wilde genannt. Jetzt, wo wir sehen, wie diese

Westler leben, fragen wir uns, wer die wirklichen Wilden sind. Wir fragen uns, was Zivilisation eigentlich bedeutet. Wir fragen uns, wer wirklich glücklicher und gesünder ist und wer im Umgang mit der *'aina* (Erde) mehr Aloha beweist. Wir fragen uns, wer oder was überleben wird – diejenigen, die sie Wilde nennen oder das, was sie Zivilisation nennen.«

Person, Ort oder Sache?

Ein Großteil der westlichen Kultur basiert auf »Dingen«, die der einzelne benutzt, während die östliche Kultur sich mehr auf die »Person« konzentriert, darauf, mehr über das Selbst zu erfahren. Für die Polynesier ist vor allem der »Ort« wichtig, ihre Heimat, das Land, auf dem sie leben, und das Meer, von dem sie umgeben sind. Die Polynesier sind Menschen des Landes, und ihre Vorstellung von *aloha 'aina*, Liebe zum Land, ist ein zentraler Aspekt des Aloha-Prinzips. Ein Polynesier sagte einmal zu mir: »Wir sind zu Hause. So viele Menschen, die hierherkommen, scheinen verloren und emotional oder spirituell heimatlos zu sein. Sie sind ständig in Bewegung, aber sie scheinen niemals wirklich irgendwo zu leben. Wir lieben es, dort zu sein, wo unser Platz ist: im Meer. Wir werden hier niemals weggehen, weil wir dieser Ort *sind*.«

Unser landumschlossener Geist hat Schwierigkeiten zu begreifen, welchen physischen »Ort« die Inselnationen Polynesiens einnehmen. Wenn man das, was wir das polynesische Dreieck nennen, über die eurasische Kontinentalfläche legte, dann würde es einen Bereich abdecken, der sich von London hinauf nach Nordeuropa, weiter nach Siberien, hinunter nach China und Tibet und weiter bis zum Vorderen Orient und wieder zurück nach Südeuropa und England erstreckt – ein »eurasisches Dreieck«, das den größeren Teil zweier Kontinente einschließt. Die Menschen in diesem eurasischen Dreieck haben, obwohl sie glauben, sie hätten die Welt mit ihrer Willensstärke und mit dem Überfluß an Dingen erobert, es in Wirklichkeit versäumt, ihr natürliches Geburtsrecht auf Glück durch die Entwicklung eines Gefühls des Verwurzeltseins und der Geborgenheit einzufordern.

Um mir sein Verständnis des Begriffes »Ort« zu erklären, erzählte mir ein polynesischer Kahuna: »Der Rest der Welt glaubt, wir seien Inseln, die weit weg irgendwo im Meer liegen, aber das sehen wir nicht so. Kontinentale Menschen leben in abgegrenzten, durch Land voneinander getrennten Städten und Ländern. Wir sind Teil einer großen Familie, deren Mitglieder

alle durch das Meer miteinander verbunden sind. Wir reisen auf Wasser-
straßen. Wir sind kleine Inseln, fernab von den größeren Inseln, die die
Menschen des Westens Kontinente nennen. Ihre Kontinente sind nur
größere Inseln im Meer, aber sie scheinen durch nichts miteinander verbunden zu sein. Sie entfernen sich immer weiter voneinander. Vielleicht sind
ihre Inseln einfach zu groß, und sie können nicht über ihre Grenzen
hinausschauen, um zu erkennen, daß sie alle miteinander verbunden sind.
Sie denken in Kategorien von Trennung und Grenzen, und das ist möglicherweise der Grund, warum sie so lange meinten, daß die Erde flach sei.
Wir haben seit Tausenden von Jahren gewußt, daß die Erde selbst eine Insel
im kosmischen Meer ist. Wir sind alle Seefahrer, keine Eigentümer. Wir
sitzen alle in einem Kanu im Himmel.«

Die neue Wissenschaft und ihre polynesischen Wurzeln

Viele der neuen Entdeckungen über Gesundheit, Glück und langes Leben
kommen aus der neuen Disziplin der Psychoneuroimmunologie (PNI).
Dieses noch längst nicht erschlossene Forschungsgebiet widmet sich dem
Studium der Beziehungen zwischen menschlichem Verhalten, psychosozia-
len Faktoren, Gehirn und Körper und der Resistenz oder Immunität gegen
Krankheit, Viren und Infektionen. Wie der holistische polynesische
»Orts«-Sinn, betrachtet die PNI Körper und Geist als eine nahtlose Einheit.
    Während der letzten drei Jahrzehnte ist die PNI zu bemerkenswerten
neue Erkenntnissen gelangt, wie wir Krankheiten abwehren und, wenn wir
einmal krank sind, unseren Körper heilen können. In nur drei Dekaden hat
diese neue Wissenschaft aufsehenerregende – wenn auch unvollständige –
Beweise für das gesammelt, was die Polynesier bereits seit langem wußten:
daß psychische Faktoren die Fähigkeit des Körpers beeinflussen, Symptome zu beherrschen und sich von schweren Krankheiten zu erholen.
Wenigstens zwei polynesische Ansätze zu einem beglückend gesunden
Leben – pololei (Verbundenheit) und pono (Gleichgewicht) – beginnen, wie
alter Wein in neuen Fässern, von aufgeklärten, aufgeschlossenen und offen-
herzigen Wissenschaftlern verkündet, allmählich wieder in unser Bewußtsein zu dringen. Wollen wir aber die wirklichen Erkenntnisse nachvollzie-
hen, die im Bereich der PNI und auf anderen medizinischen Gebieten
gewonnen wurden, müssen wir einen Blick über die Fässer hinaus werfen.
    Die westliche Medizin benutzt zum Verständnis und zur Umsetzung der
Erkenntnisse aus dem Bereich der PNI noch immer ein mechanistisches

Modell. Ihr Geist-Körper-Dualismus vermag die Betrachtungsweise der ozeanischen Völker – »alle geistigen Einheiten in einem einzigen Körper« – nicht zu erfassen. Sie legt das Schwergewicht auf Techniken wie Entspannung, Streßminderung, Visualisierung und Gruppentherapie als heilende und das Immunsystem stärkende Strategien. Die östlichen Modelle des Heilens haben die Erkenntnisse aus dem Bereich der PNI dahingehend interpretiert, daß Meditation, Kontemplation und die Suche nach der inneren Wahrheit die Möglichkeiten seien, um zu diesem neu verstandenen Immun-»Internet«-Zugang zu finden und in ihm zu kommunizieren. Der ozeanische Weg zum Wohlbefinden beruhte immer auf der Voraussetzung, daß nichts auf dieser Welt von irgend etwas anderem getrennt sei und daß ein ausgeglichenes, von Freude erfülltes Leben die unverzichtbare Bedingung von Gesundheit und Heilung sei. Für den Polynesier reicht eine Klärung des Geistes durch Entspannung oder Meditation noch nicht aus, um zu wahrem Wohlbefinden zu gelangen. Entscheidend ist, was wir unserem Geist zuführen und was mit unserer Hilfe anderen geistigen Einheiten zugeführt wird. Es geht darum, zu lernen, auf verbundene, vereinheitlichte Weise zu denken – man könnte diesen Ansatz also als ÖPNI oder *Öko*-Psychoneuroimmunologie beschreiben.

Zwar ist die Psychoneuroimmunologie ein äußerst komplexes und kompliziertes Gebiet, das noch sehr viel intensiverer Erforschung bedarf, aber meine eigene Überprüfung der vorläufigen Ergebnisse hat erwiesen, daß wir die Leistungsfähigkeit unseres eigenen Immunsystems und desjenigen anderer Menschen maximieren – und sogar die Immunabwehr der Erde verbessern – können, indem wir gemäß den fünf Prinzipien leben, die ich im Folgenden beschreibe.

Der Aloha-Test

Der Hawaiianer Pilahi Paki bezeichnet Aloha als das fundamentale polynesische Lebensprinzip. Das hawaiianische Wort Aloha findet sich, in jeweils mehr oder weniger abgewandelter Form, in ganz Polynesien und beschreibt überall dasselbe Gefühl. Wie die meisten polynesischen Wörter hat Aloha zahlreiche Bedeutungen, darunter »Liebe«, »Verschenken des heiligen Atems«, »Guten Tag« und »Auf Wiedersehen«. Aloha ist das ideale Wort, um diejenigen unter uns, die so beschäftigt sind, daß sie nicht mehr wissen, wo ihnen der Kopf steht, daran zu erinnern, daß wir unser Tempo drosseln und mehr Freude in unserem Leben finden müssen.

Im nächsten Abschnitt werde ich Sie ermutigen, Ihre eigene Aloha zu testen. In den verbleibenden Abschnitten des ersten Teils werde ich die fünf Komponenten der Aloha im Kontext der Erkenntnisse der Psychoneuroimmunologie und Psychoneurokardiologie diskutieren – also im Kontext der Ideen, die die Alten von den modernen PNI- und PNK-Forschern »klauten«.

Ich entwickelte den Aloha-Test im Jahre 1991 auf der Grundlage von zahlreichen Interviews mit Kahuna (Heilern) und Kupuna (Ältesten). Die meisten dieser Interviews wurden in Hawaii durchgeführt, einige auch auf anderen Inseln Polynesiens. Zwar sagten mir die Polynesier, sie seien froh, mir zu helfen, den Aloha-Test zu entwerfen, aber es war nur ihre sanfte Geduld und Toleranz gegenüber meinem westlichen Verstand, die sie dazu befähigte. Ich mußte den Test unbedingt in eine »westliche« Form bringen, deshalb brachen die Polynesier häufig in Lachen aus, wenn ich Punkte zur Sprache brachte, die darauf abzielten, zu »messen, was nicht zu messen ist«. Wie ein Hawaiianer scherzhaft bemerkte: »Du brauchst wirklich kein Papier und keinen Bleistift, um etwas über den Geist zu erfahren, aber ich vermute, wenn es um Tests geht, dann ist ›am westesten‹ immer ›am bestesten‹!«

»Wenn du nach wahrer Weisheit Ausschau hältst, dann beobachte einfach, wie sie ihre Familie behandeln«, sagte ein Kupuna. »Beobachte, ob ihnen ihre Familie am wichtigsten ist und ob sie zusammen mit ihrer Familie beten und mit ihr Spaß haben und jeden Tag ihres Lebens genießen. Wenn sie gemeinsam große Freude am Leben haben, dann haben sie Aloha. Du kannst Aloha in Wirklichkeit nicht testen, du mußt sie fühlen.« Trotz dieser Vorbehalte saßen die Ältesten und Heiler stundenlang mit mir zusammen und redeten über die verschiedenen Kategorien, nach denen einzelne Aspekte der fünf Komponenten der Aloha, die das Aloha-Prinzip ausmachen, »ins Westliche übersetzt« werden könnten.

Nachdem ich meine Interviews gesammelt hatte, versuchte ich, verschiedene Aspekte der fünf Komponenten der Aloha mit Erkenntnissen der westlichen und östlichen Medizin, die diese alten Prinzipien bestätigten, in Einklang zu bringen. Das Resultat ist der 50-Punkte-Test am Ende dieses Kapitels.

Anders als bei den meisten westlichen Tests geht es im Aloha-Test nicht darum, eine möglichst hohe Punktzahl zu erreichen. Je niedriger Ihre Punktzahl ist, desto weniger wurde Ihr »eingeborener Geist« durch das moderne Leben und die Streßreaktion des Gehirns zum Schweigen gebracht.

Seit 1991 habe ich den Aloha-Test weltweit insgesamt 10952 Nichtpolynesiern und – als »Kontrollgruppe« – 100 Polynesiern vorgelegt. Insgesamt wurden also 11052 Tests durchgeführt. Da die Testbögen unter den verschiedensten, aber durchweg »nichtkontrollierten« Bedingungen ausgefüllt wurden, konnten sie nicht nach den im Westen geltenden Regeln der Statistik ausgewertet werden und können die Resultate somit auch nicht als repräsentativ gelten. Sie sollen Ihnen lediglich als kleiner Anhaltspunkt dienen, anhand dessen Sie Ihre eigene Punktzahl im Aloha-Test interpretieren, die Stärke Ihres eigenen siebten Sinnes für gesunde Freude und die Rolle der fünf Aloha-Faktoren in Ihrem Leben einschätzen können.

Ein weiterer Grund, warum eine statistische Auswertung meiner Testresultate nicht möglich war, ist die Tatsache, daß es sich bei den meisten Menschen, die sich dem Test unterzogen, um eine bereits positiv voreingenommene Auswahl aus der Gruppe solcher Menschen handelte, die gekommen waren, um mich sprechen zu hören. Zwar können sie statistisch nicht als ein »repräsentativer Querschnitt« betrachtet werden, aber immerhin unterscheiden sich ihre Lebensgeschichten zum Teil sehr stark voneinander. Ich überlasse es Ihnen, anhand der von dieser »auserwählten Schar« erzielten Punktzahlen zu schätzen, wie die mutmaßlichen Ergebnisse von Menschen wären, die sich *keinem* solchen Test unterwerfen und die *niemals* einen Vortrag eines Psychoneuroimmunologen aus Hawaii besuchen würden!

Aloha-Test

»Trifft genau auf mich zu«: 2 Punkte
»Trifft manchmal auf mich zu«: 1 Punkt
»Trifft nie auf mich zu«: 0 Punkte

Ahonui – Geduld, mit Beharrlichkeit zum Ausdruck gebracht

1. Sind Sie ein aggressiver Fahrer, der im Zorn hupt, an Stoppschildern nur pro forma kurz anhält, andere Fahrer beschimpft oder Gas gibt, um noch bei »Dunkelgelb« über die Ampel zu kommen?
2. Drücken Sie in Fahrstühlen auf Knöpfe, die bereits aufleuchten?
3. Hassen Sie Warteschlangen und Menschenansammlungen?
4. Tun Sie gern mehrere Dinge zugleich?
5. Denken Sie »Zeit ist Geld« und machen nur widerwillig Tests wie

diesen, die Ihnen wie eine Verschwendung Ihrer kostbaren Zeit erscheinen?

6. Haben Sie das Gefühl, daß Ihre Gedanken ständig rasen, oder führen Sie – laut oder mental – Selbstgespräche, um nicht die Übersicht zu verlieren?
7. Haben Sie Schuldgefühle, wenn Sie einfach nur dasitzen und nichts tun?
8. Würden andere sagen, daß Sie gehetzt wirken?
9. Ist Ihr Arbeitsplatz unordentlich, mit Stapeln von noch unerledigten Dingen vollgestellt?
10. Gehen Ihnen Menschen, die sich langsam bewegen, langsam denken und langsam reden, auf die Nerven?

Ahonui-Gesamtpunktzahl: _____

Lokahi – Einheit, mit Harmonie zum Ausdruck gebracht

1. Bemühen Sie sich, alles aus sich herauszuholen, morgen noch besser zu sein als heute und »Erfolg« zu haben?
2. Lieben Sie das aufregende Gefühl zu siegen, lieben Sie Herausforderungen, und werden selbst Kleinigkeiten für Sie zu einem Wettkampf mit sich selbst oder anderen?
3. Beurteilen Sie andere oder sich selbst anhand von Leistung, Besitz, Macht oder Status?
4. Glauben Sie, Sie müßten zunächst einmal sich selbst lieben, bevor Sie einen anderen Menschen lieben können?
5. Glauben Sie, Sie können eine Aufgabe rascher und effektiver erledigen, wenn Sie allein arbeiten?
6. Glauben Sie, daß Sie alles erreichen können, was Sie sich wirklich vornehmen, daß es erfolglosen Menschen an Engagement oder Motivation mangelt, daß sie die falsche Einstellung haben oder einfach nicht bereit sind, sich wirklich anzustrengen?
7. Glauben Sie, daß es auf der Welt nicht für alle reichen kann und daß Sie deswegen härter arbeiten und rascher denken müssen, um Ihren Teil des Kuchens abzubekommen?
8. Fällt es Ihnen leicht, sich durchzusetzen, und gehören subtile Demütigungen und kluge, zynische Bemerkungen zu Ihren Mitteln?
9. Haben Sie nur wenige enge Freunde, denen Sie sich anvertrauen und so zeigen können, wie Sie wirklich sind?

10. Bereitet es Ihnen Unbehagen, in der Öffentlichkeit Händchen zu halten, andere Menschen zu umarmen, zu küssen, zu singen oder zu tanzen, weil Sie der Meinung sind, solche »Gefühlsduseleien« seien albern?

Lokahi-Gesamtpunktzahl: _____

'Olu'olu – Friedfertigkeit, mit Liebenswürdigkeit zum Ausdruck gebracht

1. Runzeln Sie die Stirn, ziehen einen Mundwinkel hoch, verdrehen die Augen und seufzen Sie, um Ihrem Widerwillen Ausdruck zu verleihen?
2. Reagieren Sie auf Kritik oder Unmutsäußerungen durch »Mauern«, Abschalten und Ignorieren Ihres Gegenübers?
3. Wäre (oder ist) es schwierig, mit Ihnen verheiratet zu sein?
4. Macht es Ihnen Spaß, Streitgespräche zu führen?
5. Konzentrieren Sie Ihr gesamtes emotionales Engagement auf einen bestimmten Bereich Ihres Lebens, beispielsweise, indem Sie Ihr Glück vor allem von Ihrer Arbeit oder Ihrer Rolle als guter Sohn, gute Tochter oder guter Elternteil abhängig machen?
6. Kritisieren Sie gern andere Menschen, sei es öffentlich oder privat?
7. Versuchen Sie, sich für Übergriffe und das, was Sie als Verletzungen Ihrer Rechte ansehen, zu rächen?
8. Glauben Sie, daß Ihre Ansicht oder Vorgehensweise gewöhnlich die beste sei?
9. Reden Sie mehr, als Sie zuhören?
10. »Machen« Sie Ihrem Ärger »Luft«, und meinen Sie, es sei immer das Beste, Ihre Aggressionen »rauszulassen«, selbst wenn Sie dadurch andere verletzen?

'Olu'olu-Gesamtpunktzahl: _____

Ha'aha'a – Demut, mit Bescheidenheit zum Ausdruck gebracht

1. Würden andere sagen, Sie neigen zu Prahlerei und zum Angebertum?
2. Macht es Ihnen Spaß, andere zu beeindrucken, indem Sie teure Dinge besitzen und damit angeben?
3. Möchten Sie, daß andere wissen, was Sie geleistet und erreicht haben?
4. Macht es Ihnen Spaß, andere herauszufordern und sie auf ihren Platz zu verweisen?

5. Würden andere sagen, daß Sie sehr direkt sind, mehr als gewillt, Ihre Ansichten kundzutun, und daß Sie dazu neigen, Menschen zu belehren?
6. Würden andere sagen, Sie seien in einem Maße von sich selbst überzeugt, daß es fast an Arroganz grenzt?
7. Sind Sie häufig in heftige Meinungsverschiedenheiten, Streitereien und Konflikte verwickelt – entweder am Arbeitsplatz, in der Öffentlichkeit oder zu Hause?
8. Wissen Sie gewöhnlich, was die Leute sagen wollen, noch bevor diese es überhaupt ausgesprochen haben? Unterbrechen Sie sie, schneiden Sie ihnen das Wort ab, oder beenden Sie ihre Sätze für sie?
9. Sagen Sie negative Dinge über Menschen, die nicht anwesend sind?
10. Haben Sie schon einmal jemanden verklagt, wurden Sie selbst verklagt oder drohen Sie gelegentlich mit einer Klage?

Ha'aha'a-Gesamtpunktzahl: _____

Akahai – Sanftheit, mit Zärtlichkeit zum Ausdruck gebracht

1. Würden Sie eher einer wohltätigen Organisation einen Scheck schicken, als daß Sie mehrere Stunden Ihrer Zeit dafür opferten, wildfremden Menschen zu helfen?
2. Erwarten Sie, für Ihre guten Taten belohnt zu werden?
3. Fühlen Sie sich in der Gegenwart von Tieren unwohl?
4. Glauben Sie, es sei albern, mit Pflanzen, Felsen und Bäumen zu reden?
5. Lassen Sie Ihre Abfälle herumliegen?
6. Essen Sie rasch, und reden Sie, während Sie essen?
7. Meinen Sie, Gebet sei vielleicht keine schlechte Sache, aber nicht so wirkungsvoll wie ein gutes Medikament?
8. Sind Sie insgeheim neidisch auf das Glück anderer?
9. Sind Sie intolerant und ungeduldig gegenüber Menschen mit bestimmten äußeren Besonderheiten, beispielsweise Männern mit Pferdeschwänzen oder Frauen mit Tätowierungen, oder sind Sie intolerant gegenüber bestimmten Nationalitäten oder Altersgruppen?
10. Würde Ihr Intimpartner sagen, es fehle Ihnen an Romantik und Zärtlichkeit und Sex sei Ihnen wichtiger als Sinnlichkeit?

Akahai-Gesamtpunktzahl: _____

Die Auswertung Ihrer Aloha-Punktzahl

Ermitteln Sie Ihre Aloha-Punktzahl, indem Sie die in den fünf Komponenten erzielten Ergebnisse addieren.

      Ahonui (Geduld):   _____

      Lokahi (Einssein):   _____

      'Olu'olu (Friedfertigkeit):   _____

      Ha'aha'a (Demut):   _____

      Akahai (Freundlichkeit):   _____

      A-L-O-H-A-Gesamtpunktzahl: _____

Bevor Sie Ihre Aloha-Punktzahl und das, was sie über Ihren gegenwärtigen Lebensstil aussagt, analysieren, sehen Sie sich einmal die Testergebnisse anderer Menschen an. Ich überlasse es Ihnen, die Unterschiede in den Testergebnissen und ihre Bedeutung für jede Gruppe – und für Sie selbst – zu interpretieren.

Meine Testpersonen waren:
- Einige der erfolgreichsten Führungskräfte der Welt, einschließlich hoher Regierungsbeamter und Offiziere. (A = 1465, wobei A die getestete Anzahl an Menschen ist, mittlere Aloha-Punktzahl 82)
- Ärzte fast aller Fachrichtungen (A = 212, mittlere Aloha-Punktzahl 87)
- Krankenschwestern und Pfleger, die meisten von ihnen mit einem College- oder Universitätsabschluß (A = 953, mittlere Aloha-Punktzahl 62)
- Sonstige im Gesundheitswesen arbeitende Menschen, wie Physiotherapeuten, Masseure, Hypnotiseure, Sozialarbeiter und Psychologen. (A = 2113, mittlere Aloha-Punktzahl 73)
- Mitarbeiter der Vollstreckungsbehörden, wie Polizeibeamte, Richter, Vollzugsbeamte und Menschen, die einen Lügendetektor bedienen. (A = 210, mittlere Aloha-Punktzahl 81)
- Krebs-, Herz- und Transplantationspatienten (Herz, Niere, Leber, Knochenmark). (A = 2113, mittlere Aloha-Punktzahl 41)
- Schul-, College- und Hochschullehrer. (A = 766, mittlere Aloha-Punktzahl 70)
- Passagiere von Kreuzfahrtschiffen, darunter Rentner, Geschäftsleute sowie englisch sprechende Menschen beiderlei Geschlechts, aus jeder

Altersgruppe und verschiedenster Nationalität. (A = 1264, mittlere Aloha-Punktzahl 57)
- Senioren (im Alter von 65 und darüber) in Seniorenheimen. (A = 209, mittlere Aloha-Punktzahl 52)
- Talk-Show-Produzenten, die ich anläßlich von Auftritten in deren Sendungen kennenlernte, einschließlich zweier in den ganzen Vereinigen-Staaten bekannter Talk-Show-Master. (A = 14, mittlere Aloha-Punktzahl 89)
- Studenten aus meinen College-Kursen, im Alter von 17 bis 76. (A = 100, mittlere Aloha-Punktzahl 83)
- Eine »Kontrollgruppe« von Polynesiern, vor allem Hawaiianern, im Alter zwischen 29 und 92 (A = 100, mittlere Aloha-Punktzahl 8)

Gesamtzahl der Interviewten: 11 152
Mittlere Punktzahl sämtlicher Interviewten: 74
(ausschließlich der Kontrollgruppe von Polynesiern, deren mittlerer Wert 8 beträgt)

Es gab einen signifikanten Unterschied in der Punktzahl der Männer gegenüber den Frauen. Wiederum die Polynesier nicht mitgerechnet, betrug der mittlere Wert der 7576 getesteten Männer 76. Bei den 3576 getesteten Frauen betrug er 67. Wissenschaftliche Untersuchungen haben gezeigt, daß Frauen im allgemeinen, wenn auch nicht immer, über eine höhere emotionale Intelligenz verfügen als Männer.[1] Dieser Faktor mag zu einem Teil den Unterschied von 9 Punkten zwischen den Geschlechtern im Aloha-Test erklären.

Was also sagt Ihre eigene Punktzahl jetzt, da Sie eine Vorstellung von dem Test und den von anderen erzielten Resultaten haben, über Sie aus? Was sagt sie über Ihr Temperament? Über Ihre Arbeit oder Ihr Berufsleben? Ihre persönliche Lebensphilosophie?

Ausgehend vom Gesamtresultat der polynesischen Kontrollgruppe als »Aloha-Richtwert«, ergibt sich folgende Bewertungsskala, anhand deren Sie nun Ihr eigenes Ergebnis analysieren können:

(*Vorsicht:* Wenn Sie bewußt versucht haben, eine möglichst niedrige Punktzahl zu bekommen, dann fügen Sie 20 Strafpunkte hinzu!)

Über 30 Punkte = Schweres Aloha-Defizit
Sie haben eine hundertprozentig euro-amerikanische Geisteshaltung.

20–29 Punkte = Mäßiges Aloha-Defizit
Ihre Geisteshaltung ist fast vollständig euro-amerikanisch geprägt.

10–19 = Leichtes Aloha-Defizit
Sie tendieren stark zu einer euro-amerikanischen Geisteshaltung.

9 und darunter = Reichliches Vorhandensein von Aloha
Sie haben sich ihren »eingeborenen Geist« zurückerobert, denken wie
ein Polynesier, und es wird Ihnen leichtfallen, das Aloha-Prinzip zu
lernen und in die Praxis umzusetzen.

Wenn Ihre Aloha-Punktzahl hoch ist, dann schauen Sie sich einmal an,
welcher der fünf Teilabschnitte am stärksten dafür verantwortlich ist. Wenn
Sie dann den zweiten Teil dieses Buches lesen, ist diese bestimmte Aloha-
Komponente diejenige, auf die Sie sich zuerst werden konzentrieren
müssen.

Nach den Prinzipien der Aloha zu denken und zu leben verlangt nach
einer neuen Betrachtungsweise unseres täglichen Lebens. Bevor Sie sich
Teil zwei vornehmen, lesen Sie noch die letzten Kapitel dieses Abschnitts:
Sie handeln von der »Neurologie der Freude« und werden es Ihnen erleichtern, Ihren »eingeborenen Geist« zu nutzen.

Viertes Kapitel

Einladung ins Paradies

»Wie sehr wünsche ich mir,
daß es irgendwo eine Insel für jene gäbe,
die weise und guten Willens sind!«
Albert Einstein

Stellen Sie sich vor, es gäbe eine Pille, die wirksamer wäre als irgendein bekanntes Medikament und mit deren Hilfe Sie das Risiko, ein Herzleiden, Krebs oder sonst irgendeine Krankheit zu bekommen, signifikant reduzieren und Ihr Leben garantiert verlängern könnten. Stellen Sie sich vor, daß die einzige Nebenwirkung dieses Wundermittels eine Euphorie wäre, hundertmal beglückender, als sie irgendein Opiat verschaffen kann, zugleich aber frei von den Enttäuschungen und Risiken, die mit dem Drogenkonsum einhergehen. Stellen Sie sich weiterhin vor, daß diese Pille intensive sportliche Betätigung, radikale Diäten und Techniken zur Streßminderung ersetzen könnte, Sie heilte, wenn Sie krank wären, Ihr Immunsystem stärkte und die negativen Begleiterscheinungen des Alterns verminderte. Stellen Sie sich schließlich vor, daß Sie diese »natürliche Designerdroge« völlig kostenlos bekommen und daß sich ihre positive Wirkung, wenn Sie sie täglich einnähmen, auch auf die Menschen in Ihrer Umgebung erstreckt. In den folgenden Kapiteln werden Sie erfahren, daß ein solches Medikament tatsächlich existiert – es ist die regelmäßige, tägliche Dosis Freude.

Die moderne Forschung hat begonnen, die Wirksamkeit und den gesundheitlichen Wert der fünf Elemente der Aloha, die das Aloha-Prinzip ausmachen, zu bestätigen.[1] Westliche Wissenschaftler bezeichnen diese Faktoren als die fünf Elemente einer psychisch gesunden Persönlichkeit, eines Menschen, der ein starkes Immunsystem und starke Regenerierungskräfte hat und wenig zu Depressionen und Mutlosigkeit neigt. Deshalb werde ich bei meiner Erörterung der fünf Komponenten der Aloha zugleich auf die jeweiligen Ergebnisse der medizinischen und psychologischen Forschung hinweisen, die diesen Komponenten heute eine so große Bedeutung verleihen.

Ahonui: Geduld, mit Beharrlichkeit zum Ausdruck gebracht

Das Wort *ahonui* bedeutet wörtlich »der große Atem«. Bei der Ausübung der Aloha ist dies ein zentraler Aspekt, weil der Atem des Lebens alles und jeden erhält. Einem Menschen ohne Geduld fehlt der Atem des Lebens. Nicht nur seine eigene, sondern die Gesundheit aller Menschen und aller Dinge in seiner Umgebung wird durch dieses atemlose Leben gefährdet. *Ahonui* bedeutet, geduldig zu sein – in schwierigen Zeiten und auch in Zeiten großer Freude. Es bedeutet *nicht*, ein stilles, passives Leben zu führen. Es bedeutet, sich nicht von seinen Gefühlen überwältigen zu lassen und ausreichend gelassen zu sein, um an allem teilzuhaben, was auch immer geschieht. Es bedeutet, genügend nachsichtig und geduldig zu sein, um mit allen Aspekten des Lebens in Verbindung zu bleiben, den heiligen Atem des Daseins in all seinen Erscheinungsformen einzuatmen.

Die moderne psychoneuroimmunologische Forschung liefert mehr und mehr Erkenntnisse über die Rolle von *ahonui* für die Gesundheit und den Heilungsprozeß. Als die PNI noch in den Kinderschuhen steckte, stellten zwei Kardiologen, Meyer Friedman und Ray Roseman, fest, daß Herzpatienten eine aufschlußreiche Spur in ihrem Wartezimmer hinterließen. Ihre Ungeduld darüber, in diesem Raum aufgehalten zu werden (dessen Name – »das Wartezimmer« – auch noch eine ihrer schlimmsten Frustrationen symbolisierte) hatte dazu geführt, daß die vorderen Ränder aller Sitze zerschlissen waren. Diese Menschen lebten offensichtlich unter dem Druck einer ständigen Zeitnot.[2]

Spätere wissenschaftliche Untersuchungen haben gezeigt, daß viele andere entscheidende Faktoren, die mit einem Gefühl der Getriebenheit in Zusammenhang stehen, das Risiko einer Herzerkrankung sogar unmittelbar beeinflussen. Wahrscheinlich ist eine feindselige Herangehensweise an alles – einschließlich der Zeit – *das* wesentliche Herzrisiko, das Meyer und Roseman identifizierten, und Getriebenheit und Ungeduld sind in Wahrheit Manifestationen anderer Faktoren wie beispielsweise egozentrischer Feindseligkeit. In jedem Fall stört der chronische Streßzustand, der mit der Ungeduld einhergeht, die im zweiten Kapitel beschriebene biologische Schwingung (gesundes Gleichgewicht) und schwächt die Gesundheit.

In ihrem Bemühen, die Uhr zu schlagen, schlagen die von der Zeit (engl.

time) besessenen »Typ T«-Menschen am Ende nur sich selbst. Ständig von der Furcht gequält, daß niemals genügend Zeit vorhanden sei oder vorhanden sein werde, haben sie einfach nicht die Geduld, eins nach dem anderen zu machen, und setzen statt dessen ihren ganzen Ehrgeiz darein, viele Dinge gleichzeitig zu tun und zu denken. Das ist nicht lediglich ein aktives, geschäftiges Leben, sondern ein regelrechter »Uhrkomplex«, der Gesundheitsrisiken schafft.

Leider begreifen Typ-T-Menschen nicht, was die Quantenphysik gerade entdeckt und was die Polynesier schon vor vielen Jahrhunderten über das Wesen der Zeit lehrten: Es *gibt* nichts anderes als das »Jetzt«.[3] Die Typ-T-Persönlichkeit bereitet sich, wie Ralph Waldo Emerson warnte, »ständig darauf vor zu leben, aber lebt nie«. Wie ich im fünften Kapitel noch genauer ausführen werde, bedeutet *ahonui* Leben im ewigen Jetzt, ohne eine Grenze zwischen Gegenwart und Zukunft, und beschreibt eine innere Bereitschaft für das, was der Mythenforscher Joseph Campbell »Epiphanie« oder spontane Offenbarung nannte.

Der Autor James Ogilvy schreibt: »Freude läßt sich zählen, aber nicht berechnen.«[4] Die Glücksreaktion wird nicht dadurch ausgelöst, daß man verzweifelt versucht, Zeit zu sparen. Jüngste Erkenntnisse der PNI deuten darauf hin, daß zielorientierte, zeitfixierte Menschen ihr Immunsystem gefährden. Sie haben noch nie das Glück jenes Zustands erfahren, den der Psychologe Mihaly Csikszentmihalyi *flow* nennt: genau jetzt, genau hier, selbst-los, mühelos in seinem Tun aufzugehen, fast ohne sich des Zeitflusses bewußt zu sein.[5] Und wenn sie dann tatsächlich einmal »etwas Zeit haben«, fühlen sich Typ-T-Menschen frustriert und wissen nicht, was sie damit und mit sich selbst anfangen sollen. Sie streben nach Unsterblichkeit, scheinen aber gar nicht zu wissen, was sie damit anfangen sollten – oder wie sie eine etwaige bereits vorhandene »zusätzliche« Zeit »verbrauchen« könnten.

Neuere Forschungsergebnisse beweisen, daß besonnene, pflichtbewußte, an ethischen Grundsätzen orientierte Menschen, die nicht nur anderen, sondern auch sich selbst gegenüber Geduld aufbringen, tendenziell länger und glücklicher leben.[6] Es scheint »biologisch lohnend« zu sein, »das Richtige zu tun«, beispielsweise, sich die Zeit zu nehmen, einen Einkaufswagen zum Laden zurückzufahren, den Abfall, den jemand anders hinterlassen hat, aufzuheben, Rastplätze in einem besseren Zustand zu hinterlassen, als man sie vorgefunden hat, und sich am Lenkrad höflich zu benehmen.

Ein Kupuna (Ältester) auf der Insel Maui warnte davor, ständig durchs Leben zu hetzen: »Wenn du dich fragst, ob du so glücklich bist, wie du eigentlich sein solltest, dann bist du nicht so glücklich, wie du sein solltest. Du kannst dich nicht lange selbst an der Nase herumführen. Der Mangel an Freude in deinem Leben wird dich einholen. Irgend etwas wird deine Aufmerksamkeit in Anspruch nehmen: eine Krankheit, ein Verlust oder ein anderes persönliches Problem, und ab dann wird dir eine innere Stimme ständig zuflüstern, daß du deinen größten Schatz vergeudest – das Geschenk des Jetzt.«

Lokahi: Einheit, mit Harmonie zum Ausdruck gebracht

Lokahi bezeichnet ein Verhalten im ständigen Einklang mit der natürlichen und der geistigen Welt. Es bedeutet, mit einem Gefühl des Verzaubertseins zu leben, in harmonischem Einklang nicht nur mit sich selbst, sondern auch mit anderen Menschen, jetzt lebenden und aus der Vergangenheit. Es bedeutet, keinen Stein aufzuheben und keine Blume zu pflücken, ohne sich dessen bewußt zu sein, daß man damit die Gesamtheit des Universums verändert.

Die moderne Psychologie konzentriert sich weitgehend auf die »Gesundheit des Selbst«. Therapeuten arbeiten an Projekten wie kreative Elternschaft, Selbstbehauptungstraining, größere sexuelle Erfüllung, Heilung des inneren Kindes, Überwindung der Kodependenz und daran, in Beziehungen zu größerer Intimität zu finden. Und derweil wird die Luft immer schmutziger, und das Ökosystem bricht zusammen. Tausende von Tier- und Pflanzenarten sind von der Erde verschwunden, und in jeder Stunde werden 13 Quadratkilometer Regenwald zerstört. Das neu entstehende Forschungsgebiet der Ökopsychologie weist darauf hin, daß wir uns auf belanglose persönliche Beziehungsprobleme fixieren, anstatt uns um eine gesunde Beziehung zum Ganzen zu bemühen, die diese trivialen Konfliktlein wahrscheinlich bereinigen und sie auf alle Fälle in den sinnvollen Kontext stellen würde, der für ein wahrhaft gesundes und glückliches Leben unabdingbar ist. Die Ökopsychologie lehrt, daß unser Ich zu eng definiert ist und daher expandieren muß – auf die Größe der Erde. Sie erklärt im Einklang mit dem Konzept der *lokahi*, daß keine Gesundheit oder Heilung möglich ist, wenn nicht zugleich auch der Planet geheilt wird.

Die neuen Ökopsychologen stellen alte ozeanische Fragen. Statt: »Holen Sie soviel wie überhaupt möglich aus Ihrem Leben heraus?« fragen Sie: »Was ist die Aufgabe eines Therapeuten in einer sterbenden Welt?« Anstatt nach der Natur unserer ungesunden persönlichen Beziehungen zu fragen,

fragen sie: »Welches ist die Natur Ihrer Beziehung zum Planeten?« Anstatt sich auf Spannungen innerhalb der Familie zu konzentrieren, stellen sie die umfassendere Frage: »Wer wird den Mißbrauch der Erde beenden helfen?« Weniger darum besorgt, unser »inneres Kind« zu retten, fragen sie: »Wer wird dabei helfen, den gesamten Planeten zu heilen?« Wenn eine Patientin jammert, sie leide unter Orgasmusschwierigkeiten, oder ein Patient, er hole nicht soviel aus dem Leben heraus, wie er könnte, wird der Ökopsychologe, der die moderne *lokahi* praktiziert, ihn möglicherweise unterbrechen und sagen: »Ist Ihnen übrigens bewußt, daß die Erde stirbt?«[7]

Lokahi zu üben bedeutet nicht, daß man das Wohlergehen des einzelnen ignoriert. Es bedeutet, daß der Schmerz des individuellen Leidens untrennbar ist vom Schmerz des Planeten. Wohlbefinden kann nicht erlangt werden, indem man sich bemüht, seine eigene Situation ohne Rücksicht auf das Ganze zu verbessern. Untersuchungen haben neuerdings nachgewiesen, daß die Fähigkeit, gesunde Beziehungen zu anderen Menschen aufzubauen und aufrechtzuerhalten, für Gesundheit und Glück von entscheidender Bedeutung ist und daß ein Abbruch, eine Vernachlässigung oder ein Mißbrauch von Beziehungen tödlich sein kann. Wenn wir Freude in unser Leben bringen wollen, dann müssen wir zuerst ein Mensch werden, der große Freude in das Leben hineinbringt – und in das Leben anderer Menschen.

Ein polynesischer Kahuna sagte: »Alle Bindungen sind für die Ewigkeit. Scheidung kann eine Beziehung niemals aufheben, und wenn du Freude finden willst, dann bleib in engem Kontakt mit anderen Menschen und der Welt. Das Gehirn mag denken, daß es eine Beziehung zu einem anderen Menschen beendet habe, aber das Herz denkt anders. Wie ein liebendes Kind liebt das Herz, wenn es einmal geliebt hat, für immer – was auch geschehen mag. Du kannst dich niemals wirklich trennen, selbst wenn du am anderen Ende der Welt wohnst. Dies ist ein physikalisches Gesetz und ein polynesisches Gesetz. Wenn Dinge sich einmal verbinden, dann werden Sie durch diese Verbindung verändert und sind für immer eins.«

'Olu'olu: Friedfertigkeit, mit Liebenswürdigkeit zum Ausdruck gebracht

Das Wort *'olu'olu* leitet sich von einem Adjektiv ab, das soviel wie »flexibel, geschmeidig und zufrieden« bedeutet. Es bezeichnet das genaue Gegenteil eines der führenden Krankmacher unserer modernen Zeit – der Feindseligkeit. Die Polynesier betrachten Friedfertigkeit und Verständnis nicht nur als etwas Angenehmes, sondern als etwas, was für das Wohlbefinden von wesentlicher Bedeutung ist. Diese Liebenswürdigkeit beschränkt sich nicht auf Menschen; sie sollte auf die gesamte Natur ausgedehnt werden. Die Polynesier schnitzten früher viele Stunden lang an ihren knöchernen Angelhaken, um sie nicht nur zweckmäßig, sondern auch schön zu gestalten, so daß ein Fisch einen »wunderschönen letzten Augenblick« haben würde.

Wenigstens einer von fünf Menschen trägt soviel Wut und Feindseligkeit mit sich herum, daß dies ein ernstes Gesundheitsrisiko für ihn darstellt.[8] Wie ich im neunten Kapitel noch näher ausführen werde, resultiert ein Großteil unserer Wut aus dem Gefühl, daß jemand unsere Grenzen verletzt habe, in unseren ureigensten Bereich eingedrungen sei. Das moderne Leben ist ein ständiger Wettkampf um Raum und Zeit, und jemanden, der uns von dem einem oder andern etwas wegnimmt, betrachten wir als Feind.

Wut und Feindseligkeit erzeugen eine chronische Streßreaktion, über die ich im nächsten Kapitel noch mehr sagen werde. Das Herz wird in Alarmbereitschaft versetzt, der Blutdruck schießt in die Höhe, und das Immunsystem versagt. Der Kardiologe Robert Eliot beschreibt einen Menschen, der sich in einer chronisch reizbaren Stimmung befindet, als »Hypertonie-Junkie«, denn wir gewöhnen uns allmählich an den täglichen »Schub« von Wut und können regelrecht süchtig danach werden.[9] Gewohnheitsmäßige Feindseligkeit kann der größte Dieb unserer Freude und unserer Gesundheit sein. Die Polynesier waren sich der Gefahren eines »überhitzten« Lebensstils sehr deutlich bewußt. Das Wort 'olu bedeutet auch »kühl«: das genaue Gegenteil der überhitzten Reaktion der egozentrisch impulsiven und reizbaren Persönlichkeit.

Wissenschaftliche Untersuchungen haben eindeutig erwiesen, daß Wut tötet.[10] Eine wesentliche Voraussetzung für Lebensfreude ist die Fähigkeit zu verzeihen, und die moderne Forschung hat gezeigt, daß eine freundlich-nachsichtige Lebenseinstellung die vergnüglichste und gesundeste Möglichkeit ist, ein hohes Alter zu erreichen.[11] Der Kardiologe Redford Williams und seine Frau definierten die Lebenseinstellung einer verzeihenden Freundlichkeit anhand eines »Abc des Verzeihens«. Dabei handelt es sich um genau dieselben drei Elemente der 'olu'olu oder Friedfertigkeit, von denen die Polynesier sprechen. Sie lauten: a) beginne mit kleinen Dingen, b) triff die Entscheidung, zu verzeihen, um Zorn zu vermeiden, und halte dir seine gesundheitsschädlichen und freudetötenden Auswirkungen vor Augen und c) entwickle deine Fähigkeit zu verzeihen, um mit immer komplexeren und schwierigeren Ärgernissen fertig zu werden.[12]

Ein hawaiianischer Kupuna sagte: »Du mußt dreimal verzeihen. Du mußt dir selbst verzeihen, denn du wirst nie vollkommen sein. Du mußt deinen Feinden verzeihen, denn das Feuer deines Zorns wird dich und deine Familie verzehren. Und was vielleicht am schwierigsten ist: Wenn du in deinem Leben Freude finden willst, dann mußt du deinen Freunden verzeihen, denn da sie Freunde sind, sind sie dir so nahe, daß sie dich unwillkürlich verletzen können. Freundschaft bedeutet, verzeihen zu können.«

Ha'aha'a: Demut, mit Bescheidenheit zum Ausdruck gebracht

Ha'aha'a bedeutet »anspruchslos« und »unprätentiös«. Es bedeutet, über das zu verfügen, was westliche Forscher heute die »emotionale Intelligenz« nennen, uns unserer Schwächen bewußt zu sein, uns selbst zu beruhigen, anderen gegenüber tolerant zu sein und nicht zu meinen, wir seien wichtiger als irgendein anderer Mensch. Es bedeutet, das, was man erreicht und geleistet hat, mit Zurückhaltung darzustellen und nicht zu versuchen, besser zu sein als andere. In Polynesien wird Prahlerei als die schlimmste Form von Unhöflichkeit und Respektlosigkeit betrachtet – und darüber hinaus als eine gesundheitsschädigende Art, sich von anderen Menschen und der Natur zu distanzieren. Ein Kupuna sagte: »Prahlen ist wie Husten, ohne sich den Mund zuzuhalten. Es verstreut den Virus des Getrenntseins und der Arroganz in alle Richtungen und schwächt alle.«

Egozentrische Impulsivität, Reizbarkeit und Selbstsucht schwächen das Immunsystem, erhöhen das Risiko eines vorzeitigen Todes und berauben das Leben jeder Freude. Die Polynesier betrachten Arroganz als eine Beleidigung der Ahnen und der Götter, weil sie sich den natürlichen, heiligen Atem des Lebens, der allen geschenkt wurde, als Verdienst anrechnet oder Eigentumsrechte darauf geltend macht. Arroganz bedeutet, öffentlich zu erklären, daß wir uns entscheiden, abgesondert zu sein.

Vor über einem Jahrhundert schrieb Edward Bellamy: »Wettbewerb, der instinktive Ausdruck von Selbstsucht, ist gleichbedeutend mit Vergeudung von Energie, während Kooperation das Geheimnis einer effizienten Produktivität ist.«[13] Soziologen haben herausgefunden, daß die Theorie, Wettbewerb sei natürlich und unvermeidlich, unkorrekt ist.[14] Altruismus, nicht Egozentrismus, ist der Weg, der zur Gesundheit der Gemeinschaft und des Individuums führt. Wettbewerb läuft meist auf eine Vergeudung der Energie hinaus, die sehr viel konstruktiver genutzt werden könnte.

Eine Kupuna wiederholte einmal mir gegenüber ihren Lieblingsaus-
spruch über den Zorn. Sie hatte ihn in *Sayings of the Fathers* gelesen und
übersetzte ihn für mich ins Hawaiianische. Sie betrachtete ihn als eine
hervorragende Formulierung des polynesischen Ideals eines gelassenen und
wohlwollenden Lebens, das dem Menschen, wie sie sagte, den »alltäglichen
Frohsinn« schenkt.

»Es gibt vier verschiedene Temperamente:
Wer leicht zu provozieren und leicht zu besänftigen ist – sein Verlust
geht in seinem Gewinn unter.
Wer schwer zu provozieren und schwer zu besänftigen ist – sein
Gewinn geht in seinem Verlust unter.
Wer schwer zu provozieren und leicht zu besänftigen ist, ist ein
Heiliger.
Wer leicht zu provozieren und schwer zu besänftigen ist, ist ein böser
Mensch.«[15]

Akahai: Freundlichkeit, mit Sanftheit zum Ausdruck gebracht

In Polynesien gilt das Schenken als eine der schätzenswertesten Verhaltensweisen überhaupt. Die Polynesier glauben fest daran, daß man am Ende das
bekommt, was man ausgesandt hat. Wenn jemand ein freundliches, rück-
sichtsvolles Verhalten an den Tag legt, dann wird er ebenso behandelt
werden. Wenn man eine Blume für einen Blütenkranz (*lei*) pflückt, dann
bedankt man sich und läßt dafür etwas zurück. Die Stimme und das Verhalten sollten weich und sanft sein, weil Lärm und Grobheit die freundlichen
Götter vertreiben und negatives Mana oder negative Energie verbreiten.
Ein Kupuna sagte: »Betrachte jedes deiner Worte und jede deiner Taten als
einen Bumerang, und sei dir bewußt, daß er zu dir zurückkehren wird.«
Die moderne Forschung hat gezeigt, daß wir mit einer freundlichen und
großzügigen Haltung nicht nur unseren Mitmenschen guttun, sondern
auch uns selbst und daß diese Haltung der Gesundheit extrem förderlich ist.
Sanfte, fürsorgliche Selbstlosigkeit bringt erhebliche gesundheitliche Vorteile.[16] Zeit zu investieren, um sich um Fremde zu kümmern, wirkt sich
ebenso positiv auf die Gesundheit aus, wie ebensoviel Zeit im Fitneßstudio
zu verbringen. Daraus ergeben sich immense Heilungserfolge und eine
Stärkung des Immunsystems.[17] Die Polynesier nennen dieses Verhalten

kokua, was bedeutet, andere zu unterstützen und ihr Los zu verbessern, und sie haben schon vor Jahrhunderten gewußt, daß die beste Art, sich selbst zu helfen, darin besteht, sein eigenes Selbst zum Schweigen zu bringen und anderen davon zu schenken.

Ein Kahuna sagte mir: »Deiner Familie etwas zu geben geschieht automatisch. Du mußt es tun, obwohl es häufig sehr schwierig und ermüdend ist. Fremden etwas zu geben erfordert eine bewußte Entscheidung. Die Freude, die du daraus beziehst, ist sehr groß, und sie ergibt sich daraus, daß du Fremde zu einem Teil deines Lebens machst. Mit jedem Mal fällt es dir leichter, weil du zu einem Weg wirst, der die Schöpfung mit dem Schöpfer verbindet.«

Reife Freude

Die fünf Prinzipien der Aloha schärfen, wenn sie sämtlich in die Tat umgesetzt werden, unser Bewußtsein unseres menschlichen Potentials und der Heiligkeit unseres Lebens. Wir spüren die tiefe und anhaltende Freude, die dieses Bewußtsein uns schenken kann, und wir beginnen, uns aktiv um die Dinge und den Lebensstil zu bemühen, die uns diese Art der Freude vermitteln. Wir entsagen den leeren, flüchtigen Reizen zugunsten all dessen, was uns tieferes, dauerhafteres, sinnvolles Glück bringt.

Um den Dritten Weg des Denkens, der dem Aloha-Prinzip zugrunde liegt, voll wertschätzen zu können, müssen wir das ozeanische Konzept von Reife verstehen. Gesunde Freude ist eine Erfahrung, die über kurze, intensive, ungehemmte und kindliche Stimulation weit hinausgeht. Nach dem Aloha-Prinzip zu leben bedeutet, eine Reife zu entwickeln, die über sozioökonomische Sicherheit, soziale Anerkennung oder persönlichen Erfolg hinausgeht. Gesunde Freude verlangt sehr viel mehr als den wirtschaftlichen Aufstieg, dem die westliche Psychologie soviel Wert beimißt, oder die spirituelle Transzendenz, die die östliche Psychologie so sehr betont. Sie erfordert die Art von emotionaler Reife, die von den ozeanischen Kulturen verstanden und praktiziert wird.

In der westlichen Kultur wird Erwachsensein durch Unabhängigkeit definiert und durch Klugheit beim Erwerb und Schutz von Vermögen. Im östlichen Paradigma beruht Reife mehr auf individuellen spirituellen Kriterien. Der Introspektion und dem Erwerb individueller Weisheit und individuellen Wissens wird eine wesentliche Bedeutung beigemessen. Die polynesische Definition der Reife – mit anderen und der Welt in einer immer

enger werdenden Beziehung zu stehen – ist selten ein Kriterium für gesell-
schaftliches Ansehen im Osten oder für beruflichen Erfolg im Westen.

Der Dritte Weg, eine Lebensführung nach den Prinzipien der Aloha,
betont den Wert der Toleranz und der verzeihenden wechselseitigen Abhängigkeit. Die Menschen leben nicht *auf*, sondern als ein Teil der Welt,
und so wird jemand dann als erwachsen angesehen, wenn er sich der Welt
gegenüber verantwortungsbewußt und fürsorglich verhält und imstande ist,
sich über kleine Dinge intensiv zu freuen. Die »kindliche« Fähigkeit, die
Welt als etwas Magisches anzusehen, wird als *der* Weg zu erwachsener Reife
betrachtet, und nicht etwa als eine Ablenkung davon.

Reife ist ein von Freude erfülltes Leben, das auf einer ständigen ausgewo-
genen, respektvollen Interaktion mit der Welt basiert und auf keine bestimmten Dinge oder Erkenntnisse angewiesen ist, um »glücklich« sein zu
können. Leiden oder Traurigkeit ist nichts, was es zu vermeiden gälte,
sondern etwas, woraus man lernen sollte; Glück sollte wertgeschätzt, aber
niemals als selbstverständlich betrachtet werden. Und Freude ist die natürliche Begabung zur Anteilnahme, nicht etwas, worauf man ein Anrecht hätte.
Freude ist die Erfahrung, unser Leben gemäß unserem vollen Potential zu
leben und dabei das Freude-Potential anderer nicht einzuschränken, sondern zu steigern.

Wenn wir Freude als das Resultat eines Tuns oder Habens betrachten,
dann werden wir ihr ewig hinterherjagen, aber sie niemals wirklich besitzen. Der Grund dafür ist, daß sie dann auf »Dingen« basiert, daß wir
versuchen, innere Bedürfnisse mit äußeren Belohnungen zu befriedigen.
Jegliches Wünschen ist seiner Natur nach zeitlich befristet, und Wünsche
erzeugen immer neue Wünsche. Wenn wir also alles haben, was wir gewollt
hatten, wollen wir eben einfach *mehr*. Fortschritt, Entwicklung und Veränderung sind schön und gut, aber sie dienen letztlich nur dazu, unsere Gier
nach »mehr« zu verstärken.

Vertreten wir den Standpunkt, Freude sei in Selbsterkenntnis und individueller Einsicht zu finden, dann muß uns ein Zustand allzu großer Zufriedenheit zwangsläufig suspekt sein, da er auf eine Fixierung auf das Weltliche
statt auf das Spirituelle hinweist. Wie das Glück des Besitzens hat auch die
Freude, die uns individuelle Erkenntnisse und Entdeckungen schenken,
keinen Bestand. Das Gehirn sagt niemals »das genügt«, weil es, wie wir im
zweiten Kapitel gesehen haben, auf Selbsterhaltung angelegt ist.

Diese beiden Lebenseinstellungen betrachten die grundsätzliche, chronische Unzufriedenheit mit dem Status quo – mit dem, was man hat oder
wie man ist – als die unerläßliche Vorbedingung des Glücks. Der Dritte

Weg der ozeanischen Kulturen lehrt das genaue Gegenteil. Statt ständig irgendwohin unterwegs zu sein, versteht es die polynesische Kultur, »hier« zu sein. Freude entsteht mehr durch Gemeinsamkeit und Helfen als dadurch, daß man den anderen im Konkurrenzkampf ausgestochen hat oder zu einer vergleichsweise tiefen individuellen Weisheit gelangt ist. Es genügt, heute, an diesem Tag, zu fischen, mit dem Ozean und seinen Bewohnern zu reden und den Fang des Tages mit deinen Nachbarn zu teilen, selbst wenn das bedeutet, daß du, wenn du nach Hause kommst, all deine Fische verschenkt hast. Die Freude der Polynesier resultiert daraus, daß sie alle Aspekte ihres Daseins miteinander teilen. Was man auf dem polynesischen Weg erwirbt, ist ein echtes Gefühl der Zugehörigkeit.

Der Buddha lehrte: »Die Ursache des Leidens ist das Begehren, und das Gegenmittel gegen das Leiden ist die Aufhebung des Begehrens.« Wie ich noch ausführen werde, lassen wir uns stärker durch unser Verlangen nach intensiven Gefühlen und nach Dingen leiten als durch das Bedürfnis der Seele nach Schönheit und geteilter Freude. Wir glauben, daß es uns Freude bringen wird, das zu haben, was wir uns wünschen, aber das Aloha-Prinzip lehrt uns, daß wir nur wahrhaft glücklich sind, wenn wir das wollen, was wir haben.

Wir verbringen etwa 15 Prozent unserer wachen Zeit damit, zu essen und uns der Pflege unseres Körpers zu widmen. Der oben beschriebene Gesundheitsterror hat sogar diesen Aktivitäten viel von ihrem Lustpotential genommen und dadurch das zerstört, was ich unsere »vegetative Freude« nenne. Man redet uns ein, ein angenehmer Geschmack sei für unsere Gesundheit nicht relevant und wir müßten Lebensmittel essen, die wenig Fett, viele Balaststoffe und wenig Cholesterin enthalten. Wir kommen nicht mehr dazu, uns genüßlich zu duschen oder uns in Ruhe die Zähne zu putzen, ohne zugleich darauf hinzuarbeiten, tödliche Bakterien zu beseitigen. Wir haben sogar nur selten Zeit für eine ausgedehnte, gemütliche Sitzung auf dem Klo, weil wir über unsere nächste Aufgabe nachdenken oder darauf achten müssen, ob die Konsistenz und Beschaffenheit unseres Kots nicht auf irgendwelche Gesundheitsprobleme hinweist. Man drückt uns immer mehr Tests zur Selbstuntersuchung in die Hand, damit wir etwaige warnende Symptome so früh wie möglich erkennen können. Wie Menschen, die in ihrer Wohnung hochempfindliche Alarmanlagen haben installieren lassen, werden wir am Ende zu Gefangenen unserer eigenen Ängste. Als bestünde der eigentliche Sinn des Lebens darin, gesund zu sein, leben wir, ohne zu wissen, daß der Sinn der Gesundheit darin besteht, den höheren Sinn des Lebens zu finden: reife, geteilte Freude.

Drei Fragen der Reife

Hier sind drei Fragen, die Sie sich selbst stellen sollten, und, was vielleicht noch wichtiger ist, die Sie jemandem stellen sollten, der Sie sehr gut kennt. Es sind grundlegende Fragen, die im Laufe der Zeit viele Philosophen und Lehrer in der einen oder anderen Formulierung überall auf der Welt gestellt haben.

> Leben Sie voll und ganz?
> Lieben Sie vorbehaltlos?
> Lassen Sie völlig los?[18]

Im ozeanischen Denken bedeutet *voll und ganz* zu leben, sich völlig mit der Welt zu verbinden, nicht, sie zu *benutzen* oder sie als Durchgangsstation auf seinem Weg zur persönlichen Vollkommenheit zu betrachten. Es bedeutet, sich selbst als Teil der Erde wahrzunehmen und allen ihren Bewohnern, ob Pflanzen oder Tieren, ob dem Regenbogen oder dem Wirbelsturm, mit Verantwortungsgefühl, Respekt und Wertschätzung zu begegnen. Es bedeutet nicht, die Natur einfach zu *genießen*, sondern *ein Teil* der Natur zu sein. Für die Polynesier bedeutet ein mit voller Hingabe gelebtes Leben, die Kraft der Natur wahrzunehmen und zu bewundern und die eigene Verbundenheit mit ihr zu feiern – selbst dann, wenn die feurigen Haarsträhnen von Pele, der Vulkangöttin, dein Heim langsam umarmen und dann zerstören, während sie neues Land schafft.

Im ozeanischen Denken geht *vorbehaltlose Liebe* über die romantische Liebe des Westens und die spirituelle Liebe des Ostens hinaus. Liebe bedeutet nicht, sich nur einer Person, sondern vielmehr *allen* Menschen und Dingen hingebungsvoll zu widmen. Sie ist Bewunderung in Aktion, mehr ein Verhalten als ein privates Gefühl und mehr ein Austausch mit allem als nur mit einem einzigen Partner. Nach den Regeln der Aloha wird Sex nicht benutzt, um Liebe aktiv zum Ausdruck zu bringen, und auch Liebe wird nicht benutzt, damit Sex stattfinden kann. Liebe ist gleichermaßen ein bewußtes endgültiges Bekenntnis, Fürsorglichkeit und Leidenschaft, und sie wird nicht daran gemessen, »was sie einem bringt« sondern daran, wieviel besser die Welt ist, weil man gelebt und geliebt hat.

Völlig loszulassen bedeutet in ozeanischen Begriffen, das Selbst zum Schweigen zu bringen, nicht einfach, ihm Ausdruck zu verleihen oder es zu verbessern. Es bedeutet zu tanzen, zu umarmen, zu singen, zu chanten, zu lachen, zu weinen und rückhaltlos und hingebungsvoll zu beten. Es bedeutet Freiheit von dem Wunsch, auf Kosten anderer nach Reichtum zu streben. Es bedeutet, die Bedeutung des Leidens im Leben zu erkennen und die Geduld zu haben, die Lektionen, die sich daraus ergeben, zu lernen. Es bedeutet, Freude als eine Lebensweise zu betrachten und nicht als eine vorübergehende Belohnung. Es bedeutet, das natürliche Chaos der Welt zu akzeptieren und sogar zu genießen und ehrfürchtig zu staunen – sowohl über die Zerstörung, die eine Flutwelle anrichtet, als auch über die lustigen kleinen Kräuselungen der Wasseroberfläche, die ein tanzender Delphin verursacht.

Vielleicht sagen Sie sich jetzt: »Das klingt ja ganz einfach … Wo ist der Haken?« Es gibt drei psychospirituelle Mechanismen, die es uns erschweren, diese Prinzipien ganz und gar zu akzeptieren und ihnen gemäß zu leben. Sie sind in unserer menschlichen Natur begründet und werden durch die Konsumorientierung unserer Gesellschaft sozial verstärkt. Sie werden zudem durch unsere Konzentration auf Individualität und individuelles Bewußtsein noch weiter gefestigt. Um uns von ihnen befreien zu können, müssen wir uns ihrer erst vollkommen bewußt werden.

Die drei Glücksblocker

Folgende drei mentalen Irrtümer tragen zu unserem Freudemangel-Syndrom bei und verstellen uns den Weg zu gesunder, reifer Freude; ich nenne sie die »Glücksblocker«. Es sind: Glücksbulimie, entheiligende Abwehr und angemaßte Göttlichkeit.

Glücksbulimie   Machen Sie einmal den folgenden Test. Verzichten Sie auf den Gang zum Kühlschrank, und schauen Sie sich während eines Ihrer Lieblings-Fernsehprogramme den gesamten Werbeblock an. Zählen Sie, bewaffnet mit Block und Bleistift, wie viele Male während der Werbespots das Bild wechselt. Machen Sie jedesmal, wenn ein neues Gesicht oder eine neue Szene auftaucht, einen Strich auf den Block. Zählen Sie nach dem Ende des Werbeblocks, wie viele Male die Szene insgesamt gewechselt hat. Bevor Sie zählen, raten Sie erst einmal, wie viele Szenenwechsel es gab.

Zwar mag es Ihnen länger vorkommen, aber die meisten Werbeblocks dauern etwa drei Minuten. Da unsere egoistischen Gehirne so süchtig nach der Streßreaktion sind, sorgen die Werbeleute dafür, daß während eines dreiminütigen Werbeblocks die Szene etwa *einhundertfünfzigmal* wechselt.

Schauen Sie sich zum Vergleich einmal drei Minuten eines alten Spielfilms an. In drei Minuten Laufzeit des Films *Casablanca* gab es im Durchschnitt acht Szenenwechsel. Der Unterschied in der Stimulationsfrequenz, die unser Gehirn früher brauchte und die es heute braucht, um aufmerksam zu bleiben, spiegelt unsere heutige Sucht nach ständig neuen Reizen.

Wir sind so abhängig von der Streßreaktion und so sehr daran gewöhnt, unser Leben von ihr bestimmen zu lassen, daß wir zu »Glücksbulimikern« geworden sind. Unsere Gesellschaft geht mit Vergnügen weitgehend so um, wie eine Bulimikerin mit Nahrung. Wir stopfen uns mit Vergnügen voll und geben es wieder von uns, berauben uns in unsererem gehetzten Überlebenskampf tagelang jeglicher Freude, um uns dann wieder für eine kurze Zeit damit zu überfüttern, nur um uns ihrer danach so rasch wie möglich wieder zu entledigen. Um das Aloha-Prinzip zu verstehen müssen wir Ausgeglichenheit, *pono*, lernen. Wie der Aloha-Test zeigte, sind die Polynesier relativ frei von der Streßreaktion. Sie wissen, wozu sie nötig ist – um ein Leben zu retten oder damit man einander keinen Schaden zufügt.

Unsere Tendenz, automatisch in einen Zustand der Euphorie zu geraten, macht uns dafür anfällig, allzu tief abzustürzen. Sie beraubt uns auch des Glücks, uns am Alltäglichen zu freuen, Beständigkeit ebenso wertzuschätzen wie Veränderung, das Alte ebenso wie das Neue zu genießen. Nach »privaten« spirituellen Einsichten zu streben und dabei andere aus den Augen zu verlieren führt zudem dazu, daß es uns an dem Austausch mangelt, durch den unsere kleinen, alltäglichen Erfahrungen bereichert werden. Der Philosoph Jack Kornfield weist darauf hin, daß selbst die exaltiertesten Gefühlszustände keine Bedeutung haben, wenn wir nicht auf ganz einfache Art glücklich sein können, wenn wir uns von unseren Mitmenschen und von dem Leben, das uns geschenkt wurde, nicht im tiefsten Herzen berühren lassen können.

Die entheiligende Abwehr   Der zweite Glücksblocker ist etwas in uns, das schreckliche Angst davor zu haben scheint, was passieren könnte, wenn wir uns *tatsächlich* den Freuden des Alltagslebens öffneten: nämlich daß wir vom Wunder des Lebendigseins überwältigt würden. Der Psychologe Abraham Maslow definierte das *Entheiligen* als eine Art des Denkens und als ein Verhalten, die dadurch charakterisiert sind, daß man den einfachen Wundern des Alltagslebens gegenüber nicht offen ist und nicht auf sie reagiert, weil eine solche Offenheit die Alltagsbewältigung behindern könnte. Dies ist eine Art Überlebensstrategie: Wenn wir uns dafür öffneten, dann könnte es passieren, daß wir unsere ganze Zeit damit verbringen, über die Großartigkeit des Lebens zu staunen.[19] Das Aloha-Prinzip kann uns nicht nur von unserer Sucht nach Reizüberflutung befreien, sondern auch von einem Gefühl, das damit eng verwandt ist: unserer Furcht vor der Kraft heiliger Schönheit.

Wie wir im fünften Kapitel sehen werden, ist unser Gehirn ein ziemlicher »Primitivling«. Sein ganzes Sinnen und Trachten gilt dem eigenen Überleben; die kraftvolle Heiligkeit des Lebens ist eine gefährliche Ablenkung. Es sind nicht nur anstrengende Ereignisse, die unseren Körper mit neurohormonalen Hochgefühlen überfluten. In jenen besonderen Momenten, da wir eine flüchtige Ahnung von der Großartigkeit des Lebens auf unserem Planeten gewinnen, erschaudert ein Teil von uns angesichts seiner Herrlichkeit. Sie erschreckt uns durch ihre Kraft, uns zu verändern. Und ebenso wie die Intensität eines negativen, belastenden Ereignisses bei uns einen Herzanfall auslösen kann, kann uns auch ein plötzliches, intensives Glücksgefühl umbringen.[20] Häufig nehmen Menschen nicht deshalb Drogen, weil sie einem unerträglichen Leben entfliehen möchten, sondern weil der künstliche Zustand, den Drogen herbeiführen, eine berechenbare Ablenkung von der intensiven Freude eines guten Lebens ist, das uns allzu ehrfurchteinflößend erscheinen oder uns zuviel Energie und Selbstlosigkeit abverlangen könnte.

Die westliche Kultur fürchtet sich häufig vor dem Göttlichen oder betrachtet es als eine in weiter Ferne liegende Belohnung für gutes Verhalten und harte Arbeit. Wir praktizieren »Wochenendgottesdienste« anstelle regelmäßiger Rituale zu Ehren der Natur. Wenn das Göttliche dem Alltagsleben allzu nahe kommt, dann fühlen wir uns dadurch eingeschüchtert. Der Autor William W. Harwan schreibt, daß das Bedürfnis, die Welt zu entheiligen, eine Abwehr dagegen ist, von Gefühlen der Demut, der Verehrung, des Erstaunens und der Ehrfurcht über die erstaunliche Gnade, am Leben zu sein, überwältigt zu werden.

Auf ozeanische Art zu leben bedeutet, sich nicht vor dem Göttlichen zu fürchten – sich als ein Teil dieses Göttlichen und dafür verantwortlich zu fühlen und dadurch eine neue Lebendigkeit zu gewinnen. Das Leben der Polynesier hat durch ihre Verbindung mit dem Land und dem Meer etwas Heiliges, sie wertschätzen das Weltliche nur als einen Ausdruck des Spirituellen und erkennen das Göttliche in allem, was sie tun und sehen. Statt zu meditieren, um das individuelle Bewußtsein zu erweitern, bebauen die Polynesier das Land, um das Ganze zu pflegen und zu nähren. Die Polynesier wehren sich nicht gegen das Göttliche und betrachten von diesem hervorgerufene Gefühle als einen natürlichen Aspekt des Lebendigseins.

Angemaßte Göttlichkeit   Unser angeborenes Bedürfnis nach spiritueller Glückseligkeit ist so stark, daß wir seine Kraft nicht ununterbrochen leugnen können. Sobald wir aber anerkennen, daß das Leben einen tieferen Sinn hat, stolpern wir häufig über den dritten Glücksblocker: die Säkularisierung des Heiligen. Veränderte Bewußtseinszustände werden bisweilen als »All-Einheitserfahrungen« bezeichnet, weil sie uns das Gefühl vermitteln, daß alle Grenzen und Trennungen verschwinden und wir mit allem eins sind. Im Westen wird das Wachbewußtsein als das Optimale betrachtet, und dem Streben nach »höheren« oder veränderten Bewußtseinszuständen wird mit Mißtrauen begegnet. Die westliche Psychiatrie ordnet Berichte über All-Einheitserfahrungen im allgemeinen in den Bereich der Psychopathologie oder Regression ein. Dies ist eine Form der »wissenschaftlichen Abwehr gegen das Göttliche«, bei der etwas verdrängt wird, was die meisten von uns zu irgendeinem Zeitpunkt erahnen, wofür die moderne Wissenschaft aber noch keinerlei Gespür hat. Als Reaktion auf diese Abwehrhaltung suchen einige moderne psychologische Schulen darin einen Ausweg, daß sie eine neue Pseudo-Spiritualität schaffen.

Ein Beispiel für den Abbau der Abwehr gegen das Göttliche ist die Tatsache, daß in jüngster Zeit das Interesse der Ärzte und Patienten an der Kraft des Gebets stark gewachsen ist.[21] Im Dezember 1995 nahmen mehr als 900 Ärzte, Geistliche und Akademiker in Boston, Massachusetts, an einem Kongreß über Heilung und Spiritualität teil. Auf diesen Kongreß wurde deutlich, daß der Westen, wenn er sich mit der Kraft des Heiligen auseinandersetzt, dazu neigt, es mit Hilfe seines kontinentalen Bewußtseins zu »verarbeiten« und es in eine weitere »Technik« zu verwandeln. Nur rund ein Drittel der westlichen Psychologen, aber mehr als zwei Drittel der von ihnen behandelten Menschen bezeichnen sich als religiös. Diese Diskrepanz beweist, daß viele westliche Heiler versuchen, Gebet und Spiritualität als ein weiteres Instrument aus ihrer Trickkiste zu *nutzen,* anstatt ihre Bedeutung als eine Lebensweise zu erfassen.

Die Polynesier haben eine holistische Herangehensweise an Religion oder Spiritualität. 2000 Jahre lang haben sie mehrmals täglich gebetet. Ihr Gebet kann sich als ein Gruppengesang, ein Hula oder ein Lied ausdrücken, und es dient der Zelebrierung eines spirituellen Bündnisses. Sie glauben, daß die Worte des Gebets durch aufrichtige Wertschätzung, Dankbarkeit und Demut angesichts des Heiligen motiviert und von Verhaltensweisen begleitet sein müssen, die ebendiesen Respekt zum Ausdruck bringen. Sie beten nicht *zu* ihren Göttern, sondern *mit* ihren Göttern, ihren Ahnen, den Pflanzen, den Fischen, den Felsen, dem Weltgeist und allem, was existiert

und jemals existiert hat. Sie beten nicht, um mehr Glück in ihr eigenes
Leben zu bringen oder um Gott um einen Gefallen zu bitten, sondern um
ihre Dankbarkeit zum Ausdruck zu bringen und um zu geloben, sich für
alles Glück, das ihnen widerfahren ist, und für die Lehren, die ihnen zuteil
wurden, erkenntlich zu zeigen.

Für die Polynesier ist das Gebet das primäre Kommunikationssystem, das
alle Dinge verbindet, und nicht etwa ein Instrument, das man einsetzt, um
einen einzelnen Menschen zu heilen. Sie beten meistens in Gruppen (*pule
'ohana*), und ihr Gebet soll zur Verbesserung und Heilung der ganzen Welt
beitragen. Gebete sind durch das demütige Bewußtsein der unmittelbaren
Präsenz des Göttlichen motiviert, nicht durch den Wunsch nach göttlicher
Intervention. Den Polynesiern *geschieht* das Beten, weil sie spirituell sind; sie
beten nicht, um spirituell zu sein.

Das neu erwachte westliche Interesse am Gebet entpuppt sich allerdings
meist als eine Suche nach einem raffinierten, wirksamen »Etwas«. Die
wissenschaftliche Erforschung der östlichen Annäherung an das Gebet, bei
der häufig Denkmodelle der Quantenphysik herangezogen werden, um die
Kraft des Gebets zu erklären, hat mittlerweile in mehr als 150 Untersuchungen ihren Niederschlag gefunden.[22] Eine wahrhaft »theosomatische Medizin«, wie sie in Polynesien praktiziert wird, ermöglicht einen leichten
Zugang zur unmittelbaren Präsenz des Heiligen und zum Übernatürlichen.[23] (Mehr darüber in der Erörterung der vier »Ären der Medizin« auf
Seite 71) Für das ozeanische Denken hat die Kraft des Gebets nichts
»Raffiniertes«. Das Übernatürliche ist ein Teil des Lebens, und das Gebet ist
lediglich ein Ausdruck dieser Tatsache. Ja, für die Polynesier bedeutet das
Beten, daß sie wirklich zu »Halbgöttern« werden; es ist ein öffentliches
Bekenntnis der eigenen Teilhabe an der Inhärenz der Höheren Macht.

Das wahre Glück der Spiritualität kann nur erfahren werden, wenn die
Spiritualität echt ist und nicht lediglich eine weitere »Technik« oder »Be-
wegung«. Die Spiritualität Polynesiens entspringt dem Glauben, daß die
Welt eng mit Gott verbunden und ein Ausdruck Gottes ist. Dieser Glaube
wurde tief verinnerlicht und geht über den modernen Pantheismus weit
hinaus. Diese Spiritualität ist keine Satellitenverbindung mit einer höheren
Macht, keine wunderwirkende Technik, die sich paradoxe Phänomene der
modernen Physik zunutze macht. Sie ist keine neue Meditations- oder
Entspannungstechnik. Diese Ansätze greifen zu kurz. Sie mögen zu einer
Klärung des Geistes beitragen, aber sie öffnen ihn nicht der Kraft, die die
Leere füllen sollte, nachdem die Streßreaktion abgeklungen ist. Einer mei-
ner polynesischen Kumu sagte: »Eine Technik führt selten zur Transforma-

tion.« Und natürlich zeigen wissenschaftliche Untersuchungen, daß Menschen, die Spiritualität »benutzen«, um Gesundheit zu »erlangen«, die Segnungen spiritueller Verbundenheit nicht empfangen.[24]

Wäre der Polynesier nicht in der Lage, zu beten, zu chanten, zu singen oder den Hula zu tanzen, dann würde er sich ähnlich »nackt« und hilflos fühlen wie ein Westler ohne Telefon. Ein Polynesier sagte mir einmal: »Ich bin das beste Handy, das ich mir wünschen kann. Ich bin immer griffbereit, und ich kann über die Zeit hinweg kommunizieren. Das Gebet springt einfach aus mir heraus. Wenn ich mich sehr gut und sehr lebendig fühle, dann überkommt mich das Gebet, und ich scheine in alle Richtungen Botschaften auszusenden. Ich *tue* es nicht wirklich, es scheint mir irgendwie zu passieren. Ich fühle mich dadurch sehr geborgen.«

Nach meiner Überzeugung rührt das neu erwachte Interesse der westlichen Medizin am Gebet nicht etwa daher, daß die Ärzte und Wissenschaftler urplötzlich alle »spirituell« geworden wären, sondern daß ihre Forschungsergebnisse immer wieder – ansonsten unerklärliche – Indizien göttlichen Wirkens erkennen lassen. Ihre eigene wissenschaftliche Forschung hat mittlerweile sichere Beweise dafür gefunden, daß Spiritualität »funktioniert«. Berichte über Heilerfolge durch Gebete bei Menschen und anderen biologischen Systemen, wie Enzymen, Pilzen, Pflanzen und Tieren, werden jetzt in renommierten Fachzeitschriften veröffentlicht. In einer Kultur, die alles und jedes an dem Motto von Sir Francis Bacon, dem Begründer der angewandten Wissenschaft, mißt – »nutzlos ist wertlos« –, kann selbst der skeptischste Wissenschaftler nicht länger ignorieren, was die Polynesier seit langem wußten: daß spirituelle Verbundenheit das Wohlbefinden zu fördern und zu schützen vermag. 75 Prozent von 212 Untersuchungen, die in Fachzeitschriften veröffentlicht wurden, zeigen, daß Gebet und religiöses Engagement eine positive Wirkung auf die körperliche Gesundheit haben – und zwar selbst wenn der Betende den Menschen, für den er betet, überhaupt nicht kennt!

Westliche Wissenschaftler scheinen über die Kraft des Gebets erstaunt und verblüfft zu sein. Im folgenden nur einige einschlägige Forschungsergebnisse, die den westlichen Wissenschaflern zu denken – und zu beten geben:

• Von 36 älteren Patienten, die am offenen Herzen operiert wurden, hatten diejenigen, die tief religiös waren, eine größere Chance, die Operation zu überleben.

- Elf von zwölf Studien zeigten, daß Religiosität mit verringertem Drogen-konsum einhergeht.
- Starke Raucher, die regelmäßig zur Kirche gehen, erkranken mit viermal geringerer Wahrscheinlichkeit an Bluthochdruck als Raucher, die nicht zur Kirche gehen, was einen Wissenschaftler zu der Bemerkung verleitete: »Wenn du schon rauchen willst, dann trag deinen Sargnagel in die Kirche.«
- Eine Studie über 91 909 Personen, die regelmäßig zur Kirche gingen, zeigte, daß sie zu 50 Prozent weniger an Krankheiten der Herzkranzge-fäße, zu 56 Prozent weniger an Emphysemen, zu 74 Prozent weniger an Zirrhose und zu 53 Prozent weniger durch Selbstmord starben als der Durchschnitt.
- Eine Studie zeigte, daß Bypass-Patienten, für die gebetet wurde, unter weniger Komplikationen litten, als solche, für die nicht gebetet wurde.

Diese Daten zeigen, daß sich auf dem Gebiet des Spirituellen etwas sehr Kraftvolles ereignet. Wie beeinflußt und inspiriert das Spirituelle *Ihr* Leben heute? Auf dem Beipackzettel des Aloha-Glücksmedikaments steht: »Ein-nahme nur nach Anweisung Ihrer Seele und niemals, ohne das glückliche spirituelle Leben zu leben, das diesem Medikament seine Kraft verleiht.«

Fünftes Kapitel

Die Wiederverzauberung des Alltags

»I 'okai kai ke aloha.«
(Sei eins, verliebt in jeden und alles.)

»Ich kenne eigentlich nur zwei Zustände«, sagte ein Student in meinem Psychologieseminar. »Ich bin entweder müde und gelangweilt oder gestreßt und kaputt. Ich habe nur zwei Gänge, einen hohen und einen niedrigen, und zu allem Überfluß scheint meine Kupplung den Geist aufgegeben zu haben. Was mir am meisten Sorgen macht, ist, daß nichts mehr wirklich wunderbar zu sein scheint. Ich spüre weder tiefe Freude noch tiefe Traurigkeit. Ich muß nur sehr selten herzlich und anhaltend lachen und kann kaum mehr richtig weinen. Ich mache alles nur noch mechanisch und scheine keine Gefühle mehr zu haben. Ich war in Disneyland und Disneyworld. Ich bin Jet-Ski gefahren, habe Bungee-jumping gemacht, hatte wilden Sex, habe mich bis zur Bewußtlosigkeit betrunken und Drogen genommen. Es gibt nichts, was mich noch an- oder abtörnen würde. Ich bin erst neunzehn und habe das Gefühl, in einer Prä-Lebenskrise zu sein.«

Die Aussage dieses Studenten ist typisch für viele junge Leute in meinen College-Kursen. Sie kommen mit müden Gesichtern in den Unterricht, husten, niesen und leiden unter allen möglichen Infektionen, von chronischen Erkältungen bis hin zu Mononukleose. Wenn ich sie frage, was sie in ihrer Freizeit tun, lautet die häufigste Antwort: »Rumhängen.« Wenn ich sie frage, was sie damit meinen, antworten sie: »Einfach rumhängen und darauf warten, daß irgendwas passiert.«

Sie stecken in einem Zustand mentaler, emotionaler und vor allem spiritueller Erschöpfung, der daraus resultiert, daß sie ständig auf der Jagd nach dem Glück sind, das sie, wie die Psychologen ihnen erzählen, erobern müssen, um sich erfüllt zu fühlen. Oder sie sind erschöpft von der Anstrengung, den emotionalen Katzenjammer zu neutralisieren, der sie nach wilden Parties, Alkoholmißbrauch oder promiskuitivem Sex heimsucht. Einige stürzen sich in Diskos, wo Menschenmassen sich anonym zum Lärm von Synthesizern und elektronischem Schlagzeug aneinander reiben oder gegeneinander werfen. Wenn genügend Stimulation geboten wird, reißen sie die Arme in die Luft und schreien »Yeah!«, aber sie scheinen keine Vorstellung zu haben, was eigentlich die Frage war, die sie damit beantworten. Werbekampagnen reden ihnen ein, »just do it«, »tu's einfach«, aber es scheint ihnen nicht klar zu sein, was sie tun sollen oder warum. Während die Musik auf der Bühne oder die Gewalt oder die Explosionen auf der Leinwand eskalieren, sind diese jungen Menschen der realen Gefahr ausgesetzt, nicht nur ihr Gehör, sondern auch ihren siebten Sinn zu verlieren. Sie nehmen an einer Maskerade des Elends teil, sie schreien und hampeln ängstlich hinter Masken herum, die eine müde, abgestumpfte Langeweile verbergen.

Der Psychologe Mihaly Csikszentmihalyi von der University of Chicago sagt, daß unsere offensichtliche Vorliebe für intensive und erschreckende Sinnesreize in unser Gehirn eingebaut ist, um uns für Bedrohungen unseres individuellen Überlebens zu sensibilisieren. Da wir Gefangene dieser primitiven Tendenz geblieben sind, ist es uns nicht gelungen, ein weiteres Geschenk der Evolution zu entwickeln: den maßvolleren siebten Sinn für gesunde, ausgewogene Freude, die unser *kollektives* Überleben gewährleistet. Unsere Konzentration auf das eigene Überleben auf Kosten des kollektiven Wohlergehens raubt uns die Fähigkeit, uns für das Normale, Friedliche und Sanfte zu interessieren; wir sind ständig in einem Zustand der Alarmbereitschaft gegenüber Gewalt und Gefahr.[1] Für einen jungen Menschen, der, bevor er die Volljährigkeit erreicht, im Fernsehen mehr als 70 000 Morde gesehen hat, ruft der Lärm und das Ausmaß solcher Stimulation eine Sucht nach der *Streßreaktion* und ein Abstumpfen der *Glücksreaktion* hervor. Es wird zunehmend schwieriger, das Leben zu genießen, wenn man erlebt hat, wie es ständig auf diese Weise entwertet wurde.

Zwar reden sie häufig davon, aber diese jungen Menschen sind nicht wirklich »ausgebrannt«, da sie es bisher noch gar nicht geschafft haben, Feuer zu fangen und ein Hochgefühl der wärmenden Freude und eines gemeinsamen Ziels zu erleben. Sie leiden nicht bloß unter einem Mangel an Glück, sondern es mangelt ihnen auch an der Einsicht, daß ein wenig Unglücklichsein (wie ich im fünfzehnten Kapitel noch ausführen werde) für das Überleben notwendig und *kein* Anzeichen für ein verfehltes Leben ist. Sie sind nicht aufgrund eines Mangels an Stimulation gelangweilt, sondern durch ein Übermaß an sinnloser Aufregung ausgelaugt.

Die Streßreaktion: Wenn unsere Freude-Schaltkreise heißlaufen

Das wirkliche Problem für viele junge Menschen ist ihre Unfähigkeit, gesunde Freude zu empfinden, da ihr angeborener siebter Sinn für das, was Freude bringt, von der Flut von Streßpsychochemikalien verseucht wurde, die auf Leitungsbahnen transportiert werden, deren eigentlicher Zweck darin besteht, »Harmonie herzustellen« und *nicht* »anzutörnen«. Diese Schaltkreise sind durch die Streßreaktion so überlastet, daß einfache, sanfte, mit anderen geteilte Freude etwas allzu Subtiles ist, um ihr abgestumpftes »Glücksorgan« zu aktivieren. Sie sind so sehr auf die Jagd nach dem Glück fixiert, daß sie geradewegs daran vorbeilaufen. Paraden von Menschen, die unter einer derartigen Freudlosigkeit leiden, kann man ziellos durch Einkaufsstraßen hetzen sehen, wo sie das, was ihnen ständig entgleitet, vielleicht doch noch zu finden hoffen.

Unser Nervensystem kann 126 Informations-Bits (Geräusche, Anblicke, Gerüche usw.) pro Sekunde, 7 560 pro Minute und eine halbe Million pro Stunde aufnehmen und verarbeiten. Bei einem mittleren Lebensalter von 70 Jahren und einer durchschnittlichen täglichen Wach-Zeit von 16 Stunden kann man also davon ausgehen, daß für uns im Laufe unseres Lebens etwa 185 Milliarden Informations-Bits bereitstehen, die für mentale Freude verfügbar wären.[2] Nur allzu häufig sind diese Bits eher banal als beseligend.

Unsere Gesellschaft fördert diese Banalität. Unsere Suche nach ständiger Stimulierung fördert eine Sucht nach der Streßreaktion, was gleichbedeutend ist mit einem Zustand der Abhängigkeit von Streßneurohormonen, um sich zu stimulieren. Wie funktioniert das? Unser Organismus wird mit Streßhormonen überflutet, die den Körper darauf vorbereiten, zu »kämpfen oder zu fliehen«, und Raum einnehmen, der eigentlich für die Glücksreaktion vorgesehen wäre; folglich fühlen wir uns vorübergehend beschäftigt und »erfüllt«. Begleitet wird dieser Zustand von ausgedehnten Perioden angst-induzierter Hochstimmung und Ausbrüchen plötzlicher emotionaler Aktivität. Wenn der Streß ausbleibt, kommt es zu dem Freudemangel-Syndrom, das die Menschen erleben, die ich in der Einleitung beschrieben habe. Sich süchtig und fast ausschließlich auf seine fünf physischen Sinne als Mittel zur Selbstverwirklichung zu verlassen führt schließlich zur Streßreaktion. George Orwell schrieb: »Der Mensch kann nur glücklich sein, wenn er nicht davon ausgeht, daß das Glück der Sinn des Lebens ist.«

Das Gesicht eines Menschen unter dem Einfluß der Streßreaktion spiegelt eine permanente Kampf-oder-Flucht-Bereitschaft wider; es ist geprägt durch hormonell bedingte »Streßsignatur«-Falten auf der Stirn und an den Mundwinkeln. Selbst wenn sie sich gerade nicht zur Wehr setzen, sondern sich ausruhen oder sogar schlafen, tragen solche Menschen weiterhin die Maske des Stresses: Ihre Kinnladen sind zusammengebissen und sie knirschen mit den Zähnen. Wenn Sie wissen möchten, ob Sie Ihrem siebten Sinn folgen und ein Leben fröhlicher Ausgeglichenheit führen, dann bitten Sie jemanden, Ihnen zu beschreiben, wie Sie aussehen, wenn Sie fest schlafen. Die Zunahme an Kiefergelenkserkrankungen ist eines der Anzeichen eines allgemeinen Freude-Defizits.

Wenn wir nach dem Diktat unserer Streßhormone leben, dann sind wir wie der Esel, dem man eine Möhre vor die Nase hält. Selbst wenn wir sie zufällig schnappen, ereignet sich etwas Seltsames. Wir entdecken, daß wir sie nicht wirklich wollen; sie macht uns nicht so glücklich, wie wir gedacht hatten. Tatsächlich empfinden wir möglicherweise sogar Bedauern, weil die Jagd, die uns so angeregt hatte, vorbei ist. Wir beginnen sofort, nach einer neuen Möhre Ausschau zu halten, und sind am Ende oft erfahrene Möhrenjäger, aber keine glücklichen Möhren*esser*. Dies ist der Grund, warum »erfolgvergiftete« Menschen körperlich und emotional zusammenbrechen. Da sie süchtig nach dem Nervenkitzel eines stressigen Lebensstils sind, ist das Schlimmste, was ihnen passieren kann, ihr Ziel zu erreichen. Die Streßreaktion ist nicht nur ein psychischer, sondern auch ein physischer Zustand. Ein anhaltender Streßzustand bringt uns um und bedroht die Menschen in unserer Umgebung, indem er unser Immunsystem schwächt, unser Herz überlastet und bewirkt, daß unsere sämtlichen Organe vorzeitig altern.

Albert Camus schrieb: »Wenn es eine Sünde wider das Leben gibt, dann besteht sie vielleicht nicht so sehr darin, an ihm zu verzweifeln, als darin, auf ein anderes Leben zu hoffen und die unerbittliche Majestät *dieses* Lebens nicht wahrzunehmen.« Dies ist die Misere des Menschen, der zum Sklaven der Streßreaktion wird.

Lebensnotwendiger Streß   Ein gewisses Maß an positivem Streß wirkt stimulierend auf Gesundheit und Heilung. Es ist nicht der Streß selbst, es sind unsere antrainierten Mechanismen, mit Streß umzugehen, die unsere Gesundheit fördern oder beeinträchtigen. Wenn wir versuchen sollten, die Wahrscheinlichkeit einer Erkrankung anhand der stressigen Ereignisse im Leben eines Menschen vorauszusagen, dann hätten wir eine Trefferquote von weniger als 15 Prozent. Streß an sich hat wenig damit zu tun, ob das Herz versagt oder eine Krebsgeschwulst im Körper zu wachsen beginnt. Wir brauchen ein bestimmtes Maß an Streßreaktionen, um einen Ausgleich zur Glücksreaktion zu schaffen, und wir brauchen ein wenig Traurigkeit, um ein Gegengewicht gegen unsere Freude zu haben. Das Glücksrezept ist kein »Fühl dich gut«-Programm. Es bedeutet zu lernen, am Leben teilzuhaben, gleichgültig, was das Leben uns zuteilt, und zu entdecken, wie wir auch dann ein wenig Freude finden können, wenn wir gestreßt sind.

Wir brauchen unsere Streßreaktion in Zeiten der physischen Herausforderung. Wenn wir auf Streß reagieren, werden alle unsere Sinne geschärft. Den Schub von Streß zu spüren, wenn sämtliche Organsysteme auf Alarmbereitschaft schalten, kann sehr lustig sein, wenn wir uns voll darauf einlassen, anstatt es als ein Versagen abzustempeln. Gefährlich wird es, wenn der Streßfaktor chronisch wird oder ständig durch uns selbst und dadurch, wie wir die Welt interpretieren, hervorgerufen wird. Der einzig wahrhaft ungesunde körperliche oder emotionale Zustand ist ein Zustand des »Feststeckens«, bei dem es keine Schwingungen gibt.

Gesundes Schwingen

Gesunde Ausgeglichenheit und Oszillation ist der Schlüssel zum Aloha-Prinzip. Ebenso wie ein Übermaß an Glück, das sich allzu häufig einstellt und allzu lange anhält, in einen Zustand psychotischen Wahns übergehen kann, können chronisches Unglücklichsein und chronischer innerer Streß aufgrund von Gefühlen der Hilflosigkeit und Freudlosigkeit zu einer ernsten klinischen Depression führen. Die Psychoneuroimmunologen benutzen häufig das Bild von zwei Elephanten auf einer Wippe, um die Beziehung zwischen dem »gestreßten« oder *sympathischen neurohormonalen System* und dem »Glücks-« oder *parasympathischen neurohormonalen System* zu erklären.[3]

Stellen Sie sich zwei Kinder vor, die auf den Enden einer Wippe sitzen. Ohne große Anstrengung können sie die Wippe im Gleichgewicht halten, genauso wie wir unseren Organismus in einem neurohormonalen Gleichgewicht zwischen den Streßhormonen und den entspannenden Hormonen halten können. Dies nennt man *Homöostase,* und es ist unser psychophysiologischer Zustand, wenn wir uns in einem, wie Psychoneurokardiologen es nennen, »guten Schwingungszustand« befinden, dem Zustand, den die Polynesier *pono* nennen. Wenn unser Leben dagegen äußerst stressig ist, dann ist es eher so, als säßen zwei Elefanten auf einer Wippe. Das Wippen

ist äußerst anstrengend, und wenn eine Gruppe von Neurohormonen plötzlich zurückgeht, dann steigt die andere übermäßig an. Das Ergebnis sind zu
intensive Hochs und zu starke Tiefs.

Ein weiteres Problem, wenn Elefanten auf der Wippe unseres Organismus herumschaukeln, ist die Tatsache, daß die Wippe selbst allmählich
Schaden leidet. Wenn wir ständig darum kämpfen müssen, angesichts
großer Höhen und Tiefen im Gleichgewicht zu bleiben, dann vermag unser
Organismus der Belastung nicht standzuhalten. Die Abnutzung zeigt sich in
unserem Gesicht, an unserem Herzen, unserer Immunreaktion und unserem
emotionalen Charakter. Das Aloha-Prinzip sagt: »Laß dich von ein wenig
stressigem Glück in die Lüfte tragen, aber vergiß nicht, daß du immer
wieder herunterkommen mußt. Laß dich von ein wenig stressigem Leid
niederdrücken, aber vergiß nicht, daß du immer wieder aufsteigen kannst.«

Einige Menschen geraten bei dem Versuch, ihren Streß zu vermindern
und im Griff zu behalten und eine permanent positive Einstellung zu
entwickeln, so sehr unter Streß, daß sie überhaupt keinen Spaß mehr daran
haben, unter Druck zu stehen, und aus ihrer Traurigkeit nichts mehr lernen.
Die fünf Prinzipien der Aloha sind die Richtlinien für eine fröhliche und
ausgeglichene Reise durch die Höhen und Tiefen des Lebens.

Die Glücksreaktion: Ein höchstes Hoch

Wenn wir uns unseres siebten Sinns bedienen, um unsere übrigen sechs
Sinne zu lenken, gelangen wir zur Glücksreaktion. Die Glücksreaktion ist
eine besänftigende, heilende neurohormonale Ausgewogenheit, die als eine
zeitlose, beglückende Seligkeit erlebt wird. Sie ist unser evolutiv erworbe-
ner Instinkt für Gesundheit und ein langes Leben – und zugleich der
Bereich, wo sich die Streßreaktion entwickelte, um rasche Schübe lebens-
rettender Erregtheit zu ermöglichen. Die Streßreaktion bildete sich heraus,
damit wir Säbelzahntigern entfliehen konnten, die Glücksreaktion, damit
wir auf einem Hügel sitzen und den Sonnenaufgang betrachten konnten.
Unglücklicherweise benutzen beide dieselben neuronalen Leitungsbahnen.
Wenn die Streßreaktion sich der Freude-Leitungsbahnen bemächtigt, sind
unsere Leitungen ständig besetzt, und wir können keinen Kontakt mit
unseren Glücksgefühlen aufnehmen.

Was läßt sich über die Glücksreaktion sagen? Für den Westen bedeutet,
ein Hochgefühl zu erleben, von außen »angetörnt« zu sein, während für die
Menschen des Ostens das Glück eher darin besteht, sich nach innen zu

wenden, sich selbst zu spüren. Die Polynesier erfahren Transzendenz als ein vollkommenes Verbundensein. Der Psychologe Roger Walsh von der medizinischen Fakultät der University of California identifizierte die fünf Charakteristika einer »transzendenten Erfahrung«.[4]

1. *Unbeschreiblichkeit – die Erfahrung eines überwältigenden, intensiven Zustands, der gewöhnlicher Erfahrung so wenig ähnelt, daß man ihn nicht beschreiben kann:* Der Polynesier lebt Tag für Tag in dem Bewußtsein, daß das Leben so großartig und von Freude erfüllt ist, daß der Versuch, es mit Worten oder Zahlen in den Griff zu bekommen, selten Erfolg hat. Chanten, Singen und Tanzen ist die polynesische Art, dem Unaussprechlichen Ausdruck zu verleihen. Ein hawaiianischer Kupuna sagte: »Aloha bedeutet, sich so gut zu fühlen, ein Mensch auf dieser Erde zu sein, daß du jeden wissen läßt, wie du dich fühlst, indem du einfach nur du selbst bist, und die anderen lassen dich wissen, daß sie es wissen, indem sie sind, wer sie sind.«

2. *Noesis – eine gesteigerte Wahrnehmung und ein gesteigertes Verständnis des Lebenssinnes:* Menschen des Westens beschreiben dieses Hochgefühl bisweilen als eine Gipfelerfahrung und verwechseln es häufig mit Intensität oder betrachten es als die Spitze einer Bedürfnispyramide, die erst erreicht werden kann, wenn man sich in der Hierarchie niedriger angesiedelter Bedürfnisse nach oben gekämpft hat.[5] Der Osten betrachtet die Noesis als einen selbst herbeigeführten mentalen Zustand, der selbst dann erreichbar ist, wenn sich die äußere Welt im Chaos befindet. Tatsächlich geht es bei den meisten Varianten der östlichen Meditationstechniken darum, die äußere Welt völlig auszuschalten. Die Polynesier betrachten das noetische Hochgefühl als einen alltäglichen Zustand, den man erreicht, indem man mit dem Land lebt und für das Land sorgt und im Einklang mit den beseelten Bäumen, Pflanzen und Fischen denkt. Die Polynesier erleben ein Hochgefühl, wenn sie ihren alltäglichen Pflichten nachkommen. Ein hawaiianischer Fischer sagte mir: »Jedesmal, wenn ich mein Netz herausziehe und die Schätze betrachte, die für mich dort hineingelegt wurden, weiß ich, warum ich hier bin, und die Fische wissen es auch.«

3. *Ein verändertes Raum- und Zeitgefühl:* Im Westen ist die »Uhr-Zeit« das unanfechtbare Maß der Länge des Lebens. Im Osten ist die Uhr-Zeit eine einengende moderne Erfindung, die von einem erleuchteten, grenzenlosen Bewußtsein überwunden werden muß. Für die Polynesier sind Uhr und Bewußtsein weniger wichtig als der Kalender, und sie leben,

lieben und spielen im Rhythmus der Jahreszeiten anstatt der Sekunden oder gemäß einer inneren Zeitlosigkeit. Ein Taro-Farmer von der Insel Hawaii sagte mir einmal: »Ich hatte noch nie eine Armbanduhr. Meine Uhr ist überall in meiner Umgebung. Ich schaue nicht nach, wieviel Uhr es ist, ich lausche der 'aina und betaste sie, damit sie es mir sagt.«

4. *Ein tiefes Gefühl des Einsseins:* Der individualistische Westen strebt häufig vergeblich nach dem Glück, eine intime Verbundenheit mit der Welt zu spüren, die zu kontrollieren er sich so sehr bemüht. Der Osten sucht nach einem Gefühl des Einsseins durch Kontemplation und Meditation über den einen Geist, aber die Suche läßt häufig die zwischenmenschliche und ökologische Verbundenheit außer acht. Die Polynesierin, die ihre Seele als etwas betrachtet, was nicht ihr selbst gehört und sich »außerhalb« und »dazwischen« befindet, anstatt in ihr selbst, erlebt und erfährt Einssein jeden Tag. Nach ihrem Hula-Solotanz sagte mir eine polynesische Tänzerin: »Hast du gesehen, wie all meine Vorfahren mit mir getanzt haben? Hast du gesehen, wie mir die Blumengirlande ins Gesicht geflogen ist? Meine *aumakua* haben mich geneckt. Hast du das gesehen? Sie haben alle mit mir getanzt.«

5. *Intensiver positiver Affekt und ein Gefühl der Vollkommenheit im Universum:* Das westliche Modell betrachtet die Natur als etwas, was kontrolliert, verbessert und benutzt werden muß. Der Osten neigt dazu, die physische Natur als eine Illusion zu betrachten und als eine Umgebung, in der man sich der Kontemplation und Selbstvervollkommnung hingeben kann. Der Polynesier betrachtet die Natur als vollkommen und ist glücklich über das Privileg, mit ihr eins sein und sie beschützen zu dürfen.

Wie Sie sehen, kann der Dritte Weg ein Weg fast beständiger Glückseligkeit sein. Selbst wenn sie leiden, wissen die Polynesier, daß sie nur das durchmachen, was die Erde durchmacht und was sie durchmachen müssen, weil sie der Ehre teilhaftig geworden sind, eins mit der 'aina zu sein.

Den »eingeborenen Geist« wiederentdecken

Wir alle haben einen »eingeborenen Geist«. Wo auch immer wir im Augenblick leben mögen, wir stammen alle letztlich von Menschen ab, die, wie die Polynesier, die Welt als verzaubert ansahen. Auch *Ihre* Urahnen betrachteten die Welt als einen glücklichen, fühlenden Organismus, in dem alle Dinge lebendig und fähig waren, sich mit uns zu verbinden. Auch *Ihre*

Urahnen sprachen mit den Felsen, lauschten den Bäumen und waren umgeben von den Wundern eines lebenden, atmenden Planeten, von dem sie selbst ein lebender Teil waren. Mit der Zeit – in manchen Ländern früher, in manchen später – verwandelten wir fürsorgliche, verzauberte Teile einer Einheit in nüchterne, kriegerische Eroberer und verloren unseren »eingeborenen Geist«. Wir können ihn aber wiederfinden, wenn wir die noch lebenden ursprünglichen Kulturen der Welt in all ihrem Reichtum, ihrer Tiefe und ihrer Weisheit entdecken und wertschätzen.

Ich habe auf medizinischen und psychologischen Kongressen überall auf der Welt Vorträge gehalten. Auf diesen Kongressen werden gewöhnlich Workshops über »Weltmedizin« durchgeführt. Nach meiner mehr als dreißigjährigen Erfahrung beinhaltet das, was die Angehörigen der medizinischen Berufe die »Weltmedizin« nennen, gewöhnlich folgende sechs Teilbereiche: chinesische, ayurvedische (indische), griechische, homöopathische, naturheilkundliche und allopathische (konventionelle westliche) Medizin – sowie verschiedene New-Age-Kombinationen der genannten Richtungen. Das ozeanische oder polynesische Modell wird kaum jemals einbezogen. Und *wenn* ursprüngliche Heilmethoden wie die polynesische auf dem Programm stehen, dann werden sie nur selten mit dem Verständnis, Respekt und dem Gefühl der tiefen spirituellen Verbundenheit präsentiert, die ihnen gebühren. Die westliche Medizin macht sich schwere und nicht unbegründete Sorgen über die Gefahren »alternativer« Therapieformen. Leute, die sich »ohne entsprechende Qualifikation« als Heiler betätigen, werden mit Mißtrauen betrachtet. Wenn jedoch ursprüngliche Heilmethoden tatsächlich einmal in westlichen medizinischen Foren diskutiert werden, dann gibt es nur wenige, die fragen, ob die modernen Praktiker solcher Methoden das Recht haben, sich auf jene uralte Weisheit zu berufen.

Dr. Larry Dossey unterteilt die Geschichte der Medizin – und damit die Medizin selbst – in verschiedene »Ären«. Die Medizin der ersten Ära war eine mechanistische, »geist-lose« Herangehensweise an Gesundheit und Heilung, bei der es lediglich darum ging, den Patienten wieder funktionstüchtig zu machen. Die Medizin der zweiten Ära ist der gerade aktuelle »*Ein*-Geist-lenkt-*einen*-Körper«-Ansatz. Diese zwei Ären sind die primäre Domäne der westlichen Medizin. Dosseys Medizin der dritten Ära ist ein »pluralistisch-geistiger« Ansatz, geprägt durch die Vorstellung, daß sämtliche geistigen Einheiten (»Geister«) miteinander verbunden sind; Heilung wird dadurch gefördert, daß man nichtlokalisierte und zeitlose »Kraftquanten« anzapft, die uns alle von außerhalb des Hier-und-Jetzt ständig beeinflussen und miteinander verbinden.

Die polynesische Heilkunde kann als »Medizin der vierten Ära« betrachtet werden, aber tatsächlich entstand sie Hunderte von Jahren vor der »ersten Medizin«. Sie basiert auf der Vorstellung, daß die Geschöpfe – wir – am kreativen Funken des Schöpfers teilhaben. Sie geht von der Vorstellung aus, daß jeder von uns etwas Göttliches in sich hat.

Die »erste Medizin« ist eine *somatische* Medizin, die sich sehr stark an den Gesetzen der newtonschen oder mechanistischen Physik orientiert. Die »zweite Medizin« ist eine *psychosomatische* Medizin, die ihre Erkenntnisse von der modernen Verhaltens- und Kognitionspsychologie ableitet. Die »dritte Medizin« ist eine »*quantosomatische*« Medizin; sie orientiert sich an den paradoxen Gesetzen der Quantenphysik und transpersonalen Psychologie, um die übernatürlichen Mysterien und Wunder von Krankheit und Heilung zu erklären. Der polynesische oder »vierte« Ansatz ist eine *theosomatische* Medizin; sie geht davon aus, daß wir alle, wie Einstein ausführte, an einem gemeinsamen »kosmischen religiösen Gefühl« teilhaben, das keine Trennung zwischen dem Schöpfer und dem Geschöpf zuläßt.[6]

Diese vierte Herangehensweise an Gesundheit und Heilung benutzt die ozeanischen Komponenten der Aloha – Geduld, Einssein, Friedfertigkeit, Demut und Sanftheit –, um zu ermöglichen, daß der heilige Atem des Schöpfers durch das Geschöpf hindurchfließen und die beglückende Wärme des Schöpfungsfunkens gespürt werden kann. Sie fließt mühelos zwischen natürlichen und übernatürlichen Gesetzen hin und her. Die Menschen der Inseln kennen zwar die Naturgesetze, leben aber ihr Leben in einem sehr viel selbstverständlicheren Einklang mit dem Übernatürlichen als ihre kontinentalen Verwandten. Sie glauben, daß die scheinbare Distanz zwischen dem Schöpfer und dem Geschöpf eine moderne Illusion sei, entstanden aus der Furcht vor unserer eigenen Göttlichkeit. Die Polynesier betrachten ihren Körper und alle Körper als wunderbare Projektionen des göttlichen Geistes. Sie betrachten sich als Götter, die für eine kurze Zeit die Erfahrung machen, ein Mensch zu sein – nicht als Menschen mit der Fähigkeit, kurzzeitige spirituelle Erfahrungen zu machen. Inselmenschen sind weder physisch – durch Landmassen – noch geistig – durch eine Abhängigkeit von der jeweils vorherrschenden, mechanistischen, behavioristischen oder quantenphysikalischen Theorie – eingeengt. Sie sind spirituelle Seefahrer, eins mit dem Ozean und dem Universum, das sie als transzendente Reisende frei durchschweifen. Obwohl wir Menschen das einzige Tier sind, das salzige Tränen vergießt, was auf unsere ozeanischen Ursprünge hinweist, vergessen wir häufig, daß wir alle Götter *aus* und *in* einem Meer heiligen natürlichen Lebens sind.

Die westliche Biomedizin tut sich schwer mit dem Begriff des Geistes. Erst in jüngster Zeit hat er im Vokabular der Schulmedizin Eingang gefunden. Dieser Umschwung resultiert teilweise aus einer Unzufriedenheit mit den Ergebnissen einer »geist-losen« Medizin sowie aus jüngsten Erkenntnissen der Neuropsychoimmunologie, die eine mechanistische Herangehensweise an das Wohlbefinden fragwürdig erscheinen lassen, und einer frustrierten Hinwendung zu östlichen Paradigmen und der in jüngster Zeit immer populärer werdenden ayurvedischen Medizin.

Den »eingeborenen Geist« können wir nur verstehen, wenn wir das Konzept der Ganzheit oder des Verzaubertseins akzeptieren und die Tatsache anerkennen, daß der Geist das Gehirn *benutzen* kann, es aber nicht *ist*. Die westliche Medizin versuchte, etwas über das Ganze zu erfahren, indem sie die Teile studierte, verlor aber dabei das Ganze aus den Augen. Die polynesische Medizin versucht zunächst, das Ganze zu verstehen und dann die gewonnenen Erkenntnisse auf dessen Teile anzuwenden. In der westlichen Medizin gilt *statistische* Signifikanz mehr als *spirituelle* Signifikanz, und die Wiederherstellung der Funktionstüchtigkeit wird als wichtiger betrachtet als die Beziehung der Teile zueinander. Solange unser Gesundheitswesen von einem solchen Scheuklappendenken beherrscht ist, wird die Kraft des polynesischen und anderer theosomatischer ursprünglicher Modelle nicht voll genutzt werden können.

Ein dritter Weg zu täglicher Freude

Während die Medizin des Westens und die Weisheit des Ostens mit vielen unserer Krankheiten durchaus angemessen umgehen, kann die Störung unserer Glücksfähigkeit nur mit Hilfe des ozeanischen Ansatzes völlig verstanden und behoben werden.

Meine verallgemeinernden Ausführungen über den »östlichen« und den »westlichen« Ansatz als die zwei am häufigsten beschrittenen Wege zum Wohlbefinden sind zwangsläufig überspitzt und simplifizierend – viele feinere Nuancen dieser Systeme ignorieren sie völlig. Eine detaillierte, wirklich adäquate Erörterung dieser zwei Gedankengebäude würde viele Bücher füllen, aber die folgenden Zusammenfassungen sind eine gute Basis zu einem ungefähren Verständnis ihrer Implikationen und liefern einen praktischen Bezugspunkt, anhand dessen wir den – in sehr viel geringerem Maße in das moderne Alltagsleben und -denken integrierten – »dritten Weg« begreifen können.

Östlich, westlich oder ozeanisch? Im Folgenden einige Vergleiche zwischen dem ozeanischen Paradigma und den kontinentalen östlichen und westlichen Lebensanschauungen.
- Der westliche Weg zum Wohlbefinden folgt einem Konsumentenmodell. Die ersten Europäer, die mit den Menschen Polynesiens in Berührung kamen, vermochten deren tiefes Gefühl des *Verwurzeltseins* nicht zu begreifen, weil sie selbst ständig danach strebten, irgendwo *hinzugelangen*, um etwas zu *bekommen*, anstatt irgendwo zu *sein*, um alles miteinander zu teilen. Westliche Menschen streben noch immer nach Glück und Wohlbefinden, indem sie irgendwelche Dinge »tun«, um »Gesundheit zu bekommen«. Infolgedessen sind sie Gefangene eines Gesundheitsterrors, der ihnen vorschreibt, sich Freuden zu versagen, sehr hart zu arbeiten und den Tod zu meiden. Sie wetteifern um physischen und psychischen Raum auf dem Planeten. Sie leben *auf* der Erde, aber es entgeht ihnen die Freude des Bewußtseins, daß sie die Erde *sind*.
- Der östliche Begriff von Gesundheit und Glück ist im stärkeren Maße persönlich vergleichend als zwischenmenschlich rivalisierend. Die innere Landschaft, nicht die Erde, ist die Realität. Die östliche Orientierung ist stärker metaphysisch als physisch; sie beruht auf der »Innenschau«, die verborgene Wahrheiten zutage fördern soll, damit spirituelles Wachstum stattfinden kann. Sie ist eher »psychistisch« als mechanistisch. Bei dem polynesischen Weg geht es darum, sich mit allem und allen zu vereinigen, um das Alltagsleben zu genießen.
- Die Energie, die den westlichen Ansatz speist, ist der Konkurrenztrieb – der Impuls, immer mehr zu haben und mehr zu bekommen als andere. Die östliche Energie wird eher als ein Sog innerer spiritueller Bedürfnisse erlebt – das Verlangen, immer erleuchteter zu werden. Die Polynesier motiviert der Wunsch nach Zugehörigkeit und das starke Bedürfnis nach Verbundenheit. Statt durch den Trieb zum »Mehrhaben« oder den Sog des »Mehrwissenwollens« werden die Polynesier durch ein tiefes Gefühl der Verwurzelung »angetrieben« – durch den Wunsch, ihre persönlichen Grenzen zu öffnen und immer mehr in sich hereinzulassen.
- Das östliche Denken betrachtet den Körper als ein zeitweiliges Vehikel für die Seele, manchmal sogar als eine notwendige Beschränkung, die es zu transzendieren gilt. Der Westen hat bis in die jüngste Zeit hinein den Körper als eine Maschine und den Geist als etwas davon Getrenntes betrachtet. Gegenwärtig entwickelt sich die moderne Medizin – beeinflußt durch östliche und »eingeborene« Denkmodelle sowie durch die jüngsten eigenen Forschungsergebnisse – selbst in Richtung einer Be-

trachtungsweise, die den Geist »über« den Körper stellt. Die Polynesier betrachten den Körper weder als vom Geist getrennt noch als eine Erweiterung des Geistes, sie betrachten Geist und Körper als eine Einheit, die mit allen anderen Körpern, Seelen und der 'aina in engster Verbindung steht.

- Sowohl der Osten als auch der Westen betrachten Freude als ein *Ergebnis* richtiger Lebensführung und als etwas frei Wählbares. Freude ist die Belohnung für harte körperliche, geistige oder spirituelle Arbeit. Die Polynesier betrachten aufgeklärte, verantwortungsbewußte Freude, die *jetzt* mit allen Dingen und Geschöpfen geteilt wird, als die einzig gesunde Herangehensweise an das Leben.
- Kommunikation ist sowohl eine notwendige Bedingung als auch ein Ausdruck der Kultur, in der sie stattfindet. Westliche Kommunikation ist schnell, effizient, häufig unpersönlich; sie ermöglicht einen effektiven Konkurrenzkampf und einen durchsetzungswilligen Selbstausdruck. Mit Ausnahme bestimmter Randgruppen aus der New-Age-Bewegung betrachten die Menschen des Westens Kommunikation als einen Informationsaustausch mit lebenden Menschen, und selbst die New-Age-Bewegung beruft sich in der Regel auf Naturgesetze und Modelle der neuen Physik, um »übernatürliche« Phänomene wie die Telepathie zu erklären. Mit den Toten oder noch ungeborenen Menschen oder gar mit dem Meer und den Bergen zu sprechen wird als ein Symptom von Geistesverwirrung betrachtet, nicht als Ausdruck spiritueller Stärke. In der östlichen Kommunikation geht es eher um die Verbindung mit dem umfassenderen Selbst oder einer höheren Macht oder Kraft als mit einem anderen Menschen oder Ding. Zwar wird die belebte und unbelebte Umwelt als eine Matrix betrachtet, die die Gewinnung persönlicher Einsichten fördern kann, aber die Vorstellung, mit einem Fisch auf du und du zu stehen, gilt in der östlichen Kommunikation als *kein* sonderlich erstrebenswertes Ziel. Der polynesische Weg der Kommunikation ist eher rhythmisch als selbstbehauptend oder kontemplativ, und er basiert auf Ökopsychologie anstatt auf einer ichbezogenen oder transpersonalen Psychologie. Er dient eher der Verbindung als dem Selbstausdruck oder der Selbsterfahrung.
- Der Westen betont den Wert des individuellen *Handelns*. Durchsetzungsfähigkeit, Selbstvertrauen, Stärke und Dominanz erfahren hohe Wertschätzung. Selbstwert spiegelt sich in Leistung wider und wird anhand von Besitztum und Macht gemessen. Der Osten betont den Wert des *Erkennens* – der Steigerung der eigenen Erkenntnisfähigkeit auf dem Wege

der Introspektion. Auf dem polynesischen Weg geht es um ein liebevolles, selbstloses *Teilhaben* auf allen Ebenen und an allen Dingen und Menschen.
• Der Westen neigt zu Rivalitätsverhalten und Konfliktbereitschaft. Der Osten neigt zu Passivität und Kontemplation. Wie ein Polynesier es einmal formulierte: »Viele Menschen des Westens sind passiv-aggressiv, und viele Menschen des Ostens wirken auf aggressive Weise passiv.« Der polynesische Weg ist der einer sanften Willfährigkeit. Laute Aggression und das selbstsüchtige Streben nach Erkenntnis werden gleichermaßen als »Krankheitserreger« betrachtet, da sie Absonderung und Isolation zur Folge haben.

Wir können vom Osten wie vom Westen vielerlei lernen, und beide Kulturkreise haben auf dem Gebiet der Heilung und der Gesundheit ihre eigenen Wunder gewirkt. Auf ihre jeweilige Weise haben sie vier der fünf grundlegenden »Faktoren der Fitneß« gut gemeistert. Der ozeanische Weg – das wird kaum überraschen – nimmt sich eher des fünften an. Diese fünf Faktoren wollen wir im Folgenden erörtern.

Die fünf Faktoren der Fitneß

Bei den meisten »Wellness«-Programmen geht es um die Förderung von fünf Faktoren körperlichen und seelischen Wohlbefindens, die man sich leicht als die »fünf Fs« merken kann. Es gibt viele Bücher, die die westliche und östliche Einstellung zu diesen fünf Faktoren auf detaillierte und umfassende Weise erörtern, und die meisten Menschen der zwei Kulturen sind mehr oder weniger stark von den fünf im Folgenden beschriebenen allgemeinen Grundsätzen beeinflußt. Das Aloha-Prinzip geht über diese Grundsätze hinaus.

1. »*Futter*« (Ernährung): Viele Menschen im Westen betrachten Nahrung als notwendigen Treibstoff. Gesund zu bleiben bedeutet, nicht auf den Geschmack, sondern vielmehr auf die »Gesundheit« seiner Nahrung zu achten – wenig Fett, einen hohen Anteil an Ballaststoffen, wenig Cholesterin. Die Inhaltsstoffe eines Lebensmittels sind wichtiger als die Art und Weise, wie es gegessen wird. Der Osten betrachtet Nahrung häufig als eine lebensnotwendige Unannehmlichkeit, etwas, was der hedonistische Körper möglicherweise genießt, worauf der Geist aber verzichten kann. Den Polynesiern geht es mehr um *genüßliches* als um gesundes

Essen. Das heilige Nahrungsmittel Hawaiis ist das aus der Taropflanze gewonnene *poi*. Wie jede Speise sollte es in einem fröhlichen Ritual und mit Respekt verzehrt werden. Alle Mahlzeiten der Familie sollten gemeinsam und in einer entspannten Atmosphäre eingenommen werden. Während einer Mahlzeit sollte man sich nicht mit irgendwelchen Nebendingen befassen, sondern bewußt genießen, *was* man und *mit wem* man ißt. Eine gemeinsame Mahlzeit ist eine Form des Heilens und findet häufig statt, nachdem man Probleme gelöst und *pono* und *pololei* wiederhergestellt hat, zur Feier der Rückkehr zu gesunder Harmonie.

2. *Flexibilität* (sportliche Betätigung): Der Westen betrachtet körperliche Bewegung als unverzichtbare Voraussetzung für ein langes Leben, einen attraktiven Körper und das Durchhaltevermögen, das man für den wettbewerbsorientierten Lebensstil braucht. Der Osten betrachtet Bewegung als eine Möglichkeit, das Gehirn unter Kontrolle zu bringen; er benutzt körperliche Übungen, um spirituelle Ausdrucksfähigkeit und Durchhaltevermögen zu entwickeln, und bestimmte Haltungen, um den Körper zu beruhigen, so daß der Geist seine Arbeit leisten kann.

Die Polynesier betrachten körperliche Bewegung als ein Mittel, das Land zu lieben und Verbundenheit mit allem und jedem zum Ausdruck zu bringen. Sie ist stets etwas Vergnügliches, Fröhliches. Ihr Zweck ist nicht, Muskelgewebe aufzubauen, zu prahlen, Weisheit zu demonstrieren oder Krankheit zu verhindern, sondern der eigenen Verbundenheit mit der *'aina* und allen ihren Bewohnern Ausdruck zu verleihen, indem man sich in Harmonie mit der *'aina* bewegt. Der traditionelle Hula (*kahiko*) ist ein »Körpergebet«, keine Darbietung: eine Weise, die Verehrung für die *'aina*, die Götter und die Ahnen zu zelebrieren.

3. *Flow* (Streßabbau): Der Westen betrachtet Streß als eine rein körperliche Reaktion und versucht, ihn »abzubauen«. Er unterwirft sich einem fast ständig gehetzten Lebensstil, während er zugleich verschiedene Techniken zum Streßabbau ausprobiert. Da der Körper noch immer als grundsätzlich vom Geist getrennt angesehen wird, hält man Atemübungen und Muskelentspannung für eine hinlänglich effektive Methode, den Streß abzubauen, unabhängig von dem, was den Menschen die meiste Zeit des Tages gedanklich beschäftigt. Es gibt kaum ernsthafte Bemühungen, die schwierigen Entscheidungen zu treffen, die die *eigentlichen* Ursachen für chronischen Streß vermindern würden. Die Menschen des Westens versuchen, *aktiv* gegen ihren Streß vorzugehen, der daraus resultiert, daß sie ständig aktiv sind und nicht begreifen, daß wahres Glück sich häufig völlig unverhofft einstellt.

Der Osten betrachtet Streß als eine reflexhafte Reaktion des »niederen Ichs«.[7] Er versucht, ihn durch mentale Übungen zu zerstreuen oder ihn wenigstens durch spirituelle Ablenkung, durch »Nichtwiderstreben« oder durch kontemplatives Gebet zu vermindern.

»Polynesische Paralyse« lautet der einheimische Scherzname für das »Lockerbleiben«, das das Leben im Paradies kennzeichnet. Das mit aufwärts gerichtetem kleinem Finger und Daumen ausgeführte »Hang Loose«-Zeichen, das von Touristen und Einheimischen überall auf der Insel vorgeführt wird, ist in Wirklichkeit eine moderne Erfindung, die eine traditionelle Geste ersetzt, die Ausgeglichenheit und Verbindung symbolisierte. Für den Polynesier ist Streß lebenswichtig und Indiz für ein Leben, das mit voller Hingabe gelebt wird. Boy Kahane, ein hawaiianischer Radiosprecher von der Insel Maui, faßt die polynesische Sicht, das Leben als eine Art Hula zu begreifen, mit folgenden Worten zusammen: »Wenn die Dinge nicht laufen, wie du es dir vorstellst, dann stell dir eben was anderes vor.«

4. *Familie.* Da es dem Westen im großen und ganzen nicht gelungen ist, sich durch Sport, Diäten und die New-Age-Adaptationen östlichen Gedankenguts das erhoffte Wohlbefinden zu erarbeiten, versucht er neuerdings sein Glück mit den verschiedensten Formen genetischer Manipulation. Emotionale und spirituelle familiäre Bande werden nur insoweit als wichtig betrachtet, als sie eine vorübergehende Quelle der Unterstützung darstellen können, eine Hilfe beim Großziehen von Kindern oder einen Ort, wo man sich zwischen den Phasen der anstrengenden Suche nach Erfolg ausruhen kann. In neuen amerikanischen Wörterbüchern findet man sogar den Begriff *starter marriage* (etwa »Erst-Ehe«), womit die erste von vielen Beziehungen, die man auf der Suche nach Selbstverwirklichung eingeht, bezeichnet wird. Selbst grundlegende Funktionen der Familie wurden institutionalisiert, beispielsweise durch die Verbreitung von Ganztagskindergärten, Massagesalons und sogenannten »Samadhi-Tanks«. Während der Westen von der großen Bedeutung der Familie redet, leidet die Familie unter schwerer Vernachlässigung.

Der Osten betrachtet die Familie seit alters her als eine heilige und Respekt verdienende Einrichtung. Wie der Westen, ist er nach wie vor patriarchalisch, schreibt also dem Mann den größten Teil der Macht und der Frau den größten Teil der Verantwortung zu. Im Osten hat die Familie einen starken symbolischen Wert, wird aber in der Realität ebenfalls häufig vernachlässigt. Wie im Westen, so ist auch im Osten die

Lobpreisung der Familie wenig mehr als ein bloßes Lippenbekenntnis. Viele der größten Gurus des Ostens ließen um ihrer Erleuchtung willen Frau und Kinder im Stich, und wahrhaft gesunde intime Beziehungen sind für das östliche Denken einfach kein Thema.

Im Gegensatz zum Menschen des Westens, der dazu neigt, die Familie zu »benutzen«, und dem des Ostens, der sie tendenziell verehrt, betrachtet der Polynesier die Familie nicht nur als heilig, sondern von wesentlicher Bedeutung für die körperliche, emotionale und spirituelle Gesundheit. Zu ihr gehören nicht nur Menschen, sondern auch Felsen, Bäume, Pflanzen und Tiere. Indem der Polynesier für seine Familie sorgt, sorgt er für die 'aina, da die Familie eine Manifestation der göttlichen Erde ist. Die Polynesier betrachten jeden, nicht nur Blutsverwandte, als Familienangehörigen. Sie heiraten zum Wohl der Gemeinschaft, nicht, um sich »besser verwirklichen« zu können, und ihre Kinder gehören zur gesamten polynesischen Familie. Familien »tauschen« häufig Kinder »aus« und ziehen sie füreinander groß: ein Brauch, der als hanai bezeichnet wird, was soviel wie »aufnehmen und versorgen« bedeutet. Sogar wenn es um die Familie und die Kinder geht, gibt es in Polynesien kein Eigentum. Vielleicht mehr als irgendeine andere einzelne Ursache verringert dieses völlige Fehlen von Besitzanspruch und selbstsüchtigem Stolz die aus Konkurrenzdenken, Absonderung und Einsamkeit resultierende Aggressivität und Feindseligkeit, die im Westen und Osten immer häufiger zu beobachten sind.

Tritt einmal doch ein Konflikt innerhalb der Familie auf, bemüht man sich sofort um die Wiederherstellung einer harmonischen Atmosphäre. Dies geschieht durch ein Gebetsritual, das sich ho'oponopono nennt – was soviel heißt wie »Wiederherstellen des Gleichgewichts« und »Wiederherstellen gesunder Beziehungen auf allen Ebenen«.

5. Fun (Spaß, Freude): Sowohl der Westen als auch der Osten tun sich mit dem Begriff der Freude schwer. Bei beiden wird Freude stets durch ein gewisses Maß an Schuldgefühlen überschattet. Für den Westen bedeutet Glück, alles zu tun und alles zu haben und in einem Zustand des »Status-Glücklichseins« zu leben. Im Osten wird Glück entweder in nicht-körperlichen oder nicht-zwischenmenschlichen Kategorien definiert oder aber als eine Ablenkung von wahrer spiritueller Erleuchtung betrachtet. Die traditionellen Weisheitslehren des Ostens streben nach einem höchsten Bewußtseinszustand, der mit Begriffen wie Nirvana oder Samadhi bezeichnet und als die eine oder andere Form der Befreiung vom Materiellen und Vergänglichen verstanden wird.

Für den Polynesier ist ausgewogene Freude die wahre Natur, der Prozeß und der Sinn allen Lebens. Die polynesischen Mythen schildern spielerische Interaktionen zwischen allem und jedem. Die polynesischen Götter sind eher Schelme als Helden. Der Sinn des Lebens besteht darin, Freude darüber zu empfinden, daß man mit den wunderbaren Geschenken der Natur lebt, und diese Geschenke zu respektieren und zu erwidern. Ein guter Witz wird sehr viel mehr geschätzt als ein westlichzynisches Bonmot oder ein tiefsinniger östlicher Sinnspruch. Die Glückseligkeit des Lebens im Paradies gründet darauf, einer wunderbaren Welt *anzugehören*, ohne jeden Anspruch darauf, sie zu besitzen, zu erobern oder zu verteidigen.

Das Aloha-Prinzip hilft uns also, Essen, Spiel und jegliche sinnliche Erfahrung in Gemeinschaft mit unserer »alleinschließenden Großfamilie« und in gemeinsamer Liebe zur *'aina* zu genießen und dabei in jedem Augenblick die Wieder-Verzauberung des Alltagslebens zu entdecken.

Sechstes Kapitel

»Zerebrale G-Punkte« –
die Psychoneurologie des Glücks

»Gehirn, das: Ein Apparat,
mit dem wir denken, daß wir denken.«
Ambrose Bierce

»Wow, Sie haben genau den richtigen Punkt getroffen«, stöhnte die junge Frau. »Machen Sie weiter. Hören Sie nicht auf. Das ist toll. Mann, das ist wirklich Wahnsinn«, fuhr sie fort, lächelnd und dann kichernd. Zwar empfand sie die Erregung eines Glücksgefühls, das intensiver sexueller Stimulation nicht unähnlich ist, aber diese Frau erlebte kein erotisches Abenteuer. Sie lag auf einem OP-Tisch.

Für eine selten durchgeführte, riskante Operation hatte die Neurochirurgin den Schädel dieser Frau geöffnet und war dabei, verschiedene Bereiche ihres Gehirns elektrisch zu stimulieren, um sicherzugehen, daß sie ihr Skalpell genau dort ansetzen würde, wo sie schneiden mußte, um die schweren Anfälle zu lindern, unter denen ihre junge Patientin schon seit vielen Jahren litt. In der einschüchternden Atmosphäre des Operationssaals, wo mehr als ein Dutzend Ärzte und Krankenschwestern über ihren Mundschutz hinweg auf sie hinabspähten, kurz nachdem das Summen und der Geruch der Säge, die ihren Schädel durchschnitt, nachgelassen hatten, machte diese Patientin eine der beglückendsten Erfahrungen ihres Lebens.

Die Chirurgin hatte eine Elektrode in den Bereich des Gehirns gesetzt, den man das limbische System nennt, einen Bereich, in dem starke Glücksempfindungen lokalisiert sind. Andere Patienten berichteten, als sie während einer Operation im selben Bereich stimuliert wurden, daß negative Gefühle verschwanden, daß sich eine Art Euphorie oder Rauschzustand einstellte und daß sie sogar multiple Orgasmen hatten.

Seit mehr als 40 Jahren wissen Neurologen und Physiologen, daß es im Gehirn Lust- und Glückszentren gibt. Genau wie es nicht nur einen einzigen Bereich des Körpers gibt, in dem sexuelle Erregung erzeugt werden kann, gibt es auch im Gehirn keinen spezifischen »Glückspunkt«. Darüber hinaus scheinen auch bestimmte Muster neurohormonaler Ausschüttung innerhalb des Gehirns von entscheidender Bedeutung für unsere Fähigkeit zu sein, auf die Erfahrungen des Lebens freudig zu reagieren. Diese »Lustschablonen« machen die Physiologie unseres siebten Sinnes aus, aber sie sind nicht seine Ursache.

Elektroden mit sich herumzutragen, um die »G«- oder Glücksbereiche unseres Gehirns zu stimulieren, ist nicht eben der praktischste und sicherste Weg, um sich im Leben Glück und Lust zu verschaffen. Wir können jedoch die Lustbereiche unseres Gehirns stimulieren, indem wir unseren Geist und unser Bewußtsein nutzen, um ihm zu sagen, wie, wann und was es denken soll. *Wir selbst* können die elektrische Spannung erzeugen, die die Glücksreaktion auslöst.

Um Zugang zu den Glückspunkten unseres Gehirns finden zu können, müssen wir uns zunächst klarmachen, wie das Gehirn funktioniert und Gefühle verarbeitet. Mittlerweile sollten wir das Vorurteil »das Gehirn dominiert das Bewußtsein« schon ein gutes Stück hinter uns gelassen haben. Beide sind ein Teil unserer Persönlichkeit: das Gehirn ist Teil unseres Körpers und das Bewußtsein ist Teil unseres Geistes, der Entscheidungen darüber trifft, wie wir eine Information, die unser Körper an uns weiterleitet, interpretieren und beantworten sollen.

Großer Fehler, großer Nutzen   Wie so häufig in der Wissenschaft, war es der Fehler eines Forschers, der zur Entdeckung der Lustzentren des Gehirns führte. Während er Bereiche des Gehirns und die allgemeine Erregbarkeit und Reaktionsfähigkeit von Ratten erforschte, implantierte der Psychologe James Olds versehentlich stimulierende Elektroden nicht in den Hypothalamus, der Erregung kontrolliert, sondern in den limbischen Bereich, der Hungergefühl, Kampf-oder-Flucht-Reaktion und sexuelle Aktivität steuert. Olds stellte fest, daß die Ratten, als er ihnen die Möglichkeit gab, ihren limbischen Bereich auf Knopfdruck selbst zu stimulieren, dies ununterbrochen, den ganzen Tag lang taten – bis zur völligen Erschöpfung und sogar bis zum Tod. Das limbische Zentrum zu stimulieren schien bei weitem befriedigender als das schmackhafteste Essen, angenehmer als das Löschen von Durst, aufregender als Sex und belebender als irgendein Erregungszustand wie Kampf-oder-Flucht-Bereitschaft zu sein.[1] Die Presse stürzte sich auf diese Entdeckung und taufte diesen Bereich des Gehirns das »Lustzentrum«.

Im Rahmen eines anderen Versuchs implantierte der Arzt Robert Heath, von der Tulane University School of Medicine in New Orleans, bei Patienten mit schweren Gehirnschäden Elektroden, um ihre schweren psychotischen und epileptischen Symptome zu lindern. Er schob die Elektroden tief in das limbische System und zeichnete dann die elektrische Aktivität verschiedener Bereiche des Gehirns auf, während seine Patienten ihr Gehirn selbst stimulierten. Wie die Frau, die wir zu Anfang dieses Kapitels erwähnten, bezeichneten Patienten die Stimulierung dieser Zentren als »einfach wunderbar«. Man hatte also eine Art von »zerebralem G-Punkt« entdeckt. Einige Patienten berichteten von allgemeiner Euphorie, während andere erzählten, daß schöne Erinnerungen in ihnen aufstiegen, daß sie sich wie beschwipst fühlten oder daß alle »schlechten Gedanken« verschwanden.

Olds Fehler führte zu der Entdeckung, daß es in unserem Nervensystem eine starke angeborene Lust-Leitungsbahn gibt. Es liegt jetzt also an uns zu lernen, wie wir sie für einen vernünftigeren, gesunden Hedonismus nutzen können.

Vernünftiger Hedonismus   Der Neurophysiologe Paul MacLean beschreibt das menschliche Gehirn mit paläontologischen Begriffen.[2] Der tiefste und älteste Teil ist das Reptiliengehirn. Diese etwa 500 Millionen Jahre alten Bereiche des Gehirns regulieren unsere elementarsten Lebensprozesse. Weiter oben ist das 300 Millionen Jahre alte »paläomammalische Gehirn« oder »alte Säugerhirn«. In diesem Bereich geht es um unsere grundlegendsten Gefühle wie Furcht, Haß und Liebe. Der »moderne« Bereich unseres Gehirns, der Neokortex, ist weniger als 50 Millionen Jahre alt, und er ist der Teil, der denkt. Er ist fähig, die niedriger gelegenen Teile unter Kontrolle zu halten, aber dazu müssen wir unseren Geist, unser Bewußtsein, benutzen. Wenn wir es nicht tun, kann unser siebter Sinn sich nicht entwickeln, und wir bleiben Sklaven der Gespenster unserer archaischen Gehirnimpulse.

Im Polynesischen Huna, der heiligen Lehre von den Geheimnissen des Lebens, wurden Hirnstamm und limbisches System als das »niedere Selbst«, das *unihipili*, die getrennten Hemisphären des Gehirns als das »mittlere Selbst« oder das *uhane*, und das integrierte gesamte Gehirn als das mit jedem und allem, was jemals gelebt hat, verbundene »höhere Selbst« oder *aumakua* bezeichnet.

Wenn wir etwas wahrnehmen, dann werden die Signale, die diese Wahrnehmung repräsentieren, zunächst zu dem Teil unseres Gehirns geleitet, der Thalamus genannt wird. Er sortiert hereinkommende Botschaften und gibt sie an die entsprechenden Bereiche des Gehirns weiter. Der Thalamus kommuniziert mit unserem limbischen System und mit unserem »höheren« Gehirn. Der Schlüssel, um das Aloha-Prinzip in die Tat umzusetzen, ist die bewußte Entscheidung, mit welcher Schicht unseres Gehirns wir unser emotionales Leben leben wollen.

Unser siebter Sinn benutzt unser stark impulsives limbisches System, ist aber nicht darauf begrenzt. Entsprechend dem Aloha-Prinzip zu leben bedeutet nicht, einem schamlosen, irrationalen, selbstsüchtigen Hedonismus zu frönen. Neue Untersuchungen über emotionale Intelligenz zeigen, daß Gefühle zwar stark sind, daß wir aber keineswegs gezwungen sind, uns von unseren niederen Gehirnzentren emotional versklaven zu lassen. Statt dessen können wir unsere höheren Gehirnzentren nutzen, um uns selbst reife Lust zu verschaffen. Der Schriftsteller Horace Walpole schrieb: »Das Leben ist eine Komödie für den Denkenden und eine Tragödie für den Fühlenden.« Das Aloha-Prinzip basiert auf *reflektierten* Gefühlen: also darauf, daß jede im limbischen System entstehende Erregung von der Großhirnrinde überwacht wird. Wie wir in diesem Kapitel sehen werden, nutzt und reguliert unser siebter Sinn verschiedene komplexe Körpersysteme: unsere Emotionen, unser Herz, unsere Hormone und unser Immunsystem.

Ein heißer oder ein kühler Kopf?

Das Gehirn ist ein »Hitzkopf«, der von einem kühlen Geist kontrolliert werden muß. Signale aus dem Thalamus gehen nicht nur an die Stirnlappen der Hirnrinde, sondern auch an ein winziges Organ in dem limbischen System, das der Mandelkern genannt wird. Dieser ist der eigentliche »Hitzkopf« des Gehirns; er verleiht jeder Wahrnehmung eine auf früher gemachten emotionalen Erfahrungen basierende Bedeutung. Um so wichtiger ist es, daß der Geist den Mandelkern beruhigt, ihm zu einer gesunden Ausgeglichenheit verhilft und seine schlecht angepaßte Hypererregbarkeit hemmt. Wir können emotional nicht reifen, wenn wir es zulassen, daß unser Mandelkern allein die emotionale Bedeutung unserer Lebenserfahrungen bestimmt.

Ein weiterer Teil des Gehirns, der unsere Gefühle vermittelt, ist jene limbische Struktur, die man das *laterale Septum* nennt. *Es* hat einen kühleren Kopf und kann unangenehme Gefühle wie Haß und Furcht unterdrücken. Nur ein winziges Stück vom lateralen Septum entfernt befindet sich aber das *mediale Septum*, das unsere negativen Gefühlszustände intensivieren kann.

Diese beiden Strukturen sind unsere eingebaute »emotionale Wippe«, und nur indem wir unseren Geist nutzen, um unser höheres Gehirn und die Stirnlappen zu lenken, können wir die Wippe in einem gesunden Gleichgewicht halten. Das limbische System und sein Mandelkern und sein Septum bewirken, daß wir emotional sind, aber unser höheres Gehirn verleiht allen unseren Gefühlen erst einen Sinn und eine Bedeutung. Indem wir nachdenken, nicht, indem wir impulsiv reagieren, entwickeln wir unseren siebten Sinn.

Wir sind so gebaut, daß wir von Gefühlszuständen, in denen wir uns gerade befinden, immer wieder »abprallen«.[3] Signale aus unserem Thalamus gehen auch zur linken und rechten Hälfte unserer Gehirnrinde. Zwar arbeiten beide Hälften zusammen, aber die linke ist eher mit Gefühlen wie Freude und Euphorie befaßt, die rechte dagegen mit Gefühlen wie Depression und Ekel. Da jede Hälfte die andere mäßigen hilft, kehren wir in der Regel immer wieder zu einem Zustand der Ausgeglichenheit zurück. Wir sind so gebaut, daß wir ein Übermaß an Depression oder Glückseligkeit nicht allzu lange aushalten. Freude und Glück ergeben sich daraus, daß wir uns beider Seiten unseres emotionalen Selbst bewußt sind und erkennen, daß das Leben weder eine Schale Kirschen noch eine Schale Zitronen ist.

»Abhängigkeit« von Lust

Abhängigkeit ist natürlich. Niemand hat jemals »Abhängigkeit« geheilt, weil sie für unsere Gesundheit von wesentlicher Bedeutung und ein untrennbarer Bestandteil unserer Persönlichkeit ist. Wir brauchen sie, um glücklich und stark bleiben zu können. Abhängigkeit ermöglicht Anpassung, da sie bewirken kann, daß wir uns immer wieder bemühen, das zu bekommen, was für uns gut ist. Bei allen Tieren gibt es Formen von Abhängigkeit. Beispielsweise kauen Elephanten stundenlang Kokablätter, um sich in einen entspannten und spielerischen Zustand zu versetzen. Aber sie gehen nicht so weit, daß sie ihre Herde verlassen oder ihr Leben verpfuschen würden, nur um diese Blätter zu kauen. Sie errichten keine Fabriken, um aus den Blättern der natürlichen Kokapflanze synthetisches Kokain herzustellen und sich damit einen Rausch zu verschaffen. Anders als Menschen es häufig tun, beeinträchtigen sie ihre natürlichen Lust-Leitungsbahnen nicht und schließen sie nicht kurz.

Eine leichte Dosis Adrenalin ist sehr angenehm und hält ziemlich lange vor, aber wir Menschen ziehen es vor, große Dosen dieses inneren Aufputschmittels zu nehmen. Wir streben nach immer stärkeren Erregungszuständen, um unseren Adrenalinspiegel zu erhöhen, nur um hinterher kläglich abzustürzen, weil genug niemals genug ist. Im folgenden die Merkmale gesunder wie ungesunder Abhängigkeit.

Gesund	Ungesund
langsam, kontrolliert	rasch, unkontrolliert
keine Erhöhung der Toleranz	stetige Erhöhung der Toleranz
genug ist genug	Bedürfnis nach immer mehr
fühlt sich »genau richtig« an	zu »hohe Höhen« und zu »tiefe Tiefen«
energisierend	allbeherrschend
fördert Beziehungen	zerstört Beziehungen
vom Geist kontrolliert	vom Gehirn kontrolliert

Der Schlüssel zum Aloha-Prinzip liegt darin, unsere natürliche Fähigkeit, vom Glück abhängig zu werden, nicht zu mißbrauchen. Abhängige, die das Talent zur Abhängigkeit mißbrauchen, zerstören sich selbst und die Menschen in ihrer Umgebung.

Unsere DNA ist eine genetische Spirale, die wie ein natürlicher Computerchip funktioniert, indem sie Pläne für unseren gesamten Körperbau kodiert. Sie vibriert mit Millionen Schwingungen pro Sekunde und schickt unsere »persönliche Signatur« durch jede Zelle unseres Körpers. In unserer DNA ist ein immenses Glückspotential angelegt, und wir sind genetisch auf Freude programmiert. Unser Gehirn und sein gesamtes sensomotorisches System haben sich entwickelt, um unsere Suche nach Freude zu unterstützen.

Unser Gehirn »weiß« nur, daß es selbst und sein Körper stimuliert werden. Es ist wenig wahrscheinlich, daß unsere Lust-Abhängigkeit uns nur deswegen einprogrammiert wurde, damit, wie Candace Pert schreibt » ... Junkies sich einen Rausch verschaffen könnten«.[4] Dieser siebte Sinn für gesunde Lust wurde uns vielmehr gegeben, damit er uns zu dem führt, was uns selbst und die Menschen in unserer Umgebung lebendig und gesund erhält. Um das Aloha-Prinzip in die Tat umzusetzen, müssen wir unseren Geist nutzen, damit er unserem Gehirn sagt, wieviel und welche Art von Stimulation es verarbeiten sollte. Wir müssen unserem Gehirn zeigen, daß »künstliche« Stimulantien wie Drogen oder Streß-Neurohormone nicht der richtige Weg zu einem erfüllten Leben sind.

Menschen, die Drogen mißbrauchen, sind häufig sehr »high«, aber selten sehr glücklich. Sie füttern das selbstsüchtige Gehirn, das auf sofortige Triebbefriedigung aus ist, mit einer chemischen Erfahrung, enthalten ihm aber die emotionalen Zustände vor, die Glücksgefühle hervorrufen. Wirkliches, dauerhaftes Glück erfordert Geistestätigkeit und eine intensivierte Beziehung zur Welt und all ihren Geschöpfen; bloße neurohormonale Gehirnmasturbation reicht dazu *nicht*. Kein künstlich erzeugter Rausch ist dem natürlichen Glückszustand vergleichbar, der aus der angemessenen Nutzung unseres Lustpotentials resultiert. Wir vergeuden dieses natürliche Geschenk, wenn wir es mißbrauchen und nicht erkennen, daß unsere »Abhängigkeit« von Lust uns helfen soll, die Verbindung mit unserer Umwelt aufrechtzuerhalten – und nicht, uns von der Welt zurückzuziehen.

Es gibt mittlerweile Hunderte wissenschaftlicher Studien, die beweisen, daß die Menschen, die ein gemeinschaftliches Glück im Alltag suchen und finden, am glücklichsten und längsten leben.[5] Untersuchungen haben gezeigt, daß unser Freude-System auch das wirkungsvollste Gesundheitsfürsorgesystem ist, weil es uns, wenn wir seine Signale nur richtig deuten, zu den Dingen führt, die gut und gesund für uns sind.

Wenn wir es lernen können, unsere Lustzentren und die in ihnen fließenden Neurohormone vernünftig und maßvoll zu nutzen – also unsere natürliche »Suchtbereitschaft« in die richtigen Bahnen zu lenken –, dann können wir nicht nur uns selbst, sondern auch den Menschen in unserer Umgebung fast mit Sicherheit ein längeres, glücklicheres, sinnerfüllteres Leben garantieren.

Wie der Körper den Geist beeinflußt

Gefühle »passieren« uns nicht einfach. Wir empfinden nicht deshalb Freude, weil uns etwas Gutes widerfährt und freudige Signale zu unserem Gehirn geschickt werden. Wir lächeln nicht einfach deshalb, weil wir glücklich sind. Wir fühlen uns auch glücklich, weil wir lächeln. Es wird Sie vielleicht wundern, aber wir können unseren emotionalen Zustand tatsächlich gezielt beeinflussen. Eines der wichtigsten Dinge, die wir tun können, um mehr Freude in unser Leben zu bringen, ist, *freudig zu handeln*.

Vor über 100 Jahren untersuchte Charles Darwin, wie Emotionen zum Ausdruck gebracht werden.[6] Er fand heraus, daß die Menschen überall auf der Welt ihre Gefühle auf bemerkenswert ähnliche Weise ausdrücken, und bewies damit, daß Emotionen und deren Ausdruck evolutiv entstanden sind. Einige Jahre vor Darwin untersuchte Guillaume-Benjamin Duchenne die Muskulatur, die beim Lächeln beteiligt ist.[7] Er stellte fest, daß ein herzliches Lächeln die kombinierte Bewegung zweier Muskelgruppen erforderte – des großen Jochbeinmuskels (um den Mund herum) und des Ringmuskels (um die Augen herum). Zwar arbeiten diese Muskeln »selbsttätig«, wenn wir uns glücklich fühlen, aber wir können sie auch *bewußt* kontrahieren, um unserem Gehirn mitzuteilen, daß wir ein wenig Freude brauchen könnten.

Im Folgenden ein kleines Beispiel, wie Sie Ihren emotionalen Zustand selbst beeinflussen können. Schauen Sie in den Spiegel und lächeln Sie, indem Sie die Lippen von Ihren Zähnen zurückziehen, die Mundwinkel hochziehen und die Augen ein wenig zusammenkneifen. Die Muskeln um Ihre Augen herum sind sehr wichtige »Freudesender«, deshalb sollten Sie ihnen besonders viel Aufmerksamkeit widmen. Jetzt stellen Sie fest, wie Sie sich fühlen. Wenn Ihr Gehirn Sie nicht mit Gedanken wie: »Hör lieber auf, du siehst albern aus!« ablenkt, werden Sie sich wahrscheinlich ein wenig besser fühlen, als Sie es taten, bevor Sie lächelten. Wenn Ihre Lächel-Muskeln nach dieser Übung wehtun, dann signalisiert das ein weiteres Symptom des Freudemangel-Syndroms, aber sie können sie durch »Lächeltraing« aufbauen.

Unser denkendes Herz   Zusätzlich zum Thalamus, dem Mandelkern, dem Septum, den Stirnlappen und den ganzen Gehirnhemisphären gibt es ein weiteres Organ in unserem Körper, das sehr viel denkt: das Herz. Zwar meinen wir häufig, das Gehirn sei das Zentrum unseres Menschseins, aber für die Romantiker war das Herz schon immer das wichtigste Organ. Allmählich holen die Wissenschaftler die Dichter ein; sie haben erkannt, daß das Herz sehr viel mehr ist als eine bloße Pumpe. Wenn wir Formulierungen wie »Ich fühle es in meinem tiefsten Herzen« oder »Mein Herz sagt mir . . .« benutzen, dann nehmen wir damit Erkenntnisse aus dem Bereich der Psychoneurokardiologie (PNK) vorweg. Die PNK beweist, daß das Herz weitgehend so denkt, fühlt und den Körper beeinflußt wie das Gehirn.[8] Psychneurokardiologen am Institute of HeartMath haben gezeigt, daß das Herz und die es umgebenden Bereiche reich an biologischen Schwingungsgeneratoren sind, die helfen, innere Rhythmen des Organismus herzustellen und aufrechtzuerhalten. Das Herz selbst ist ein Meister-Oszillator, der 40- bis 60mal stärkere elektromagnetische Signale erzeugt als das Gehirn.[9] Neurokardiotransmitter wie das im Herzvorhof abgesonderte ANF-Hormon beeinflussen unseren emotionalen Zustand. Sie lösen häufig körperliche und emotionale Reaktionen aus, noch bevor unser Gehirn überhaupt »weiß«, daß wir Gefühle haben – und erst recht bevor ein voll ausgebildeter »Gedanke« im höheren Gehirn auftauchen kann. Mit anderen Worten, unser Herz könnte reagieren, bevor unser Gehirn es weiß, und also auch, bevor wir selbst es wissen, es sei denn, wir lernen, den Botschaften unseres Gehirns zuzuhören.

Herz-sam-keit üben   Eine moderne Entdeckung der Psychoneurokardiologie, die sogenannte *freeze frame*(»Standbild«)-Technik, zeigt, wie »Loslassen« oder der beglückende Weg zum Wohlbefinden, den uns das Aloha-Prinzip weist, die Gesundheit positiv beeinflussen kann. Bei dieser neuen Technik geht es nicht nur um »Achtsamkeit«, sondern um etwas, was wir als »Herz-sam-keit« bezeichnen könnten. Bei der »Freeze Frame«-Übung geht es ganz einfach darum, still zu werden und auf unser Herz zu hören.

Diese Technik besteht darin, das Herz zu fragen, was es über eine Quelle hereinkommender Stimulation denkt, und sollte insbesondere eingesetzt werden, wenn man mit einem aufwühlenden Ereignis konfrontiert ist. Wenn wir etwas Beglückendes erleben und es lernen, auf unser Herz und nicht nur unser Gehirn zu hören, dann vibriert überall in unserem Körper und Immunsystem gesunde elektromagnetische Energie und schwingt sich unser Biosystem auf eine gesunde Harmonie ein. Diese Tatsache nutzt die Freeze-Frame-Technik. Probieren Sie sie einmal aus, und hören Sie auf das, was Ihr Herz zu sagen hat.

1. Setzen Sie sich in ein stilles Eckchen, beruhigen Sie sich, und lassen Sie es nicht zu, daß Ihr Gehirn eifersüchtig wird und Ihnen befiehlt, aufzustehen und aktiv zu werden.
2. Fragen Sie Ihr Herz auf eine ruhige, aufrichtige, einfühlsame Art, was es »auf dem Herzen hat«.
3. Nehmen Sie wahr, was Sie im Herzen und um den Bereich Ihres Herzens herum fühlen.

Wenn Sie mit einer stressigen Situation konfrontiert sind, fragen Sie Ihr Herz, wie es auf andere Weise damit umgehen würde als Ihr limbisches System, Ihr Mandelkern und Ihr Septum. Denken Sie daran: Ihr Gehirn ist sehr egoistisch und redet Ihnen möglicherweise ein, daß es ganz allein für das Denken verantwortlich sei, aber es gibt überzeugende neue Indizien dafür, daß das Herz ebenfalls »hört, fühlt und denkt«.

Durch die Freeze-Frame-Technik können wir lernen, auf die Botschaften unseres Herzens zu hören.[10] Wir können nicht nur die Geist-Körper-

Kommunikation, sondern auch die Herz-Körper-Kommunikation nutzen, um unsere Aufnahmefähigkeit für Lust und Freude zu steigern. Unser Herz erspürt möglicherweise eine Quelle der Freude, die unser Gehirn gar nicht erkennen kann. Und es gibt keinen Grund anzunehmen, daß die Schwingungen unseres Herzens oder die Wirkungen dieser Schwingungen an unserer Haut zum Stillstand kommen. Die ozeanische Philosophie lehrt, daß jeder von uns mit jedem anderen mitschwingt und daß es einen Lebensrhythmus gibt, der in jedem Menschen, jedem Stein, jedem Vogel oder Fisch pulsiert. Einige bezeichnen dies als »Vibes aussenden«, aber die Polynesier sprechen davon, mit den natürlichen Rhythmen der Welt »in Harmonie zu gelangen«.

Inneres Morphium   Neben dem Gehirn und dem Herzen beschäftigt unser siebter Sinn eine Infrastruktur von neurohormonalen Glücks-Leitungsbahnen. Auf jede Art von neurohormonalem Streß – angenehm oder herausfordernd – reagierend, setzt unser Nervensystem verschiedene Freudeflüssigkeiten frei: die sogenannten Endorphine. Diese überfluten uns mit Gefühlen des Wohlbefindens und Glücks. Diese »inneren Opiate« sind mehrere hundertmal wirksamer als von außen zugeführte Morphine, aber ebenso wie Morphium haben sie eine süchtigmachende Wirkung, und ein kleines Endorphin-»High« kann lange vorhalten.

Ein Grund, warum es nicht leicht ist, dem Aloha-Prinzip zu folgen, ist die Tatsache, daß unsere natürliche Prädisposition zum »Endorphinismus« uns dazu verleiten kann, Glücksgefühle nur in einem einzigen Bereich unseres Lebens zu suchen. Da Endorphine eine so starke Wirkung haben, brauchen wir nur leichte, regelmäßige Dosen, um ihre beglückende Kraft zu spüren. Der Wissenschaftsautor James Gorman beschreibt die Gefahr dieser neuen Modeerscheinung, der »Endorphinsucht«, in seinem humorvollen Artikel »Der Mann ohne Endorphine«. Er schreibt: »Soweit ich es beurteilen kann, steht mein Gehirn nicht auf Endorphine ... Tatsache ist, daß mir gar nichts daran liegt, ›high‹ zu sein. Ich bin nicht gierig. Die leichte Depression, die auf meine tägliche Joggingrunde durch den Park folgte, hat mir jahrelang als Motivation völlig ausgereicht.«[11]

Große Dosen Endorphine führen zu ungesunden Hochgefühlen, denen heftige Abstürze folgen, was das Immunsystem auf die Dauer schwächen kann. Das Geheimnis des Aloha-Prinzips besteht darin zu lernen, in kleinen Schlucken aus unserem internen Glücksbrunnen zu trinken, ohne zu »Endorphin-Junkies« zu werden.

Der Psychoneurologe Dr. Edward Diener zeigte, daß gesundes Glück eher durch kurze, maßvolle und regelmäßige Freudeerlebnisse hervorgerufen wird als durch unregelmäßige, intensive euphorische Zustände. Er maß über einen Zeitraum von sechs Monaten die Stimmung bei einer Gruppe von Männern und Frauen.[12] Jede dieser Personen trug einen Piepser bei sich und zeichnete die Momente der Freude im Laufe des Tages auf. Die Resultate waren eindeutig. Nicht die Intensität des Glücksgefühls, sondern die Tatsache, wie häufig ein Mensch ein wenig glücklich war, war für den Grad des allgemeinen Wohlbefindens verantwortlich.

Emotionale Rückschläge   Eine andere Gefahr, die damit einhergeht, allzu intensive Hochgefühle zu erleben, resultiert daraus, daß das Gehirn darauf programmiert ist, uns wieder so weit hinunterzubefördern, wie wir emporgestiegen sind. Man spricht in diesem Zusammenhang von der »Theorie des gegenläufigen Prozesses« (*opponent process theory*). Unser Gehirn hat einen »emotionalen Thermostat« entwickelt, der dafür sorgt, daß nichts von dem, was uns passiert, jemals emotional einseitig besetzt wird. Das Glücks-System-Pendel beginnt zu schwingen, sobald wir auf etwas in unserer Umgebung reagieren. Eine Weile nach Beginn des ursprünglichen Gefühls setzt immer ein entgegengesetztes Gefühl ein. Dies ist eine gute Nachricht für chronische Pessimisten und eine schlechte für die, die ständig danach streben, optimistisch zu sein.

Die Theorie des gegenläufigen Prozesses besagt zudem, daß die zweite, die Rückschlags-Emotion länger anhält als die erste. Wenn wir danach streben, die meiste Zeit glücklich und »obenauf« zu sein, sind wir ein hervorragendes Ziel für den emotionalen Bumerang, der mit seiner ganzen Wucht zurückkehren und uns zu Boden schlagen wird. Ein weiterer Aspekt der Theorie des Rückschlags der Gefühle ist die Tatsache, daß, wenn wir das erste Gefühl wiederholt erleben, das entgegengesetzte Gefühl sogar noch an Stärke zunimmt. Allzu häufig allzu sehr »obenauf« zu sein bedeutet, daß wir *noch* häufiger *ganz* tief »am Boden« sein werden.

Das polynesische *pono* oder Gleichgewicht ist der Schlüssel, um mit einem emotionalen Rückschlag fertigzuwerden. Beim Aloha-Prinzip geht es nicht darum, ständig in gehobener Stimmung zu sein. Es geht darum, ständig zu *sein* und sich *allen* emotionalen Schattierungen des Lebens gegenüber zu öffnen. Es geht darum, selbst in unseren dunkelsten Momenten zu wissen, daß bessere Zeiten kommen werden.

Im fünfzehnten Kapitel werden Sie mehr darüber erfahren, wie Sie dies bewirken können, aber vielleicht möchten Sie vorab eine kleine Übung versuchen, durch die Sie die Theorie des emotionalen Rückschlags in Ihrem

eigenen Leben verifizieren können. Stellen Sie eine chronologisch geord-
nete Liste aller wesentlichen Ereignisse in Ihrem Leben auf. »Benoten« Sie
dann jedes dieser Ereignisse mit einem Wert von 0 (= sehr negativ) bis 10 (=
sehr positiv). Jedesmal, wenn ich meine Patienten bitte, diese Übung
durchzuführen, stellen sie fest, daß auf eine »Obenauf-Phase« unweigerlich
eine »Down-Phase« folgte – und umgekehrt.

Ströme der Belohnung   Einige Forscher bezeichnen unsere natürlichen
inneren Psychochemikalien der Freude als die »Ströme der Belohnung«.[13]
Um uns dem Leben mit einem Gefühl ausgewogener Freude hingeben zu
können, müssen wir lernen, auf den manchmal stürmischen Fluten der
Neurohormone zu segeln.
    Zwar sind die neurochemischen Aspekte der »Leitungsbahnen der Lust«
noch lange nicht vollständig erforscht, aber soviel wissen wir immerhin,
daß es entlang dieser Leitungsbahnen bestimmte Synapsen gibt, die das
Streß-Neurohormon Noradrenalin verwerten. Ein Mangel an diesem Hormon führt zu einem Zustand, den man *Anhedonie* nennt: die Unfähigkeit,
Freude zu empfinden, zu akzeptieren und wertzuschätzen. Ein *Übermaß* an
Noradrenalin wiederum kann die Glückssinne betäuben, die Ströme der
Belohnung verschmutzen. Genauso wie wir jemandem, der uns ständig
anschreit, irgendwann nicht mehr zuhören, kann eine intensive Überrei-
zung der natürlichen Freude-Leitungsbahnen bewirken, daß wir für jede
Freude taub und für jedes Glück blind werden. Dies ist eine weitere Gefahr
des Mißbrauchs unseres natürlichen Glückssystems durch Drogen oder des
Versuchs, uns für einen allzu langen Zeitraum ein allzu langes Adrenalin-
hoch zu verschaffen.

Gehirnschnipsel überall im Körper   Vor 1970 glaubte man, daß das
menschliche Immunsystem unabhängig vom Körper funktioniere. Es ver-
richte, so meinte man, seine Arbeit per Selbststeuerung, wobei es Eindringlinge irgendwie »erkenne« und den Körper ohne jede Unterstützung seitens des Gehirns von diesen Antigenen befreie. In den 1970er Jahren
wurden zwei überraschende Entdeckungen gemacht: Zunächst fand man
heraus, daß unsere Gedanken und Gefühle von denselben Gehirnchemikalien vermittelt werden, die die Immunreaktion unseres Körpers steuern.
Dann entdeckte man, daß diese Gehirnchemikalien, die sogenannten Neurotransmitter, keineswegs isoliert auf der Insel unseres Gehirns leben. Wie
die Kanus der alten Polynesier zirkulieren diese Neurotransmitter, vom
Gehirn ausgehend, durch unseren ganzen Körper und kommunizieren mit

jedem Körperorgan, einschließlich des Immunsystems. Auf diese Weise ist eine neurohormonale Schablone der Lust oder des Schmerzes in unserem Leben überall in uns präsent, und unsere Bewußtseinsinhalte werden zu Bausteinen unseres Organismus.

Die Psychoneuroimmunologie liefert eine moderne Bestätigung des Konzepts der *aloha 'aina*, denn Liebe zur Erde bedeutet Liebe zu allem als einer Ganzheit. Die Polynesier glauben, daß jeder Gedanke sich unmittelbar auf die Erde selbst überträgt und zu einem Teil des Ganzen wird. Dies entspricht genau unseren jüngsten Erkenntnissen, daß unser Gehirn, unser Körper und unser Immun- und neurohormonales System als eine Einheit zusammenarbeiten.

Nach den Resultaten der bahnbrechenden Arbeit von Dr. Candace Pert und vielen anderen läßt sich die Theorie vom »geist-gesteuerten Körper« nicht mehr aufrechterhalten. Dr. Pert sagt: »Zu Anfang meiner Arbeit ging ich davon aus, daß Gefühle im Kopf oder im Gehirn lokalisiert seien. Jetzt würde ich eher sagen, sie sind im Körper.«[14] Die Polynesier würden hinzufügen, daß sie auch in der Erde sind.

Das eigentliche Bindeglied zwischen dem, wie wir über unsere Welt empfinden und denken, und der Biologie unseres Körpers sind unsere Neuropeptide. Dr. Pert zeigte, daß eine Klasse von Immunzellen, die Monozyten, auf ihrer Oberfläche mit winzigen Molekülen, genannt Neurorezeptoren, versehen sind, die genau zu den Neuropeptiden passen. Die Neuropeptide sind die Schlüssel, die in die molekularen Schlüssellöcher jeder Zelle unseres Körpers passen und dadurch der emotionalen Reaktion unseres gesamten Körpers die Tür öffnen. Tatsächlich fließt das Gehirn in jeden Winkel und jede Ritze unseres Körpers. Candace Pert sagt, die weißen Zellen unseres Immunsystems seien wie »Gehirnteilchen, die durch den Körper fließen«. Eine Schlüsselfrage, die sich jeder, der das Aloha-Prinzip erlernen will, beantworten muß, lautet: »Möchte ich, daß mein Körper so arbeitet, wie ich denke?« Das Immunsystem redet mit dem Gehirn, und das Gehirn unterhält sich mit Immunzellen in unserem ganzen Körper.

Ein neurohormonaler Hula

Die polynesischen Heiler, die Kahuna (Bewahrer [*ka*] des Geheimnisses [*huna*]), wissen schon lange, daß Körper, Gehirn, Geist und Welt ein einziges System bilden, das ständig in sich und mit allem kommuniziert. Es sind nicht nur unsere eigenen Zellen, sondern die gesamte Welt, in der wir leben und die in uns und zwischen uns schwingt, die unseren Immunstatus bestimmen. Jedes Ereignis in unserem Leben, im Leben anderer Menschen und dem des Planeten ist auf irgendeiner Ebene ein psychoneurohormonales Ereignis. Jeder Gedanke und jedes Gefühl ist der Trommelschlag, der einen neurohormonalen Hula in uns und zwischen uns reguliert, während wir durch das Leben tanzen.

Die alten Polynesier wären kein bißchen überrascht zu erfahren, daß Gehirnzellen mit Zellen des Magens reden können und umgekehrt oder daß wir jetzt beweisen können, daß Geist und Körper eins sind. Sie wären nur überrascht, daß wir so lange gebraucht haben, um das zu kapieren. Die »Öko-Psychoneuroimmunologie« basiert auf der Erkenntnis, daß nicht nur ein Geist mit einem Körper verbunden ist, sondern daß alle »Geister« mit allen anderen »Geistern« verbunden sind und ständig mit ihnen interagieren. Die Polynesier haben dies seit langem gewußt.

Ob wir es nun als »gute Schwingungen aussenden« bezeichnen oder als »ein gutes Gefühl dabei haben« – die meisten von uns wissen, daß es jenseits des Gehirns, des Herzens, der Endorphine und der Neurohormone eine Energie gibt, die wir die ganze Zeit fühlen und aussenden. Irgend etwas scheint uns mitzuteilen, wann etwas gut oder schlecht für uns ist. Häufig finden wir keine Worte dafür, aber es gibt ein inneres Wissen, das uns von bestimmten Menschen und Dingen fernhält oder uns zu ihnen hinzieht. Wir dürfen nicht vergessen, daß wir ebenfalls Anziehungs- oder Vermeidungssignale aussenden, deren wir uns nicht bewußt sind. Das Aloha-Prinzip zu lernen bedeutet, der Kraft unseres siebten Sinnes Aufmerksamkeit zu schenken und sie bewußt zu nutzen, um Botschaften der Freude in unserem täglichen Leben auszusenden und zu empfangen.

Doktoren der Freude oder des Kummers

Die Amerikaner sagen: »Jeder ist sein eigener Doktor«, und das ist mehr als eine bloße tröstende Behauptung. Das lateinische Wort *doctor* bedeutet eigentlich »Lehrender«, und die PNI hat bewiesen, daß wir unseren Körper (und den Körper aller anderen Menschen) in jeder Sekunde unseres Lebens etwas lehren – und daß unser Körper ebenfalls versucht, uns etwas zu lehren, wenn wir ihm nur Gehör verschaffen. Der Körper ist ein eifriger Student und merkt sich jede Lektion, die wir ihm erteilen. Wie ein naives und vertrauensvolles Kind ist unser Körper sehr leichtgläubig. Sagen Sie ihm Sie hätten einen schlimmen Rücken oder ein schwaches Herz, und er glaubt Ihnen. Wenn wir uns der Glücksreaktion öffnen, dann lernt unser Körper, diese auf eine ausgewogene, sinnliche Weise zu genießen. Wenn wir ihn jedoch Lektionen der Ungeduld, der Absonderung, Feindseligkeit, Egozentrik und Gleichgültigkeit lehren, dann überträgt er diese Lektionen auf seine innere Biologie und funktioniert auf eine Weise, die unsere Abwehr gegen Krankheiten schwächt. Gleichgültig, wie viele neue »Techniken« wir anwenden, um uns selbst zu helfen – es ist unsere »ökopsycho-neuroimmunologische Lehrtätigkeit«, die über unser Schicksal entscheidet.

Immun-Erziehung und lernfähige Lymphozyten   Mitte der 1970er Jahre machten der Psychologe Robert Ader und der Immunologe Nicholas Cohen von der University of Rochester eine verblüffende Entdeckung. Sie verabreichten Laborratten ein Präparat, das ihre Immunabwehr unterdrückte, und gaben ihnen gleichzeitig mit Saccharin gesüßtes Wasser zu trinken. Als Ader und Cohen die Medikation einstellten, bemerkten sie, daß das Immunsystem der Ratten »gelernt« hatte. Ihr Immunsystem reagierte noch immer negativ, selbst wenn man den Tieren lediglich gesüßtes Wasser gab. Seit Aders und Cohens erstem Experiment haben weitere Forscher mehrere Dinge bewiesen: daß unser Gehirn mit unserem Immunsystem kommuniziert; daß unser Immunsystem Botschaften an unser Gehirn schickt; daß dieses Immun-Gehirn-Kommunikationssystem unseren ganzen Körper durchzieht, bis hinein in unser Knochenmark; und daß die Weise, wie wir unseren Alltag subjektiv erleben einen direkten Einfluß auf unsere Gesundheit, unsere Immunabwehr und unsere Heilung hat. Eine Lehre, die sich daraus ergibt, ist, daß ein Erlebnis nicht das ist, was uns widerfährt, sondern *was wir aus dem machen*, was uns widerfährt.

Während Sie diese Erkenntnisse der Psychoneuroimmunologie verarbeiten, denken Sie einmal darüber nach, wie das wichtigste Abwehrsystem Ihres Körpers Ihrer Meinung nach aussehen, arbeiten und empfinden sollte. Sie haben die Wahl: Glück oder Streß für jede Zelle in Ihrem Körper. Druck kann Ihr Lehrer und Streß kann die ständige Lektion sein, die Ihr Körper zu spüren und zu erleben bekommt, oder Sie können die Jagd nach der Freude vertrauensvoll beenden und sich einfach von ihr anrühren lassen, indem Sie Aloha leben.

Das neue Schuldbewußtsein   Die Psychoneuroimmunologie ist ein komplexes Forschungsgebiet und steckt noch weitgehend in den Kinderschuhen. Allerdings zeichnet sich – neben den vielen wichtigen Erkenntnissen und der immer klareren Einsicht in die Bedeutung der Glücksreaktion – auch bereits eine ernstzunehmende negative Auswirkung der PNI ab. Den Gefahren der »Medizin der ersten Ära«, wie ein hoher Cholesterinspiegel oder hoher Blutdruck, und den Schreckgespenstern der »zweiten Medizin« – zuviel Streß und keine ausreichende Menge an »Entspannungsreaktionen« – scheinen wir jetzt in der dritten Ära noch eine weitere Belastung hinzuzufügen: Selbstanklagen und Schuldgefühle. Wir sind in unserem kollektiven Unbewußten nicht weit genug entwickelt, sind uns der Quantengesetze, die die unbewußte Energie steuern, nur ungenügend bewußt oder haben die falsche Einstellung zum Heilen.

Wie Dr. Robert M. Sapolsky schreibt, gibt es seit dem Mittelalter eine philosophische Betrachtungsweise der Krankheit, die stark moralisierend ist; Krankheit wird unter diesem Aspekt als die Strafe angesehen, die von Gott für Sünden verhängt wird (die sich allesamt vom Sündenfall der Menscheit im Garten Eden ableiten lassen).[15] Wenn wir die wertvollen Geschenke, die uns durch die neuen Erkenntnisse der Psychoneuroimmunologie zuteil werden, falsch deuten, könnten wir zu der Ansicht verleitet werden, es sei unsere Schuld, wenn wir krank werden, wir hätten es nicht geschafft, »genügend glücklich« zu sein und mit unserem Streß fertigzuwerden, oder wir hätten gegen irgendein Quantengesetz verstoßen. Derlei Schuldgefühle sind nicht nur völlig unbegründet, sie können auch unsere Fähigkeit, wieder gesund zu werden, erheblich beeinträchtigen.

Es gibt keinen Arzt oder Forscher – weder im Westen noch im Osten oder auch in Polynesien –, der genau und bis ins Letzte wüßte, warum ein Mensch krank wird und ein anderer nicht, und warum einige Menschen gesunden und andere nicht. Das Beste, was wir tun können, ist, unser Leben zu leben und gemeinsam zu beten, daß wir fröhlich und glücklich bleiben mögen, und dadurch so viel Gesundheit wie irgend möglich »in uns einlassen«. Wir können aus unserem Leiden lernen, genügend zu lieben, um anderen in ihrem Leiden zu helfen, und genügend loszulassen, damit all die Freude bringende Unterstützung, die uns durch die Welt und den Schöpfer zuteil wird, uns zu führen und zu heilen vermag. Letztlich ist Aloha keine »positive Einstellung«, sondern eine Haltung der Dankbarkeit für das Geschenk, in einer so wunderbar chaotischen Welt leben zu dürfen.

Die Sehnsucht nach dem Paradies

Jede uns bekannte Kultur hatte ihre Mythen vom Paradies. Sie sind über die Jahrhunderte hinweg bemerkenswert ähnlich geblieben.[16] Diese Mythen einer Welt, in der alle Menschen friedlich und fröhlich waren und in Harmonie und Freude miteinander, mit der Natur und mit dem Schöpfer lebten, scheinen jedem Menschen das Herz zu erwärmen. Sie können auch ein Hinweis auf die Existenz unseres siebten Sinnes sein, unseres Bedürfnisses nach gesunder, mit anderen geteilter Freude hier auf Erden.

In dem großartigen Schöpfungsmythos der Polynesier geht es auch um einen »Garten Eden«, eine vor langer Zeit verlorengegangene paradiesische Insel, die sie Hava-Iki nannten und die sie heute Hawaii nennen. Der polynesische Schöpfungsmythos unterscheidet sich kaum von dem alttestamentarischen und diente vor dem ersten Kontakt mit den europäischen Missionaren und ihren Bibeln jahrhundertelang als die Grundlage für die polynesischen Glaubenssysteme.[17] Es besteht kein Zweifel, daß es in uns allen etwas gibt und gab, was sich erinnert und sich danach sehnt, zu einem verlorenen Paradies zurückzukehren.

Während es der Anthropologie und der Archäologie nicht gelungen ist, die Existenz einer allen Menschen gemeinsamen Ur-Kultur zu beweisen oder zu widerlegen, haben beide Wissenschaften eindeutig aufgezeigt, daß unsere Unfähigkeit, unser Glück hier im Paradies Erde zu finden, auf den Egoismus und die Aggressivität des Gehirns sowie auf unser Unvermögen, unseren angeborenen Sinn für Freude angemessen zu nutzen und den Kontakt zu unserem »siebten Sinn« herzustellen, zurückzuführen ist.

Der Psychologe Kenneth Ring vermutet, daß die Motivation des Gehirns eine Manifestation eines Unbewußten sein könnte, das sich auf eine kollektive Nahtoderfahrung vorbereitet. Freuds »Lustprinzip« basierte im wesentlichen auf der angenommenen Existenz eines sogenannten »Todestriebes«. Das Aloha-Prinzip lehrt jedoch, daß wir nicht zu Sklaven der Sterblichkeitsphobie unseres Gehirns zu werden brauchen.[18] Wir können unser Bewußtsein nutzen, um gemeinsam Tag für Tag die Großartigkeit unseres paradiesischen Planeten Erde zu genießen.

Ich behaupte, daß die weltweite Verbreitung der großen Mythen vom Paradies ein Beweis dafür ist, daß unser menschliches Bewußtsein »Schaltkreise der Zufriedenheit« enthält, auf die wir – wenn wir nur langsamer werden, schweigen und sie zu uns sprechen lassen – alle zugreifen können. Vielleicht trägt unsere DNA auch eine neurologische Schablone für Lust, die sich durch die Hunderte von Mythen über das Paradies manifestiert, welche überall auf der Welt über die Jahrhunderte hinweg weitergegeben wurden. Vielleicht könnte unser Bewußtsein, wenn wir unser Gehirn daran hindern, gegen unsere natürliche Sehnsucht nach dem Paradies anzukämpfen, uns helfen, dieses Paradies in unserem gewöhnlichen Alltagsleben zu finden.

Der Philosoph George Santayana faßte den Unterschied zwischen dem Bemühen des Gehirns und dem Wohlgefühl des Geistes zusammen, als er schrieb: »Eine Aneinanderreihung aufgeregter, flüchtiger, heterogener Vergnügungen [das Gehirn] ist nicht das Glück; das Glück wohnt einer schöpferischen Reflexion und Beurteilung inne [dem Geist], durch welche die Vorstellung des eigenen Lebens oder des menschlichen Lebens, wie es wirklich gewesen ist oder ist, den Willen befriedigt und freudig angenommen wird.«[19]

Noch eine letzte Bemerkung, bevor wir zum Ende dieses Teils gelangen. Die Einübung des Aloha-Prinzips sollte spielerisch, nicht mühselig sein. Sie sollten an die in diesem Buch gegebenen Empfehlungen mit einer Haltung herangehen, die Ihnen ermöglicht, ohne Selbstvorwürfe zu akzeptieren, daß Sie weniger tun, als Sie eigentlich könnten, und Ihre Freude an kleinen, alltäglichen Aktivitäten in Ihrem Alltagsleben zu genießen. Wenn ich »spielerisch« sage, denke ich nicht an Spiele von der Art, bei der es einen Sieger und einen Verlierer gibt. Wie der Psychologe O. Fred Donaldson ausführt: »Spiele, um zu gewinnen, und jeder Sieg ist ein Begräbnis.«[20]

Ein polynesischer Kahuna sagte mir gegenüber: »Das Leben ist ein Paradies, wenn du es mit freundlichem Humor lebst, aber es ist eine Hölle, wenn du ständig kämpfst und wetteiferst.« Das Aloha-Prinzip basiert auf der natürlichen Vorliebe des Geistes für die fröhliche *pono* und *pololei*, die uns wieder zum Paradies zurückführen können.

Der Autor Richard Heinberg hat mehr als ein Jahrzehnt dem Studium von Paradies-Mythen aus der ganzen Welt gewidmet, einschließlich der Mythen Polynesiens. Um zu zeigen, welch engen Bezug zum Aloha-Prinzip seine Ideen haben, habe ich in Klammern die polynesischen Wörter eingefügt, die Sie mittlerweile schon wiederholt gelesen haben. Heinberg zieht den Schluß: »Wenn das Paradies unser natürlicher Seinszustand ist, dann ist die tiefste und zwingendste Kraft im Kern des kollektiven Unbewußten eine, die uns zu jenem Zustand des Gleichgewichts [*pono*] drängt. Während wir bewußt auf eine Zukunft hinarbeiten, die charakterisiert ist durch den Respekt und die Sorge für die Natur [*aloha 'aina*], durch das Nähren von Gefühlen wie Liebe [*akahai*], Nachsicht [*'olu'olu*], Mitgefühl [*ha'aha'a*] und

Harmonie [*lokahi*], schwingen unsere bewußten Anstrengungen mit dem Muster im Kern unseres Seins. Der Himmel und die Natur haben es eilig, zu einem Zustand der Ausgewogenheit [*pono*] und der Eintracht [*pololei*] zurückzukehren.«[21] Heinbergs Worte sind die kongeniale »westliche Übersetzung« des Aloha-Prinzips und des ozeanischen Weges zum Paradies auf Erden und mit der Erde.

Aloha erlernen

In diesem zweiten Teil werden Sie etwas über die fünf Komponenten der Aloha erfahren:

Ahonui: Geduld, die mit Beharrlichkeit geübt werden sollte. Sie werden erfahren, inwiefern Toleranz und Gleichmut das Immunsystem kräftigen und zu Lebensfreude verhelfen.

Lokahi: Einssein, das harmonisch zum Ausdruck gebracht werden sollte. Sie werden erfahren, wie ein Leben der Verbundenheit und Nähe zu anderen Menschen Ihr Herz gesünder und glücklicher macht.

'Olu'olu: Friedfertigkeit, die mit Liebenswürdigkeit zum Ausdruck gebracht werden sollte. Sie werden erfahren, daß das größte Hindernis auf dem Weg zu Glück, Gesundheit und einem langen Leben darin besteht, seinem Zorn und seiner Feindseligkeit rücksichtslos Ausdruck zu verleihen.

Ha'aha'a: Demut, die mit Bescheidenheit zum Ausdruck gebracht werden sollte. Sie werden erfahren, daß Selbstlosigkeit die physische und psychische Widerstandskraft erhöht und zu heilsamer Freude führt, die sich auf alle Menschen in Ihrer Umgebung überträgt.

Akahai: Sanftheit, die mit Zärtlichkeit zum Ausdruck gebracht werden sollte. Sie werden erfahren, daß Schenken und Teilen zu starken Hochgefühlen ohne anschließende emotionale Abstürze führt und dazu beiträgt, Sie und andere vor Krankheit zu schützen.

Am Ende jedes Kapitels finden Sie eine *ha'awina*, eine unterhaltsame »Lektion« oder Übung, die Ihnen helfen soll, die betreffende Komponente der Aloha in Ihrem Leben zu verwirklichen. Auf diese Lektionen können Sie auch später immer wieder zurückgreifen, wenn Sie das Gefühl haben, daß es Ihrem Leben an Aloha mangelt. Sie eignen sich auch als kleine, aber nützliche Geschenke, die Sie Ihren Angehörigen, Freunden und Arbeitskollegen anbieten können, wenn Sie einmal den Eindruck haben sollten, daß sie unter einem Freude-Defizit leiden.

Siebtes Kapitel

Die Freuden der Geduld –
Erfolg im Stil der Aloha

Ahonui: Geduld, mit Beharrlichkeit zum Ausdruck gebracht
»Umi a hanu i ka houpo«
(Ertrage alles mit äußerster Geduld.)

Am Dienstag, den 20. Juli 1993, nahm sich ein Mann, den die meisten
Menschen für einen wahren Fels in der Brandung gehalten hatten, mit dem
1913er Armeerevolver, den er von seinem ein paar Jahre zuvor verstorbenen
Vater geerbt hatte, das Leben. Vincent Foster war ein brillanter, sehr
talentierter und äußerst erfolgreicher Anwalt gewesen. Er war ein enger
Berater des jetzigen Präsidenten der Vereinigten Staaten. Nach dem, was
seine Freunde und seine Familie erzählten, war Foster ein Perfektionist
gewesen, für den vor allem eines zählte: sein Ruf. In seiner Antrittsvorlesung
an der juristischen Fakultät der University of Arkansas hatte Foster ein paar
Monate vor seinem Tod gesagt: »Der Ruf, den Sie sich aufbauen ... wird Ihr
größter Aktivposten oder Ihr schlimmster Feind sein. [Nichts] ... ist es
wert, daß Ihr Ruf dadurch geschädigt würde ... Beeinträchtigungen des
Rufes ... sind irreparabel.«
   Getrieben von dem Drang, stets für den Allerbesten gehalten zu werden,
und gequält von der ständigen Selbsterforschung, den Selbstzweifeln und
den Selbstanklagen, die unweigerlich mit einem solchen inneren Zwang
einhergehen, starb Mr. Foster an den Qualen einer Kompromißlosigkeit,
die das Leben der Freude beraubt, welche mit der Nachsicht gegenüber
Schwächen bei sich selbst und anderen einhergeht. Er war eine Person des
öffentlichen Lebens, die durch denselben fatalen Fehler zu Tode kam, den
Millionen weniger bekannter Menschen begehen: die Unfähigkeit zu erkennen, daß wir ein niemals abgeschlossenes »laufendes Projekt« sind und
daß Perfektionismus uns der Freude beraubt, inmitten des Chaos des Lebens
zu leben.

Grundloser Mißmut

Wir leben in einer Gesellschaft, in der ständig von uns erwartet wird, daß wir uns bemühen, unser Allerbestes zu geben und das zu bekommen, was wir verdienen. Wir können weder uns selbst noch anderen verzeihen, daß wir es nicht schaffen, uns unsere »großen Erwartungen aus dem Zeitalter des Anspruchs« (Robert J. Samuelson) zu erfüllen. Infolgedessen sind wir ständig enttäuscht und desillusioniert.[1] Viele von uns empfinden, was Samuelson »grundlosen Mißmut« nennt: ein chronisches ungeduldiges Enttäuschtsein von uns selbst, unseren politischen Führern und unserer Welt.

Wir sind reicher und freier als jemals zuvor, wir sind körperlich gesünder, wir besitzen mehr Dinge, und wir leben länger als irgendeine Generation vor uns ... und dennoch scheinen sich viele von uns sehr schlecht damit zu fühlen, daß es ihnen so gutgeht. Diese unbestimmte Traurigkeit inmitten des Wohlstands resultiert aus unserer Unfähigkeit zu erkennen, wie wichtig es ist, das Leben mit Geduld und heiterer Gelassenheit zu leben – *zu wollen, was wir haben, anstatt ständig zu versuchen, zu haben, was wir wollen.*

Solange wir weiterhin im »Zeitalter des Anspruchs« leben und nach einem »besseren« statt einem *guten* Leben streben, werden wir frustriert bleiben und das Glück, das wir suchen, nicht finden. Das Bruttosozialprodukt wächst ständig, aber eine neue Maßeinheit, die gegenwärtig in Amerika entwickelt wird, der *National Contentment Predictor* (etwa: »nationaler Zufriedenheitsindex«) zeigt immer niedrigere Werte. Unsere Ungeduld führt unweigerlich zu Melancholie, Frustration und Erschöpfung, herbeigeführt durch die unausrottbare Illusion, der Sinn unseres Lebens sei die Erlangung des »immer Besseren«, die Verwirklichung der Perfektion.

Jenseits des Zeitalters des Anspruchs

»Sei niemals weniger, als du sein kannst«, brüllte der Vortragende, während er auf der Bühne auf- und abschritt. »Sie können alles *haben*, wenn Sie alles *sind*, was Sie sein *können!* Wenn Sie sich mit weniger zufriedengeben, als Sie sein können, dann werden Sie weniger haben als das, worauf Sie einen Anspruch haben. Sie verdienen es! Sie sind es sich selbst schuldig! Die Perfektion ist für Sie erreichbar, wenn Sie sie nur ernsthaft genug wollen und entschlossen sind, dafür zu kämpfen. Selbst wenn Sie sie nicht errei-

chen, müssen Sie ständig danach streben. Sind Sie bereit, darum zu kämpfen?« Das mehr als tausendköpfige Publikum sprang auf und jubelte.

Diese Vulgärpsychologie des »Hol's dir!« und des »Was du willst, steht
dir auch zu« ist die übliche Masche von Hunderten von »Motivations-« und
Erfolgsseminaren. Die Grundaussage ist jedoch falsch, denn solange wir
etwas nachjagen, werden wir uns nirgendwo lange genug aufhalten, um es
finden zu können. Wie ich im ersten Teil ausführte, sind alle Zustände des
Wünschens vorübergehend. Samuelson schreibt: »Mit dem ständigen Streben nach etwas, was über das Ziel hinausging, gab es niemals ein Ankom-
men, dafür eine ständige Frustration über die Endlosigkeit der Reise.«[2]

Wenn wir uns wie Versager fühlen, weil wir nicht »alles sind, was wir sein
könnten«, werden wir schließlich ungeduldig und aggressiv – sowohl uns
selbst als auch all denen gegenüber, die uns scheinbar am Vorankommen
hindern.

Eine gelassene, heiterere Herangehensweise an das Leben ist eine Möglichkeit, die Risiken zorniger Ungeduld zu verringern. Wie wichtig es ist,
ein geduldigeres Leben zu führen, faßte ein Kahuna mit den Worten
zusammen: »Ich habe noch niemals einen glücklichen, gesunden Menschen
gesehen, der ungeduldig gewesen wäre. In der Ungeduld liegt immer ein
wenig Zorn und gewöhnlich eine Menge Neid. Geduld ist der Schlüssel, um
Zorn und Neid zu verringern, denn sie entlastet uns von dem Druck, die
Zeit kontrollieren zu wollen, wodurch wir auf einmal Zeit haben, das Leben
zu genießen.«

Das Virus der Ungeduld

Aufgrund unserer Illusion, die Dinge *sollten* oder *könnten* so und so sein,
werden wir ungeduldig gegenüber unserer Arbeit, dem Verhalten von
Familienmitgliedern und Mitarbeitern, unseren spirituellen Mißerfolgen,
unserem Sexualleben und sogar unserer Leistung bei Aktivitäten, die eigentlich unserer Erholung dienen sollten. Unsere Ungeduld ist viel mehr als eine
bloße Besorgtheit wegen mangelnder Zeit oder heranrückende Termine –
obwohl niemals ausreichend Zeit vorhanden zu sein scheint, um unseren
Leistungskriterien zu genügen und aus den unvermeidlichen Unglücksfäl-
len des Lebens zu lernen. Wir sind zu sehr in Eile, um für die subtilen
Epiphanien des täglichen Lebens offen zu sein, und wir sind viel zu gehetzt,
um den Lektionen unseres notwendigen Leidens Gehör verschaffen zu
können. Ein Kupuna sagte: »Ich glaube, wir sind häufig zu sehr in Eile, um

uns zu erholen. Infolgedessen können wir nicht genesen, nicht lernen und durch unser Leiden zu vollständigeren Menschen werden.«

Ungeduld beraubt uns der Fähigkeit, ein sanftes und nachsichtiges Leben zu führen, und nimmt häufig die Form eines »Erfolgvergiftungs-Syndroms« an, das sich sehr rasch oder auch allmählich, wie im Fall von Vincent Foster, herausbilden kann. Ironischerweise wird Ungeduld als eine Tugend betrachtet und von unserer Kultur reich belohnt. Viele unserer größten Schriftsteller, Dichter, Geschäftsleute und politischen Führer waren von der »Unfähigkeit« getrieben, weniger zu sein als ihre persönliche Bestform, und von einem chronischen Ringen darum, besser zu sein. Eine spirituelle Ungeduld flüstert diesen Menschen ein, daß sie nicht schnell genug weise genug werden. Eine soziale Ungeduld führt zu ständigen Vergleichen mit anderen und ständiger Sorge darüber, was andere denken und zu haben scheinen. In dem einen wie in dem anderen Fall jagen diese Menschen einer Illusion von Perfektion nach. Niemand kann »Besseres« leisten, weil dies per definitionem immer ein kleines Stück außerhalb unserer Reichweite ist. Eine äußerst erfolgreiche Persönlichkeit, die ich für dieses Buch interviewte, sagte: »Wenn ich erleichtert aufseufze und sage: ›Na bitte, so ist es besser‹, dann meine ich in Wirklichkeit ›besser für den Augenblick‹, aber niemals wirklich ›gut genug‹.«

Ist großer Erfolg eine Form von leichtem Wahnsinn?

Es gibt eine Gemütskrankheit namens *Zyklothymie*. Es handelt sich dabei um eine Art von »Ungeduldswahnsinn«, wie er Menschen befällt, die ständig zwischen euphorischen und depressiven Stimmungen hin- und herschwanken. In Einzelfällen kann sich Zyklothymie zu einer regelrechten manisch-depressiven Psychose auswachsen. Es gibt mittlerweile überzeugende Beweise dafür, daß einige der kreativsten und brillantesten Menschen der Vergangenheit unter einer mehr oder weniger starken Zyklothymie gelitten haben, die möglicherweise eine schlechte Gesundheit, und, in einigen Fällen, einen frühen Tod zur Folge hatte.[3] Edgar Allen Poe war sich dieser Gratwanderung zwischen Genie und Wahnsinn bewußt, als er schrieb: »Man hat mich als wahnsinnig bezeichnet, aber es ist noch nicht entschieden, ob Wahnsinn nicht die erhabenste Intelligenz ist – ob nicht vieles Großartige, ob nicht alles Tiefe einer Krankheit des Denkens entspringt, gewissen Launen des Geistes, die auf Kosten der gewöhnlichen Vernunft übersteigert wurden.«

Die Zyklothymie ist eine Stimmungsstörung, die mit einem Gefühl von nicht erreichter Perfektion und einer Unterentwicklung des siebten Sinnes in Zusammenhang steht, welche in einem Mangel an täglicher Lebensfreude resultieren. Große Dichter wie William Blake, Lord Byron und Alfred Lord Tennyson schrieben über ihre heftigen Stimmungsschwankungen, desgleichen in unserem Jahrhundert John Berryman, Sylvia Plath, Delamore Schwartz und Anne Sexton. Vincent van Gogh, Robert Schumann und Charles Mingus waren gleichfalls von dieser Form des Wahnsinns heimgesucht, ebenso wie Winston Churchill, Franz Kafka und Isaac Newton.

Psychiater und Psychologen haben eine lange Liste von Merkmalen der sogenannten *zyklothymen Persönlichkeit* zusammengestellt. Zyklothymie ist ein Zustand, der die natürlichen Freude-Leitungsbahnen des Gehirns unter seine Herrschaft bringt und betäubt. Leider genießen Menschen mit diesen Symptomen in unserer Gesellschaft oft hohes Ansehen, wodurch Zyklothymie als eine achtbare, »saubere« Sucht nach dem immer Besseren gilt. Die Welt, die diese einflußreichen Menschen für uns geschaffen haben, und die Sicht der Welt, die ihre Werke ausdrücken, sind in ebenso starkem Maße von diesem Wahnsinn wie von überragender Intelligenz geprägt.

Während Sie die folgende Liste von Symptomen lesen, denken Sie einmal darüber nach, ob Ihre Lieblingsmaler, -dichter, -schriftsteller, -komponisten, -musiker und die sehr erfolgreichen Menschen, die Sie kennen, nicht möglicherweise auch unter einer gewissen Zyklothymie gelitten haben.

Symptome der Zyklothymie

1. Übersteigertes Selbstwertgefühl, gepaart mit Zynismus.
2. Ein bis zur Hyperaktivität sich steigernder Tätigkeitsdrang, gefolgt von Phasen völliger Erschöpfung und des Rückzugs.
3. Hohe Produktivität, unterbrochen von Phasen völliger Antriebs- oder Richtungslosigkeit.
4. Mißtrauen, Unbehagen und die Unfähigkeit, Komplimente zu akzeptieren, vielleicht, weil sie als Ansporn für noch intensivere Anstrengungen empfunden werden.
5. Unduldsamkeit gegenüber den eigenen Fehlern und den Fehlern anderer.
6. Starke Erregbarkeit und Reizbarkeit.

7. Unerschütterlichkeit und Arroganz, was die Richtigkeit und Stichhaltigkeit der eigenen Ansichten angeht.
8. Selbstüberhebung bis hin zu einem weitgehenden Mangel an Urteilsvermögen, begleitet von destruktiver Impulsivität.
9. Chaotische persönliche und berufliche Beziehungen.
10. Mißachtung der eigenen Gesundheit und Sicherheit, die sich in Drogenmißbrauch, sexueller Promiskuität, tollkühnem Autofahren und anderen lebensbedrohlichen Verhaltensweisen äußern kann.

Ein Grund, warum es so vielen von uns nicht gelungen ist, die Freude zu finden, die wir im Leben suchen, ist, daß die Regeln, nach denen unsere moderne Welt funktioniert, und die Kriterien für großen Erfolg weitgehend von solchen perfektionistischen Sichtweisen geprägt sind. In der hektischen Welt von heute »normal« zu sein bedeutet, sich einer chronischen Geisteskrankheit zu verschreiben. Wir wählen und fördern unsere politischen Führer auf der Basis dieses subtilen Wahnsinns, messen sie an unmöglichen Maßstäben von Perfektion und drängen sie, für uns und unser Gemeinwesen das immer »Bessere« zu erreichen. In unserer Gier, immer mehr Glück zu erobern, opfern wir unser gegenwärtiges Glück. Wir führen *jetzt* ein anstrengendes Leben, damit sich zu einem späteren Zeitpunkt die *Aussicht* auf ein glücklicheres Leben erfüllen möge.

Der berühmte Arzt Buckminster Fuller äußerte die Vermutung, daß niemand von uns ein Genie sei, sondern daß einige von uns einfach nur weniger geschädigt seien als die meisten. Jeder von uns hat das Potential für ein von Freude erfülltes, sinnvolles Leben, aber häufig vermögen wir vor lauter Hast unser Freudepotential nicht zu erkennen. Die Kommentare, die wir gelegentlich in Gesprächen von uns geben, beispielsweise: »Was für ein verrücktes Leben!« und »Ich muß wahnsinnig sein, ein solches Leben zu führen«, sind sehr weit verbreitete Indikatoren für unsere Sucht nach Ungeduld.

Im Wald verirrt

Sind Sie einer von den Tausenden von Menschen, die sich in einen fast manisch-depressiven Zustand hineinsteigern? Sind Sie euphorisch, wenn Sie in ständiger Hektik sind, und tief deprimiert, sobald der Reiz des Wettrennens vorüber ist, gleichgültig, ob Sie gewonnen oder verloren haben? Sind Sie in Ihrem Wunsch nach »mehr« gefangen? Bei vielen

Menschen bewirkt ein »Sieg« nichts anderes, als die ungeduldige Gier nach weiteren Siegen zu steigern, und eine »Niederlage« löst eine tiefe Unzufriedenheit und Niedergeschlagenheit aus, die nur durch ein extremes Hochgefühl (oder einen »Sieg«) überwunden werden können. Wenn sich dieser Kreislauf des toxischen Erfolgs erst einmal etabliert hat, dann wird er durch neurohormonale Abhängigkeit und soziale Verstärkung aufrechterhalten.

Die sogenannte »Midlifecrisis«, über die viele Menschen klagen, ist gewöhnlich nur ein vorübergehendes, nachdenkliches Innehalten in der Lebensmitte – ein kurzes Nachsinnen über die Absurdität der Jagd, ausgelöst durch ein kurzzeitiges Sich-Bewußtwerden der eigenen Sterblichkeit. Ein wenig Therapie, die richtige Motivationskassette, ein neues Auto, ein größeres Haus oder eine jüngere Partnerin – und schon sind diese Menschen bereit, sich erneut in die aufreibende Jagd nach mehr Glück zu stürzen. Aber sie begreifen nicht, daß wir uns alle mehr oder weniger in einer Krise befinden, heimgesucht von einem leichten ungeduldigen Wahnsinn.

Aus der Eingangsstrophe von Dantes *Hölle* schreit die Verzweiflung hervor, welche die ständige Ungeduld am Ende hervorruft:

> Mittwegs auf unsres Lebens Reise fand
> In finstren Waldes Nacht ich mich verschlagen,
> Weil mir die Spur vom graden Wege schwand.

Wenn Ungeduld unser Leben beherrscht, so kann das im günstigsten Fall zu einem Freudemangel-Syndrom führen – und uns im schlimmsten Fall das Leben kosten.

Mehr über das Erfolgvergiftungs-Syndrom

Im Rahmen meiner Vorarbeiten zu diesem Buch und zur Entwicklung des Aloha-Tests führte ich eine kleine Studie über Menschen durch, die von ihren Kollegen als »sehr erfolgreich« eingeschätzt wurden. Ich interviewte sieben Männer und vier Frauen, die sich aus eigener Kraft ganz nach oben gekämpft hatten. Ich nenne sie die »Fünf-und-Fünfer«, da jeder von ihnen ein Netto-Privatvermögen von mehr als fünf Millionen Dollar hatte und mehr als fünfhundert Arbeitnehmer beschäftigte. Die Fünf-und-Fünfer waren an der »Spitze« der Gruppe von 1465 Führungskräften, die den Aloha-Test machten.

Jeder der Fünf-und-Fünfer gewährte mir ein einstündiges anonymes, unstrukturiertes Interview. Jeder erlaubte mir außerdem, jemanden zu interviewen, den er als eine »Schlüsselperson« in seinem Leben und/oder seiner Arbeit bezeichnete. Für viele war dies der Ehepartner, aber für einige war es die Sekretärin, der Geschäftspartner oder ein Kollege. Ein Fünf-und-Fünfer empfahl mir seinen »Coach«, den er angestellt hatte, damit er ihn jeden Morgen aufsuchte, um ihm »Struktur, Unterstützung und Motivation« zu geben. Diese Ministudie über äußerst erfolgreiche Menschen und deren primäre Bezugspersonen ist die Grundlage für meine Theorien über das »Erfolgvergiftungs-Syndrom«.

Das gemeinsame Merkmal aller Fünf-und-Fünfer war, daß sie eindeutig unter einer Erfolgvergiftung litten. Sie schienen alles geschafft zu haben, alles erreicht zu haben, waren aber dennoch zynisch, ungeduldig, nervös und noch immer auf der Suche nach dem Glück. Sie waren unfähig, ihr »gutes« Leben voll zu genießen, weil sie so sehr damit beschäftigt waren, nach einem *besseren* Leben zu streben. Bei einer Skala von 0 bis 10 (auf der 10 »sehr glücklich mit meinem derzeitigen Leben« bedeutet) betrug der Mittelwert der Fünf-und-Fünfer 5,5. Die meisten Untersuchungen über Glück im westlichen Kulturkreis ergeben einen Mittelwert von 6,5–6,8 – und dies schließt sowohl Lotteriegewinner als auch Menschen mit schweren Krankheiten ein! Zum Vergleich: Bei den 100 Polynesiern, die mir beim Aloha-Test als Kontrollgruppe dienten, betrug der durchschnittliche »Zufriedenheits-Wert« 8,6. Wohlstand und sozialer Erfolg standen bei den Menschen, bei denen ich meine Untersuchung durchführte, eindeutig in keinem Zusammenhang mit Glück.

Eine weitere alarmierende Entdeckung beim Studium der Fünf-und-Fünfer war, daß ihre Partner und andere enge Bezugspersonen nicht nur weitaus niedrigere Werte hatten als die Polynesier, sondern daß ihre Werte auch weit unter denen ihrer erfolgreichen Partner lagen. Der Durchschnittswert des Ehepartners betrug 3,9, und der Durchschnittswert der primären Bezugspersonen der unverheirateten Fünf-und-Fünfer betrug 4,3. Also waren sowohl diese äußerst erfolgreichen Menschen als auch deren jeweils wichtigste Bezugsperson tatsächlich weniger glücklich als der Durchschnittsmensch – und sehr viel weniger glücklich als ihre ozeanischen Nachbarn, von denen viele eine ganze Menge weniger materielle Güter besitzen.

Beim Aloha-Test betrug die durchschnittliche Aloha-Punktzahl der gesamten Gruppe von Geschäftsleuten 82 (von 100), und die Punktzahl dieser Gruppe im *ahonui*-Untertest betrug 17 (von 20). Im Vergleich dazu waren die Werte der Fünf-und-Fünfer 69 bzw. 18. Jetzt vergleichen Sie dies mit der durchschnittlichen Punktzahl 8 der polynesischen Kontrollgruppe im gesamten Aloha-Test und 1 im *ahonui*-Untertest. In welchem Maße schätzen und kultivieren wir die Tugenden der *ahonui* in unserer Gesellschaft?

Während einiger meiner Interviews und als ich den Aloha-Test einigen Geschäftsleuten vorlegte, die auf Maui an einer Konferenz teilnahmen, war auch eine Kupuna anwesend. Sie sprach während der ganzen Zeit kein Wort; erst als wir am Strand entlang zu meinem Haus wanderten, schaute sie aufs Meer hinaus und sagte: »Du kannst es ›Erfolgvergiftungs-Syndrom‹ nennen, wenn du glaubst, daß sie darauf hören werden. Ich habe noch nie mehr Menschen mit größeren natürlichen Gaben gesehen, die so unfähig waren, diese zu genießen. Sie sind wie Taube bei einem Symphoniekonzert. Selbst während sie hier, auf Hawaii, sind, scheinen sie mehr damit beschäftigt zu sein, Geschäfte als Liebe zu machen, und sie sind viel zu sehr in Eile, Dinge zu *tun*, als daß sie die heilende Aloha dieses Ortes fühlen könnten. Ich bin ihretwegen sehr traurig. Ich hoffe, du kannst ihnen helfen, ihre Reise zu genießen, denn sie scheinen ständig nur nach einem Ziel Ausschau zu halten, das sie nie erreichen werden.«

Sieben Symptome des Erfolgvergifungs-Syndroms

Es gibt sieben Symptome, die einen Menschen mit einem toxischen Erfolgs-syndrom kennzeichnen. Während Sie die folgenden Abschnitte lesen, denken Sie einmal darüber nach, auf welche Weise diese Symptome mit der Streßreaktion und mit dem siebten Sinn für Freude in Zusammenhang stehen und wie *ahonui* diese Symptome neutralisieren kann.

1. Hyposensible Disposition (angeborene abnorm geringe Empfindlich-keit
2. Die Tendenz, den eigenen Erfolg auf eine falsche Ursache zurückzu-führen
3. Eine »Typ T«- oder sehr stark auf die Zeit fixierte Persönlichkeit
4. Ein stärkeres Bedürfnis nach Leistung als danach, sich anderen Men-schen anzuschließen
5. Perfektionismus
6. Fixierung auf materielle Belohnungen
7. Leben, um zu arbeiten, anstatt zu arbeiten, um zu leben

Hyposensible Disposition   Der Psychologe Jerome Kagan führte Unter-suchungen über Temperament durch, ein komplexes und umstrittenes Konzept.[4] Seine sorgfältigen physiologischen Studien erwiesen, daß sich Babys schon kurz nach ihrer Geburt in zwei Gruppen einteilen lassen: solche mit einem »gehemmten« und solche mit einem »ungehemmten« Temperament.

Zwar mögen sie im Hinblick auf Intelligenz und allgemeine Fähigkeiten den ungehemmten Babies in nichts nachstehen, aber gehemmte Säuglinge haben bereits im Alter von vier Monaten eine offensichtlich überreaktive und ungeduldige Beziehung zu ihrer Umwelt. Bei der geringsten Stimulation beginnen sie zu strampeln und mit den Ärmchen zu schlagen. Ungehemmte Babys sind ruhiger und brauchen tendenziell sehr viel stärkere Stimulation, bevor sie mit derselben Heftigkeit reagieren.

Meine Interviews und meine klinische Arbeit deuten darauf hin, daß viele sehr erfolgreiche Menschen ungehemmte Babys und Kinder waren. Ihre natürliche Erregungs- und Reaktionsschwelle war überdurchschnittlich hoch. Sie wurden mit einer abnorm geringen Empfindlichkeit geboren und deshalb ertragen und verlangen sie sogar einen sehr viel intensiveren körperlichen und emotionalen Input als der Durchschnitt. Dies ist vielleicht der Grund dafür, daß erfolgvergiftete Menschen ihre vergleichsweise geringe körperliche Sensibilität durch eine Jagd nach zunehmend intensiverer Stimulierung zu kompensieren suchen.

Alle Fünf-und-Fünfer gaben an, den Erzählungen ihrer Eltern nach zu urteilen, als Kind weniger sensibel als ihre Geschwister gewesen zu sein. Wie die Kinder und Erwachsenen in Kagans Untersuchung sagten sie, sie könnten stärkere und wiederholte Stimulierungen ertragen, ja, sie zögen solche Stimulierungen vor und suchten sie. Während des Interviews waren sie verbal durchsetzungsfähig, lächelten spontan und ließen sich scheinbar durch nichts aus der Ruhe bringen. Nach einem, wie mir schien, belastenden Anruf oder einer anderen Störung nahmen sie den Faden genau dort wieder auf, wo sie unterbrochen worden waren. Die Frau eines Fünf-und-Fünfers sagte: »Ich muß praktisch schreien, damit er auf mich aufmerksam wird.«

Alle sagten, sie seien als Kinder risikofreudig gewesen, und zwar in stärkerem Maße als ihre Geschwister und Spielkameraden es zu sein schienen. Wie die weniger sensiblen Babys in der Kagan-Studie litten sie kaum unter Allergien, und die Augenfarbe aller außer zweien war dunkelbraun oder schwarz. Alle waren mesomorph (von mittlerem Körperbau und mittlerer Größe), vor allem im Vergleich mit ihrer ektomorphen (dünnen und größeren) oder endomorphen (dicken und kleineren) »Schlüsselperson«. Und wieder wie die hyposensiblen Babys der Kagan-Studie, hatten alle bis auf einen runde und vollere Gesichter als ihre Schlüsselperson.

Keines der aufgezählten Charakteristika kann als ein Beweis dafür angesehen werden, daß erfolgvergiftete Menschen hyposensible Babys waren, die zu Erwachsenen heranwuchsen, die auf ungeduldige und manische Weise zunehmende Stimulierung fordern. Jedoch waren die Ähnlichkeiten mit der Kagan-Studie in dieser kleinen Gruppe ebenso wie in der gesamten Gruppe führender Geschäftsleute eindeutig. Dies deutet darauf hin, daß hyposensible Menschen versuchen, ihr Temperament zu kompensieren, indem sie ständig nach einem »Mehr« und einem »Besseren« streben, das Menschen mit einem *hyper*sensiblen Temperament eher als bedrohlich und unangenehm empfinden.[5] Ob hypersensible Säuglinge, wenn sie aufwachsen, die eher zurückhaltenden, »kodependenten« Ehepartner dieser »heißen Reaktoren« werden, ist nicht bekannt, aber bei zahlreichen beruflichen Begegnungen mit äußerst erfolgreichen Frauen und Männern und deren Ehepartnern habe ich dieses Muster immer wieder beobachten können.

Fragen, die Sie sich stellen sollten: Welche Geschichten erzählen mir meine Eltern über meine Kindheit? An welche Geschichten kann ich mich selbst erinnern? Wie würden mein Ehepartner, meine Kollegen, mein/e beste/r Freund/in mich im Hinblick auf meine Beziehung zu intensiver Stimulation beschreiben?

Verkennen der Ursache des eigenen Erfolgs   Zwar waren meine Befragungen eher informelle Gespräche als echte, standardisierte Interviews, aber bestimmte Standardfragen unterließ ich nie zu stellen. Zusätzlich dazu, daß jeder der Interviewten den Aloha-Test machen, sich selbst auf der Glücklichkeits-Skala einschätzen und über sein Temperament als Kind sprechen mußte, wurde er gefragt: »Worauf führen Sie Ihren Erfolg zurück?« Analog dazu wurde die jeweilige primäre Bezugsperson gefragt: »Worauf führen Sie den Erfolg Ihres Ehepartners/Kollegen/Chefs zurück?« Bei allen Fünf-und-Fünfern unterschieden sich die Antworten der Interviewten grundlegend von denen ihrer Bezugspersonen. *Sie* konzentrierten sich auf ihre potentielle Kraft – die Kraft, etwas zu »werden«, die die B-Seite der Ungeduld und Unvollkommenheit ist. Ihre engen Bezugspersonen dagegen nahmen ihre *eigentliche* Kraft wahr, die Kraft »zu sein« – polynesisch *ahonui*.

Jeder Fünf-und-Fünfer, ob männlich oder weiblich, schrieb seinen Erfolg seiner »Tüchtigkeit« zu. Andere Antworten lauteten »Zähigkeit«, »harte Arbeit«, »hoher Energiepegel«, »Ich weiß, wie man glückliche Umstände zu seinem Vorteil nutzt«, »Ich bin schneller und cleverer als die Konkurrenz«, »Ich bin ein Stehaufmännchen, jedesmal ein bißchen stärker«, »Ich weiß, wie man Dinge erledigt und suche mir Leute aus, die Dinge schnell erledigen können«.

Die Bezugspersonen der Fünf-und-Fünfer schrieben deren großen Erfolge eher ihrem *Charakter* als ihrer Leistungsfähigkeit zu. Zwei Assistenten antworteten: »Sie setzt sich ein« und »Er setzt alles daran, das Richtige zu tun«. Die neun Ehepartner antworteten: »Ich würde sagen, sein Engagement für andere Menschen«, »ihr Stolz auf das, was sie tut«, »Er ist im Grunde ein sehr guter Mensch«, »seine Religiosität und die Tatsache, daß er diese jeden Tag in die Praxis umsetzt«, »Die Leute mögen ihn wirklich«, »Er ist ein Mensch, dem man wirklich vertrauen kann« und »ein sehr liebevoller Mensch«.

Wie die meisten Studien über Erfolg im weitesten Sinne zeigen, kann ein *kurzfristiger* Erfolg zwar dadurch erzielt werden, daß man der Schnellste ist, derjenige, der Mangel an Perfektion am wenigsten toleriert und am härtesten arbeitet, aber daß der *langfristig* sehr leistungsfähige und erfolgreiche gesunde Mensch ganz andere Eigenschaften hat. Dieser hat gewöhnlich klare Prioritäten, lebt gemäß diesen Prioritäten und ist eine bescheidene, sanfte, geduldige Persönlichkeit, die der Familie einen hohen Wert beimißt und ihr sehr viel Zeit widmet. Für den Polynesier bedeutet das, mit *ahonui* zu leben.

Erfolgvergiftete Menschen deuten die Gründe für ihren Erfolg falsch und neigen auf fast abergläubische Weise dazu, selbstzerstörerische Verhaltensweisen zu wiederholen, die sie als Ursache ihres Erfolgs ansehen. Erfolgvergiftete Menschen vermögen den wahren Grund ihres Erfolgs nicht zu erkennen, weil sie weder ihren siebten Sinn für gesunde Lust noch die emotionale Intelligenz entwickelt haben, die ihren kognitiven Fähigkeiten entsprechen sollte. Schließlich erleiden sie eine »extreme Streßreaktion« – ein körperliches und emotionales *burnout*. Ein Kupuna faßte die Tatsache, daß sehr erfolgreiche Menschen ihren Erfolg falschen Ursachen zuschreiben, mit folgenden Worten zusammen: »Kontinentale Menschen messen Erfolg an dem subjektiven Gefühl, das sich ihrer Meinung nach durch Konkurrenz oder Vergleich mit anderen einstellt. Sie denken, Erfolg sei das Ergebnis persönlicher Kraft oder Klugheit. Wir Polynesier betrachten Erfolg als ein Geschenk des Schicksals, das für jeden gedacht ist und durch die Zusammenarbeit mit anderen zustande kommt. Der Erfolg gehört nicht wirklich dir, denn er konnte nur dadurch zustande kommen, daß alle zusammengearbeitet haben, und er hätte keine Bedeutung ohne andere, die ihn mit dir teilen. Wir haben es nicht eilig, glücklich zu sein, aber wir sind sehr glücklich, niemals allzusehr in Eile zu sein.«

Fragen, die Sie sich stellen sollten: Nach welchen Kriterien messe ich Erfolg? Worauf würden andere meinen Erfolg zurückführen? In welcher Hinsicht hat sich meine Definition von Erfolg im Laufe der Jahre geändert?

Typ-T-Persönlichkeit   Jeder der elf Fünf-und-Fünfer gab an, sein Leben werde von der Uhr regiert. Selbst im Urlaub versuchten diese Menschen, jeden Augenblick zu »nutzen«, fanden es schwierig, ihre ständig rasenden Gedanken abzuschalten und waren nach den Ferien häufig erschöpfter als davor. Einer der Interviewten sagte lächelnd: »Gott hat mich auf die Erde gebracht, damit ich eine bestimmte Anzahl von Dingen erreiche. Im Augenblick hinke ich so weit hinterher, daß ich wohl niemals sterben werde.« Diese Anspielung auf den Tod spiegelt eine weitverbreitete Motivation der Erfolgvergifteten. Anstatt mit Freude zu leben, versuchen sie, dem Tod – und seiner Entsprechung im Leben, dem Mißerfolg – ständig davonzulaufen. Eine Interviewte sagte: »Für mich gibt's nur den Schnellvorlauf oder die Pausetaste, aber Rücklauf niemals. Das wäre eine Zeitverschwendung. Ich spule noch nicht einmal geliehene Videobänder zurück.« Um dieses spezielle Zeitbewußtsein zu überprüfen, bat ich jedes Mitglied dieser Testgruppe, die Augen zu schließen, ohne zu zählen, zu raten, wann genau eine Minute verstrichen sein würde, und sie dann wieder zu öffnen. Acht öffneten die Augen nach weniger als vierzig Sekunden, eines sogar nach weniger als 15 Sekunden. Die anderen beiden begannen einzuschlafen, was der Disposition des Erfolgvergifteten entspricht, entweder hellwach zu sein oder völlig abzuschalten. Im Vergleich dazu warteten die Mitglieder der polynesischen Kontrollgruppe alle länger als eine Minute, und häufig mußte man ihnen sagen, sie sollten ihre Augen öffnen.

Einer der Kahuna in meiner Kontrollgruppe lebt auf der Insel Kauai. Als ich ihm den Minutentest vorschlug, öffnete er mehrere Minuten lang nicht die Augen und sah aus, als schliefe er. Als ich leise fragte: »Schlafen Sie?«, antwortete er: »Nein, nein. Ich bin jetzt sehr viel wacher als in dem Augenblick, als Sie mich gebeten haben, die Augen zu schließen.« Ein anderer Kupuna, der den Minutentest machte, erklärte: »Die Zeit heilt nicht alle Wunden. Im Gegenteil – wenn wir es zulassen, daß sie unser Leben regiert, dann verursacht sie sogar den größten Teil unseres Leidens. Ich verstehe die *haole*-Lebensweise nicht. Sie scheint auf dem Grundsatz zu beruhen, Zeit zu sparen, aber ich habe noch nie einen *haole* kennengelernt, der genug davon gehabt hätte.«

Fragen, die Sie sich stellen sollten: Wie häufig schaue ich im Laufe des Tages auf die Uhr? – Bitten Sie jemanden, den Minutentest mit Ihnen zu machen, und vergleichen Sie Ihre innere Uhr. Wie viele Ihrer Entscheidungen basieren primär auf Zeit? Fühlen Sie sich gehetzt und ungeduldig, sogar jetzt, während Sie diese Worte lesen?

Ein stärkeres Bedürfnis, etwas zu leisten, als sich anderen Menschen anzuschließen   David McClelland, Professor für Psychologie an der Universität von Boston, arbeitet daran, die primären Antriebskräfte des menschlichen Lebens zu identifizieren, und erforschte den Unterschied zwischen dem Bedürfnis, etwas zu leisten, und dem Bedürfnis, sich anderen Menschen anzuschließen.[6] Er fand heraus, daß drei Bedürfnisse besonders wichtig sind: das Bedürfnis, etwas zu leisten, das Bedürfnis nach Macht und das Bedürfnis nach Verbundenheit oder Anschluß an andere. Gesunder Erfolg ist ein harmonischer Ausgleich zwischen diesen Bedürfnissen, aber toxischer Erfolg entsteht aus einer Dominanz des Bedürfnisses nach Leistung oder Macht.

Ich testete die Mitglieder meiner Gruppe im Hinblick auf ihr Bedürfnis nach Leistung, indem ich ihnen ein Bild vorsetzte und sie eine kleine Geschichte dazu erzählen ließ. Das Bild zeigte ein polynesisches Kanu, das zur Hälfte im Meer und zur Hälfte auf dem Sandstrand lag, und einen polynesischen Jungen, der das Kanu anschaute. Das Thema jeder Geschichte, die die Fünf-und-Fünfer erzählten, bezog sich auf Leistung und/oder das Bedürfnis nach Macht. Beispielsweise sagte ein Mann: »Das Kind betrachtet das Kanu, um eine Möglichkeit herauszufinden, es schneller zu machen. Dann steigt es in das Kanu und ist der erste, der den Pazifik in einem Kanu überquert.« Eine typisch polynesische Geschichte hatte das Bedürfnis nach Zugehörigkeit zu anderen Menschen zum Thema: »Der Junge betrachtet das Kanu, den Ozean, den Sand, die Wellen, den Himmel, die Sonne, und er lauscht den Vögeln. Er erinnert sich daran, daß seine Ahnen solche Kanus bauten und in ihnen über das Wasser fuhren, deshalb setzt er sich in den Schatten neben das Kanu und wartet darauf, daß seine Familie kommt und mit ihm zusammen eine Fahrt macht.«

In *The Seven Habits of Highly Effektive People* (deutsch: *Die sieben Wege zur Effektivität*) erörtert der Managementexperte Steven Covey das Konzept »Charakter über Persönlichkeit«.[7] Er sagt, der Schlüssel zu effektivem und gesundem Erfolg sei ein ausgewogenes Verhältnis zwischen Mut und Rücksicht auf andere. Der Erfolg wird toxisch, wenn das Bedürfnis nach Leistung und Macht die dominierende Motivation wird. Ein Polynesier in meiner Kontrollgruppe sagte: »Wenn Sie einem Hawaiianer die Wahl lassen, ob er einem Nachbarn helfen oder in einem Wettkampf gewinnen will, dann wird er jedesmal *kokua* (das Helfen) wählen. Der wirklich erfolgreiche Mensch ist derjenige, der den meisten hilft.«

Fragen, die Sie sich stellen sollten: Wie vielen Gruppen gehöre ich an? (Diese können berufliche, soziale, familiäre oder Gruppen von ehrenamtlichen Helfern sein.) Wie viele davon sind nicht hierarchisch strukturiert? In wie vielen bin ich ein Mitläufer und in wie vielen habe die Führungsrolle inne? Würde ich mich eher dafür entscheiden, Zeit mit einem Freund zu verbringen, oder dafür, »ein paar Dinge zu erledigen«?

Um Perfektion ringen   Frederick Herzberg fand in seiner Studie mit über 200 Ingenieure und Buchhalter heraus, daß es fünf hauptsächliche Faktoren gibt, anhand derer sich ein Erfolgserlebnis bei der Arbeit prognostizieren läßt: Leistung, Anerkennung, die Art der Arbeit selbst, Verantwortung und Beförderung.[8] Ungesunder Erfolg steht zu erwarten, wenn die Faktoren »Leistung«, »Anerkennung« und »Beförderung« dominieren – und dies war bei sämtlichen Mitgliedern meiner Testgruppe eindeutig der Fall.

Als sie nach ihren Prioriäten in Zusammenhang mit ihrer Arbeit gefragt wurden, antworteten alle Fünf-und-Fünfer in dem Sinne, es sei nötig, Fehlschläge und den Eindruck zu vermeiden, nicht sein Äußerstes zu geben, nicht kompetent, clever oder talentiert zu sein und nicht auf deutlich erkennbare Weise voranzukommen. Eine typische Antwort lautete: »Mehr als alles andere möchte ich, daß meine Kollegen mich als erfolgreich betrachten. Wenn ich mir nur eine Minute lang vorstellte, daß sie von mir sagen, ich sei nicht wirklich intelligent und in meinem Bereich nicht tüchtig, dann wäre ich wirklich geknickt.« Diese erfolgreichen Menschen legten größten Wert auf einen »perfekten« Ruf und wurden durch das Bestreben motiviert, auch nur den geringsten Anschein, sie leisteten weniger, als sie ihrer Meinung nach leisten sollten oder könnten, zu vermeiden.

Eine typische Antwort aus der polynesischen Kontrollgruppe war die folgende: »Es würde mir schrecklich mißfallen, wenn die Leute dächten, ich sei arrogant oder andere Menschen seien mir nicht wichtig. Ich weiß, daß ich bei weitem nicht perfekt bin, und ich hoffe, jeder weiß, daß ich es weiß.« Diese Aussagen werfen ein Schlaglicht auf die fundamentalen Unterschiede in der Lebensphilosophie dieser beiden Gruppen: Bei der einen liegt das Schwergewicht auf den Pflichten, bei der anderen auf dem Wert für die Gemeinschaft. Die Fünf-und-Fünfer glauben, es sei ihr Ziel, sich in einer Gruppe hervorzutun, ein Vorbild, ein Eroberer zu sein. Die Polynesier bemühen sich, ein Teil der Gruppe zu sein. Auch sie wollen Veränderung bewirken – jedoch im Kontext einer als Großfamilie verstandenen Gesellschaft.

Fragen, über die Sie nachdenken sollten: Identifiziere ich mich mehr mit dem Hawaiianer oder dem Fünf-und-Fünfer? Glaube ich, daß die ozeanische Herangehensweise mir nützen könnte, oder ist sie zu »unpraktisch«?

Fixierung auf materielle Belohnung   Wenn sie gefragt wurden: »Warum arbeiten Sie?«, legten alle Fünf-und-Fünfer das Schwergewicht auf materielle Belohnung. Einige kaschierten ihre Antworten mit Platitüden in dem Sinne, daß sie etwas täten, was in sich wertvoll sei, aber wenn man nachhakte, dann waren die Kriterien von Wert in sehr viel stärkerem Maße konkrete Belohnungen oder Status als der eigentliche Wert der Arbeit selbst.

Jüngste Untersuchungen haben eindeutig bewiesen, daß es sinnlos ist, für Belohnungen zu arbeiten. Studien über Erfolg ergaben, daß äußere Belohnungen für in sich lohnende Aktivitäten diese Aktivitäten am Ende weniger lohnend machen.[9]

Polynesier meiden konkrete Belohnungen, weil sie sich der Gefahren, die damit einhergehen, bewußt sind. Fragen Sie eine Hawaiianerin, wieviel sie für ihren Tanz oder Gesang bezahlt haben möchte, und sie wird Ihnen einen ratlosen Blick zuwerfen. »Geben Sie mir einfach, was Sie wollen; ich möchte nicht, daß meine Darbietung durch Geld beeinträchtigt wird« ist die übliche Antwort. Polynesier nennen diese Haltung *pu'uwai aloha* – mit einem großzügigen und warmen Herzen geben. Die moderne Psychologie spricht in diesem Zusammenhang von der Theorie der »übermäßigen Begründung« (*over-justification theory*).

Die Theorie der übermäßigen Begründung besagt, daß eine äußere Belohnung die intrinsische Motivation eines Menschen vermindert, wenn er seine Darbietung oder Leistung dieser Belohnung zuschreibt. Wenn der Ansporn für ein Verhalten darin besteht, eine Belohnung zu erhalten und die Qualität einer Leistung nach der Menge und dem Ausmaß der Belohnung zu beurteilen, dann wird die intrinsische Motivation in jedem Fall geschwächt. Alle von mir interviewten Personen klagten, sie hätten »den Spaß an einer Arbeit verloren, die früher Spaß *machte*«. Ich habe wehmütige Geschichten über die »guten alten Zeiten« gehört, als man sich »einfach um der Sache selbst willen ins Zeug legte«.

Fragen, über die Sie nachdenken sollten: Freue ich mich gleichermaßen darauf, zur Arbeit zu gehen, wie darauf, wieder nach Hause zu kommen? Sehne ich mich bei meiner Arbeit nach der »guten alten Zeit«, oder ist auch meine »jetzige Zeit« überwiegend »gut«? Würde ich, wenn es möglich wäre, auch umsonst arbeiten?

Arbeit als Leben   Schließlich fragte ich jeden meiner »Erfolgsmenschen«: »Arbeiten Sie, um zu leben, oder leben Sie, um zu arbeiten?« Alle Antworten liefen mehr oder weniger entschieden darauf hinaus, daß die Betreffenden tatsächlich zu ihrer Arbeit »geworden« waren. Eine typische Antwort lautete: »Ich bin, was ich tue, und das ist alles, was ich bin oder sein kann.« Alle primären Bezugspersonen waren derselben Meinung. Eine Ehefrau antwortete: »Wenn er keine Arbeit mehr hätte, dann hätte er kein Leben mehr, und er hat schon momentan nicht sehr viel Leben!«

Der Psychologe Kenneth Pelletier hat die gesundheitlichen Auswirkungen der Arbeit untersucht.[10] Er fand heraus, daß Menschen, die nie genug äußere Belohnungen bekommen können, sich niemals genügend erfolgreich fühlen. In ihrem Leben fehlt es an Ausgeglichenheit und Verbundenheit, und schließlich scheitern sie, nicht nur bei der Arbeit. Sie laufen auch viel stärker Gefahr, körperlich oder in sozialer Hinsicht krank zu werden und in ihren engsten Beziehungen zu leiden.

Der Forscher J.M. Rhodes untersuchte das Problem der Überarbeitung und fand heraus, daß Menschen, die ihre Arbeit zu ihrem Leben machten, in ihrem Leben nicht mehr glücklich waren. Selbst wenn sie oberflächlich gesehen glücklich wirkten, waren doch ihre Ehen, ihre Beziehungen und die Interaktionen in ihrer Familie eher unbefriedigend.[11] Rhodes identifizierte folgende Hauptmerkmale eines »Lebens um der Arbeit willen«:

1. Ständiges Grübeln über Arbeitsprobleme
2. Graduelle Verlängerung der Arbeitszeit, um nachlassende Produktivität auszugleichen
3. Zuhilfenahme von Alkohol oder Drogen, um dem Streß zu entfliehen
4. Tendenz, Urlaub auf später zu verschieben und an Wochenenden zu arbeiten
5. Chaotisches Familienleben
6. Drang nach Unabhängigkeit, Einzelgängertum
7. Sitzende Lebensweise
8. Zunehmende Einengung der Interessen
9. Unfähigkeit, über sich selbst zu lachen
10. Leugnung vieler der genannten Symptome unter Hinweis darauf, sie seien die »notwendigen Übel« eines erfolgreichen Lebens

Im vierzehnten Kapitel werde ich die Aloha-Herangehensweise an die Arbeit im einzelnen erörtern; so viel können Sie sich aber schon jetzt einprägen, daß *ahonui*, oder beharrliche Geduld, der erste und wichtigste

Schritt ist, um unsere Arbeit zu etwas Angenehmem und Gesundem zu machen und beglückende Erfolge zu erringen, die wir mit den Menschen in unserer Umgebung teilen können.

Wirklicher Erfolg

Es gibt einen bekannten westlichen Philosophen und Dichter, dem es gelang, mit seinem »eingeborenen Geist« in Kontakt zu bleiben und der die Geduld als den Königsweg zu gesundem Erfolg betrachtete. Ich beende dieses Kapitel über *ahonui* mit seiner Botschaft.

Ralph Waldo Emerson erörtert in seinem Essay über den Erfolg die Haltung der beharrlichen Geduld, die zu emotionalem anstatt finanziellem Reichtum und zu tiefer Freude im täglichen Leben führt.

Emerson schreibt als erstes, Erfolg bedeute, »*häufig zu lachen*«. Dies ist die spielerische Herangehensweise an das Leben, die die Polynesier praktizieren. Sie haben es nicht verlernt, die kleinen Wunder des Alltagslebens zu genießen. Lachen, oder *'aka'aka*, ist eine der wunderbarsten Möglichkeiten, die der Mensch besitzt, mit dem natürlichen Chaos des Lebens fertigzuwerden. Wenn Sie sich viele Male am Tag bei einem herzlichen Lachen ertappen, dann haben Sie das erste Kriterium des Erfolgs im Stil der Aloha erfüllt!

Als nächstes nennt Emerson die Fähigkeit, »... *den Respekt intelligenter Menschen und die Zuneigung von Kindern zu gewinnen*«. Erfolg ist nicht an Beliebtheit und Prestige meßbar, sondern an dem Respekt weiser, gesunder und ausgeglichener Menschen. Wenn Kinder Sie lieben und sich zu Ihnen hingezogen fühlen, dann wissen Sie, daß Sie bereits weitgehend erfolgreich sind, denn die Jüngsten besitzen die schlichte innere Weisheit, das Wahre vom Falschen unterscheiden zu können. Ihr natürlicher siebter Sinn ist noch nicht abgestumpft.

Emersons drittes Kriterium ist, »*die Wertschätzung ehrlicher Kritiker zu verdienen und den Verrat falscher Freunde zu ertragen*«. Erfolg stellt sich ein, wenn man bereit ist, Kritik anzunehmen, ohne Ungeduld gegenüber sich selbst oder dem Kritiker zu empfinden. Zum Erfolg gehört auch, daß man die kleinliche Doppelzüngigkeit und Hinterhältigkeit jener Menschen erträgt, die mit sich selbst so ungeduldig sind, daß dies sich auf ihre engsten Beziehungen überträgt.

Emersons nächstes Kriterium, »... *Schönheit wertzuschätzen und in anderen Menschen das Beste zu sehen*«, ist eine der wichtigsten Komponenten des

Aloha-Erfolgs. Wenn wir von der Streßreaktion unseres selbstsüchtigen Gehirns beherrscht werden, dann fehlt uns die Zeit, um die Schönheit und Großartigkeit der uns umgebenden Welt wirklich wertzuschätzen. Dadurch entgeht uns das, was andere uns zu bieten haben, weil wir bei ihnen ständig irgendwelche Schwächen aufzuspüren versuchen oder uns bemühen, sie zu beeindrucken, anstatt sie zu verstehen und uns ihnen liebevoll zuzuwenden.

Emerson geht es darum, »*die Welt ein wenig besser zurückzulassen, sei es durch ein gesundes Kind, ein Stück Garten oder eine soziale Situation, in der wir unser Bestes gegeben haben*«. Der Kern eines erfolgreichen Lebens ist Verbundenheit mit anderen und eine liebevolle, fürsorgliche Einstellung. Genug zu geben und zu lieben, um die Welt zu einem besseren Ort zu machen und die Ressourcen der Erde, einschließlich ihrer Bewohner, zu erhalten, ist wahrer Aloha-Erfolg.

Emerson zieht den Schluß: »*Zu wissen, daß wenigstens ein Lebewesen leichter geatmet hat, weil du gelebt hast. Das ist wirklicher Erfolg.*« In diesen Worten schwingt die Bedeutung der Aloha – den heiligen Atem zu teilen.

Bevor Sie weiterlesen, nehmen Sie sich ein wenig Zeit, um zur Ruhe zu kommen und zusammen mit Ihrer Familie und den Menschen, die Sie lieben, zu atmen, denn dies ist die wahre Quelle für vergnügliche, gesunde »Leistung«. Ein von Freude erfülltes Leben ist eines, in dem man sich von der Vorstellung leiten läßt, daß man nicht deshalb geduldig wird, weil man Zeit hat; man hat vielmehr mehr als genug Zeit, weil man gelernt hat, geduldig zu sein.

Ahonui Ha'awina (Lektion in Geduld)

Machen Sie eine Woche lang die »Ein-Groschen-für-Ihre-Geduld«-Übung.

Am ersten Tag legen Sie drei Groschen in eine Tasche, die Sie ab jetzt Ihre »Geduldstasche« nennen. Jedesmal, wenn Sie mit sich selbst oder anderen ungeduldig oder gereizt reagieren, greifen Sie in die Tasche, drehen einen der Groschen behutsam zwischen Daumen und Zeigefinger und atmen zehnmal tief ein und aus, ohne die Hand aus der Tasche zu nehmen. Dann nehmen Sie den Groschen aus der Tasche, und schenken Sie ihn jemandem, oder legen Sie ihn irgendwo hin, wo ihn jemand finden kann. Am Ende des Tages schauen Sie nach, wie viele Groschen Sie übrig haben. Wenn noch immer Münzen in Ihrer »Geduldstasche« klimpern, dann fügen Sie sie am nächsten Tag den drei neuen in Ihrer »Geduldstasche« hinzu.

Wenn es gegen Ende der Woche beim Gehen in Ihrer Tasche ordentlich klimpert, dann gratulieren Sie sich dafür, daß Sie Gelassenheit entwickelt haben, und feiern Sie Ihren Erfolg, indem Sie Ihre Groschen nehmen und sie in eine Spendenbüchse stecken!

Achtes Kapitel

Der Kreis der Verbundenheit – die Illusion des Getrenntseins überwinden

Lokahi: Einssein, harmonisch zum Ausdruck gebracht
»Ho'okahi 'iliwai o ka like«
(Einer ist genau so wie der andere.)

»Wenn du diesen Stein nicht dorthin zurücklegst, wohin er gehört, dann kriegen wir diesen Lastwagen nie in Gang«, sagte der Hawaiianer zu seinem Besucher vom Festland. Sein Gast hatte den Stein beim Angeln gefunden. Fasziniert von seiner Schönheit, hatte er ihn in seinen Rucksack gesteckt. Jetzt, da die Sonne hinter dem Horizont unterging und die dunklen Silhouetten der Palmen sich über das Meer beugten, schlug ein frühabendlicher Regenschauer sanft gegen die Windschutzscheibe. Der Hawaiianer und sein Freund bereiteten sich widerwillig auf die Abfahrt vor, aber obwohl der Fahrer den Zündschlüssel mehrmals im Schloß drehte, gab der alte Pickup keinen Laut von sich.

»Das begreife ich nicht«, sagte der Besucher. »Was hat ein kleiner Stein damit zu tun, daß dein alter Lastwagen nicht anspringt?« Der Hawaiianer streckte die Hand aus dem Fenster, drehte die Handfläche nach oben und sagte: »Fühlst du diese Tränen? Die Götter weinen, weil sie nicht möchten, daß dieser *pohaku* (Stein) seine Heimat verläßt. Er gehört nicht zu dir. Du zerbrichst sein *lokahi* (Einssein) mit dem Land. Leg ihn zurück, und die Götter werden uns ziehen lassen.«

»Du verrückter Hawaiianer«, lachte der Besucher. Er hatte solche seltsamen Sprüche schon vorher von seinem Freund gehört und ihn häufig deswegen geneckt. Da er ihn nicht kränken wollte, warf er den Stein auf die Erde. »Also, jetzt laß den Wagen an«, sagte er lachend. »Der Stein ist zu Hause.« Der Hawaiianer lächelte und schüttelte den Kopf. »Du wirst schon sehen. Um deinetwillen werd ich's nochmal probieren, aber er wird nicht anspringen.« Er drehte den Schlüssel, aber ein leises Summen war das einzige Geräusch, das man hören konnte. Der Besucher streckte die Hand aus und drehte den Schlüssel selbst im Schloß, aber der Lastwagen sprang noch immer nicht an.

»Du mußt den Stein dorthin zurückbringen, wo du ihn hergeholt hast«, sagte der Hawaiianer mit größerer Bestimmtheit. »Tu's mit Respekt und entschuldige dich, daß du ihn gestört hast.« Der Besucher konnte tiefe Sorge in den Augen seines Freundes sehen.

»Das ist doch wohl nicht dein Ernst«, knurrte er, als er aus dem Lastwagen sprang, den Stein aufhob, ihn zum Strand hinuntertrug und ihn dorthin legte, wo er ihn gefunden hatte. »Da, Stein«, sagte er spöttisch, »jetzt bist du zu Hause. Also laß *uns* auch nach Hause gehen.« Der Regen wurde stärker, und der Besucher war völlig durchnäßt, als er wieder in den Lastwagen zurückkletterte.

Noch bevor er auf dem Beifahrersitz Platz genommen hatte, drehte der Hawaiianer den Schlüssel – aber der Lastwagen sprang noch immer nicht an. Er schaute seinen Freund mehr mitfühlend als ungeduldig an. Dann zog er den Schlüssel aus dem Zündschloß und legte die Hand auf die Schulter seines Besuchers. Dieser konnte sehen, daß es ihm ernst war. In den Augen seines Freundes standen Tränen.

»Bitte geh zurück und entschuldige dich noch einmal. Aber sag es nur, wenn du es fühlst und meinst. Wenn du es nicht tust, werden wir lange, lange Zeit hier festsitzen – vielleicht länger, als du dir vorstellen kannst. Selbst wenn uns jemand finden und meinen Lastwagen abschleppen sollte, wird nichts Gutes dabei herauskommen. Du mußt allem, was hier ist, deinen Respekt erweisen. Du verläßt vielleicht diese Insel, aber du wirst immer ein Teil von ihr bleiben, genau wie dieser Stein. Laß deinen Respekt hier und steck die Aloha dieses Ortes in dein Herz, nicht in deinen Rucksack.«

Der Besucher war tief bewegt über die ernsten Worte seines Freundes und fühlte, wie seine Tränen sich mit dem Regen auf seinem Gesicht vermischten. Er ging langsam zu dem Stein, kniete nieder und sagte ohne die geringste Verlegenheit in der Stimme: »Es tut mir sehr leid. Ich hatte es nicht verstanden. Bitte verzeih mir. Ich hoffe, daß ich wieder zurückkommen und dich wiedersehen kann.« Genau in diesem Augenblick fühlte er, wie der Wind durch sein Haar blies. Der Regen ließ nach und hörte dann ganz auf. In der Ferne hörte er den Motor des alten Lastwagens stottern und anspringen.

»*Hele mai!* (Komm!)«, rief der Hawaiianer, ihn zu sich heranwinkend. »Aber vergiß nicht, dich von dem *pohaku* zu verabschieden. Du wirst ihm fehlen, bis du zurückkehrst.«

Krankheit und fehlende Verbindung

Die Geschichte von dem *pohaku* ist wahr. Der Hawaiianer ist einer meiner engsten Freunde und einer der Polynesier, der zu meiner Kontrollgruppe für den Aloha-Test gehörte. Ich weiß aus zuverlässiger Quelle, daß sein alter Lastwagen vor diesem Vorfall immer angesprungen war und daß er seitdem immer sofort angesprungen ist, ohne daß man ihn hätte reparieren müssen. Für meinen hawaiianischen Freund ist die Idee des Einsseins oder *lokahi* sehr viel mehr als eine bloße Metapher oder ein New-Age-Konzept. Es ist ein reales, fundamentales und starkes Prinzip des täglichen Lebens, das, wenn es verletzt wird, negative Konsequenzen hat. Wenn man es dagegen respektiert, dann führt es zu großer Freude und Wohlbefinden.

Für das entzauberte Denken des Westens sind die Erde und alles, was darauf wächst, dazu da, daß wir sie »benutzen« oder ausbeuten. So hektisch leben wir auf unserem Planeten und verbrauchen seine Ressourcen, daß die Hitze, die durch unseren Lebensstil erzeugt wird, die Temperatur seiner Atmosphäre gefährlich ansteigen läßt. In der westlichen Kultur geht es eher um Kontrolle und Besitz als um Einssein und liebevolle Verbundenheit. In der ozeanischen Kultur gibt es keine Trennung zwischen der spirituellen und der physischen Welt. Unsere Welt ist lebendig und empfindungsfähig und entsprechend muß man mit ihr umgehen. Es gibt nichts, was man besitzen oder kontrollieren könnte, und tiefer und rückhaltloser Respekt, Wertschätzung und ein Gefühl der Verantwortung für die Erde sind die Schlüssel zu Glück und Wohlbefinden für alles und jeden.

Mittlerweile begreift die westliche Medizin, daß alle Krankheit und alles Leiden letztlich mit einem Mangel an Verbundenheit zusammenhängen. Reverend Chris Williamson weist darauf hin, daß Menschen, die spirituell weiterkommen möchten, nicht etwa *noch* mehr »Selbstvervollkommnungs-Seminare« besuchen oder sich ins Kloster zurückziehen, sondern daß sie sinnvolle Beziehungen aufbauen und aufrechterhalten.[1] *Wechselseitige Abhängigkeit* (Interdependenz), nicht *Un*abhängigkeit, ist die Lebensweise der Inselkulturen.

Die Psychoneuroimmunologie liefert uns ihrerseits immer überzeugendere Indizien dafür, daß wir immer, wenn wir uns auf eine Weise verhalten, die uns von anderen Dingen oder Menschen trennt, körperlich und emotional leiden: unser Immunsystem wird geschwächt, unser Herz wird vom Rest unseres Körpers abgeschottet, und unsere Seele fühlt sich einsam und verzweifelt. Für den Polynesier ist »Selbstheilung« nicht möglich, weil alle

Krankheit aus dem Zusammenbruch von Beziehungen resultiert, nicht aus
einem individuellen Versagen. Selbstheilung ist eine Illusion des isolationi-
stischen Denkens des Westens und der introspektiven Selbstbefaßtheit des
Ostens.

Das erste Bedürfnis

Wir sind dann am glücklichsten und am erfülltesten, wenn wir das Gefühl
haben, mit allem völlig verbunden zu sein. Der westliche Psychologe
Abraham Maslow definierte »Transzendenz« als das höchste menschliche
Bedürfnis.[2] Er war der Ansicht, daß dieses Bedürfnis erst dann zum Tragen
komme, wenn niederere individuelle Bedürfnisse wie Selbstachtung und
Selbstverwirklichung befriedigt seien. Das ozeanische Denken stellt Mas-
lows Hierarchie auf den Kopf. Es lehrt, daß das Transzendieren des Selbst
mit dem Ziel, völlig mit dem Leben verbunden zu sein und sich mit ihm
verbunden zu fühlen, unser *grundlegender* Antrieb sei und daß alle anderen
Bedürfnisse darauf basieren, dieses zentrale Lebensmotiv zu kennen und
sich im Einklang damit zu verhalten.

Für die Polynesier bedeutet »transzendieren« geradezu das Gegenteil
dessen, was wir darunter verstehen, nämlich: sich ergeben, teilen, opfern
und sich in das gesamte System der Welt einfügen, um selbst zum Wohle
des Ganzen beizutragen und das unermeßliche Glück zu empfinden, das aus
einem solchen Einssein resultiert. Das ozeanische Denken ist nicht *hierarchisch*, sondern *harmonisch*.

Moderne Psychologen haben bei ihren Untersuchungen Indizien dafür
gefunden, daß diese Betrachtungsweise, die die Harmonie über die Hierarchie stellt, richtig ist. Sie haben dokumentiert, daß wir in den entscheidenden Augenblicken unseres Lebens von dem Bedürfnis nach Einssein beherrscht werden. Sie selbst können sich wahrscheinlich zahllose Beispiele
für »transzendente« Selbstlosigkeit ins Gedächtnis rufen. Eltern rennen in
brennende Häuser, um ihre Kinder zu retten, und Märtyrer wie Mahatma
Gandhi fasteten um anderer Menschen willen. Trotz der skeptischen Ein-
wände der Evolutionspsychologen, altruistisches Verhalten diene nur dem
selbstsüchtigen Schutz der Gene, bin ich der Meinung, daß wir damit auf
ein sehr viel tiefer verwurzeltes, heiliges menschliches Bedürfnis reagieren,
das Selbst zu transzendieren, uns selbst in anderen zu erkennen und nach
dem Prinzip des *lokahi* zu leben.

Wenn Touristen nach Maui kommen, dann möchten sie die Wale sehen, die jeden Winter in die warmen Gewässer dort zurückkehren. Während sie am Strand warten, um diese Giganten spielen zu sehen, trinken und essen sie und brüllen und plantschen laut im Ozean herum. Sobald jemand ruft: »Da, ein Wal!« hört man entzücktes Kreischen, aber dann, wenn ein riesiger Schwanz das Wasser peitscht und die Erschütterungen so stark sind, daß sie sich in den Sand hinein fortsetzen, senkt sich Schweigen über den ganzen Strand. Selbst nachdem der Wal weitergeschwommen ist, herrscht Stille, bis auf ein leises Geflüster über die Großartigkeit dessen, was man gerade erlebt hat. Es dauert mehrere Minuten, bis wieder das Stimmengewirr der Spiele am Strand ertönt. Aber einen Moment lang wird das grundlegende Bedürfnis, sich mit der Großartigkeit der Natur verbunden zu fühlen, wichtiger als alles andere und erfüllt die Beobachter mit einer gesunden Freude, die sehr viel tiefer geht als ein bloßes Sich-Amüsieren.

Lokahi, der Ausdruck fröhlicher Verbundenheit, hat drei Facetten: die persönliche, interpersonale (zwischenmenschliche) und transpersonale Verbundenheit. Dieses Kapitel erkundet jedes dieser drei Elemente.

Persönliche Verbundenheit: Einssein mit dem Selbst

Es gibt einen Unterschied zwischen dem Glück der Selbst-Bewußtheit und der Isolation der Selbstbefaßtheit. Ein wesentlicher Aspekt des *lokahi* ist, sich des eigenen Körpers vollkommen bewußt zu sein, auch wenn man mit der Erde und den Körpern in seiner Umgebung in Verbindung ist. Gemäß dem Aloha-Prinzip zu leben verlangt, daß man sich der Sprache seines Körpers völlig bewußt ist, aber frei bleibt von arroganter Selbstverherrlichung.

Die Polynesier bezeichnen die Knochen, das Blut und die übrigen Körpergewebe als das *unihipili* oder »niedere Selbst«. In diesem Fall bedeutet »nieder« nicht geringerwertig, sondern bezieht sich lediglich auf die räumliche Lage. Das *unihipili* wird ebenso geachtet wie die »höheren« Systeme des Geistes und der äußeren Welt, weil es ein Aspekt und eine Manifestation der Tatsache ist, daß man das Leben mit all diesen Systemen teilt und gemeinsam hat. Dem polynesischen Denken gelten Geist, Körper und Welt als eine Einheit. Ein wichtiger Aspekt des Aloha-Prinzips ist, den Körper nicht als etwas zu betrachten, was perfektioniert, gekräftigt und in Form gebracht werden müßte, sondern als ein Verbindungsglied zwischen der Welt und der Seele. Das Aloha-Prinzip lehrt, daß wir unserem Körper Aufmerksamkeit widmen, aber nicht damit prahlen sollen. Es lehrt, daß wir nicht einen Körper *haben*, sondern daß wir, wie es unserem Einssein mit der Natur entspricht, unser Körper *sind*.

Unser Körper spricht ständig zu uns; er erzählt von Gesundheit und Glück, ebenso aber auch von Bedürfnissen, die nach heilender Aufmerksamkeit verlangen. Leider ziehen wir es häufig vor, diese Botschaften nicht zur Kenntnis zu nehmen und statt dessen den Magen, den Kopf oder den Darm mit Hilfe von Tabletten zum Schweigen zu bringen. Der Psychologe Gary Schwartz von der University of Arizona hat zehn Jahre damit verbracht, zu untersuchen, wie wichtig es ist, auf das Feedback unserer Körpersysteme zu achten. Er betrachtet Fernseh-Werbespots als Aufforderungen, unsere Körpersprache abzuschalten: »Die Botschaft lautete: ›Du kannst essen, was du willst. Wenn du Magenschmerzen bekommst, dann brauchst du dein Verhalten nicht zu ändern und etwa auf deinen Körper zu hören. Nimm statt dessen Alka-Seltzer ...‹ Man bringt uns bei zu sagen: ›Du verdammter Magen, wehe, du mischt dich in meine Angelegenheiten ein‹!«[3] Schwartz zeigte, daß die Menschen, die ihren Körper ignorieren, die sich von seinen Empfindungen – seien sie nun angenehm oder schmerzhaft – abkapseln oder versuchen, ihre Körpersprache zu unterdrücken, und deren Signale verdrängen, viel häufiger zu Herz- und Immunschwäche neigen.

Das ozeanische Denken lehrt uns, auf unseren Körper zu hören, so wie wir auf den Donner und den Wind hören. Es lehrt, daß alle Signale der Natur uns etwas beibringen wollen und daß die Natur durch die verschiedenen Sinne unseres Körpers zu uns spricht. Unser siebter Sinn hilft uns, auf unseren Körper mit einem »Empfindungsvermögen« zu hören, das weit über unsere fünf Basissinne und sogar über unseren sechsten, psychischen Sinn hinausgeht. Der siebte Sinn reagiert auf die natürliche Energie, die die poetische Sprache aller natürlichen Prozesse ist, und unser Körper ist einer ihrer wesentlichen Übermittler. Wenn unser Körper »spricht«, dann ist es unser siebter Sinn, der versucht, unsere Aufmerksamkeit zu erregen. Unser siebter Sinn beschränkt sich nicht darauf zu empfangen. Er versucht auch ständig, uns durch geeignete Botschaften mitzuteilen, welchen Weg wir im Leben einschlagen sollten.

Um stärker im Einklang mit unserem Körper zu leben, sollten wir, so Gary Schwartz, die »ACE-Methode« anwenden. *ACE* steht für englisch *attend, connect* und *express*. *To attend* (wörtlich »gegenwärtig sein«) bedeutet, uns ständig der Botschaften des Körpers bewußt zu sein, und zwar als Aufforderungen zu positivem Handeln und zu Veränderung, nicht als Symptome für eine Funktionsstörung, die es zu vertuschen oder zu reparieren gilt. *To connect* bedeutet, die Signale des Körpers nicht lediglich als »Privatangelegenheiten« zu verstehen, sondern als Reaktionen auf die Natur unseres Daseins, das mit allem und jedem untrennbar zusammenhängt, und als Warnungen, daß wir möglicherweise im Begriff sind, uns von unserer Welt abzukoppeln. *To express* bedeutet, mit uns selbst und anderen darüber zu reden, wie unser Körper arbeitet und sich fühlt, anstatt uns nach dem Motto »The show must go on« selbst zu verleugnen. Wenn wir auf die Botschaften unseres Körpers achten, sie verstehen und sie zum Ausdruck bringen, dann geben wir unserem siebten Sinn die Möglichkeit, seine Arbeit zu tun und uns von den Krankheiten der Isolation *weg*- und zur Robustheit eines »verbundenen Wohlbefindens« *hin*zuführen.

Interpersonale Verbundenheit: Einssein mit anderen

Wir alle brauchen Phasen des Alleinseins. Sie geben uns die Gelegenheit, unser Leben zu überdenken. Aber Isolation macht krank und kann uns sogar töten. Isolation ist nicht die physische Abwesenheit anderer Menschen, sie ist das Gefühl, einsam und nicht in Kontakt zu sein, irgendwie außerhalb des »Ganzen« zu stehen, selbst wenn wir unter Menschen sind.

Ohne die Nahrung sozialer Unterstützung verhärtet sich ein einsames Herz und zerbricht schließlich. Wie eine Blume, die nicht gegossen wird, verkümmert es und stirbt.

Eine Studie über 2320 männliche Überlebende eines Herzanfalls bewies, daß weit mehr als Zigarettenrauchen, hoher Blutdruck, ein hoher Cholesterinspiegel, Diabetes und andere bekannte Risikofaktoren, *Einsamkeit* einen frühen Tod wahrscheinlich machte.[4] Die Einsamen waren viermal stärker gefährdet, an ihrem Herzanfall zu sterben, als die Menschen, die stärker in ein soziales Netz eingebunden waren.

Moderne Untersuchungen auf dem Gebiet der Psychoneuroimmunologie zeigen weiterhin, daß Verbundenheit mit anderen das Leben verlängert und daß der Mangel an einer solchen Verbundenheit es verkürzt. Eine Studie über 7000 Personen in Alameda County, Kalifornien, ergab, daß Menschen, denen es an sozialen Kontakten und an einem sozialen Netz mangelte, sehr viel stärker in Gefahr waren, früh zu sterben. Westliche Wissenschaftler, die gegenüber einer »weichen« Variablen wie *lokahi* oder Verbundenheit skeptisch sind, versuchen, diese Untersuchungsergebnisse mit der rhetorischen Frage nach dem Ei und der Henne zu entkräften. Vielleicht, so sagten sie, sei Einsamkeit und Isolation das *Ergebnis* von Krankheit und nicht ihre Ursache. Mit Hilfe fortgeschrittener statistischer

Methoden konnten die Forscher jedoch beweisen, daß Einsamkeit in der Tat die *Ursache*, nicht die Wirkung von Krankheit war.[5] Eine weitere größere Untersuchung über den Zusammenhang von Einsamkeit und Tod, die in Tecumseh, Michigan, durchgeführt wurde, bestätigte diese Ergebnisse.

Die ozeanischen Menschen betrachten *lokahi* nicht als nur eine weitere Möglichkeit, einen vorzeitigen Tod zu vermeiden, sondern als den Weg zu gesunder Lebenslust. Sie sind nicht überrascht, daß »verbundene« Menschen länger und gesünder leben, weil sie wissen, daß solche Personen den natürlichen, angeborenen Schutz geteilter Freude genießen. Auch in diesem Fall sind die polynesischen Ältesten überrascht, daß die moderne Wissenschaft so lange brauchte, um das zu »beweisen«, dessen sie sich bereits sicher waren: Einssein fühlt sich gut an, weil es gut für dich ist.

Die Psychoneuroimmunologen finden allmählich heraus, auf welche Weise genau Einsamkeit isoliert und das Herz abschottet. Wenn wir durch die hilflosen und hoffnungslosen Gefühle der Einsamkeit gestreßt sind, dann steigt der Hydrokortisonspiegel im Blut. (Hydrokortison ist ein Hormon, das unter Streß abgesondert wird.) Einsamkeit wird auch mit einer niedrigen Konzentration von Lipoproteinen hoher Dichte (*high density lipoproteins* – HDL) in Zusammenhang gebracht, der »gesunden« Art von Cholesterin, die uns gegen Herzkrankheiten, Immunschwäche und einen niedrigen Spiegel von Hormonen schützt, die für die Stärke des Herzmuskels von wesentlicher Bedeutung sind. Wenn unsere sozialen Beziehungen schwach sind, wird auch unser Herz körperlich schwächer. »Schwache soziale Bindungen verursachen schwache Herzmuskeln«, sagte ein Kahuna.

So verblüffend es auch klingen mag, ist bei den meisten Menschen in den Vereinigten Staaten, die vor ihrem fünfzigsten Lebensjahr ihren ersten Herzanfall haben, keiner der bekannten häuptsächlichen Risikofaktoren nachzuweisen: weder Rauchen noch hoher Blutdruck, noch starkes Übergewicht. Die meisten von ihnen litten jedoch unter Einsamkeit.[6] Die westliche Medizin wird Herzleiden, unsere Todesursache Nummer eins, niemals wirkungsvoll behandeln können, ohne das Glück des Verbundenseins und die Gefahren sozialer Isolierung in ihre Überlegungen einzubeziehen.

Transpersonale Verbundenheit: Einssein mit allem

Die Polynesier leben nicht etwa deshalb mit ihrer natürlichen Umgebung in *lokahi*, weil sie unfähig wären – oder auch früher gewesen wären –, ihre Umgebung so zu verändern, daß sie ihren Bedürfnissen entsprach, oder weil es ihnen an den nötigen Kenntnissen mangelte, sie zu beherrschen und klug zu nutzen. Ihre jahrhundertealten Fischzuchtfarmen und Aquädukte sind Beweis für ihr Talent als »ökologische Manager«. Sie streben nicht allein deshalb nach einer liebevollen Verbundenheit mit der Natur, weil sie ihr gegenüber eine holistische und ehrfürchtige Einstellung haben (obwohl diese Einstellung tief verwurzelt und vorherrschend ist). Den eigentlichen Grund, warum die Polynesier danach streben, in Harmonie mit der Natur zu leben und ihr Respekt zu erweisen, gab ein Mann mit folgenden Worten an: »Wir wachsen über uns selbst hinaus, indem wir im Zusammensein mit allem völlig wir selbst sind. Wir suchen keine aufsehenerregende mystische Erfahrung außerhalb unserer selbst; wir sitzen einfach im Ozean und sind in ihm wir selbst. So nehmen wir Verbindung mit Gott auf.«

Das Wort *Transzendenz* ist in der modernen Psychologie sehr geläufig, vor allem bei Psychologen der transpersonalen Schule. In der Psychologie bezieht sich »Transzendenz« häufig auf eine kognitive Dimension jenseits der normalen Erfahrung.[7] Die ozeanische Philosophie betrachtet Transzendenz hingegen als ein alltägliches Eintauchen in alles, was das tägliche Leben zu bieten hat. Für das polynesische Denken ist Gott nichts, was »da oben« oder »da draußen« wäre, sondern das *Wesen* von allem und jedem. Transzendenz ist kein persönliches Ziel, sondern eine Art, Tag für Tag in Verbundenheit mit allem zu leben.

Die polynesische Transzendenz, die gesunde Freude bringt, ist keine Suche nach persönlicher Erleuchtung, sondern sie bedeutet, sich die Zeit zu nehmen, mit einem geliebten Menschen zusammenzusein. Sie ist keine New-Age-Technik, sondern ein Leben als zärtliches Miteinander. Dabei geht es weniger darum, auf der Suche nach Weisheit einen Berggipfel zu erklimmen, als vielmehr Hand in Hand einen stillen Gebirgspfad entlangzuwandern, um zusammen mit einem anderen Menschen an der Herrlichkeit des Augenblicks als dem schönsten Geschenk der Natur teilzuhaben.

Der Mönch, der Kahuna und der polynesische Pantheismus

Ein Kahuna sagte einmal zu mir: »Wenn du nach Gott suchst, schau aufs Meer hinaus. Schau zum Horizont. Steig in dein Kanu und fahr zum Horizont. Wenn du dort angekommen bist, wirst du Gott treffen.« Er meinte, um mit »etwas mehr« als dem Selbst Verbindung aufzunehmen, müssen wir im Zusammensein mit der Natur wir selbst sein, dürfen aber niemals denken, wir könnten uns ihrer bemächtigen und eine Grenze um sie ziehen. Die Polynesier betrachten das Transpersonale, das Heilige, den Schöpfer, das »etwas mehr«, als etwas sehr Persönliches. Ein anderer Kahuna sagte: »Stell dir den Schöpfer als etwas vor, was dir näher ist als du selbst. Wenn du glaubst, du seist Gott, dann bist du arrogant. Wenn du nicht weißt, daß das Heilige durch dich hindurchfließt und sich durch dich ausdrückt, dann bist du göttlich dumm.«

Dieselbe Einstellung zu transpersonalen Erfahrungen drückte der Philosoph Spinoza aus, als er schrieb: *Deus sive natura* – »Gott ist die Natur.« Der pazifische Pantheismus bedeutet jedoch sehr viel mehr als »Gott ist alles.« Die Polynesier stehen in ihrem Alltagsleben mit dem Heiligen auf du und du, aber sie betrachten Gott nicht als eine bloße Metapher für die Kräfte der Natur und die Naturgesetze. Die Polynesier glauben und verhalten sich auf eine Art, die zum Ausdruck bringt, daß die Felsen und Bäume so real sind wie Gott und daß mit ihnen zu sprechen eine Weise ist, mit Gott zu sprechen. Dies ist der Zauber der Welt Polynesiens.

Der Schriftsteller und Benediktinermönch David Steindl-Rast beschreibt dieses transpersonale Einssein: »Unsere innerste Wirklichkeit – dasjenige, das uns näher ist als wir selbst – erleben wir als gewissermaßen über uns selbst hinausgehend, so wie der Horizont zurückweicht, wenn wir uns ihm nähern.«[8] Es ist interessant, daß Steindl-Rast dieselbe Metapher vom Horizont benutzt wie der polynesische Kahuna. Er zeigt dadurch, daß der Dritte Weg Polynesiens sich an sehr entscheidenden Stellen mit den östlichen und westlichen Wegen kreuzt. Vielleicht haben die Kraft, die Weisheit und die Effektivität der östlichen und westlichen Herangehensweisen an das Leben deren wesentliche Erkenntnisse über die Bedeutung und den Sinn des Lebens vernebelt, während die ozeanische Lebensanschauung diesen Sinn noch immer deutlich wahrnimmt. Vielleicht können die natürlichen Wahrheiten über gesunde Freude, wie die Aloha sie lehrt, als ein Magnet dienen, der die weise Spiritualität des Ostens und die intellektuelle Wissenschaftlichkeit des Westens wieder zusammenbringt. Vielleicht kann Polynesien zu einem spirituellen und intellektuellen Zentrum der Welt werden, anstatt nur ein beliebtes Ferienziel zu sein.

Vergleichen wir einmal die Aussage von Steindl-Rast mit derjenigen des Kahuna, der sagte, man solle mit seinem Kanu zum Horizont fahren, um nach Gott Ausschau zu halten. Steindl-Rast sagt: »Wenn wir von Gott sprechen, sprechen wir von einem ›Horizont-Phänomen‹. Der Horizont gehört untrennbar zur Landschaft. Es kann keine Landschaft ohne einen Horizont geben, und keinen Horizont ohne Landschaft. Der Horizont weicht zurück, während wir uns ihm nähern, und bleibt der Horizont.«[9]

Der Mönch und der Kahuna vertreten also konvergierende Ansichten über das Transpersonale: daß der Schöpfer der Geist all dessen ist, was in uns ist, und daß er von innen heraus, durch uns und um uns herum zum Ausdruck kommt. Der Geist transpersonaler Verbundenheit ist nicht einfach ein mentaler Prozeß – er transzendiert Materie und Denken. Dies ist eine Sichtweise, die mit der Aussage des Heiligen Johannes von Damaskus übereinstimmt: »Gott ist jenseits von Namen und jenseits der Essenz.«

Nachdem ich Jahre damit verbracht hatte, von den Polynesiern etwas über den Geist und den Begriff des transpersonalen *lokahi*, des harmonischen Einsseins mit dem Ganzen, zu lernen, entdeckte ich, daß sich ihre Weisheit auf wunderbare Weise in einigen Zeilen des Dichters Walt Whitman spiegelt. Er schreibt: »Hatte jemand den Wunsch, die Seele zu sehen? Sieh deine eigne Gestalt und Gebärde, die Menschen, Substanzen, die Tiere, die Bäume, die fließenden Flüsse, die Steine und den Sand!«

Der Nacht-Regenbogen

Die Insel Molokai ist eine der am ursprünglichsten gebliebenen Inseln des hawaiianischen Archipels. Auf Molokai gibt es keine Ampeln, und jeder kennt jeden. Wenn ich dort hinkomme, dann werde ich immer herzlich begrüßt, und ich habe von den stillen, sanften und weisen »Menschen des Nacht-Regenbogens«, wie sie manchmal genannt werden, viel gelernt. »Nacht-Regenbogen« nennt man einen wunderschönen, außergewöhnlichen Regenbogen, der sich um den Mond herum bildet. Er hat eine tief violettrote Farbe mit Hunderten von Blauschattierungen, und man glaubt, daß dieser »Mondbogen« eine Ermahnung der Ahnen sei, sich an Aloha und *lokahi* zu erinnern.

Als ich eines Abends auf Molokai mit einer meiner hawaiianischen Freundinnen zusammensaß, gab sie mir eine Definition der Aloha, in der die Lektion von Einssein, Harmonie und Transzendenz zum Ausdruck kommt:

»Aloha bedeutet, daß ich ein Teil von allem bin und daß alles ein Teil von mir ist. Wenn Schmerz da ist, ist es mein Schmerz. Wenn Freude da ist, dann ist es ebenfalls meine. Ich respektiere all dies als zugleich dem Schöpfer und mir zugehörig. Ich werde niemandem und nichts je vorsätzlich schaden. Wenn ich Essen brauche, dann nehme ich nur das, was ich wirklich brauche, und erkläre, warum ich es genommen habe. Die Erde, der Himmel, das Meer wurden mir gegeben, damit ich für sie sorge und sie liebevoll beschütze. Dies ist hawaiianisch. Dies ist *lokahi*. Dies ist Aloha.«

Tante Bettys Segen

Immer, wenn ich auf Hawaii an einem – geschäftlichen, pädagogischen oder religiösen – Treffen teilnehme, ist *lokahi* ein wesentlicher Aspekt des Zusammenseins. Eine der am meisten verehrten hawaiianischen Kupuna ist Aunty Betty Jenkins, die beliebte und lehrreiche Seminare auf Hawaii organisiert und leitet. Sie ist eine ehrfurchtgebietende Frau und steht in aufrechter und stolzer Haltung vor der Gruppe. Selbst wenn sie vor einer Zuhörerschaft steht, die sich aus Politikern und Akademikern zusammensetzt, spricht sie mit der festen Stimme und der Strenge einer Grundschullehrerin. Wenn ihre Zuhörer nicht still sind und bereit, das Seminar pünktlich zu beginnen, dann ruft sie gewöhnlich »hui«, was auf hawaiianisch soviel bedeutet wie: »Beruhigt euch und seid alle hier!« Sobald es im Raum still geworden ist, sagt sie leise: »Ho'i mai«, was bedeutet: »Kommt wieder zurück«, womit sie die Gruppe auffordert, zu ihren Ursprüngen zurückzukehren und sich an die Freude zu erinnern, die das Leben uns schenkt.

Wer schon eines von Aunty Bettys Seminaren besucht hat, weiß, was als nächstes kommt. Rituale sind ein wesentliches Element des polynesischen Lebens, eine Weise, die Verbindung zur Vergangenheit herzustellen und diese mit Respekt und Liebe in die Gegenwart zu holen. In einem Ritual werden alle drei Herangehensweisen an das *lokahi* – persönlich, interpersonal und transpersonal – integriert. Der Hula feiert das persönliche Einssein und das Wissen des Körpers um seine Verbundenheit mit der Erde und mit allen Körpern aus Vergangenheit und Gegenwart und ist häufig ein Teil der Rituale. *Chanten* vereint die Menschen in einer interpersonalen Verbundenheit, und auch hier wieder nicht nur miteinander, sondern auch mit den Ahnen und der Natur. *Pule* oder Gebet fördert die transpersonale Verbundenheit, indem es den Teilnehmern hilft, sich genügend weit in sich selbst zurückzuziehen, um nach außen zu greifen und ihre Seele unter allen anderen Seelen zu finden und sich am Horizont ihrer Existenz mit Gott zu verbinden.

Als *kumu* (Lehrerin) hilft Betty, die drei Ebenen der Verbundenheit durch eine einfache Geste zu finden, die jeder der Zuhörer nachahmt. Sie schließt die Augen, und alle Augen im Raum schließen sich mit ihr. Mit einer klaren Stimme streckt sie ihre Hände, die Handflächen nach oben, aus, als heiße sie jemanden willkommen, und sagt: »*Lokahi* ist.« Die Teilnehmer sprechen es ihr harmonisch, fast singend nach. Obwohl wir nichts sehen können, weil unsere Augen ebenfalls geschlossen sind, wissen wir, daß Aunty Bettys

Hände sehr behutsam ein polynesisches Dreieck vor ihrem Herzen geformt haben. Wir machen es ihr nach. Sie singt mit lauter Stimme: »Einheit zwischen Gott, den Menschen und der 'aina«, während alle unsere Hände nach oben zu Gott greifen, nach innen zu unserem Herzen und nach unten zur 'aina.

Die vereinende Kraft des Rituals

Der englische Wissenschaftler Rupert Sheldrake erforschte das Phänomen der sogenannten *morphogenetischen Felder*.[10] Er sagt, die sogenannten Naturgesetze seien keine unveränderlichen Gegebenheiten, sondern Ereignismuster, die dadurch, daß diese Ereignisse sich wiederholen, immer stärker werden. Diese »sich wiederholenden Muster« sind wie evolutionäre Gewohnheiten, denn je häufiger ein Ereignis eintritt, desto wahrscheinlicher ist es, daß es in Zukunft erneut eintreten wird.

Tatsächlich ist Aunty Betty ein Verbindungsglied zu diesen morphogenetischen Feldern. Ihre *lokahi*-Zeremonie und der Hula, das Chanten und das Gebet, die damit einhergehen, sind Wege, die Vergangenheit mit der Gegenwart zu verbinden und sie in die Zukunft zu projizieren. Polynesische Rituale wie ihres sind Hilfsmittel, die gewährleisten, daß wir nie allein sein müssen: Wenn wir uns die kulturelle Angewohnheit eines heiligen Rituals zu eigen machen, dann können alle Menschen der Vergangenheit jetzt und für alle Zeiten bei uns sein.

Moderne wissenschaftliche Untersuchungen über Lokahi

Rupert Sheldrake hat sieben Versuche vorgeschlagen, die, wie er meint, die Welt verändern könnten.[11] Ich erwähne diese Experimente an dieser Stelle, weil jedes von ihnen ein Beispiel für die magische Kraft der *lokahi* ist. Sheldrake schlägt diese Experimente vor, um uns davor zu warnen, uns unserer westlichen Wissenschaft so sicher zu sein, daß wir uns vom Studium der potentiellen Heilkraft des Einsseins, der Harmonie und der Verbundenheit in unserem Alltagsleben abwenden.

Sheldrakes sieben Experimente sollen Licht auf sieben bekannte Phänomene werfen, die persönliche, interpersonale und transpersonale Verbundenheit spiegeln. Diese sind:

1. Die Fähigkeit von Haustieren, zu wissen, wann ihre Besitzer zurückkehren.
2. Orientierungsfähigkeit und Migrationsmuster von Zugvögeln
3. Die Fähigkeit sozial lebender Insekten, auf eine Weise miteinander zu
   kommunizieren, als seien sie alle »eines Geistes«.
4. Die Fähigkeit mancher Menschen zu wissen, wann man sie von hinten
   anstarrt.
5. Die sogenannten »Phantomempfindungen« (Phantomschmerzen).
6. Die sich ständig verändernden (inkonstanten), fundamentalen »Konstanten« der Natur, die die Basis für alle statistischen Berechnungen und
   Experimente sind.
7. Der Einfluß des Glaubens der Wissenschaftler auf ihre Forschungsergebnisse und die Tatsache, daß Experimentierende, trotz Doppelblindstu-
   dien, in der Regel das herausfinden, was sie erwarten und glauben.

Es ist natürlich möglich, daß Experimente, die in irgendeinem oder in allen
dieser Bereiche durchgeführt werden, niemals die Natur dieser Ereignisse
werden erklären können. Sheldrake vermutet jedoch, daß wir – wenn wir
nur offen genug sind, um uns von den utilitaristischen objektiven Beschrän-
kungen der westlichen Wissenschaft oder den eher mystischen, introspektiven östlichen Herangehensweisen zu emanzipieren – fähig sein sollten,
einfache Alltagsexperimente zu entwickeln, die sich nicht auf Statistiken
oder mystische Einsichten stützen, sondern auf unsere eigenen schlichten
Sinneswahrnehmungen. Solche demokratischeren, dem gesunden Men-
schenverstand entsprechenden, zu Hause durchgeführten Beobachtungen
könnten als Ergänzung der »richtigen«, kontrollierten Laborversuche hin-
zugezogen werden. Das Resultat könnte die Erkenntnis sein, daß es tatsächlich einen siebten Sinn gibt, der uns alle verbindet und beeinflußt. Wenn
ein paar Familien ihre eigenen Versuchsanordnungen entwerfen und durchführen – beispielsweise um herauszufinden, ob Hunde tatsächlich die
Ankunft ihrer Besitzer vorausahnen können – und wenn wir tolerant genug
sind, um ihre Resultate zusätzlich zu den traditionellen Laborergebnissen in
Betracht zu ziehen, dann könnte sich unsere gesamte beschränkte, starre
Weltsicht ein für allemal verändern. Vielleicht ist es wirklich so, wie die
Polynesier glauben: daß alle Dinge auf eine für uns bislang unvorstellbare
Weise denken, fühlen und miteinander kommunizieren – und die östlichen
und westlichen Herangehensweisen nicht zu sehr voneinander getrennt
sind, um sich vereinen zu können.

Lokahi Ha'awina (Lektion in Einssein)

Um im persönlichen, interpersonalen und transpersonalen Bereich ein harmonischeres Einssein in Ihrem täglichen Leben zu erfahren, sollten Sie sich ein paar Minuten Zeit nehmen und eine Bestandsaufnahme ihres *lokahi* machen.

Probieren Sie einmal die folgenden Übungen aus, und schreiben Sie Ihre Reaktionen auf. Anhand Ihrer Aufzeichnungen können Sie sich dann überlegen, ob sie ausreichend »verbunden« sind, um das Aloha-Prinzip in Ihrem eigenen Leben zu verwirklichen.

Persönliche Verbundenheit: Legen Sie sich hin und erkunden Sie innerlich Ihren gesamten Körper, vom Schädel bis zu den Fußsohlen. Lauschen Sie, ob Ihr Körper Ihnen irgendwelche Botschaften schickt. Zensieren Sie die Meldungen Ihres Körpers nicht, achten Sie einfach auf jedes einzelne Signal, das er aussendet, sei es nun angenehm oder unangenehm. Erzählen Sie anschließend jemandem, was Ihr Körper Ihnen heute zu sagen hatte, und fragen Sie ihn, ob er ähnliche Botschaften von seinem Körper empfangen hat. Dann fassen Sie den Entschluß, entsprechend den Botschaften dieser »Körperbulletins« zu handeln. Wenn Sie beispielsweise immer wieder Kopfschmerzen haben, nehmen Sie nicht einfach Aspirin. Fragen Sie Ihren Körper, was nicht in Ordnung ist, und tun Sie etwas dagegen. Möglicherweise finden Sie heraus, daß Ihr Körper eine Zeit der Ruhe ganz für sich allein braucht, ein warmes Bad, ein wenig sportliche Betätigung, oder daß Sie aufhören sollten, soviel kohlensäurehaltige Limonade zu trinken. Wenn Sie Alka-Seltzer-Tabletten wie Bonbons in sich hineinstopfen, fragen Sie Ihren Magen, was, wie und mit wem Sie essen sollten, um ihn zu besänftigen und glücklicher zu machen.

Interpersonale Verbundenheit: Verbringen Sie täglich mindestens fünf Minuten schweigend mit einem anderen Menschen. Versuchen Sie nicht, einen Kontakt herzustellen, lassen Sie es einfach geschehen. Diskutieren Sie keine Probleme, sitzen Sie einfach nur ruhig beieinander. Nachdem die Schweigephase zu Ende ist, reden Sie über diese Erfahrung. Sie werden sehen, daß der siebte Sinn die Kraft hat, eine Verbindung jenseits ihrer physischen und psychischen Sinne zu schaffen.

Transpersonale Verbundenheit: Entscheiden Sie sich für ein Ritual, das Sie jeden Tag, ohne Ausnahme, durchführen werden. Ein Gebet, ein Tanz, das gemeinsame Singen eines kleinen Liedes im Kreis der Familie, das Sprechen eines Segens vor jeder Mahlzeit und das Einhalten einer festen Sitzordnung

am Tisch sind Rituale, die andere für sich ausgewählt und die ihnen gut-
getan haben.

Je mehr sinnvolle Rituale Sie in Ihr Leben integrieren, desto klarer
werden Sie die Gegenwart all jener spüren, die vor ihnen gegangen sind,
und desto inniger werden Sie von der freudigen Erkenntnis durchdrungen
sein, daß *lokahi*, alle Verbindungen, ewig währen.

Neuntes Kapitel

Die Kraft der Liebenswürdigkeit –
keine Freude, kein Gewinn

'Olu'olu: Friedfertigkeit,
mit Liebenswürdigkeit zum Ausdruck gebracht
»Puehu li'ili'i ka lehu o kapuahi«
(Asche stiebt in die Augen des Kochs,
wenn er in das Feuer bläst)

Ihr Telefon weckt Sie spät in der Nacht, aber der Anrufer hat sich verwählt und knallt den Hörer ohne ein Wort der Entschuldigung auf. Ein Halbstarker fährt mit voll aufgedrehter Stereoanlage in seinem Wagen an Ihnen vorbei. Nachdem er sich ohnehin zuviel Zeit gelassen hat, bringt Ihr Kellner mürrisch die falsche Bestellung. Ein Autofahrer nimmt Ihnen die Vorfahrt und macht dazu eine obszöne Geste. Jemand rempelt Sie im Supermarkt an, entschuldigt sich aber nicht. Nachdem Sie lange in einer Schlange gestanden haben, drängelt sich jemand direkt vor Sie. Wie, glauben Sie, fühlen Sie sich dabei, und was tun Sie, wenn Sie mit diesen und anderen Ärgernissen des modernen Lebens konfrontiert sind?

Welches ist Ihre ganz spontane Reaktion auf Frustration? Würde der Mensch, der Sie am besten kennt, sagen, daß Sie aufbrausend sind, leicht explodieren und dazu neigen, böse oder gemeine Dinge zu sagen? Würde dieser Mensch sagen, daß es Sie wütend macht, wenn Sie durch die Fehler anderer bei einem Vorhaben aufgehalten werden, oder daß Sie sich leicht ärgern, wenn Sie für eine gute Arbeitsleistung keine Anerkennung bekommen?[1] Sind die Widrigkeiten des Lebens für Sie kleine Unannehmlichkeiten oder totale Glückblockaden?

Schauen Sie noch einmal nach, wie viele Punkte Sie beim Aloha-Test in der Sparte »'Olu'olu« (Friedfertigkeit) erzielt haben. Vergessen Sie nicht: Je *höher* Ihre Punktzahl, *desto weniger* leben Sie gemäß dem Aloha-Prinzip. Vergleichen Sie Ihr Testergebnis mit dem der polynesischen Kontrollgruppe, deren Mitglieder im Durchschnitt 3 Punkte erzielten, und dem der Fünf-und-Fünfer, die im Durchschnitt 17 Punkte erzielten. Seien Sie jedoch vorsichtig, was die Interpretation dieser und anderer Aloha-Tests angeht. In uns allen steckt ein strenger Sittenwächter, der uns über die Schulter schaut, während wir Tests machen, und häufig versuchen wir, ihn damit zu beeindrucken, wie »brav« wir sind, anstatt wahrheitsgemäß zu antworten.

Die meisten von uns, die in dieser menschenwimmelnden, hektischen, anonymen Zivilisation leben, werden fast jeden Tag wenigstens einmal wütend. Wenn die oben beschriebenen Ärgernisse einfach an Ihnen abperlen, dann ist Ihr natürliches Glückssystem fähig, sich leicht wieder zu erholen. Wenn solche Situationen Ärger hervorrufen, der wiederholt die Streßreaktion auslöst (wenn die Situation eintritt *und* wenn Sie darüber nachdenken), dann schmilzt Ihre Gesundheit in der Hitze Ihrer chronischen Feindseligkeit dahin.

Ein *olu'olu*-Untertest-Ergebnis, das höher als fünf liegt, deutet darauf hin, daß Sie Feindseligkeit in sich haben und Aggression so häufig zum Ausdruck bringen, daß dadurch Ihre natürlichen neurohormonalen Lust-Leitungsbahnen Schaden leiden. Infolgedessen gefährden Sie Ihr kardiovaskuläres System und schwächen signifikant Ihre Abwehrkräfte und die Abwehrkräfte der Menschen, die Ihnen am nächsten stehen.

Die Komponenten der Feindseligkeit

Das Minnesota Multiphasic Personality Inventory (MMPI), ein aus vielen Untertests bestehender Persönlichkeits-Fragebogen gehört zu den in den USA am häufigsten angewendeten »Persönlichkeitstests«. Der »Feindseligkeits«-Untertest des MMPI ist am brauchbarsten, wenn es darum geht, ein erhöhtes Krankheits- und Todesrisiko vorherzusagen. Andere »Feindseligkeits-Tests«, wie derjenige des Kardiologen Dr. Redford Williams, von dem ich einige der oben genannten Ärgersituationen und den *olu'olu* Abschnitt des Aloha-Tests übernommen habe, werden häufig in Seminaren und Workshops benutzt.[2] Alle diese Tests scheinen einen hohen Aussagewert zu haben, was sich unter anderem auch darin zeigt, daß viele Testpersonen berichten, ihre Punktzahl spiegele sehr genau wider, wieviel Ärger sie Tag für Tag mit sich herumtragen.

Meine beruflichen Erfahrungen mit dem *olu'olu*-Untertest, der MMPI Feinseligkeits-Skala und Williams' »Feindseligkeitsfragebogen« weisen darauf hin, daß es drei Komponenten der Feindseligkeit gibt, die unsere Gesundheit und unsere Fähigkeit, Freude zu empfinden, gefährden. Das Wort *Feindseligkeit* meint hier Böswilligkeit, Unfreundlichkeit, Gereiztheit und das subjektive Gefühl, andere Menschen seien meine Feinde. Das polynesische Wort für »Feindseligkeit« ist *paio*, was eine Art und Weise des Denkens, Fühlens und Verhaltens bezeichnet, die niemandem Freude bringt und aus mentalen, emotionalen und physischen Erfahrungen des Zorns resultiert.

Feindseligkeit ist eine gefährliche Kombination aus Zynismus, Zorn und Aggression. Weitere Komponenten sind eine mißtrauische Einstellung, ein erregter und defensiver emotionaler Zustand und die aggressive Manifestation dieser Gedanken und Gefühle durch verbale Äußerungen, Körpersprache und Verhaltensweisen. Mit anderen Worten: Feindseligkeit kann als Rache an sich selbst für die Fehler anderer betrachtet werden.

Vergeudete Herzschläge

Feindseligkeit ist das genaue Gegenteil von Glück, und die Hitze des Zorns ist der emotionale Zustand, der am weitesten vom gesunden Glühen der Freude entfernt ist. Die Forschungsergebnisse sind eindeutig: Ein heißer Kopf überhitzt das Herz. Im Gegensatz zu der weit verbreiteten Vorstellung bewirkt das Unterdrücken von Ärger *kein* erhöhtes Risiko, am Herzen zu erkranken, aber offene Feindseligkeit erhöht die Wahrscheinlichkeit, daß man einen Herzinfarkt bekommt, um das Fünffache![3]

Der Psychologe Martin Seligman vermutet, daß jedes Herz, so wie eine mechanische Pumpe, eine von vornherein festgelegte Leistungsfähigkeit hat.[4] Diese Leistungsfähigkeit besagt, wieviel Schläge die Pumpe machen kann, bevor sie kaputtgeht. Unsere Herzleistung ist nicht nur durch die Natur determiniert, sondern auch durch Ernährung und Lebensweise beeinflußt, aber grundsätzlich hat jedes Herz seine Grenzen. Wenn wir sie überschreiten, richten wir unser Herz zugrunde. Zwar wird unsere Herzfrequenz durch angenehme sportliche Betätigung vorübergehend erhöht, *langfristig* aber gesenkt, so daß wir am Ende Herzschläge »einsparen«. Seinem Ärger Luft zu machen verbraucht jedoch rascher als jedes andere emotionale Verhalten Herzschläge und hat keine andere Wirkung, als die Herzschlagfrequenz zu steigern.[5] Sie haben die Wahl, auf welche Weise Sie Ihre Herzschläge verbrauchen möchten.

In jüngster Zeit durchgeführte wissenschaftliche Untersuchungen haben gezeigt, daß Menschen, bei denen eine Herzkrankheit diagnostiziert wurde und die ihren Zorn oder ihre Depression unterdrücken – man nennt sie die *Typ-D-Persönlichkeiten* –, möglicherweise früher sterben als Menschen, die ihren Gefühlen Ausdruck verleihen.[6] Das »D« – vielleicht als Abkürzung von »deprimiert« zu verstehen – beschreibt ein viertes Persönlichkeitsmuster neben der sogenannten Typ-A-Persönlichkeit (feindselig und in ständiger Zeitnot, anfällig für Herzkrankheiten), der Typ-B-Persönlichkeit (entspannter, weniger feindselig und deshalb vaskulär gesünder) und der Typ-C- oder krebsgefährdeten Persönlichkeit, die vermeintlich Ärger unterdrückt und deshalb für unkontrolliert wachsende Körperzellen anfälliger ist. Patienten, die ihre Gefühle unterdrücken sterben mit einer fast viermal höheren Wahrscheinlichkeit an einer Herzkrankheit als solche, die es nicht tun. Der Schlüssel ist jedoch, nicht vor Wut zu schäumen, sondern sich seiner Gefühle bewußt zu sein und sie sich selbst und anderen mit aller Klarheit einzugestehen. Die soziale Isolation, die daraus resultiert, daß man mit den eigenen Gefühlen nicht in Kontakt steht, nicht bereit oder nicht fähig ist, wahre Gefühle mitzuteilen, oder daß man sich nicht bemüht, Gefühle (einschließlich Ärger) ruhig mitzuteilen, ist ein wesentlicher Risikofaktor für die Gesundheit. Eine gewisse Zurückhaltung beim »Rauslassen« von Ärger ist es nicht. Aristoteles faßte den ausgeglichenen Umgang mit Gefühlen folgendermaßen zusammen: »Jeder kann zornig werden, das ist leicht, aber auf die richtige Person, im richtigen Maße, zur richtigen Zeit, für den richtigen Zweck und auf die richtige Weise zornig zu sein – das ist nicht leicht.«

Sie haben die Wahl. Sie können Ihre Herzschläge auf gesunde Weise verbrauchen, oder Sie können sie mit unbeherrschten Wutausbrüchen vergeuden.

Ein Profil des Ärgers

Der Mensch ist das zornigste Tier überhaupt, und der Zorn ist wahrscheinlich eines seiner ältesten Gefühle. Der Zorn ist ein Grund, warum der Mensch und nicht irgendein friedfertigeres Geschöpf den Planeten beherrscht. Die große Gefahr beim Zorn ist seine verführerische Effektivität; Zorn vermittelt das Gefühl eines kurzfristigen Sieges. Man hat das Gefühl, man habe »Oberwasser bekommen«. Leider bekommen die Sieger am Ende auch den Bypass.

Kürzlich hielt ich einen Vortrag bei einem Treffen von Empfängern eines

»fremden« Herzens. Es war eine der bewegendsten Zusammenkünfte, denen ich je beigewohnt habe. Da ich selbst Transplantationspatient bin, sprach ich mit den Empfängern, ihren Familien und den Spenderfamilien sowohl als Patient als auch als Arzt. Am Ende des Treffens geschah etwas sehr Trauriges, das zeigt, wie wichtig *olu'olu* ist.

Nach meinem Vortrag kam ein Mann mit grauem Haar und tiefen Falten auf der Stirn auf mich zu. Hastig und mit lauter Stimme sagte er mir, er sei ein Transplantatempfänger und habe sein neues Herz vier Jahre zuvor bekommen, nachdem sein eigenes Herz versagt habe. Er sagte: »Ich habe mein neues Herz von ihrem Sohn bekommen« und zeigte auf die Frau, die neben ihm stand, ohne sie anzusehen. Ich bemerkte, daß sein Gesicht rot und seine Pupillen erweitert waren und daß er die Fäuste ballte. Er sagte: »Ihr Vortrag hat mir gefallen, aber dieses ganze andere Gequassel macht mich bloß wütend. Am liebsten würde ich den Leuten in den Hintern treten. Sie quatschen dummes Zeug, vergeuden meine Zeit und haben von nichts eine Ahnung. Ich wünschte, sie bekämen alle einen Herzinfarkt wie ich einen hatte. Verdammte Schwätzer!« Er warf sein Programmheft auf den Boden und stürmte fluchend aus dem Raum.

Die Mutter, deren Sohn diesem zornigen Mann sein Herz gespendet hatte, begann fast unkontrolliert zu schluchzen. Ich umarmte sie, und unter Tränen lehrte sie mich eine wichtige Lektion des Lebens.

»Mein Sohn war ein so glücklicher, liebevoller, liebenswürdiger Mensch. Ich habe nie ein zorniges Wort von ihm gehört. In der Nacht seines Autounfalls, als wir uns entschließen mußten, sein Herz zu spenden, beteten wir, daß der Mensch, der es bekommen würde, so liebevoll und sanft damit umgehen würde wie er. Wenn ich sehe, wie dieser Mann dort das Geschenk meines Sohnes vergeudet, macht mich das sehr traurig. Nicht das Herz dieses Mannes hat versagt, *er* versagte gegenüber seinem Herzen. Und jetzt enttäuscht er auch noch das Herz meines Sohnes!«

Ich tröstete die Frau und bemühte mich, ihr zu versichern, daß ein wütender Ausbruch nicht bedeute, daß der Empfänger des Herzens ihres Sohnes dessen Geschenk nicht wertschätze und beschütze. Ich sagte ihr, daß das Herz in seinem Körper etwas Neues sei und daß es eine Weile dauern würde, bis die angenehme und freundliche Energie ihres Sohnes in sämtliche Organe des Mannes geschickt würde. Ich sagte ihr, daß dieser Mann vielleicht der perfekte Empfänger für das Herz ihres Sohnes sei, da er, wie der Blechmann in *Der Zauberer von Oz*, ein warmes und liebevolles Herz so dringend brauche. Ich erzählte ihr von den erstaunlichen Berichten einiger Transplantatempfänger, die häufig anfangen, dieselben Träume zu träumen wie der verstorbene Spender, und sagte ihr, daß die fröhliche, friedliche Energie ihres Sohnes schließlich das Herz dieses wütenden Mannes erwärmen würde.

Die Mutter schien erleichtert zu sein, aber ich wußte, daß sie noch immer betete, daß das Geschenk des Lebens und der Liebe ihres Sohnes nicht in einem Körper vergeudet werden würde, der von einem undisziplinierten, selbstsüchtigen und feindseligen Gehirn beherrscht wurde. Genauso wie sie machte ich mir Sorgen, daß der wütende Empfänger seine neue »Pumpe« überforderte. Ein neues, gesundes Herz, das unter die Herrschaft eines wütenden Gehirns geriet, könnte genauso »versagen« wie sein ursprüngliches Herz.

Zwar bemühen wir uns, uns einen Bypass legen oder ein neues Herz implantieren zu lassen, nachdem wir das alte auf irreparable Weise überfordert haben, aber das wahre Geheimnis besteht darin, daß wir mit unserer »Pumpe« so liebevoll wie möglich umgehen. Vielleicht würden wir, wenn wir alle unser Herz und unseren Körper als Transplantatempfänger betrachteten, eine zweite Chance bekommen, uns mehr an unserem Geschenk zu freuen und mehr glückliche Jahre in unserem Leben zu finden.

Die Anatomie des Ärgers

Die drei Komponenten der Feindseligkeit (Zynismus, Zorn und Aggression) können durch Befolgen des Aloha-Prinzips abgebaut werden. Unser Herz gesund zu erhalten verlangt, daß wir zwischen diesen drei Aspekten der Feindseligkeit unterscheiden, die Mythen über den Zorn durchschauen und die polynesischen Lehren befolgen, um *'olu'olu* in unser Alltagsleben zu bringen. Der erste Schritt besteht darin, zu verstehen, daß der Zorn *ein Prozeß* ist. Indem wir uns der Gedanken, die ihn auslösen, und der Reaktionen, durch die er sich Ausdruck verschafft, bewußt sind, können wir uns entscheiden, so zu handeln, daß wir ihn verringern.

Denken Sie nicht wie ein wütender Affe   Im Gegensatz zu den landläufigen Vorstellungen waren unsere fernen Vorfahren keine friedlichen, pflanzenfressenden Affen, denen es aufgrund ihres großen Gehirns gelang, bessere Werkzeuge herzustellen. Sie waren eher wie die Affen in *2001: Odyssee im Weltraum*: brutale Fleischfresser, deren selektionswürdige »Tauglichkeit« oder »Fitneß« sich darin äußerte, daß sie Waffen herstellten und sie mit einer explosiven, ungeduldigen Aggressivität benutzten. Diese jähzornigen Affen wollten vor allem eines: ihr Revier verteidigen – und unsere moderen Welt spiegelt die Natur unserer wütenden Vorfahren.

Streß ist ein Resultat zynischen Denkens. Wenn wir eine Bedrohung wahrnehmen, sagt uns unser auf Verteidigung und Konkurrenz angelegtes Gehirn, daß jemand in unser Revier eingedrungen ist; dies löst unsere Streßreaktion aus. Wir werden Streß niemals durch Entspannungstechniken allein mindern können oder indem wir lediglich unser Gehirn zum Schweigen bringen oder die ungeduldigen Gedanken aus ihm vertreiben. Wir müssen auch lernen, diese Gedanken durch liebenswürdigere und angenehmere zu ersetzen.

Um uns beruhigen zu können, müssen wir uns zunächst einmal bewußtmachen, wie unser Gehirn über die Welt denkt. Nehmen Sie Ihren 'olu'olu-Untertest ernst, und gehen Sie mit Ihrer Feindseligkeit gemäß dem Aloha-Prinzip um: *Nicht ausdrücken, nicht unterdrücken, aber bekennen!* Dies ist die gesündeste Möglichkeit, um mit Zorn fertigzuwerden. Zorn zu »bekennen« bedeutet, zu verstehen, daß wir noch immer einen wütenden Affen in uns haben, und wachsam zu sein gegenüber dem Gedanken, der ihn entfesselt. Wie auch immer dieser auslösende Gedanke im einzelnen lauten mag, er läßt sich immer übersetzen mit: »Für wen hältst du dich eigentlich, daß du dir mir gegenüber so etwas herausnimmst?« Menschen, die leicht wütend werden, haben wenig Geduld. Sie rutschen sozusagen direkt am ersten Gedanken vorbei ins Handeln.

Unser Körper wird wütend, noch bevor unser Bewußtsein dies wahrgenommen hat. Dies geschieht durch einen sich beschleunigenden Herzschlag, eine massive Ausschüttung von Streßhormonen und eine Anspannung der Muskeln. Wachsam zu sein gegenüber der Neigung des Gehirns zu rigidem Territorialverhalten ist ein entscheidender Schritt zur Entwicklung von 'olu'olu.

Das Revierdenken ist der polynesischen Mentalität völlig fremd. Da im polynesischen Denken Besitz keine Rolle spielt, haben die Polynesier kein »Revier«, das es zu beschützen gälte, und deshalb werden bei ihnen keine Kampf-Reaktionen ausgelöst. Leider deuten viele Menschen des Westens die Liebenswürdigkeit der Polynesier als Naivität oder Passivität. Viele von ihnen glauben, sie könnten sich Dinge und sogar andere Menschen aneignen, und deshalb leben sie in einer ständigen Abwehrhaltung, die sich leicht und rasch als Wut und Aggression manifestiert.

Lassen Sie Ihren Körper Ihr Gehirn beruhigen   Wir brauchen überhaupt nichts dazu zu tun, damit ein »Revier-Gedanke« unseren Körper in Kampf-

bereitschaft versetzt. Unser Gehirn übernimmt automatisch das Kommando und sagt unserem Körper, was er tun und fühlen soll. Es nimmt uns
all die Aggressions-Arbeit ab. Es sorgt dafür, daß unser Sympathikus aktiv
wird; unsere Muskeln rüsten sich zum Angriff, unser Blutdruck und unsere
Herzfrequenz steigen, um mehr Blut für den Kampf verfügbar zu machen –
was aber bedeutet, daß um so weniger Blut, das vom Bewußtsein für
nicht-kampforientiertes Denken genutzt werden könnte, ins Gehirn fließt.
Die Neurochemie unseres Körpers ist von einem Augenblick zum anderen
durch ausufernden, systemischen, hormonalen Haß geprägt. Unser Gehirn
legt unser Immunsystem still, weil es mehr damit befaßt ist zu verletzen, als
zu heilen, und weniger mit einem langen Leben als damit, *im Augenblick* am
Leben zu bleiben. Es verleiht uns durch seine Streßreaktion einen Schub an
Lebendigkeit und überschwemmt unseren Körper mit Endorphinen, um ein
hormonales »High« zu erzeugen, das sämtliche Ablenkungen unterdrückt
und dafür sorgt, daß wir unsere ganze Aufmerksamkeit auf die gegenwärtige
Situation lenken und bereit sind, rücksichtslos zu reagieren.

Woran können Sie erkennen, daß Ihr wildgewordener Affe sich losgerissen hat?

Achten Sie auf Magengeschwüre und Feindseligkeitspillen! Um das Ausmaß des
Schadens wahrzunehmen, das unser Gehirn unserem Körper zufügt, zählen
Sie einmal, wie viele verschiedene Kopfschmerz-, Magen- und Verdauungspillen es in Ihrer Apotheke gibt. Dann zählen Sie, wie viele dieser Medikamente sich in Ihrer Hausapotheke befinden. Diese »Zornsignal-Dämpfer«
sind Futter für den »wütenden Affen«; je größer Ihre Vorräte an solcher
Nahrung, desto weniger glücklich sind Sie in Ihrem Leben und desto
wahrscheinlicher ist es, daß Sie Krankheiten bekommen, die durch Ärger
hervorgerufen wurden.

Reizmagen, Blähungen und Magengeschwüre sind Manifestationen
chronischer Feindseligkeit. Typische »Wutgeschwüre« sind solche in der
Magenwand, im oberen Teil des Verdauungstrakts (Speiseröhre) und im
Zwölffingerdarm. Solche Geschwüre bilden sich nicht in Phasen des Zorns,
sondern in Zeiten der *Erholung* von Streß. Wenn wir uns in einem chronischen Zustand des Sich-Erholens von Wutanfällen befinden, dann sind wir
ständig in einem Zustand, in dem sich Magengeschwüre bilden. Niemand
weiß genau, wieviel Prozent der Magengeschwüre durch Streß verursacht
werden, aber die meisten Forscher sind mittlerweile sicher, daß Zorn einer
der wesentlichen Gründe für Anfälligkeit für Magengeschwüre oder die
Schwächung des Immunsystems ist, das normalerweise die Bakterien bekämpfen sollte, die einen Teil der Magengeschwüre verursachen.

Wenn wir wütend sind, dann denkt unser Gehirn nicht an Verdauen. Es ist mehr mit Spucken als mit Schlucken beschäftigt – damit, jemanden mental, verbal oder sogar körperlich umzubringen, um sich vor einer wirklichen oder bloß eingebildeten Bedrohung zu schützen. Unser Verdauungssaft ist säurehaltig, aber die Schleimhaut, die den Magen innen auskleidet, produziert ständig neue Schichten eines schützenden Überzugs. Wie die Zellen, aus denen unsere Haare bestehen, wachsen die Zellen unseres Magen-Darm-Trakts normalerweise sehr rasch. Wenn wir sehr wütend sind und uns aggressiv verhalten, dann teilt unser Gehirn unserem Magen mit, er brauche diese schützenden Zellen im Augenblick nicht, weil unsere gesamte Energie für einen Kampf benötigt werde. Der neurohormonale Schlachtruf lautet: »Nicht essen – *kämpfen!*« Und so hört der Magen auf, die Zellen für seine schützende Schleimhaut zu produzieren.

Ist erst einmal die Schlacht vorbei, sagt das Gehirn unserem Körper möglicherweise, daß er seinen »Sieg« jetzt gefahrlos feiern könne. Nicht unähnlich dem Heißhunger, den das Marihuanarauchen auslöst, steigt der Appetit infolge eines Wutanfalls häufig gewaltig. Deshalb gönnen wir uns möglicherweise ein üppiges, fettes Siegesmahl oder schlingen Junk food in uns hinein. Wenn die ätzenden Verdauungssäfte wieder zu fließen beginnen, treffen Sie auf eine erheblich ausgedünnte Schleimhaut, und so können sie sich in die Magenwände hineinfressen und Magengeschwüre bilden.[7]

Versetzen Sie Ihren Darm nicht in Aufruhr! Unser Darm ist ebenfalls von unserer Wutreaktion betroffen. Essen ist eine unserer angenehmsten Aktivitäten, und vieles von dem, was wir essen, schmeckt möglicherweise gut, wird aber nicht immer völlig vom Körper aufgebraucht. Was wir nicht verwerten, bleibt im Dickdarm, nachdem der Magen, die Gallengänge und der Dünndarm alles Brauchbare verwertet haben. Wenn wir uns darauf einstellen, unser Revier zu verteidigen, dann möchte unser Gehirn alles überflüssige Gepäck »abwerfen«, damit es sich ungehindert dem Kampf widmen kann.

Die Ausdrucksweise, die wir benutzen, wenn wir wütend sind, spiegelt die Vorgänge in unserem Organismus wider. Ein vulgäres Wort für »Kot« zu brüllen signalisiert, daß unser Gehirn den Inhalt unseres Darms loswerden möchte, weil dieser uns beim Kampf verlangsamen könnte. Es wird Ihnen wahrscheinlich leichtfallen, Ihre eigene Wortwahl zu analysieren: Wie häufig benutzen Sie Wörter, die das unbewußte Bedürfnis zum Ausdruck bringen, Stuhlgang zu haben oder zu urinieren? Solche Sprache bringt zum Ausdruck, daß die Organe voll und ganz dem Kommando des wütenden Gehirns gehorchen.

Wenn Sie Ihren Verdauungsapparat in Aufruhr versetzen, dann sind das Ergebnis Blähungen, Durchfall oder Darmreizungen. Nahrung wird sehr rasch durch das Verdauungssystem geschleust, damit der Körper nicht durch Verdauungsaufgaben abgelenkt wird. Dadurch wird die Eigenbewegung des Darms sehr stark angeregt, was bedeutet, daß das Wasser nicht angemessen absorbiert werden kann. Die Folge ist eine Art »Abwehrdurchfall«. Eine noch ernstere Folge kann eine krankhafte Reizung des Darms sein; dazu gehören Dickdarmentzündung, Dickdarmkrämpfe, Darmentzündung, Verstopfung und Darmschmerzen.

Hüten Sie sich vor Menschen, die extrem »heiß« oder »kalt« werden! Wie wir im sechsten Kapitel gesehen haben, wurden einige von uns als »Heißreaktoren« geboren und kompensieren eine abnorm geringe Sensibilität, indem sie intensive Stimulation suchen, während andere als »Kaltreaktoren« geboren wurden, die leicht erregbar sind und sich bemühen, Stimulierung zu vermeiden. Dies sind beides Zustände von Unausgeglichenheit oder »*pono*-Mangel«. Heißreaktoren sind täglich vielen kardiovaskuläre Provokationen ausgesetzt. Wie Autoschlangen, die sich unablässig über eine Hauptverkehrsstraße wälzen und Schlaglöcher verursachen, reißt der chronisch erhöhte Druck des Blutes, das als Reaktion auf Zorn durch die Arterien drängt, winzige Kerben in die Wände der Gefäße. In diesen winzigen Kratzern lagert sich Plaque ab, und am Ende ist die Arterie verstopft.

Ob wir nun immer gereizter werden und, auf der Suche nach Stimulierung, auf einen Streit aus sind (Heißreaktor) oder auf bedrohliche Weise erstarren, um uns vor Konflikten zu schützen, die uns in Aufregung versetzen würden (Kaltreaktor) – das ausgewogene System der Oszillation unseres Körpers wird durch unser territoriales Schutzverhalten und übermäßige Wachsamkeit extrem belastet.

Um unser jähzorniges Gehirn zu kontrollieren, sollten wir unsere Aufmerksamkeit auf unseren Körper richten und seine Signale nicht mit Medikamenten zu unterdrücken versuchen. Der Körper sagt uns, wann er sich durch das Gehirn gereizt fühlt, deshalb sollten wir uns entsprechend der im vorigen Kapitel beschriebenen »ACE-Methode« verhalten. Wenn Sie spüren, daß Ihr Magen vor Wut knurrt, dann sagen Sie Ihrem Gehirn, daß Sie wissen, was los ist. Fragen Sie sich, ob Sie ein paar Löcher in Ihren Magen brennen, Ihren Darm reizen oder bei der Verteidigung Ihres physischen oder emotionalen Reviers noch ein paar weitere Herzschläge vergeuden möchten. Wenn nicht, setzen Sie sich in ein stilles Eckchen, schweigen Sie, atmen Sie tief ein, und sagen Sie dem Gehirn, es solle sich beruhigen.

Greifen Sie Ihr Herz nicht an   Jetzt hat unser Gehirn uns also gesagt, daß das, was es als sein Revier betrachtet, verletzt wurde oder verletzt werden könnte (der Gedanke), und es hat uns emotional auf einen Kampf vorbereitet (die Reaktion). Da es weiß, daß der Körper nicht allzu lange in einem Zustand überreizter Feindseligkeit gehalten werden kann, drängt das Gehirn uns zum Angriff. Alle unsere Körpersysteme, die eigentlich für Lust und Freude geschaffen wurden, sind jetzt sozusagen zwangsweise zum Kriegsdienst verpflichtet.

Die Aggression, die defensiven Gefühlen entspringt, ist selten der realen Situation angemessen. Das Gehirn kümmert sich nicht darum, ob eine Bedrohung eine wirkliche und gegenwärtige Gefahr bedeutet. Auch wenn das Gehirn durch einen Reiz alarmiert wurde, der lediglich einem Angriff ähnelt, der bereits vor Jahren stattfand, wird dieselbe Kette von Reaktionen in Gang gesetzt. Der Körper kann durch zornige Gedanken genauso in Erregung versetzt werden wie durch eine tatsächlich vorhandene Gefahr, und unser Herz und Immunsystem werden nicht nur durch gegenwärtige Bedrohungen gefährdet, sondern auch durch Erinnerungen an vergangene Frustrationen.

Für wie zivilisiert wir uns auch halten mögen – wenn wir agressiv sind, versuchen wir, dem, der unsere Rechte verletzt, »weh zu tun« oder ihn zu »töten«. Wenn wir die ersten beiden Komponenten – *ahonui* (Geduld) und *lokahi* (Einssein) – des Aloha-Prinzips nicht verinnerlicht haben, vergessen wir rasch unsere *'olu'olu* (Liebenswürdigkeit), um den oder das, von dem wir uns bedroht fühlen, anzugreifen. Und da, wie die Polynesier glauben, alle Grenzen Illusionen und wir alle eins sind, greifen wir, wann immer wir jemanden oder etwas angreifen, tatsächlich einen Teil unserer selbst an.

Aggressive Handlungen folgen einer deutlich erkennbaren Sequenz. Wir können sie unterbrechen, indem wir unser Bewußtsein in den aggressiven Teufelskreis unseres Gehirns einschalten. Wenn Sie also anfangen, aggressiv zu handeln oder zu sprechen, sollten Sie sich bemühen, sich von dem Zwang Ihres evolutiv erworbenen Revierdenkens zu befreien. Dieses Revier-»Denken« löst eine dreistufige Reaktion aus:

F = *Frustration:* Feindseligkeit ist ein Reflex; sie ist Ausdruck eines Gefühls der Machtlosigkeit. Wenn wir uns ungeduldig und nicht in Kontakt mit der uns umgebenden Welt fühlen, dann fühlen wir uns machtlos. Wenn wir uns nicht bewußt in *ahonui* und *lokahi* üben, um gelassener zu werden, dann werden wir immer frustrierter. Die natürliche Reaktion auf Frustration ist Aggression.

A = Aggression: Wenn unser Gehirn Frustration ausgesetzt ist, drängt es uns – anstatt andere mögliche Reaktionen in Betracht zu ziehen – noch stärker dazu, aktiv zu werden. Wie bereits im ersten Teil ausgeführt, ist das Gehirn eine reflexhaft reagierende »Drüse« und kann leicht einen »Schweißausbruch« toxischer Hormone bekommen, die sich in alle Teile des Körpers ergießen. Wenn wir nicht unser höheres Bewußtsein nutzen, um uns Geduld, Verbundenheit und Liebenswürdigkeit zu lehren, wird das Gehirn uns unweigerlich dazu drängen, übertrieben heftig zu reagieren und uns gegen jeden vermeintlichen Übergriff wütend zu verteidigen.

R = Regression: Aggressives Verhalten ist niemals erfolgreich. Schreien, Schlagen und sarkastische Bemerkungen werden uns nie Frieden und Freude bringen. Das frustrierte Gehirn bewirkt, daß wir Wutanfälle bekommen, und wir verhalten uns wie Kinder, die einander im Streit über einen Eimer im Sandkasten ohrfeigen.

Der »FAR-Teufelskreis« findet nicht nur im interpersonalen Bereich statt. Unser wutanfälliges Gehirn manövriert uns auch in Kämpfe mit unseren eigenen Gedanken, mit Situationen und Dingen hinein. Denken Sie an ein einfaches Beispiel: Sie wollen ein Bild aufhängen. Sie beginnen, den Nagel einzuschlagen, verfehlen ihn und treffen Ihren Daumen. Beim ersten Mal sagen Sie: »Au!«. Wenn Sie sich das nächste Mal auf den Daumen schlagen, beginnen Sie, die Frustration einer Verletzung Ihrer »territorialen Integrität« zu spüren: Ihre kostbare Zeit, Ihre körperliche Unversehrtheit, Ihr Selbstverständnis als brauchbarer Heimwerker stehen auf dem Spiel! Deshalb halten Sie den Nagel ganz fest und beschließen, sogar noch heftiger draufzuschlagen. Wenn Sie auch diesmal danebenhauen, dann führt dies zu *noch* mehr Ärger und einer *noch* schlechteren Koordination, deshalb treffen Sie noch ein weiteres Mal Ihren Daumen. In einem Zustand der irrationalen, kindlichen Regression »zahlen Sie es« dem Hammer »heim«, indem Sie ihn quer durch das Zimmer werfen, ihn verfluchen und sogar noch wütender werden, als er den Tisch trifft und ihn beschädigt. Dieser Teufelskreis aus Frustration – Aggression – Regression findet auf jeder Ebene menschlichen Verhaltens statt – in einer Liebesbeziehung ebenso wie in zwischenstaatlichen Konflikten. Machen Sie sich bewußt, daß ein derart wütendes Reaktionsmuster sehr weit entfernt ist von einem Leben des gesunden ozeanischen Glücks.

Zehn Mythen über die Wut

Das ozeanische Denken führt dazu, daß es weniger imaginäre Grenzen gibt, die es zu verteidigen gälte. Jeder Mensch, der ein Haus am Meer besitzt, kann Ihnen sagen, daß der Ozean keine Grenzen verträgt. Um die FAR-Sequenz zu beenden, versuchen Sie, schon beim ersten Schritt zu intervenieren: dem Gedanken. Üben Sie, weniger in Kategorien von Eigentum und Revier zu denken. Fragen Sie sich: »Was will ich hier eigentlich verteidigen?« und »Möchte ich meinen Körper wirklich auf diese Weise mißbrauchen?« Klares Denken vermindert die Feindseligkeit. Zwar erfolgt die Feindseligkeitsreaktion so rasch, daß wir häufig handeln, bevor wir überhaupt denken können, aber mit einiger Übung in geduldiger Achtsamkeit wird es Ihnen immer leichter fallen, wütende Tendenzen zu überwinden.

Hier folgen die zehn Mythen über die Wut, die uns zu automatischen Jähzorn-Reaktionen verleiten können. Halten Sie diese Mythen für wahr? Können Sie sie, nachdem Sie die Wahrheit über sie erfahren haben, hinter sich lassen?

Wutmythos 1: Nicht zum Ausdruck gebrachte Wut verursacht Krebs.   Es gibt nur sehr wenige wissenschaftliche Untersuchungen, die für die tatsächliche Existenz einer »Typ C«- oder für Krebs prädisponierten Persönlichkeit sprechen würden.[8] Es wurde spekuliert, daß krebsanfällige Menschen unfähig seien, ihrer Wut Ausdruck zu verleihen, aber wissenschaftliche Untersuchungen in diesem Bereich haben diese Behauptung nicht unterstützen können. Einige in jüngster Zeit durchgeführte Studien zeigten sogar, daß »Explodierer« oder leicht zu Wutausbrüchen neigende Menschen häufiger Krebs bekommen als »Nicht-Explodierer«.[9]

Ein Kahuna sagte mir: »Deine Gefühle sind nicht in dir. Sie gehören nicht einmal dir. Sie sind *ha*, der Atem, den wir alle atmen. Sie sind ein Teil von uns, und wir alle haben an ihnen teil. Du nippst nur gelegentlich daran. Wenn du sie dabei in deinem Organismus mit Wut versetzt, dann vergiftest du am Ende uns alle und alles, weil du nicht Aloha lebst.«

Wutmythos 2: Nicht zum Ausdruck gebrachte Wut erhöht den Blutdruck und verursacht Herzkrankheiten.   Tatsächlich ist genau das Gegenteil der Fall. Wut auszudrücken erhöht den Blutdruck und beeinträchtigt signifikant die Leistungsfähigkeit des Herzens.[10] Die Forschungsergebnisse sind eindeutig: Das rückhaltlose Ausdrücken von Feindseligkeit ist eine wesentliche Bedrohung für das kardiovaskuläre System, und da es die Menschen in die Flucht jagt, führt die daraus resultierende Isolation ebenfalls in die Krankheit.

Eine polynesische Tänzerin sagte mir: »Ich kann nicht tanzen, wenn ich vorher wütend war. Wenn ich zu jemandem gemein war, werde ich gemein tanzen, und das kränkt die Götter. Jedesmal, bevor ich tanze, bete ich (*pule*) und bitte darum, daß mir für allen Zorn, den ich in die Welt gesandt habe, und jedem, der mir Zorn gesandt hat, vergeben werden möge.«

Wutmythos 3: Depression ist nach innen gerichtete Wut.   Dieser 80 Jahre alte Freudsche Fehlschluß ist nicht totzukriegen. Die Populärpsychologie unterstellt noch immer, daß unsere Gefühle wie Flüssigkeiten arbeiten, die im Behälter unseres Körpers gefangen sind. Wenn man den Fluß an irgendeiner Stelle staut, dann drängt er zwangsläufig an einer anderen Stelle heraus. Diese psychodynamische Theorie bietet eine gute Ausrede für Wutausbrüche, aber sie stimmt einfach nicht. Die moderne Wissenschaft hat bewiesen, daß unsere Gefühle nicht *in* uns sind; sie stellen vielmehr ein System der Interaktion mit allem und jedem dar. Wenn wir uns also aggressiv verhalten, sind wir keine hilflosen Opfer einer emotionalen Verstopfung in unserem neurohormonalen Sanitärsystem. Depression ist *keine* nach innen gerichtete Wut oder Gegenreaktion auf ein unzureichendes »Herauslassen« von Gefühlen. Tatsächlich haben Untersuchungen auf dem Gebiet der Psychoneuroimmunologie Hinweise darauf ergeben, daß das Herauslassen von Wut Depression in Wirklichkeit verschlimmert.[11] Aggression *ist* allerdings ein Anzeichen für das Freudemangel-Syndrom. Glückliche Menschen sind gewöhnlich nicht aggressiv.

Ein Kupuna drückte es so aus: »Ich kann einen sehr glücklichen Menschen immer problemlos erkennen. Ich muß mir nur die Menschen in seiner Umgebung anschauen. Ich schaue mir die Pflanzen in seinem Haus und um sein Haus herum an. Glückliche Menschen haben ein glückliches Heim.«

Wutmythos 4: Seiner Wut Ausdruck zu verleihen bedeutet nur, seine Gefühle ehrlich zu zeigen.   Im westlichen Kulturkreis wird uns beigebracht, ehrlich zu sein und unsere innersten Gefühle, besonders Wut, zum Ausdruck zu bringen. Das Problem ist, daß Gefühle den Zweck haben, unseren Erfahrungen eine bestimmte »Farbe« zu geben, und daß sie sie häufig verzerren und übertreiben.

Da einige unserer fünf physischen Sinne im Vergleich zu denen anderer

Spezies eher schwach ausgebildet sind, vergrößern unser Gehirn und unsere Gefühle dasjenige, *was* zu uns durchdringt, um diese Schwäche zu kompensieren. Gefühle befähigen uns, kraftvoll zu handeln. Was wir empfinden, mag ehrlich sein, aber es ist nicht immer *wahr*. Wenn wir am emotionalsten sind, können wir die *Wahrheit* nicht sonderlich klar erkennen, sondern nur die *Version* der Wahrheit, die uns das Gehirn vorsetzt, und die Interpretation des Gehirns ist immer eine vergrößerte, voreingenommene Projektion dessen, was es ausgewählt hat.

Ein Kahuna drückte es so aus: »Erlaube deinen Emotionen nicht, *du* zu sein. Gefühle sind wie Blumenduft, aber sie sind nicht die Blume selbst. Sie sind wie Musik und können dich motivieren, aber sie sind nicht der Tanz. Wenn du deine ehrlichste Empfindung ausdrücken solltest, dann würdest du immer Aloha zum Ausdruck bringen. Vergeude nicht deine Momente des Glücks, indem du wütend bist.«

Wutmythos 5: Seine Wut zu zeigen ist ein guter Weg, um zu seinem Recht zu kommen.   Wenn wir frustriert und wütend sind, dann haben wir oft das Gefühl, uns sei ein Unrecht angetan worden. Das Gehirn sieht immer nur *eine* Seite, nämlich seine eigene. Wie Benjamin Franklin sagte, gibt es immer einen Grund, wütend zu werden, aber selten einen guten. Die durch die Wut ausgelöste übertriebene Streßreaktion ist nicht dazu geschaffen, die Welt vom Standpunkt eines anderen aus zu sehen, sondern dient nur dazu, das eigene Überleben zu sichern. Wut und die Aggression, die sie auslöst, sind selbstgerecht, nicht gerecht.

Ein Kupuna sagte mir einmal: »Das Gegenteil von Ungerechtigkeit ist nicht Gerechtigkeit; es ist Aloha.«

Wutmythos 6: Wir sind am stärksten und leistungsfähigsten, wenn wir wütend sind.   Gute, heiße Wut kann hilfreich sein, wenn wir durch einen Raubüberfall oder einen tätlichen Angriff bedroht werden, aber im täglichen Leben ist sie so gut wie nutzlos. Wut ist ein Gefühl, das mit Schuld, Groll, Furcht und Haß einhergeht. Wut verschafft sich selbst ständig neue Nahrung und lähmt gerade dann unsere rationale und emotionale Urteilskraft, wenn wir es am dringendsten nötig hätten, klar zu denken. Der Rauch, der vom Feuer der Feindseligkeit ausgeht, ist ein neurohormonaler Smog, der uns den Blick trübt. Zu sagen, daß wir es uns gestattet haben, in Wut und Zorn zu geraten, kann uns Kraft verleihen, aber einen anderen Menschen zu beschuldigen, er *mache uns* wütend, ist ein Eingeständnis der eigenen Ohnmacht.

Ein Kupuna drückte es so aus: »Genau wie dem Koch, der sich über sein Feuer aufregt und mit aller Kraft hineinbläst, wird auch dir Asche in die Augen und den Mund fliegen, und du wirst niemals imstande sein, das Leben zu sehen und zu schmecken, wenn du ständig damit beschäftigt bist, es zu überhitzen.«

Wutmythos 7: Seiner Wut Ausdruck zu verleihen verhindert Gewalt.

Während der Mensch des östlich-asiatischen Kulturkreises weniger dazu neigt, Gefühle »herauszulassen«, legt die westliche Kultur großen Wert darauf, fast jedem Gefühl Ausdruck zu verleihen, an jedem Ort und zu jeder Zeit. Man muß nur durch die Flure irgendeiner Schule gehen und zuhören, wie die Schüler reden, um zu erkennen, wie hemmungslos Gefühle, besonders Gefühle der Wut, herausgelassen werden. Durch unsere unkritische Verherrlichung der »freien Meinungsäußerung« haben wir Amerikaner eine der gewalttätigsten Gesellschaftsformen der Menschheitsgeschichte geschaffen. Die polynesische Auffassung, daß Worte Mana – Energie – besitzen, ist richtig. Unser Vokabular spiegelt, wie wir leben, und trägt selbst dazu bei, wie wir leben.

Ein Kupuna drückte es so aus: »Jedes Wort hat ein kraftvolles Mana. Indem du sprichst, gestaltest du die Welt, deshalb sprich nur mit Aloha.«

Wutmythos 8: Eltern sollten ihre Wut aufeinander herauslassen, um bessere Eltern zu sein.

Soziologische und epidemiologische Untersuchungen beweisen, daß die vielleicht größte Gefahr für die Gesundheit und das Glück der Kinder ständige Streitereien zwischen den Eltern sind.[12] Wenn wir mit unserem Ehepartner streiten, kommen wir vielleicht kurzfristig zu unserem Recht, aber durch die Belastung, die wir dadurch unseren Kindern aufbürden, schaffen wir großes Unrecht. Alle wichtigen Studien über das Familienleben sprechen eine unmißverständliche Warnung aus: Streiten Sie sich nie, unter keinen Umständen, in Gegenwart Ihrer Kinder![13]

Ein Kupuna drückte es so aus: »Eltern sollten ihren *keiki* (Kindern) zeigen, wie man Aloha lebt. Wenn sie ständig streiten, ziehen sie Krieger groß und schaden uns allen.«

Wutmythos 9: Ein ordentlicher Wutausbruch reinigt die Luft.

Dies ist die Katharsistheorie der Wut, die darauf hinausläuft, daß ein gelegentlicher heftiger Streit eine Beziehung auf natürliche Weise reinige und belebe.[14] Leider ist genau das Gegenteil der Fall. Seine Wut herauszulassen bewirkt lediglich, daß die Wut um so größer wird. Es vergiftet Beziehungen und beraubt sie schließlich ihres Mana. Wut führt zu Verachtung, Verachtung führt zu Abscheu, und nichts ist so wirksam wie Abscheu, um ein lustvolles Zusammenleben zu verhindern.

Ein hawaiianischer Kanufahrer sagte: »Wir nehmen uns wirklich sehr in acht, wenn wir mit unseren Kanus auf See sind. Wir wissen, daß wir unseren eigenen Wind erzeugen, deshalb möchten wir nicht wütend werden und Stürme entfesseln, durch die wir dann hindurchsegeln müßten.«

Wutmythos Nr. 10: Wer »lieb« ist, zieht immer den kürzeren.   Bei diesem Mythos geht es um Macht. Er besagt, daß wir desto erfolgreicher sind, je mehr Zorn wir zum Ausdruck bringen – und so unsere Durchsetzungsbereitschaft, unser Selbstvertrauen und unseren daraus resultierenden wettbewerbsorientierten »Biß« unter Beweis stellen. Das Problem dabei ist, daß man sich auch die Zähne ausbeißen kann; wütende Menschen werden immer wütender, da sie von der Streßreaktion abhängig werden. Im letzten Jahrzehnt hatten Seminare zur Stärkung der Durchsetzungsfähigkeit großen Zulauf, aber auch hier straft die wissenschaftliche Forschung die Populärpsychologie Lügen. Es wurde eindeutig nachgewiesen, daß diejenigen Menschen in allen Bereichen des Lebens am erfolgreichsten sind, die ihren Zorn auf die angenehmste, angemessenste und sozial akzeptabelste Art zum Ausdruck bringen.[15]

Ein Kahuna drückte es so aus: »Wenn du gesund bleiben willst, dann bleib freundlich. Wenn du heilen willst, sei liebevoll. Wenn du allen Menschen helfen willst, gesund zu sein, dann sei sehr, sehr sanft.«

Emotionale Bombenentschärfung: seinen Ärger »eingestehen«

Wieviel Lebensfreude wir zu finden vermögen, verhält sich direkt proportional zu unserer Fähigkeit, Wut *nicht* auszudrücken. In Europa und Amerika geht man mit Wut so um, daß man sie auf Beziehungen schiebt. Dabei verfährt man nach dem »Zuschreibungsirrtum«, der da lautet: Wenn jemand anders wütend ist, dann ist dies auf seinen schlechten Charakter zurückzuführen, aber wenn man selbst wütend ist, dann ist dies auf die Umstände zurückzuführen. Die Einstellung des Ostens zur Wut dagegen führt häufig zu einem passiv-aggressiven Rückzug aus intimen Beziehungen. Wie wir bereits gesehen haben, besteht der ozeanische Dritte Weg darin, Wut »einzugestehen«, anstatt ihr Luft zu machen.

Wut einzugestehen bedeutet, uns selbst und den Menschen in unserer Umgebung gegenüber zuzugeben, daß wir, wenn wir wütend sind, nicht angemessen denken, fühlen oder uns verhalten. Es ist unmöglich, dies in einem emotionalen Vakuum zu tun, deshalb ist das Erlernen des Prinzips der *ha'aha'a* (bescheidene Demut, die im zehnten Kapitel erörtert wird) ein wesentlicher Teil dieses Prozesses.

Wenn Sie im *'olu'olu*-Abschnitt des Aloha-Tests eine relativ hohe Punktzahl erreicht haben, dann kann es für sie hilfreich sein, sich selbst als einen, wie der Psychologe Martin Seligmann es nannte, »emotionalen Bombenentschärfer«[16] zu betrachten. Sie wissen, daß Sie zu emotionalen Explosionen neigen, deshalb sollten Sie sich bemühen, sich das zynische Denken bewußtzumachen, das Ihre affektive Zündschnur in Brand setzt, und ebenso die Körpersignale, die Ihnen vermitteln, daß die Zündschnur Feuer gefangen hat. Dies gibt Ihnen die Möglichkeit, geeignete Schritte zu unternehmen, um die Bombe zu entschärfen.

'Olu'olu Ha'awina (Lektion in Liebenswürdigkeit)

Eine der Polynesierinnen in meiner Kontrollgruppe schilderte die, wie sie sie nannte, *'a'i*-(Hals)Wut-Kontroll-Technik, die sie von ihrer Urgroßmutter gelernt hatte.

Sobald Ihr Gehirn Sie mit der Meldung in Alarmbereitschaft versetzt, man habe Ihre Rechte verletzt, fassen Sie sich sanft an die Halsschlagader, und fühlen Sie Ihren Puls. Wenn unser Puls schneller zu werden beginnt, dann regrediert unser Gehirn, unser Herz wird gestreßt und unser Immunsystem ist in Gefahr. Denken Sie an Thomas Jeffersons weise Empfehlung: »Wenn du wütend bist, dann zähl bis zehn, bevor du sprichst. Wenn du sehr wütend bist, bis hundert.«

Als nächstes nehmen Sie Ihre Hand wieder herunter, und atmen Sie zehnmal langsam und tief durch. Dann fühlen Sie erneut Ihren Puls. Befassen Sie sich erst dann mit dem vermeintlichen Übergriff, wenn Ihr Puls sich wieder beruhigt hat.

Zwar schreibt das Gehirn dem Körper häufig vor, was er tun soll, aber andererseits spricht auch der Körper zum Gehirn. Hören Sie auf ihn und lassen Sie sich von ihm helfen, wieder ruhiger und friedfertiger zu werden.

Es ist nicht nur so, daß unser Verhalten durch unsere Gefühle bestimmt wird: Wir können auch unsere Gefühle durch unser Verhalten beeinflussen. Gehen Sie niemals auf Ihre Wut ein, wenn Ihr Körper in Angriffsstimmung ist. Wenn Sie sich mit einem Übergriff auseinandersetzen wollen, dann schreiben Sie auf, was geschehen ist, notieren Sie, welcher Ursache Ihr Gehirn dies zuschreibt, und gönnen Sie sich danach eine Pause. Kommen Sie erst einige Tage später auf die Angelegenheit zurück, wenn Ihr Körper ruhiger und Ihr Gehirn weniger defensiv ist. Denken Sie daran: Wut, die aus früheren Ereignissen gespeist wird, eskaliert sehr viel rascher als »neue« Wut, deshalb tun Sie am besten, einige Nächte darüber zu schlafen und dann darüber zu reden. Wenn Sie glauben, Sie hätten nicht die Zeit, um darüber zu schlafen, dann machen Sie einen Spaziergang, bevor Sie sich erneut mit dem Problem befassen. Es dauert lange, bis die Zündschnur der Wut zu glimmen aufhört.

Der Psychologe Daniel Goleman sagt, daß wir uns von unseren Emotionen »entführen« lassen, wenn wir uns der Wut hingeben.[17] Wenn wir *nicht* von Wuthormonen überflutet werden, dann können wir versuchen, die rationale Person zu sein, die wir sind, wenn wir nicht wütend sind. Die Polynesier sagen: »Verhalte dich immer so wie der Mensch, der du sein möchtest, anstatt wie der Mensch, zu dem dich die anderen angeblich machen.«

Uns allen »knallt« gelegentlich »die Sicherung durch«. Der Schlüssel zur Liebenswürdigkeit ist, nicht auf sich selbst wütend zu werden, weil man wütend wird. So wie wir alle gelegentlich traurig sind, haben wir alle auch Zeiten, in denen wir wütend sind, und können aus ihnen lernen. Eine hawaiianische *kumu hula* (Hula-Lehrerin) beschrieb den Weg zur Liebenswürdigkeit mit folgenden Worten:

»Das freudvolle Leben ist ein liebenswürdiges Leben. Wut schenkt kein Leben, sie raubt es. Sie beleidigt die Götter. Sie beleidigt die Ahnen und bewirkt, daß das Land Schmerzen leidet. Deine Wut ergießt sich auf den Erdboden und die Felsen und fließt hinaus auf den Ozean und verschmutzt ihn und tötet die Fische. Am Ende schwimmst du in deinem eigenen Dreck. Mach deiner Wut niemals Luft, sondern bemühe dich, jedesmal von ihr zu lernen, indem du sie eingestehst. Manchmal werden die *aumakua* dich necken und auf die Probe stellen, und es wird den Anschein haben, als machten sie dich wütend, aber sie wollen nur prüfen, ob du Aloha lebst. Wenn du wütend bist, hast du keine Aloha, weil du keinen Raum dafür hast. Niemand ist je glücklich darüber, wütend gewesen zu sein. Du bist für die Menschen oder für Gott nicht so wichtig, daß sie Zeit mit dem Versuch vergeuden würden, dich wütend zu machen.« Ein chinesischer Zuckerrohr-Arbeiter sagte mir einmal: »Wenn du in einem einzigen Moment des Zorns geduldig bist, dann ersparst du dir einhundert Tage des Kummers.«

Zehntes Kapitel

Die Magie der Bescheidenheit – das Selbst zum Schweigen bringen und die Seele retten

Ha'aha'a: Demut, mit Bescheidenheit zum Ausdruck gebracht
»Ku'ia ka hele a ka na'au ha'aha'a.«
(Ein demütiger Mensch setzt seine Schritte mit Vorsicht,
so daß er den Menschen in seiner Umgebung nicht wehtut.)

»Wow!« rief der tahitianische Junge, als er mit lautem Platschen an der Oberfläche des glitzernden, klaren Ozeans auftauchte. Er schob seine Taucherbrille auf die Stirn und warf die Arme in die Luft. »Fast hätte ich vergessen, wieder nach oben zu kommen, um Luft zu holen. Ich bin so nahe an den Hai rangekommen, daß ich seine Wärme spüren konnte. Ich hab völlig die Zeit vergessen und daß ich unter Wasser war«, sagte er. »Mensch, ich hab mich nie so lebendig gefühlt. Ich war wirklich bei dem Hai. Ich war dem echten Lebendigsein so nahe, wie's überhaupt möglich ist – das war eine richtige Nahleben-Erfahrung!«

In unserer modernen Welt ziehen solche »Nahleben-Erfahrungen« leider weniger Aufmerksamkeit auf sich, als sogenannte »Nahtoderfahrungen«. Diese Nahtoderfahrungen – Berichte über Glücksgefühle von Menschen, die wiederbelebt wurden, nachdem ihr Herz zu schlagen aufgehört hatte – sollten treffender »Vor-Tod-Erleuchtungen« genannt werden. Häufig scheinen wir die Großartigkeit, am Leben zu sein, nur zu erkennen, nachdem wir mit der Realität konfrontiert wurden, daß wir möglicherweise nicht mehr lange zu leben haben und daß unser individuelles Gefühl für unser physisches Selbst nicht ewig weiterbestehen wird. Wir bemühen uns krampfhaft, dem Selbst Unsterblichkeit zu verleihen, und scheinen dabei ironischerweise unfähig zu sein, uns von Herzen an unseren sieben Sinnen, unseren vielen Selbsten und dem Planeten, dessen Teil wir sind, zu freuen.

Letztlich werden wir das Glück niemals finden können, wenn das einzige, nach dem wir Ausschau halten, unser Selbst ist. Wir vermögen Schönheit nicht zu erkennen, wenn wir uns von unseren Erwartungen Scheuklappen anlegen lassen und die einfachen und flüchtigen Chancen, die das Leben uns bietet, nicht wahrnehmen. Wenn wir uns ständig mit uns selbst beschäftigen, vermögen wir die zarten Geräusche der Natur nicht zu vernehmen, weil wir nur das laute Geplapper unseres Gehirns hören. Wenn wir nur an uns selbst denken, dann lassen wir uns von anderen Menschen nicht mehr anrühren. Wir können nicht die frische, aromatische Luft riechen oder die natürliche Süße des Essens schmecken, wenn wir nur daran denken, wie wir Giftstoffe vermeiden und unseren Cholesterinspiegel senken können. Wir können uns dem Strom psychischer Energien um uns herum nicht öffnen, wenn wir uns blindlings den Befehlen des Gehirns unterwerfen, all den Dingen nachzujagen, auf die unser Ich ein Anrecht zu haben meint. Wenn unsere sechs »Basissinne« isoliert sind und nur zum »Überleben« genutzt werden, beginnt unser natürlicher siebter Sinn für Freude, Sinnhaftigkeit und Verbundenheit bald zu verkümmern.

Die Epidemie der Selbst-Effizienz

Der Forscher und Wissenschaftler Lewis Thomas glaubt, daß das Bedürfnis, unsere Zeit damit zu verbringen, unsere Gesundheit zu schützen und den Tod zu vermeiden, zu einem der Hauptkennzeichen der euroamerikanischen Kultur geworden ist. Er schreibt: »Die Amerikaner achten geradezu besessen auf ihre Gesundheit. [Der negative Aspekt dieser Obsession besteht darin, daß sie den Eindruck vermittelt] ... wir seien von Natur aus unvollkommene Organismen – äußerst störungsanfällig, überempfindlich und ständig in Gefahr zusammenzubrechen, wenn wir nicht durch das aufrechterhalten werden, was man zur Zeit so gern das System der Gesundheitsfürsorge nennt.«[1]

Es ist kein Zufall, daß eines der am meisten verkauften Bücher des letzten Jahrzehnts den Titel *The Seven Habits of Highly Effective People* (deutsch: *Die sieben Wege zur Effektivität*) trägt.[2] Allein in den USA wurden davon mehr als 7 Millionen Exemplare verkauft, und es wurde in 28 Sprachen übersetzt. Sein Autor, Steven Covey, spricht unser pathologisches Unglücklichsein und unser Bedürfnis nach großer persönlicher Kompetenz an. Covey stellt fest: »Es ist weder die Natur noch unsere Erziehung; es ist unsere Wahl. Wir sind ein Produkt unserer Entscheidungen. Ich glaube, einige Menschen haben die Wahl getroffen, einen schlechten Weg zu gehen.«[3] Und fügt stolz hinzu: »Ich kann mich an keinen Augenblick des Unglücklichseins in

meinem ganzen Leben erinnern.«[4] Vielleicht wegen seines eigenen, vom
Glück gesegneten Lebens scheint Covey damit sagen zu wollen, daß eine
Kindheit ohne Liebe oder familiäre Stabilität die Wahl des Kindes ist und
Krebs die Wahl des Patienten. Die ozeanische Philosophie akzeptiert ein
solches Modell eines »allmächtigen Selbsts« nicht.

Ironischerweise wird genau das Unglück, das so viele Menschen dazu
verleitet, jedes Jahr Hunderte von Selbsthilfebüchern zu kaufen, durch
Enttäuschungen verursacht, die teilweise auf die irreführenden Botschaften
ebendieser Bücher zurückzuführen sind. Wahres, die Seele nährendes
Glück resultiert daraus, daß wir uns die Freude ganzheitlichen Erlebens
gestatten – also des »Guten« wie des »Bösen« in unserem Leben. Beide
Zustände sind ein natürlicher und *unvermeidlicher* Bestandteil des Lebendigseins. Der ozeanische Weg lehrt, daß »Selbsthilfe« unmöglich ist, weil wir
keine isolierten, in sich abgeschlossenen Wesen sind. Unsere besten Einsichten und Erfahrungen resultieren nicht daraus, daß wir versuchen, glücklich zu sein, sondern daraus, daß wir uns dem Fluß des Lebens hingeben und
uns unserer menschlichen Natur und der Natur des Lebens bewußt sind, so
daß Glück und Gesundheit uns widerfahren können.

Entgegen dem, was die populäre »Selbst-Ermächtigungs-Psychologie«
uns weismachen will, ist *nicht* alles, was uns im Leben widerfährt, auf von uns
getroffene Entscheidungen zurückzuführen – genausowenig wie ein Wal,
der von einer Flutwelle an den Strand getragen wurde, entschieden hatte,
im falschen Meer zu schwimmen. Wir sind Teil einer ihrer Natur nach
chaotischen Welt, keine »effektiven« und allmächtigen Beherrscher dieser
Welt. Ein Tornado ist in seiner majestätischen Kraft nicht weniger schön als
ein stiller Wasserfall. Das Aloha-Prinzip basiert auf der Annahme, daß wir
nicht immer sehr erfolgreich sind, nicht immer Wahlmöglichkeiten haben
und daß es häufig nicht in unserer Macht steht, an dem, was uns geschieht,
viel zu ändern. Wir können uns nur bemühen, alles, was uns im Leben zuteil
wird, so intensiv wie möglich zu genießen.

Ein weiterer paradoxer Aspekt des Glücks besteht darin, daß wir anscheinend dann am lebendigsten sind, wenn wir uns unserer Lebendigkeit am
wenigsten bewußt sind. Wir sind niemals auf vitalere Weise mit dem ganzen
Spektrum der menschlichen Erfahrung und mit unserer Welt in Verbindung, als dann, wenn wir uns am wenigsten damit beschäftigen, wer wir sind
und wie wir »erfolgreicher« und »glücklicher« sein können.

Wenn ich Vorträge halte, sind meine Zuhörer häufig überrascht zu
hören, daß ihre größte Befürchtung, das Ende ihres physischen Selbstgefühls, eigentlich ihr größtes Glück ist. Wenn ich dann die lustvollsten und

vergnüglichsten Augenblicke unseres Lebens beschreibe, beginnen sie, mir zuzustimmen, daß der »Selbst-Verlust« tatsächlich die beste Möglichkeit ist, sich seines Lebendigseins zu freuen. Zu den Beispielen für weniger Selbst und mehr Leben gehört, so zärtlich und hingebungsvoll zu lieben, daß man eins mit dem geliebten Menschen wird; im Gras zu liegen und in den Himmel und auf die Milliarden von Sternen zu schauen, die dieselben Elemente enthalten wie unsere eigenen Knochen; sich so richtig aus ganzem Herzen »kaputtzulachen« oder die plötzliche Selbstvergessenheit angesichts der Großartigkeit und Schönheit eines großen Tieres.

Rufen Sie sich eine Ihrer eigenen »Nahleben-Erfahrungen« ins Gedächtnis. Denken Sie an eine der besten Zeiten, die Sie jemals in Ihrem Leben hatten. Erinnern Sie sich an eine Situation, in der Sie sich so vollständig mit dem, was Sie taten, eins fühlten, daß Ihre Sorgen und Verpflichtungen irrelevant wurden und Sie »sich selbst vergaßen«. Denken Sie an jenen Augenblick, in dem Sie sich voll und ganz der Magie des Lebendigseins hingaben und jenes Wunder spürten, das Sir Francis Bacon »den Samen des Wissens und die Widerspiegelung der reinsten Form von Glück« nannte. Welches war der Augenblick in Ihrem Leben, da Sie am tiefsten über das Wunder staunten, am Leben zu sein? Ich vermute, daß auch *Ihre* »Nahleben-Erfahrungen« das Ergebnis des Dritten Weges waren – eines Augenblicks, in dem Sie sich des unabhängigen Ichs kaum noch bewußt waren.

Epiphanien und der Epiorganismus

Eine *Epiphanie* ist ein Moment, in dem sich die Bedeutung und der Sinn des Geschenks des Lebens ganz plötzlich manifestiert. Sie ist ein »Aha-Erlebnis«, eine Einsicht in die eigentliche Natur und Essenz des Lebens. Sie ereignet sich, wenn wir über die Streßreaktion und über die Bemühungen des selbstsüchtigen Gehirns hinauswachsen, eine essentielle Verbundenheit mit allem und allen zu erleben. Eine Epiphanie bewirkt, daß wir uns weiser und lebendiger fühlen. Möglicherweise spüren wir, daß wir nicht nur eine Verbindung hergestellt haben, sondern daß wir, die Geschöpfe, uns in stärkerem Maße bewußt geworden sind, eins mit dem Schöpfer zu sein.

Der »Selbst-Verlust« ist *die* entscheidende Komponente der Epiphanie. Der Tod des Narzißmus, den unser Gehirn in unserem Alltagsleben fördert, macht uns lebendiger. Wir werden weniger zu einem einzelnen Organismus und stärker zu einem *Epiorganismus.* Als »Epiorganismus« können wir ein Lebewesen bezeichnen, das Teil eines übergeordneten Systems ist, das mit einer Energie, einer Sinn- und Zielgerichtetheit operiert, die weit über die Möglichkeiten der Individuen hinausgeht, aus denen es zusammengesetzt ist. Während einer Epiphanie wird das Selbst zum Schweigen gebracht, und wir werden Teil eines komplexen Ganzen, das das Leben erlebt und als ein ganzer »Über-Organismus« funktioniert.

Der Mythenforscher Joseph Campbell vermutet, es gäbe nur zwei Wege zur Erleuchtung: Leiden und Epiphanie. Diese beiden notwendigen und natürlichen menschlichen Erfahrungen werden grundlegend beeinflußt von unserer Bereitschaft, alle Selbstbezüglichkeit aufzugeben, um unsere Fähigkeit zu entwickeln, das vierte Element der Aloha, die *ha'aha'a* (ein polynesisches Wort, das den »Aha!«-Faktor enthält) zu meistern.

Wie ich im fünfzehnten Kapitel noch weiter ausführen werde, ist Leiden ein wesentliches Element des Glücks, weil es eine der zwei Möglichkeiten darstellt, wie wir den Sinn, die Bedeutung und die potentiellen Freuden des Lebens kennenlernen. Wenn wir soziale Unterstützung und die – häufig aus körperlichen oder mentalen Schmerzen resultierende – Ablenkung von unserer Selbstbezogenheit suchen und finden, können die Intensität des Leidens gemindert und die Lernerfolge erheblich gesteigert werden. Chemische Schmerzmittel wirken, indem sie das Selbst künstlich zum Schweigen bringen: Sie betäuben das Gehirn, um die physische Stimulierung zu vermindern, die unser Unbehagen verursacht. Eine solche medikamentöse Behandlung bewirkt keine Lernerfahrung, sondern nur eine Betäubung. Eine engere Verbindung zu anderen und der Welt aufzubauen ist ein anderer Weg, Schmerz zu vermindern – durch Intensivierung der freudigen Gefühle und der mit ihnen einhergehenden hormonalen Veränderungen. Dieser »*ha'aha'a*-Weg« hat den Vorteil, daß er Lernerfahrungen ermöglicht und die Bewußtheit intensiviert.

Die Polynesier bezeichnen eine Epiphanie als *malamalama*, und sie nennen den Prozeß, sich auf weisere und instinktivere Art mit der Welt zu verbinden, *na'auao*. Sie lehren, daß die Weisheit, die durch *malamalama* gewonnen wird, aus einem kollektiven Bewußtsein stammt und aus der Fähigkeit, dadurch Freude zu empfinden, daß man sich einer anstehenden Aufgabe, einem Gedanken oder einer Interaktion völlig hingibt. Ein Polynesier sagte mir gegenüber: »Unsere *na'auao* (Erleuchtung) geschieht nicht dadurch, daß wir mit uns selbst ins reine kommen, sondern sie ist eigentlich das Gefühl, daß wir alle durch unser Handeln miteinander verbunden sind.«

Wenn Sie über Ihre eigenen Nahleben-Erfahrungen nachdenken, entdecken Sie möglicherweise, daß Ihre intensivste vorherrschende Empfindung in diesen Situationen das Gefühl war, das Bewußtsein Ihrer selbst verloren zu haben. Jede der fünf Komponenten der Aloha ist auf die Kraft der vier anderen angewiesen, deshalb kann das Glück der *ha'aha'a*, des »minimalen Selbst«, nur dadurch erreicht werden, daß man sich in *ahonui* (Geduld), *lokahi* (Einssein), *olu'olu* (Friedfertigkeit) und *akahai* (Sanftheit) übt.

Machen Sie sich folgendes bewußt:

- Ein »hastiges Selbst« (Mangel an *ahonui*) ist zu gehetzt, um innehalten und die schlichten Freuden des Lebens genießen zu können.
- Ein »isoliertes Selbst« (zu wenig *lokahi*) ist zu einsam, um Schönheit vermitteln und, wenn sie gesehen und gefühlt wird, genießen zu können.
- Ein »wütendes Selbst« (zu wenig *'olu'olu*) ist zu feindselig, um sich den subtilen Gelegenheiten zur Freude, von denen es Tag für Tag umgeben ist, öffnen zu können.
- Ein »aggressives Selbst« (zu wenig *akahai*) ist zu defensiv, um sich für die Freuden, die die Menschen in seiner Umgebung ihm schenken könnten, öffnen zu können.

Das Glück des Flow-Erlebnisses

Da sie mitten im größten Ozean der Welt leben und einen großen Teil ihres Lebens auf dem Meer verbringen, haben die Polynesier die Kunst des *flowing* (»mit dem Fluß gehen«) gelernt. Um in ihren Inselgemeinschaften zu überleben, müssen sie als ein »Überorganismus« zusammenleben, sich dem »Fluß« ihres täglichen Lebens hingeben. Sie können es sich nicht leisten, selbstsüchtig zu sein, weil egozentrische Unabhängigkeit ihre Inselheimat zerstören kann. Ihr Leben ist durch das geprägt, was Mihaly Csikszentmihalyi *flow* nennt: Weisen des Verhaltens, Denkens und Fühlens, die am ehesten zu den Epiphanien (*malamalama*) führen, die mit größter Wahrscheinlichkeit ein sinnvolles, freudevolles, gesundes Leben schenken.[5]

Csikszentmihalyi identifiziert acht Faktoren, die zu einem Höchstmaß an Freude führen. Vergleichen Sie jeden dieser acht *flow*-Faktoren mit Ihren eigenen Nahleben-Erfahrungen, und Sie werden wahrscheinlich entdecken, daß Sie einer wirklichen Lebendigkeit sehr viel näher waren, weil Sie in einem Zustand des *flow* waren.

1. Die Freude des Fertigwerdens   Wir haben das Gefühl, daß wir die
Sache erledigen, in den Griff bekommen können. Allzu häufig haben wir
das Gefühl, daß wir mit unserer Arbeit niemals zu Rande kommen und kein
Ende in Sicht ist. Wir schauen auf die Stapel auf unserem Schreibtisch,
blättern in unserem Terminkalender und fühlen, daß, auch wenn wir noch
so hart arbeiten, immer etwas darauf wartet, erledigt zu werden. Eine
flow-Erfahrung ist frei von dieser endlosen Aneinanderreihung von Aufgaben und wird vom Bewußtsein getragen, daß alles, was wir tun, einen klar
erkennbaren Endpunkt hat.

Eine Polynesierin erklärte dies am Beispiel ihrer Arbeit als Kranzflechte-
rin. »Wenn ich meinen Kranz flechte, stelle ich mir, bevor ich überhaupt
angefangen habe, gern das Ende vor. Während ich um den Kreis herumar-
beite und jede einzelne Blume hinzufüge, muß ich mit meiner Lei-Nadel
manchmal Hunderte von Blüten auffädeln. Ich weiß, daß ich meinen Lei
fertigbekommen werde, aber ich arbeite nicht nur, damit ich die Sache
hinter mich bringe. Der Lei beendet sich selbst, wenn ich dorthin zurück-
komme, wo ich angefangen habe. Ich verliere mich in meinem Lei, und in
gewisser Weise werden wir zusammen fertig.«

2. Die Freude der Konzentration   Wir sind fähig, uns völlig auf die
Aufgabe zu konzentrieren. Da viele Situationen in unserem modernen
Leben danach verlangen, daß wir mehrere Dinge gleichzeitig tun, ertappen
wir unser Gehirn häufig dabei, daß es unseren Gedankengang unterbricht.
Während wir stricken, tanzen oder Liebe machen, unterbricht uns das
egoistische Gehirn und sagt: »Vergiß nicht, daß du morgen in der Frühe
aufstehen mußt« oder »Du hast wichtigere Dinge zu tun.« Wenn wir uns
nicht ablenken lassen und uns wirklich ganz auf das einlassen, was wir
gerade tun, dann pendelt sich unser Leben auf einen angenehmen Rhythmus ein.

Was es bedeutet, sich ganz und gar auf eine vorliegende Aufgabe zu
konzentrieren, faßte ein Hawaiianer mit folgenden Worten zusammen:
»Wenn ich meine Angelhaken mache, dann denke ich nur an meine Angelhaken. Ich denke darüber nach, wie glatt sie werden, wie ihre Biegung gerät
und welche Farbe sie annehmen. Ich denke nicht darüber nach, wie ich sie
benutzen oder wie viele Fische ich damit fangen werde. Wenn ich ein
Hakenmacher bin, dann bin ich ein Hakenmacher. Wenn ich ein Fischer
bin, dann fische ich.«

3. Die Freude der Zielgerichtetheit   Die vorliegende Aufgabe ist klar definiert. Wenn wir anfangen, in den Zustand des *flow* zu geraten und uns ganz in unserer Aktivität verlieren, dann erwächst uns Freude aus der Einsicht, was genau getan werden muß und wie wir erkennen werden, wann es fertig ist. Andererseits bewirkt hartes Arbeiten ohne klar definierbare Ziele oder einen erkennbaren Endpunkt Streßgefühle.

Der Angelhakenmacher beschrieb seine Freude über eine klare Zielsetzung mit diesen Worten: »Du kannst an deinem Angelhaken ewig herumschmirgeln, und in gewisser Weise ist er nie fertig. Aber irgendwie weißt du, wann er ›fertig genug‹ ist. Mein Ziel ist, dem Angelhaken zu helfen, aus dem Knochen, an dem ich schnitze, herauszukommen, und wenn ich aufmerksam zuhöre und zuschaue, wird er mich genau wissen lassen, wann er bereit ist. Dadurch kann ich stundenlang ohne Pause arbeiten. Ich schmirgele und schnitze, bis der Haken so vollkommen ist, wie ein Haken nur sein kann – nicht so vollkommen, wie andere Angelhakenmacher denken, daß er sein sollte, oder wie andere Haken zu sein scheinen.«

4. Beglückendes körperliches Feedback   Die Aufgabe versorgt unsere Sinne sofort mit Informationen. In unserem Zeitalter der elektronischen Kommunikation ist ein direktes körperliches und persönliches Feedback selten. Aktivitäten, die die sechs Sinne unmittelbar stimulieren, bewirken eine angenehme *flow*-Manifestation des siebten Sinnes, die Aktivitäten zu etwas Vergnüglichem macht.

Die Lei-Binderin gab eine poetische Beschreibung dieses körperlichen Aspekts des *flow*. »Ich kann, während ich die Blume auf meine Nadel schiebe, fühlen, wie jedes Blütenblatt meine Finger streichelt. Ich kann die wunderbaren Düfte riechen, und ich kann hören, wie die Blume mir sagt, wie ich sie auffädeln soll. Ich rede die ganze Zeit mit den Blumen. Ich singe und wiege mich hin und her und lasse mir von dem Lei dabei helfen, ihn zu machen. Einen Lei zu machen ist wie ein Hula. Du mußt mit ihm tanzen.«

5. Die Sache mühelos im Griff haben   Wir haben ein starkes Gefühl der Kontrolle. Eine der größten Bedrohungen für die Glücksreaktion und die *flow*-Erfahrung ist die Tatsache, daß sie durch das Gefühl, die Sache »nicht im Griff« zu haben, blockiert werden kann. Ein Großteil unseres Lebens scheint von unsichtbaren Kräften kontrolliert zu werden. Wie oft hören wir jemanden sagen: »Ich kann kaum etwas dagegen tun!« Wenn wir jedoch im Zustand des *flow* sind, haben wir das Gefühl, die Sache zu beherrschen, ohne ihr oder uns Gewalt antun zu müssen, da wir unsere Aufgabe eingegrenzt haben und bereit sind, unsere Energie und Tüchtigkeit innerhalb dieses klar definierten Rahmens zu investieren. Unsere Erfolge und Mißerfolge sind wie Kinder, deren Gedeihen wir uns nicht als Verdienst anrechnen können, aber für die wir dennoch verantwortlich sind und für die wir zur Rechenschaft gezogen werden können.

Der polynesische Fischhakenmacher beschrieb diesen Aspekt des *flow*-Erlebnisses mit folgenden Worten: »Wenn ich meinen Haken mache, fühle ich, daß ich mein ganzes Leben völlig im Griff habe, weil ich nicht versuche, der Boß zu sein. Während ich bete, chante oder singe, bewegen sich meine Hände ganz von selbst. Ich habe niemals so sehr das Gefühl, der ›Verantwortliche‹ zu sein, wie wenn ich an meinen Haken arbeite. Der Grund dafür ist, daß ich ein Teil des Ganzen bin, mit dem Strom fließe und nicht nur versuche, ihn in eine bestimmte Richtung zu lenken. Ich fühle, wie die Kraft der Natur durch mich hindurchfließt, aber ich habe nicht das Gefühl, selbst derjenige zu sein, der die Kraft hat. Ich bin wie eine Palme, die sich im Passat wiegt.«

6. Erholsame Arbeit   Unsere Handlungen scheinen uns keinerlei Anstrengung zu kosten. *Flow*-Aktivitäten sind niemals harte Arbeit, aber sie sind häufig sehr *intensive* Arbeit. Beim *flow* scheint die Person zur Aufgabe zu »werden«, anstatt zu versuchen, sie »durchzuführen«.

Die schon erwähnte polynesische Lei-Macherin arbeitet auch am Ticket-Schalter einer Fluggesellschaft. Das Herstellen ihrer Leis gerät ihr völlig mühelos, aber nicht ihre Arbeit bei der Airline. »Ich weiß noch nicht einmal, daß der Lei fertig ist, bis meine Finger mir sagen, daß der Kreis sich geschlossen hat. Es ist komisch, aber ich fühle mich sehr viel ausgeruhter, nachdem ich stundenlang an meinem Lei gearbeitet habe, als wenn ich einfach nichts tun würde. Nachdem ich stundenlang gearbeitet habe, fühle ich mich sehr viel ruhiger und kraftvoller, als wenn ich bloß herumsitze oder am Flughafenschalter stehe und Tickets verkaufe.«

7. Zeitlose Freude   Wir verlieren alles Zeitgefühl. Wenn wir im Zustand des *flow* sind, dann erscheinen uns die Minuten wie Stunden und die Stunden wie Minuten. Wir vergessen möglicherweise, zu essen oder sogar zur Toilette zu gehen. Die Menschen in unserer Umgebung müssen uns vielleicht an unsere sonstigen Verpflichtungen erinnern, während wir uns in glücklicher Selbstvergessenheit dem hingeben, was wir gerade tun.

Dem Fischhakenmacher ist die Zeitlosigkeit des *flowing* vertraut. »Ein Tourist fragte mich einmal, wie ich so lange an einem Haken arbeiten könne. Er sagte, er sei am Morgen an mir vorbeigefahren und habe mich gesehen, und jetzt, als er bei Sonnenuntergang vorbeifuhr, würde ich noch immer am selben Platz am selben Haken arbeiten. Ich habe ihm gesagt, ich hätte noch nie darüber nachgedacht. Wenn ich meine Haken mache, existiert für mich keine Zeit. Nur die Dunkelheit zwingt mich, die Arbeit niederzulegen, und manchmal erlaubt mir der Mond, weiterzumachen.«

8. Selbstlose Freude   Alle Selbstbefaßtheit verschwindet. Das Selbst zum Schweigen zu bringen ist ein wesentlicher Aspekt von *flow*. Ha'aha'a ist das Ergebnis von *flow*, weil die Aktivität oder Interaktion uns völlig in Anspruch nimmt und sämtliche selbstbezüglichen Gefühle vertreibt. Nach der *flow*-Aktivität nehmen wir unser authentisches, verbundenes Selbst erneut wahr. Wir sind sogar noch stärker zentriert und uns unserer wechselseitigen Abhängigkeit deutlicher bewußt als vor der Aktivität.

Die Lei-Macherin brachte ihre *ha'aha'a* mit den Worten zum Ausdruck: »Wenn ich bei meinem Lei bin, dann bin ich niemals hungrig, schläfrig oder durstig. Ein ganz anderer Sinn übernimmt die Herrschaft (ihr siebter Sinn), und ich selbst scheine nicht mehr zu existieren. Wenn der Lei sagt, wir seien für den Augenblick fertig, dann fühle ich mich erfrischt und so, als hätte der Lei mich zu einem neuen Menschen gemacht. Ich habe ein sehr gutes Gefühl, was den Lei angeht, weil der Lei mir gegenüber ein sehr gutes Gefühl zu haben scheint.«

Czikszentmihalyis Forschungen über das *flow*-Phänomen und dessen positive Wirkungen auf die Gesundheit stimmen absolut mit dem überein, was die Polynesier seit Jahrhunderten lehren: Wir haben dann etwas vom Leben, wenn wir am wenigsten das Gefühl haben, soviel wie möglich aus dem Leben herausholen zu wollen. Wir gewinnen das meiste für uns selbst, wenn wir etwas von uns selbst verschenken. Dies ist die Lektion der *ha'aha'a*.

Die Freudlosigkeit des Selfing

Nachdem wir einiges über das *flow*-Erlebnis und die Freude der *ha'aha'ha* erfahren haben, sollten wir uns die Kehrseite des *flowing* ansehen: Ich nenne sie *selfing* (»Selbsten«). Denken Sie an die schlimmsten Zeiten in Ihrem Leben zurück. Welche Phasen in Ihrem Leben würden Sie unter keinen Umständen noch einmal durchmachen wollen? Es waren wahrscheinlich die Zeiten, in denen Sie sich Ihres individuellen Selbst am deutlichsten bewußt waren.

Der österreichische Psychiater Viktor Frankl führte aus, daß das Glück nicht erjagt werden kann; es ergibt sich als die unbeabsichtigte Nebenwirkung, wenn man sich einer Aufgabe verschreibt, die größer ist als man selbst.[6] Unsere anerzogene Fixierung auf Selbstentwicklung und eine unserer größten Hoffnungen – der Wunsch nach einem besseren und längeren Leben – erzeugte schließlich eine unserer größten Ängste: den Verlust des »effektiven Selbst«. Wir versuchen, unsere Rivalen auszustechen, anderen immer einen Schritt voraus zu sein, ein möglichst großes Stück des Kuchens abzubekommen, und jagen unablässig den Dingen nach, auf die wir ein Anrecht zu haben meinen.

Selfing ist das genaue Gegenteil von *flowing*. *Flowing* führt zu großer Befriedigung und zeichnet sich im wesentlichen durch ein Untergehen des Selbstgefühls in Aktivitäten, die der Gemeinschaft zugute kommen, aus. *Ha'aha'ha* oder Demut basiert auf *lokahi* (Einssein und Verbundenheit), das sich dann einstellt, wenn wir das Bewußtsein unserer selbst verlieren und völlig in unseren Aktivitäten oder unserer Umgebung aufgehen. Auf den Hawaii-Inseln sieht man Dutzende von Lei-Macherinnnen, Holzschnitzern und Angelhakenschneidern in Gruppen arbeiten. Sie sind bei ihrer Arbeit in einem Zustand des *flowing*, plaudern miteinander, freuen sich, in der Gemeinschaft der anderen zu sein und sind sich der arbeitenden Gruppe deutlich bewußt, selbst wenn sie sich völlig ihrer Aufgabe hingeben. Ihr siebter Sinn für freudvolles Handeln sorgt dafür, daß sie miteinander in Verbindung bleiben.

Egoistisches *selfing* spiegelt sich in unserem Mißtrauen gegen soziale und politische Institutionen und unserer immer geringeren Bereitschaft, in sozialen Organisationen eine aktive Rolle zu übernehmen. Robert D. Putnam, Professor für Staatswissenschaft und Politologie in Harvard, schrieb einen populärwissenschaftlichen Aufsatz mit dem Titel: »Bowling Alone: America's Declining Social Capital« (»Allein Bowling spielen. Amerikas schwindendes soziales Kapital«).[7] In diesem Artikel wies er auf die bedrohliche Entwicklung hin, daß die Amerikaner offenbar immer weniger geneigt sind, sich Gruppen irgendwelcher Art anzuschließen, und ein zunehmend individualistischeres Leben führen. Als Beispiel führt Putnam aus, daß mehr Menschen als je zuvor Bowling spielen, daß mehr Menschen bowlen als wählen gehen und daß es trotzdem 40% weniger Bowlingmannschaften gibt als früher. Anstatt ihren Sport zusammen mit anderen auszuüben, gehen Bowlingspieler allein auf die Bahnen, werfen ihre Kugeln, setzen sich dann und warten, bis sie wieder an der Reihe sind, während sie auf den Fernsehschirm starren, der über jeder Bahn aufgehängt ist.

Das »Selbsten« kann als der Versuch verstanden werden, das Ich zu stärken, völlig autark zu sein und hart zu arbeiten, um das, worauf man vermeintlich ein Anrecht hat, auch zu bekommen. Wir können daran erkennen, daß wir uns von einem freudigen Leben mehr und mehr entfernen, wenn wir einen Großteil unserer Zeit mit Aktivitäten verbringen, die durch die folgenden acht selbstbezüglichen – »selbstenden« – Faktoren gekennzeichnet sind:

1. Endlose Tage   Wir haben das Gefühl, wir werden mit unserer Arbeit nie fertig. Dies zeigt sich häufig darin, daß wir versuchen, mehrere Dinge zugleich zu tun, bei den einfachsten Aufgaben Flüchtigkeitsfehler machen und uns emotional erschöpft fühlen, obwohl wir körperlich nicht müde sind. Unsere Energie scheint schubweise zu kommen und zu gehen.

2. Zerstreutheit und Vergeßlichkeit   Wir sind unbestimmt unruhig. Möglicherweise fühlen wir uns ständig gestört und haben den Eindruck, daß wir an der Erfüllung einer bestimmten Aufgabe durch Ablenkungen und ständig neue Verpflichtungen behindert werden. Wir versuchen, mehrere Dinge gleichzeitig zu tun, und scheinen unfähig zu sein, uns auf die vorliegende Aufgabe zu konzentrieren. Bedrängende Gedanken tauchen in unserem Bewußtsein auf und verschwinden wieder.

3. Mit voller Kraft nach nirgendwo   Wir haben das Gefühl, daß unsere Aufgabe keine klar definierbaren Ziele hat. Wir bewegen uns mental, körperlich und emotional einmal hierhin, einmal dorthin, aber wir haben keine klare Richtung und kein sinnvolles Ziel.

4. Keine Vorstellung von unserer Leistung   Wir haben das Gefühl, im Hinblick auf unsere Leistung zu wenig klares Feedback zu bekommen. Außer in Geld und einem gewissen gesellschaftlichen Ansehen scheint sich unsere Tätigkeit überhaupt nicht auszuzahlen, und uns ist absolut schleierhaft, was letztlich der Zweck, das Resultat und der Sinn unserer Anstrengungen ist.

5. Hohe Verantwortung und wenig Macht   Wir haben das Gefühl, ein hohes Maß an Verantwortung zu haben, aber sehr wenig Einfluß darauf, was wir im einzelnen tun. Wir fühlen uns an unserem Arbeitsplatz oder zu Hause ständig unter dem Druck, uns verantworten zu müssen, und zwar nicht nur den projizierten hohen Maßstäben anderer gegenüber, sondern

auch gegenüber unserem eigenen Perfektionismus. Auf der anderen Seite
haben wir das Gefühl, wenig Autorität und kaum Kontrolle über das zu
haben, was wir tun.

»Sie möchten alle ihr eigener Chef sein«, sagte ein hawaiianischer Fisch-
kutterführer. »Du versuchst, Vorschläge zu machen, aber sie versuchen
ständig, die Kontrolle zu übernehmen. Man sollte denken, diese reichen,
mächtigen Leute hätten in ihrem Leben bereits ein Übermaß an Verantwortung, aber sie möchten immer noch mehr übernehmen. Vielleicht fühlen sie
sich in Wirklichkeit machtlos, obwohl sie so viel Macht zu haben scheinen.
Vielleicht ist das der Grund, warum sie versuchen, auf dem Boot das
Kommando zu übernehmen, sogar, wenn sie im Urlaub sind. Und wissen
Sie, was? Je verbissener sie es versuchen, desto weniger Fische fangen sie. Es
scheint, daß die Fische bei dem, der sich nicht so verbissen bemüht,
sondern lauscht und schnuppert und herauszufinden versucht, wo sie sich
wirklich aufhalten, am häufigsten anbeißen.«

6. Alles ist schrecklich anstrengend   Wir fühlen uns gestreßt, arbeiten
hart und tun mehr als eigentlich nötig, nur um ganz einfache Aufgaben zu
bewältigen. Unser Leben fühlt sich an, als würden wir schwere Gewichte
heben. Wir bereiten uns vor, strengen uns an, ruhen uns aus und bereiten
uns erneut vor. Wie Sisyphus, haben wir das Gefühl, jeden Tag denselben
Felsblock denselben Hügel hinaufzuschieben, nur damit er immer wieder
hinunterrollt.

7. Nie genug Zeit   Wir haben das Gefühl, daß die Uhr ständig tickt, und
wir schauen bei dem Versuch, Zeit zu gewinnen, oder aus Angst, daß uns
die Zeit ausgeht, mehrmals pro Stunde auf die Uhr. Wir jammern, daß die
Jahre an uns vorüberziehen und daß uns die Zeit zwischen den Fingern
zerrinnt. Wir fühlen uns wie die fleischgewordene Typ-T-Persönlichkeit,
die wir im siebten Kapitel kennengelernt haben.

»Man kann einfach nicht schnell fischen«, sagte der Besitzer des Fischer-
bootes. »*Haoles* versuchen, alles schnell zu tun. Sie zerren an der Angel-
schnur und reißen den Haken aus dem Maul des Fisches wieder heraus. Sie
fragen, wie lange es dauert, bis die Fische anbeißen, aber sie begreifen nicht,
daß die Fische es nicht eilig haben.«

8. Die Last der ganzen Welt auf unseren Schultern   Wir fühlen uns
gedrängt, unsere eigenen Erwartungen oder diejenigen der anderen nicht
zu enttäuschen. Wir haben das Gefühl, »in der Falle zu sitzen«, und

nehmen es »dem Schicksal« übel, daß wir ständig vor Angriffen und Kritik anderer Menschen und unseres eigenen perfektionistischen Gehirns ständig auf der Hut sein müssen. Unser Leben scheint aus einer endlosen Aufeinanderfolge von Problemen zu bestehen.

»Vielleicht fühlen sie die Last der ganzen Welt auf ihren Schultern, weil sie sie für sich beansprucht und versucht haben, sie wegzutragen«, sagte ein polynesischer Fremdenführer. »Wenn dein Leben eine Bürde ist und du glaubst, du müßtest alles allein tun, dann krabbelst du unter die Welt und versuchst, sie anzuheben. Niemand legt die Welt auf deine Schultern. Du selbst hebst sie auf und nimmst sie auf den Buckel.«

Um zu lernen, mit *ha'aha'a* in einen Zustand des *flowing* zu kommen, müssen wir zwei Bedingungen erfüllen. Als erstes müssen wir lernen, das Selbst und das Gehirn zum Schweigen zu bringen. Zweitens müssen wir lernen, unser zentrales Selbst aufzufächern und unsere Identität zu mehreren anpassungsfähigen Selbsten zu erweitern.

Ein weniger selbstsüchtiges Selbst

In sehr wenigen Jahren haben wir uns von einer Gesellschaft mit einem Sozialkodex der Selbstbeherrschung und Demut in eine der Arroganz und der Selbstverhätschelung verwandelt.[8] Wir sind in einem solchen Maße zu Konsumenten geworden, daß wir Selbste entwickelt haben, die ständig alles konsumieren. Wie verzogene Kinder werden wir wütend über Politiker, die uns unsere engstirnigen und selbstsüchtigen Bedürfnisse nicht erfüllen. Unsere persönliche Verschuldung läuft parallel mit der Verschuldung des gesamten Landes. Das konsumierende, anspruchsvolle Selbst hat sein Haus und seine Garage mit allem gefüllt, was neu ist. Wenn wir einen Blick auf unser Selbst werfen wollen, brauchen wir nur in unsere Wohnungen und Häuser zu schauen und zu betrachten, was wir dort hineingestellt haben. Je mehr das Selbst kriegt, desto mehr, so glaubt es, muß es verteidigen, und desto nervöser wird es. Die Amerikaner geben mittlerweile mehr für private Sicherheitsangestellte und Alarmanlagen aus, als sie an Steuern aufbringen, die an die Polizei weitergeleitet werden.

Der Psychiater Thomas Szasz sagt: »Das Glück ist ein imaginärer Zustand, der früher von den Lebenden den Toten zugeschrieben wurde und jetzt gewöhnlich von den Erwachsenen den Kindern und von den Kindern den Erwachsenen.«[9] Das Glück, das durch das Aloha-Prinzip erlangt werden kann, ist nicht »da draußen« – es ist nicht käuflich. Das Ziel eines

demütigen, bescheidenen, einfachen Lebens ist keine asketische Selbstver-
leugnung. Der Weg der *ha'aha'a* ist eine schmucklose Einfachheit. Der
ozeanische Weg lehrt, daß menschliche Wünsche unersättlich sind und daß
menschliche Bedürfnisse durch die Gesellschaft definiert werden und nicht
wirklich aus der Seele kommen. Das unegoistische Selbst weiß, daß wir
ständig von den wahren Ressourcen menschlichen Glücks umgeben sind:
durch die liebevollen Menschen und schönen Plätze dieser Welt.

Midas' Fehler　　Wie König Midas sitzt das selbstsüchtige Selbst inmitten
seiner Welt, die sich in kaltes, lebloses Gold verwandelt hat. Wir sind
mittlerweile viermal so reich wie unsere Urgroßeltern, aber die Statistiken
zeigen, daß wir auch mindestens viermal so deprimiert sind. Zwar ist es
schwierig, genau herauszufinden, wie viele von uns sehr, sehr glücklich
sind, aber die meisten wissenschaftlichen Untersuchungen zeigen, daß
weniger als einer von fünf Menschen sich wirklich seines Lebens freut. Pater
John Powell schreibt: »Ein Drittel aller Amerikaner wacht jeden Morgen
deprimiert auf. Meinungsforscher schätzen, daß nur 10 bis 15 Prozent der
Amerikaner sich selbst als sehr glücklich betrachten.«[10] Regelmäßige Gut-
achten des National Opinion Research Center der University of Chicago
zeigen, daß heutzutage nicht mehr Amerikaner erklären, sie seien sehr
glücklich, als im Jahre 1957.

　　Wie der einsame König Midas, der immer mehr haben wollte, scheinen
wir uns durch das, was ich die »Zweierregel« nenne, zwanghaft von der
wahren Lebensfreude zu entfernen. Wir scheinen naturgemäß ungefähr
doppelt soviel haben zu wollen, wie wir wirklich haben. Der Herausgeber
der Zeitschrift *Harper's*, Lewis Sapham, fragte seine Leser, wieviel Geld sie
brauchen würden, um wirklich glücklich zu sein. Er fand heraus, daß die
Amerikaner, gleichgültig wieviel Geld sie tatsächlich besitzen, das Gefühl
haben, sie bräuchten etwa doppelt soviel. Die Wirtschaftswissenschaflerin
Juliet Schor führt aus, daß wir heutzutage den Lebensstandard von 1948 in
weniger als der Hälfte der Zeit erreichen könnten wie damals. Statt dessen
haben wir uns dafür entschieden, doppelt hart zu arbeiten, um doppelt
soviel zu bekommen – und am Ende nur halb so glücklich zu sein.[11]

Verschiedenerlei Narzißmus　　In der Psychotherapie gibt es ein Konzept,
das sich Narzißmus nennt. Es gibt davon zwei Varianten, den primären und
den sekundären Narzißmus. Der *primäre Narzißmus* ist ein Zustand, in dem
der junge Mensch eine relativ unschuldige, kindliche Selbstliebe an den Tag
legt, die aufgrund der Freude an der sich neu herausbildenden individuellen

Identität andere fast völlig ausschließt. Kindlicher Narzißmus ist nichts, wofür wir uns entscheiden würden. Ein Kind braucht diesen Narzißmus, um die Aufgabe, für das unreife Selbst zu sorgen, bewältigen zu können.

Sekundärer Narzißmus ist weniger unschuldig. Er ist selbstgefällig und Ausdruck einer Entscheidung, das Selbst ohne Rücksicht auf andere zu erhöhen. Er bedeutet, daß man sich entschieden hat, in stärkerem Maße für das eigene Selbst als für andere zu sorgen, und mehr Wert auf persönliche Macht als auf Verbundenheit mit anderen legt. Sekundärer Narzißmus blockiert die Glücksreaktion, weil er uns gegen die Freude abschottet, mit anderen Menschen zusammenzusein, die für gesundes Glück wesentlich ist. Dies ist ein Narzißmus, der genährt wird durch Erwerbsstreben und Besitztümer, Reichtum auf Kosten anderer und die Selbstherrlichkeit erfolgreicher Unabhängigkeit.

Das natürliche Glückssystem ist so beschaffen, daß es uns von dem konsumierenden sekundären narzißtischen Selbst weglockt, so daß wir uns am besten fühlen, wenn wir geben, teilen, helfen und für andere sorgen, und am schlechtesten, wenn wir nehmen und verletzen. Wenn wir auf unser Bedürfnis nach Freude achten, dann erfahren wir, daß eine Menge Dinge zu bekommen fast immer bedeutet, eine Menge Freude zu verlieren. Je mehr Dinge Menschen haben, desto weniger sind sie fähig, sich an dem zu freuen, was sie sich, wie sie sagen, am meisten wünschen – liebevolle, glückliche Beziehungen zu anderen Menschen.

Der Forscher Jeremy Seabrook befragte mehrere ältere Menschen der Arbeiterklasse über den steigenden Wohlstand in ihrem Leben. Einer der Interviewten beschrieb unbewußt die Auswirkungen des sekundären Narzißmus, als er sagte: »Die Menschen sind nicht zufrieden, aber sie scheinen nicht zu wissen, warum sie es nicht sind. Unsere Vision von Zufriedenheit besteht nicht darin, mehr von dem zu bekommen, was wir jetzt haben. Was wir jetzt haben, ist das, was uns unzufrieden macht, deshalb macht es uns nur noch unzufriedener, wenn wir mehr davon bekommen.«[12]

Untersuchungen haben mittlerweile eindeutig erwiesen, daß für unser Glück nicht Besitz entscheidend ist, sondern ein glückliches Familienleben, eine gute Ehe, gute Arbeit, Freizeit, um diese Dinge zu genießen, und Freundschaften. Nur wenige Menschen nennen »mehr Dinge bekommen« als das, was sie glücklich machen würde, dennoch scheinen die meisten ihr Leben völlig diesem Ziel verschrieben zu haben.

Der Autor James Ogilvy beschreibt noch eine dritte Variante des Narzißmus, den er *tertiären Narzißmus* nennt. Der primäre Narzißt liebt sich auf unschuldige Weise selbst, in einem selbstversunkenen Mangel an Rücksicht

auf andere »Selbste«, die ebenfalls damit beschäftigt sind, sich zu entwik-
keln. Der sekundäre Narzißt entscheidet sich, sich selbst anstelle des
»anderen« zu lieben. Der tertiäre Narzißt ist ein Mensch, der ständig
selbstbefaßt ist, ohne die leiseste Vorstellung von seinem wahren, authentischen Selbst zu haben. Ogilvy sagt, daß diese Variante des Narzißmus alle
negativen Aspekte sowohl des primären als auch des sekundären Narzißmus
in sich birgt, aber weder die unschuldigen Freuden der Kindheit noch die
Anerkennung und den Stolz des »erwachsenen Narzißmus« gewährt.

Der primäre Narzißt singt sein eigenes Lied ohne Rücksicht auf die
Lieder anderer. Er scheint nicht zu wissen, daß andere in Hörweite sind.
Der sekundäre Narzißt singt sein eigenes Lied, weil er sich dafür entschieden hat, nicht auf das Singen anderer zu hören, und es ihm gleichgültig ist,
ob irgend jemandem sein Lied gefällt oder nicht. Der tertiäre Narzist ist am
weitesten von *ha'aha'a* oder gesunder Demut entfernt. *Sein* Lied bleibt
unerkannt in seiner Brust verschlossen; er ist zu sehr dadurch abgelenkt, zu
bekommen und zu *tun*. Er ist zu beschäftigt, um den Liedern anderer zu
lauschen und könnte sich vor dem Geräusch des Gesangs ängstigen. Beim
tertiären Narzißten weichen kindliche Freude und erwachsener Stolz einer
chronischen Unzufriedenheit.

Mythologie und multiple Selbste

Es gibt eine weitere Alternative für den Umgang mit der zwanghaften
Selbstsucht, die wir täglich spüren. Der primäre, sekundäre und tertiäre
Narzißmus werden in unterschiedlichem Maße durch die Streßreaktion
dominiert. Die Freude, die dadurch ermöglicht wird, daß man dem Aloha-
Prinzip folgt, resultiert daraus, daß man ein starkes, authentisches Selbst
hat, das von vielen anderen, sich ständig verändernden, sich entwickelnden
und anpassungsfähigen Selbsten umgeben ist. Diese Theorie der »vielen
Selbste« ähnelt den Konzepten, die die Forscherin Patricia Linville als das
»komplexe Selbst« und der Psychiater Robert Lipton als das »proteische
Selbst« bezeichnet.

Ein Anzeichen zunehmender Reife ist, wenn ein Mensch den Versuch
aufgibt, festzulegen, »*wer* er ist«, und statt dessen hart daran arbeitet, viele
»Wers« zu entwickeln. Eine Frau faßte diesen Gedanken wie folgt in Worte:
»Als ich jung war, dachte ich immer, ich hätte Probleme, mein Selbst zu
finden. Dann sprach ich mit einem der Kupuna in Hawaii, der mir sagte,
daß die Suche nach einem einzigen Selbst der Suche nach einem Sandkorn

ähnele. Ich weiß jetzt, daß ich eine Mutter, eine Ärztin, eine Geliebte, eine Tochter, eine Ehefrau, eine Schöpferin usw. usw. bin. Meine große Herausforderung und meine große Freude bestehen darin, daß ich viele ›Ichs‹ fördere und nicht nur versuche, *ein* ›Ich‹ zu schützen. Wenn ich gelegentlich als Mutter versage, dann kann dies mein Selbstbild deshalb nicht vernichten, weil ich in meiner Vorstellung aus vielen verschiedenen ›Selbsten‹ bestehe.«

Linville und Lipton entwickelten ein auf dem westlichen Denken basierendes Konzept für das, was den Polynesiern seit mehr als zweitausend Jahren vertraut ist: das komplexe, sich verändernde Selbst. *Ha'aba'ba* erlangen wir dadurch, daß wir während des ganzen Lebens die Geburt vieler und sich ständig verändernder Selbste erleben und die Menschen in unserer Umgebung zur Entwicklung neuer Selbste ermutigen.

Der Autor Henry Dreher greift auf die griechischen Mythen von Proteus und der Hydra zurück, um wesentliche Gedanken über ein gesundes Selbst zu verdeutlichen. Der Mythos von Herakles und der Hydra dient als Veranschaulichung von Patricia Linvilles Theorie vom komplexen Selbst.[13] In diesem Mythos kämpft Herakles mit einem vielköpfigen Ungeheuer, der Hydra. Der Kampf ist schwierig, weil jedesmal, wenn Herakles einen der Schlangenköpfe abschlägt, an derselben Stelle zwei neue nachwachsen. Erst als der Held den einen, unsterblichen oder »authentischen« Kopf abschneidet, ist die Hydra besiegt. Die Lektion der Hydra lautet, daß viele »Selbste« uns davor schützen, »alle unsere kognitiven Eier in einen Korb zu legen«, wie Dr. Linville es formuliert.[14] Zwar brauchen wir alle ein zentrales, gesundes, ursprüngliches Selbst, das uns im mentalen Gleichgewicht hält, aber wir werden die Glückseligkeit, nach der wir suchen, niemals finden, ohne eine Gruppe von untergeordneten Selbsten, die uns helfen, mit dem natürlichen Chaos des Lebens fertigzuwerden.

Ein polynesischer Kahuna beschrieb seine Version des komplexen Selbst, indem er sagte: »Wir müssen wissen, wer wir sind, aber das reicht niemals aus. Wir müssen alles kennen, was wir sind und sein können, und wir müssen anderen helfen, all die Selbste zu sein, die sie sein können. Wir müssen von unserem zentralen Selbst viele Selbste aussenden. Wenn wir völlig davon in Anspruch genommen sind, *ein* Selbst zu finden und zu beschützen, dann ersticken wir unser Potential für Glück und Heilung, das aus der Vielfalt unserer Selbste resultiert. Du darfst nicht nur ›einfach du selbst‹ sein, – du mußt lernen, deine verschiedenen Selbste zu sein und anderen helfen, ihre Selbste zu sein. Das ist der Weg der Aloha.«

Der Mythos von Proteus ist zudem ein lehrreiches Beispiel für die gesunde Freude, die dann zustande kommt, wenn man das dynamische, anpassungsfähige Selbst besitzt, das der Psychiater Robert Lipton beschreibt. Proteus war ein alter, prophetisch begabter Meeresgott. Er wußte alles, wollte aber nicht, daß seine Geheimnisse bekannt würden. Wenn jemand ihn einfing, um seine Geheimnisse zu erfahren, dann entfloh er, indem er verschiedene Gestalten annahm: zu einem Leoparden, einem Löwen, sogar zu Feuer wurde. Wenn es einem der Menschen, die ihn gefangennahmen, gelang, ihn festzuhalten, dann nahm Proteus seine »eigentliche« Gestalt eines alten Mannes an und teilte diesem Menschen seine Geheimnisse mit. Und wenn man ihn anschließend freiließ, floh er wieder zurück ins Meer. Dr. Lipton meint, daß Proteus in unserer Zeit eine gute Metapher für Gesundheit und Glück sei. Lipton schreibt: »Zwar ist Verwandlungsfähigkeit die Essenz des proteischen Selbst, aber dieses Selbst hat gewisse relativ konstante Züge.«[15]

Liptons Vorstellung von den »konstanten Charakterzügen« stimmt mit der polynesischen Anschauung überein, daß demütige Bescheidenheit zwar eher viele verschiedene Selbste voraussetze als nur ein einziges starkes – daher rigides und zerbrechliches – Selbstbild, daß sie aber auch eine Basis von fester Zentriertheit um einen Kern von beständigen Identitätsaspekten herum verlange. Dazu gehört eine lebenslange Akzeptanz der eigenen Erscheinung, die Anerkennung und der Respekt für die eigenen familialen Ursprünge und ein widerspruchsfreies Erklärungssystem, das stark genug ist, einem durch schwierige Zeiten des Verlusts und der Veränderung hindurchzuhelfen. Die Polynesier wissen, daß demütige Selbstlosigkeit nicht Schwäche oder »Selbst-Unklarheit« bedeutet. Sie ist im Gegenteil ein Anzeichen für eine starke Kernidentität, in der das Individuum weiß, daß dasjenige, was es selbst ist, nicht von dem zu trennen ist, was alle anderen sind. Sie befähigt den einzelnen, verschiedene Rollen auszufüllen, zu überleben und durch Fehlschläge in einigen dieser Rollen zu wachsen, ohne daß die Bewältigung anderer dadurch nachließe, und die reaktive Kompensation der Arroganz oder der Scham zu vermeiden, wenn die erweiterten Selbste mit Schwierigkeiten konfrontiert sind.

Ha'aha'a oder Demut erfordert also, daß wir die Tatsache akzeptieren, daß wir viele Selbste haben, um unsere vielfältige Welt genießen zu können. Sie setzt jedoch auch ein Kernselbst voraus, das durch seine Verbindung mit allen anderen Selbsten und den Respekt für diese Selbste authentisch wird. Dieses demütige und bescheidene Selbst kann sowohl eine Hydra als auch ein Proteus sein. Letztlich ist *ha'aha'a* revolutionär und befreiend, weil sie auf der Vorstellung basiert, daß wir zwar unser Schicksal nicht wählen, wohl aber wählen, wie wir uns selbst sehen.

Ha'aha'a Ha'awina (Lektion in Demut)

Die folgende »polynesische Pronominal-Übung« kann Ihnen helfen, sich der beständigen Kontrolle des selbstsüchtigen Gehirns bewußt zu werden und zu entziehen und *ha'aha'a* in Ihrem eigenen Leben zu praktizieren. Versuchen Sie einmal, einen ganzen Tag lang ohne die Pronomina »ich«, »mir«, »mein« und »mich« auszukommen. Seien Sie wachsam gegenüber Situationen, in denen Sie diese Wörter normalerweise benutzen würden, und ersetzen Sie sie durch ein anderes Pronomen – oder sagen Sie einfach gar nichts.

Wenn Sie so sind wie die meisten Menschen, die diesen »polynesischen Pronominaltest« bisher ausprobiert haben, dann werden Sie feststellen, daß es sehr schwierig ist, in unserer Gesellschaft einen ganzen Tag lang ohne wiederholte Bezugnahme auf sich selbst auszukommen. Im Laufe dieses Tages werden Sie wahrscheinlich bei Gesprächen ins Stocken geraten und nach Worten suchen, aber nach ein paar Stunden werden Sie neue Möglichkeiten des Redens – und Denkens – entdecken. Sie werden beginnen, andere zu fragen, wie sie sich fühlen, was sie wollen und wie Sie ihnen helfen könnten. Sie werden bemerken, daß Menschen sich in Ihrer Gegenwart sehr viel entspannter fühlen. Achten Sie auf die Ausdrucksweise anderer Menschen, und Sie werden feststellen, daß sie viele selbstbezügliche Pronomina benutzen. Sie werden außerdem bemerken, daß die anderen, in dem Maße, wie Sie selbst Ihre »selbstsüchtigen« Fürwörter reduzieren, es ebenfalls tun.

Am Ende Ihres »ichlosen Tages« nehmen Sie sich ein wenig Zeit, über Ihre Erfahrungen und Empfindungen nachzudenken. Sie werden möglicherweise feststellen, daß dies einer der vergnüglichsten, angenehmsten, streßfreisten Tage war, den Sie seit langem verbracht haben. Sie werden geduldiger werden, sich stärker mit anderen verbunden fühlen und mehr Freude erleben. Möglicherweise gewinnen Sie auch eine sehr viel einfühlsamere Einstellung gegenüber der Welt im allgemeinen – spüren also die polynesiche *akahai* oder die sanfte Zärtlichkeit, die der fünfte und letzte Bestandteil des Aloha-Prinzips ist.

Elftes Kapitel

Durch Schenken beschenkt werden – versuch's mit etwas Zärtlichkeit

Akahai: Sanftheit, mit Zärtlichkeit zum Ausdruck gebracht
»E wehe I ka umauma I akea«
(Öffne deine Brust, damit sie weit sei –
hab ein warmes und offenes Herz.)

Als wir einmal am Strand saßen und den Buckelwalen beim Spielen zuschauten, deutete mein alter hawaiianischer Freund auf eine Gruppe von, wie er sie nannte, »Tantenwalen«. »Schau, wie sanft diese Untiere sind«, sagte er flüsternd, als wollte er sie nicht stören. »Alle anderen weiblichen Wale helfen dem Mutterwal. Sie halfen, das männliche und weibliche Tier in die richtige Stellung für den Sex zu bringen, verhielten sich bei der Geburt wie Hebammen und brachten die Mutter in die richtige Position, um ihr neues Baby zu säugen. Jetzt schwimmen sie ständig im Kreis, um die Haie fernzuhalten. Sie spielen sogar, wie Babysitter, mit dem Kalb, während das Muttertier sich ausruht. Sie wissen, was *akahai* bedeutet. Das größte Säugetier ist auch eines der sanftesten Geschöpfe der Erde.«

Das sensible, liebevolle Spiel der Wale ist ein Beispiel für die letzte der fünf Komponenten der Aloha: *akahai*, freundliche, rücksichtsvolle, zärtliche Beziehungen zu allen und allem.

Wie sehen Sie Ihren Körper?

Die westliche Medizin hat eine zugleich aggressive und defensive Herangehensweise an die Gesundheit. Sie spricht von der Notwendigkeit, »den Kampf« gegen die Krankheit »zu gewinnen« und durch »Stärkung der Abwehrkräfte des Körpers« der Krankheit vorzubeugen, und betrachtet den Körper als eine Maschine aus Muskeln und Knochen, die von einer

Flüssigkeitspumpe (dem Herzen) angetrieben und durch ein elektrisches Organ (das Gehirn) gesteuert wird. In medizinischen Diagnosen ist von dem »Zahnradphänomen«, »Hammerzehen«, »Sichelzellenanämie« und »Kolbenpuls« die Rede.[1] Ein Wissenschaftler ging sogar so weit, den Wert des Körpers in Dollar zu berechnen, als wäre er ein Sack voll von verkäuflichem Material. Er berechnete, wieviel es kosten würde, die einzelnen Bestandteile des Körpers von Chemiefirmen zu kaufen, und kam zu dem Schluß, daß der Marktwert mehr als 200 000 Dollar betrage. Seine Schätzung basierte auf den Preisen von 1980, und der Wert der transplantierbaren Organe wurde dabei noch gar nicht berücksichtigt. Ein anderer Autor berichtete, daß im Körper genügend Wasser vorhanden sei, um ein Vierzigliterfaß zu füllen, genügend Fett für sieben Stück Seife und genügend Kohlenstoff, um 9000 Bleistiftminen herzustellen. Ein solches mechanistisches Denken über den Körper setzt eine objektive, statische Sichtweise voraus, die die nicht quantifizierbare, natürliche Dynamik unserer Gedanken, Gefühle und Intentionen außer acht läßt.

Die ozeanische Herangehensweise an den Körper ist eher musikalisch als mechanistisch. Sie betrachtet ihn als eine rhythmische Repräsentation des Lebensgeistes und das Resultat all der Dinge, die zusammenklingen, um ein harmonisches System zu schaffen. Im ozeanischen Kulturkreis spricht man vom Körper mit Respekt, Freundlichkeit und Liebe, und er wird nicht als eine von ihrer Umwelt isolierbare Einheit betrachtet. Er wird als eine der vielen Manifestationen der menschlichen Seele gesehen, mit der man deshalb so zartfühlend und fürsorglich wie möglich umgehen muß.

Wie wir schon gesehen haben, ist für den Polynesier die Seele nicht *im* Körper; sie *ist* der Körper. Sie ist zudem eins mit allen Seelen außerhalb der illusionären Grenze eines der größten Immunorgane des Körpers, der Haut. Für die Inselmenschen gibt es ebensowenig Grenzen der Individualität, wie es physische Grenzen von Privateigentum gibt, deshalb ergibt es keinen Sinn, von einem individuellen Körper zu sprechen, der von einem individuellen Gehirn kontrolliert würde.

Sowohl die östliche als auch die westliche Medizin und Philosophie betrachten den Körper häufig als eine wesenhafte Begrenzung der Seele. Die polynesische Sicht dagegen ist, daß der Körper ein großes Geschenk sei, das man genießen, auskosten und auf sinnliche Weise mit der Welt teilen müsse – durch Lieben, Tanzen, Singen und Chanten. Viele alte Hawaiianer bewahren alle ihre abgeschnittenen Fingernägel und Haare auf, und die Knochen der Toten werden als sehr heilig und »wirkmächtig« betrachtet.

Der Dritte Weg zum Wohlbefinden lehrt, daß ein langes und von Freude erfülltes Leben durch die liebevolle Erfahrung des Verbundenseins mit allen uns umgebenden – menschlichen, tierischen und pflanzlichen – Körpern entsteht. Für die Polynesier bedeutet totale »Fitneß« nicht nur, den Körper in Form zu halten, sondern liebevoll dafür zu sorgen, daß die ganze Welt ständig bei guter Gesundheit ist. Der Körper ist ein primäres Kommunikationssystem zur Aufrechterhaltung und Erfahrung unserer Verbundenheit. Er ist ein Teil des umfassenden Ökosystems, und man sollte daher ebenso für ihn sorgen, wie man für die Pflanzen und Fische sorgt. In diesem Kapitel über *akabai* geht es darum, wie wir sanfte Fürsorglichkeit zum Ausdruck bringen können – in unseren intimen Beziehungen, unseren sonstigen zwischenmenschlichen Beziehungen und unserer Beziehung zur Umwelt und zur ganzen Erde.

Die Kraft der 'ohana (Familie)

Während der Hawaiianer und ich den Walen weiter beim Spielen zuschauten, sahen wir die *'ohana* (polynesische Familie) in Aktion. Im achten Kapitel wurde das Prinzip des *lokahi* (Einssein) vorgestellt und die Familie als zentraler und alles einschließender Bestandteil des polynesischen Lebens beschrieben. Das Wort *'ohana* ist von *'oha* abgeleitet, dem »Taroschößling«, der aus der Wurzel und dem Stiel der Taropflanze kommt. *'Oha* bezieht sich auf die Ableger oder »Nachkömmlinge« der Taropflanze. Durch das Anfügen der Silbe *na* wird das Wort in den Plural gesetzt, deshalb bedeutet *ohana* viele gesunde Schößlinge, die aus einer gesunden Wurzel wachsen und sich entwickeln.

Eines der wesentlichen Aloha-Prinzipien der polynesischen Kultur besteht darin, aus der Großfamilie heraus respektvolle Freude zu schenken und zu empfangen. Mary Kawena Pukui, eine der größten hawaiianischen Gelehrtinnen und Lehrerinnen, lehrte, daß die Familie die Welt sei und daß sie als die gesunde Wurzel allen Lebens geschützt und liebevoll gefördert werden müsse. Sie schrieb: »Die Mitglieder der *'ohana* entstammen, wie Tarosprößlinge, alle derselben Wurzel.«[2] Die ozeanische Tradition lehrt, daß es keine Grenzen gibt, die unsere Aufgabe der liebevollen Fürsorge genau umreißen würden. Sie lehrt, daß es nur eine Sünde gibt: einer anderen Seele Schaden zuzufügen. Da überall in unserer Umgebung Seelen tanzen, muß man auf geradezu verschwenderische Weise zärtlich sein, nicht nur sich selbst, den engen Freunden und der Familie gegenüber. Die

Polynesier sind deswegen in der Welt emotional »zu Hause«, weil sie es genießen, in ihr zu *sein*, anstatt sie zu *besitzen*. Sie bemühen sich, jeden und alles wie Familienmitglieder zu behandeln.

Die Polynesier fühlen sich zudem verpflichtet, Tag für Tag *ho'okipa*, fürsorgliche Großzügigkeit, zu üben. Diese Großzügigkeit hat ihnen häufig Nachteile eingebracht, da andere, weniger sanfte Kulturen *ho'okipa* ausgenutzt haben, indem sie die Inseln und die umgebenden Gewässer plünderten. Die Polynesier kultivieren fürsorgliche Herzenswärme, um alles und jeden zu beschützen und zu nähren. Sie nennen diese Einstellung *malama*, was bedeutet, der »Makro-*'ohana*«, der »Über-Großfamilie des Lebens«, Respekt und Liebe zu erweisen.

Meine Frau Celest Kalalani machte einmal einer Hawaiianerin ein Kompliment über ihren schönen Hut. Als sie sich das nächste Mal begegneten, schenkte die Frau Celest den Hut (womit sie sie in große Verlegenheit stürzte). Meine Frau und ich gehen seitdem vorsichtiger mit bewundernden Äußerungen über den Besitz unserer polynesischen Nachbarn um, da wir fürchten, daß wir ihre *ho'okipa* ausnutzen und den Eindruck erwecken könnten, daß wir ihr Eigentum begehren. Viele Kulturen Indiens und des Mittleren Ostens sind ebenfalls von dieser Tradition geprägt – ein weiterer Indikator dafür, daß die drei Wege zum Wohlbefinden sich an wichtigen Kreuzungen schneiden.

Liebe im Stil der Polynesier

Die dritte und grundlegendste Bedeutung des Wortes Aloha ist »Liebe«. Die ozeanische Liebe basiert auf *akahai*, einem verläßlichen, gewissenhaften, sanften und fürsorglichen Verhalten. *Akahai* ist kein automatisches oder impulsives Gefühl; es ist keine Erwiderung oder Reaktion. Die »romantische« Liebe des Westens ist eine übertriebene, impulsive, sexualisierte Empfindung, die das Selbst in erotischer und leidenschaftlicher Erfüllung verherrlicht. Die westliche Kultur fördert die Anschauung, daß Liebe ein spontanes Gefühl sei, das dem Menschen einfach »zustößt«, das uns mit seiner Kraft zu überwältigen vermag. Sie behauptet, daß wir uns hilflos »verlieben« und »entlieben« und daß man dadurch wahre Liebe finde, daß man den richtigen Partner finde – und nicht so sehr, daß man die richtigen Dinge *tut* und der richtige Mensch *ist*. Die westliche Kultur betrachtet die Liebe zwischen zwei Menschen als einen romantischen Weg zur Selbstverwirklichung.

Die traditionelle östliche Auffassung von Liebe ist abstrakter und spiritueller und weniger weltlich und romantisch. Entsprechend wird liebevolles
Verhalten in einer Beziehung zu einer anderen Person häufig als ein Zeichen menschlicher Schwäche interpretiert. Man betrachtet es als ein Nach-
geben gegenüber den Schwächen des Fleisches auf Kosten eines erleuchteten Geistes. Wenn man den Lehren der östlichen Medizin und Philosophie
aufmerksam zuhört, dann erfährt man erstaunlich wenig darüber, wessen es
bedarf, um eine gute Ehe zu führen, und dafür um so mehr darüber, was
nötig ist, um ein »Weiser« zu werden, der den Kontakt zu seinem – wie ein
moderner Guru es formuliert – »inneren Zauberer« hergestellt hat.

Nach ozeanischer Auffassung ist Liebe etwas, was man *tut*, nicht *empfindet*.
Sie gründet darauf, ein liebevoller Mensch zu sein. Sie bedeutet nicht, sich
der Faszination eines anderen Menschen zu ergeben, der große Belohnungen für das Selbst verspricht. Sie ist kein Tauschhandel oder erotischer
Austausch. Liebe ist etwas, was man *will*, nicht etwas, was man *fühlt*. Sie
bedeutet eher, der richtige Partner zu *sein*, als den richtigen Partner zu *finden*,
eher, mitfühlend als leidenschaftlich zu sein und in den schwierigen Zeiten
des Lebens zu helfen, zu heilen und zu schenken. Liebe gründet weniger
darauf, sich selbst Gutes zu tun, als darauf, eines anderen Menschen Bürde
zu erleichtern.

In Polynesien basiert die Ehe auf der Vorstellung der erweiterten Aloha.
Leo Tolstoi faßte in Worte, was für die meisten Inselmenschen der Sinn der
Ehe ist: »Das Ziel unseres Lebens sollte nicht sein, Glück in der Ehe zu
finden, sondern mehr Liebe und Wahrheit in die Welt zu bringen. Wir
heiraten, um einander bei dieser Aufgabe zu unterstützen.«[3] Für die Menschen, die dem ozeanischen Weg folgen, ist alle Liebe Liebe zur Welt.

Ein Schlüssel zur polynesischen Liebe ist das bereits erwähnte Konzept
des *pana'i*, das ein positives »Aufeinander-Einwirken« bedeutet. Die Polynesier glauben, daß jedes Wort, das wir sagen, große Kraft habe und daß
schlimme Äußerungen über einen Menschen oder ein Ding unweigerlich
wieder zum Sprecher zurückkehren werden. Dasselbe gilt für die guten.

Seiner Natur nach transzendiert dieses holistische Verständnis der Liebe
zwischenmenschliche Beziehungen und schließt unsere Beziehung zu uns
selbst und unserer Umgebung ein. Entsprechend dem ozeanischen Verständnis ist es nicht möglich, das eine ohne das andere zu haben. Die
Autorin Riane Eisler unterscheidet zwischen einem »Dominanz-« und
einem »Partnerschaftsmodell« der Liebe.[4] Das Dominanzmodell der intimen Beziehung beruht darauf, den anderen zum Nutzen des eigenen Selbst
zu kontrollieren. Es arbeitet mit den Mitteln der Angst und des Zwanges,

und Eisler führt aus, daß Kulturen, die sich das Dominanzmodell des »Benutzens« eines Liebhabers zur Erhöhung des Selbst zu eigen gemacht haben, auch dazu neigen, Menschen die Herrschaft über die Natur zuzuschreiben. Das Ergebnis ist mehr Schmerz als Freude. Die polynesische Kultur ist eine der ältesten Partnerschaftskulturen und hatte häufig mit den schmerzlichen Einflüssen der »Dominanz-Kulturen« zu kämpfen.

Die Gefahren der Kritik

Um *pana'i*, oder ein positives Aufeinander-Einwirken, in unser Alltagsleben zu integrieren, sollten wir so wenig wie möglich kritisieren. Kritik sendet das aus, was die Polynesier ein schlechtes Mana nennen, und diese Energie wird früher oder später zu uns zurückkehren. Kritik ist ein persönlicher Angriff, der niemals etwas Angenehmes, Freudevolles bewirkt; fast immer führt er zu emotionalem Rückzug, Zorn, Widerwillen und Abscheu. Die Polynesier glauben, daß »Kritik Fakten schafft«: Je mehr wir andere herabwürdigen, desto mehr verwandeln sie sich in das, wofür wir sie geißeln. Dagegen kann ein nüchternes Sich-Beschweren sehr hilfreich sein. Beschwerden konzentrieren sich auf Handlungen und können dabei helfen, daß sich Menschen bestimmter Verhaltensmuster bewußt werden und diese korrigieren. Sich beschweren bedeutet nicht, darüber zu jammern, daß man zum Opfer gemacht werde oder daß es einem elend ergehe. Wer sich beschwert, klagt nicht an, sondern legt lediglich den Finger auf bestimmte Probleme. Mit einer Beschwerde erklärt man, daß man bereit sei, Zeit und Mühe zu investieren, um eine Beziehung für beide Partner zu verbessern. »Ich wünschte, wir würden mehr reisen. Wir müssen herausfinden, was wir gemeinsam dafür tun können«, ist eine Beschwerde. »Du fährst nie mit mir irgendwohin«, ist eine Kritik, die eher zu noch größeren Problemen führt als zu deren Lösung. Die moderne Forschung zeigt, daß konstruktive Beschwerden, die die Aufmerksamkeit auf nichtpersonalisierte Probleme innerhalb der Beziehung lenken, zu den besten und dauerhaftesten Beziehungen führen.

Der Unterschied zwischen »kritisieren« und »sich beschweren« wird an folgendem Fallbeispiel aus meiner Praxis deutlich:

»Nie willst du Sex«, sagte die Ehefrau. »Du hast dein Bedürfnis nach Sex verloren, weil dir deine Arbeit wichtiger ist als ich.« Der persönliche Angriff, den diese Frau auf ihren Mann richtete, bewirkte bei ihrem Partner mit Sicherheit genau das, was Forscher als physiologisches, emotionales und mentales *flooding* (wörtlich »[Reiz-]Überflutung«) bezeichnen. *Flooding* ist charakterisiert durch beschleunigten Herzschlag, erhöhten Blutdruck, geschwächte Immunabwehr, eine Zunahme an Streßhormonen und die Unfähigkeit, klar zu denken.[5] Zwar mag es einzelne Ausnahmen geben, aber Männer reagieren im allgemeinen rascher als Frauen mit *flooding*. Sie beginnen sofort, sich in sich zurückzuziehen, und »mauern«, d. h., schotten sich ab, um das *flooding* zum Stillstand zu bringen.

Frauen reagieren auf männlichen Rückzug häufig ihrerseits mit *flooding*, was zu verstärkter Kritik führen kann. Dies wiederum führt zu noch extremerem Rückzug seitens des Mannes, und die Folge ist ein gefährlicher emotionaler Tango. Sehr sorgfältig durchgeführte wissenschaftliche Untersuchungen haben jetzt erwiesen, daß Frauen, mit einigen Ausnahmen, tendenziell die »emotionalen Manager« in einer Beziehung sind. Sie sind eher imstande, zwischenmenschliche Probleme zu erspüren, und sensibler gegenüber subtilen Anzeichen für Probleme. Männer neigen, wiederum mit einigen Ausnahmen, eher dazu, nach schnellen Lösungen zu suchen, und sind gegenüber frühen Anzeichen für Probleme sehr viel weniger wachsam. Männer tendieren eher zum Mauern und dazu, Problemen, die ihnen unlösbar erscheinen, aus dem Weg zu gehen, während Frauen tendenziell die Probleme aufdecken und diskutieren möchten. Die Untersuchungen des Psychologen John Gottman, auf die ich in diesem Kapitel immer wieder Bezug nehme, zeigen eindeutig, daß häufig folgender Mechanismus in Gang gesetzt wird: Wenn das Frühwarnsystem einer Frau sie zu einer Beschwerde veranlaßt und der Mann diese Beschwerde überhört, beginnt die Frau Kritik zu äußern, auf die der Mann mit *flooding* und Mauern reagiert. Trotz der Proteste, dies sei »sexistisch«, zeigen die Forschungsergebnisse eindeutig, daß Frauen sehr viel begabter für das Beziehungsspiel sind als Männer und daß ein bewußtes Akzeptieren anstatt eines Leugnens dieses grundlegenden Unterschieds zwischen den Geschlechtern (wiederum mit vielen Ausnahmen) der Weg zu besseren und gesünderen Beziehungen ist.

Tödliche Liebe

Wegen unseres Mangels an *akahai*, eines sanften, unkritischen Aufeinandereingehens, sind wir der Herausforderung der schwierigsten und anspruchsvollsten aller Beziehungen, der Ehe, nicht gewachsen. Statistisch gesehen scheitern fast alle unsere intimen Beziehungen. Während sich die jährliche Scheidungsrate auf knapp unter 50 Prozent eingependelt hat, ist das *Risiko* einer Scheidung – die Möglichkeit, daß eine neue Ehe schließlich in einer Scheidung enden wird – drastisch gestiegen. Ungefähr 10 Prozent der Paare, die 1890 heirateten, haben sich später scheiden lassen. Fast 70 Prozent der Ehen, die in den 1990er Jahren begannen, endeten mit einer Scheidung. Wenn dieser Risikofaktor in diesem Ausmaß weiter bestehen bleibt, dann werden bereits im Jahr 2000 weniger als zwei von zehn Ehen überleben.

Ehen sind Mikrokosmen der Aloha – der Fähigkeit, in einem umfassenden Sinn zu lieben. Sie vergrößeren die Stärken und Schwächen unserer Liebesfähigkeit, deshalb sind sie ein gutes Labor für die experimentelle Erprobung unserer Fähigkeit, *akahai*, liebevolle Fürsorglichkeit, zu üben.

Ein Grund, warum fast alle unsere intimen Beziehungen scheitern, ist das Freudemangel-Syndrom. Wir verlieren unsere Fähigkeit, große Freude in unserer Ehe zu geben und zu finden, und unser selbstsüchtiges Lieben wirkt sich auf unsere Beziehung tödlich aus. Schließlich »konsumieren« wir unsere Ehe, wie wir die meisten Dinge konsumieren, und wenn sie irgendwann verbraucht ist, werfen wir sie einfach fort. Es gelingt uns nicht, *akahai* und das entscheidende Prinzip von *pana'i* zu praktizieren. Um mehr *akahai* in Ihr Leben zu bringen, so daß sie die Freuden einer dauerhaften liebevollen Beziehung auskosten können, sollten Sie sich die folgenden Regeln einprägen:

Mehr pana'i in Ihr Leben bringen

1. *Machen Sie fünfmal so viele Komplimente wie Sie Kritik üben.* Aus einem bisher noch ungeklärten Grund ist ein Fünf-zu-eins-Verhältnis von Komplimenten zu Kritik genau das Richtige, um Beziehungen lebendig und gesund zu erhalten.
2. *Behalten Sie in Konfliktsituationen Ihren flooding-Pegel im Auge.* Wenden Sie dazu die *a'i*- oder »Halspuls«-Methode an, die ich im neunten Kapitel beschrieben habe. Zum *flooding* gehört eine Steigerung der Herzfrequenz. Bei Frauen schlägt der Puls im Ruhezustand durchschnittlich 82mal pro Minute, bei Männern durchschnittlich 72mal. *Flooding* beginnt technisch bei einer Steigerung von ungefähr 10 Schlägen pro Minute, gemessen an der Herzfrequenz im Ruhezustand. Wenn Ihr Herzschlag sich um mehr als 10 Schläge pro Minute steigert, dann hat die Streßreaktion eingesetzt, und Ihre Streßhormone vernebeln Ihnen den Blick für die Liebe.[6]
3. *Achten Sie auf das »Abscheugrübchen«.* Wenn wir im Zustand des *flooding*

sind, schalten wir von »zärtlich« auf »defensiv«. Wir reagieren mit einem lieblosen Gesichtsausdruck und kontrahieren die kleinen, kräftigen Muskeln, die den Mundwinkel auf eine Seite ziehen. Da die rechte Seite unseres Gehirns im wesentlichen mit unseren negativen Gefühlen befaßt ist, kommen solche Gefühle typischerweise stärker auf der linken Seite unseres Gesichts zum Ausdruck. Zusätzlich verdrehen sich möglicherweise unsere Augen nach oben und wir stoßen einen entnervten Seufzer aus. Die Polynesier nennen das »das Stinkeauge zeigen«, und sie wissen, daß die Liebe früher oder später in die Binsen geht, wenn dieser Ausdruck von Verachtung und Widerwillen regelmäßig aufzutauchen beginnt. Untersuchungen haben gezeigt, daß sich der Herzschlag eines Menschen, der an seinem Partner das »Abscheu-Grübchen« sieht, um zwei bis drei Schläge pro Minute beschleunigt und daß ein leichtes *flooding* einsetzt. Wenn das Abscheu-Grübchen in einer Ehe auftaucht, dann reagieren Frauen sehr viel eher mit einer Abwehrschwäche und bekommen sehr viel leichter Blasen- und Pilzinfektionen, Erkältungen und Grippe. Männer neigen dazu, die Beziehung sehr bald zu verlassen. Untersuchungen der jüngsten Zeit haben gezeigt, daß Beziehungen, in denen das Abscheu-Grübchen regiert, meist innerhalb von vier Jahren enden.

4. *Achten Sie auf die »Zorn-Lippe«.* Wenn wir Verachtung empfinden, dann haben wir gewöhnlich das Gefühl, daß wir einem anderen Menschen überlegen sind oder daß unser Revier verletzt wurde. Möglicherweise zeigen wir unseren Abscheu, indem wir unsere Oberlippe hochziehen und seitlich wegschauen.[7] Wissenschaftliche Untersuchungen der jüngsten Zeit zeigen, daß unser Immunsystem auch dadurch geschwächt werden kann, daß wir ein unglückliches Gesicht aufsetzen, daß dies Menschen von uns forttreiben und zum Ende einer intimen Beziehung führen kann.

5. *Probieren Sie es einmal mit der »Samstagsliste«.* Erinnern Sie sich, was wir im achten Kapitel zum Thema »Wutbewältigung« gesagt haben: Drücken Sie Ihre Wut nicht aus, unterdrücken Sie sie auch nicht, sondern bekennen Sie sie. Erstellen Sie eine Liste der Dinge, die Sie wütend machen, oder sprechen Sie sie auf ein Tonband, und planen Sie einen Tag in der Woche ein, um sich mit Ihrer Liste zu befassen. Wenn Sie sich Ihre Liste schließlich vornehmen, werden Ihnen viele der Gründe für Ihre Wut schon nicht mehr so wichtig erscheinen.

6. *Denken Sie an den »S-Index«.* Als Testpaare die Häufigkeit von Geschlechtsverkehr und die Häufigkeit von Auseinandersetzungen in ihrer

Ehe bewußt registrierten, entdeckten amerikanische Wissenschaftler
das, was sie den »S-Index« nannten: »Sex-Frequenz minus Streit-Fre-
quenz«.[8] Wenn ein Paar sich achtmal im Monat streitet, aber zwölfmal
im Monat Sex hat, dann ist sein S-Index +4, was bedeutet, daß die
Beziehung wahrscheinlich halten wird. Wenn ein Paar sich viermal im
Monat streitet, aber nur einmal im Monat Sex hat, dann beträgt sein
S-Index -3, was bedeutet, daß die Ehe wahrscheinlich scheitern wird. Ich
will damit nicht sagen, daß Sie weiterhin streiten und einfach häufiger in
Ihrer Beziehung Sex haben sollten, aber weniger Kritik kann die richtige
Atmosphäre für mehr sinnliche Zärtlichkeit und eine erotischere Ökolo-
gie in Ihrer Beziehung schaffen.

Die Risiken und Belohnungen der Liebe

Unter *Kathexis* versteht man in der Psychologie die Konzentration von
Liebe und liebevoller Energie in eine andere Person. Vertrauensvolles Sich-
Öffnen ist der Prozeß, der die Kathexis ermöglicht. Im neunten Kapitel
habe ich dargelegt, daß die Kathexis ein wesentlicher Bestandteil des *lokahi*
(Einsseins) ist, und dies bedeutet, sich für einen Menschen, einen Ort oder
eine Sache »einzubringen«. Eine der wesentlichen Voraussetzungen des
Aloha-Prinzips ist, jemanden zu haben, in den man liebevolle Energie
investiert und der seinerseits solche Energie in einen selbst investiert.

Es wirkt sich sehr positiv auf die Gesundheit aus, einen Menschen zu
haben, der einem nahesteht und dem man seine innersten Geheimnisse,
Ängste und Gefühle anvertrauen kann. Menschen, die eine solche Kathexis
oder ein solches Engagement in ihrem Leben haben, leben länger und
glücklicher, während jene, die sie verlieren und sich nicht erneut engagie-
ren, Gefahr laufen, daß ihre Immunabwehr geschwächt wird. Wenn man
jemandem in einer Beziehung sehr nahe kommt, kann es durchaus sein, daß
man sich um so einsamer fühlt, wenn die Beziehung einmal endet. Deshalb
brauchen wir die umfassende Erfahrung einer liebevollen Aloha: als Puffer
gegen das unvermeidbare physische Ende von Beziehungen.

Geschichten erzählen

Die Polynesier bezeichnen das westliche Konzept des »Sich-Anvertrauens«
als »Geschichtenerzählen«, was im wesentlichen bedeutet, sich zusammen-
zusetzen und über Gott und die Welt zu reden. Geschichtenerzählen ist ein
liebevoller Energieaustausch, der ebenso wesentlich ist für die Fortsetzung
einer Beziehung wie dafür, die Gesellschaft und die Kultur am Leben zu
erhalten. Sich auf konstruktive und erfreuliche Art einander anzuvertrauen
erhält Verbindungen aufrecht – nicht nur mit den Menschen in unserem
Leben, sondern auch mit unseren Ahnen. Es ist ein Ritual zur Erzeugung
jener Energiefelder und jener »morphischen Resonanz«, von der Rupert
Sheldrake spricht und die wir im siebten Kapitel erörtert haben.

Eine polynesische *kumu* faßte die Bedeutung des Geschichtenerzählens
mit folgenden Worten zusammen: »Ich glaube, wenn mehr Paare sich
häufiger Geschichten erzählten, dann hätten sie glücklichere Ehen. Allzu
viele Paare erzählen sich keine Geschichten, sie tauschen nur jeden Tag
Überlebensbotschaften aus. Sie sprechen nicht wie Partner miteinander.
Statt dessen versuchen sie ständig, einander zu beherrschen. Sie verbringen
nicht genügend Zeit damit, über die Vergangenheit und über die Freuden
des Tages zu reden. Sie lösen ständig Probleme, aber sie vergessen, sich
einfach darüber zu freuen, daß sie gelebt haben. Sie sehen nicht, daß sie
permanent Erinnerungen schaffen und daß sie diese Erinnerungen verder-
ben und vergeuden, wenn sie bloß darüber reden, wie sie Dinge ›erledigen‹
können, anstatt die Dinge zu genießen, die sie gemeinsam getan haben.«

Im Folgenden einige Möglichkeiten, wie Sie Freude am »Geschichtenerzählen« haben und mehr *akahai* in Ihre Beziehungen bringen können.

Wie man »Geschichten erzählt«

1. *Katharsis genügt nicht.* »Katharsis« bedeutet häufig nur, Emotionen herauszulassen – zu toben und zu schimpfen und »seinen Gefühlen Luft zu
   machen«. Sich einander anvertrauen ist ein systematisches, rücksichts-
   volles Mitteilen sowohl von Gefühlen als auch von Fakten. Es ist ein
   langer, rationaler, ruhiger, langsamer Prozeß, zu dem zwar Beschwerden
   gehören mögen, aber niemals Kritik. Es verlangt, daß man zwischen der
   Dringlichkeit der Gefühle und der Realität der Tatsachen, die sie ausgelöst haben, ein Gleichgewicht herstellt.

2. *Aufschreiben hilft.* Ihre Gedanken und Gefühle aufzuschreiben kann dabei helfen, sie zu organisieren, und wissenschaftliche Untersuchungen haben gezeigt, daß ein solches Aufschreiben nicht nur dem *Ausdrücken* von Gefühlen dient, sondern auch *Einsicht* in sie verschafft. Als Studenten ihre Gedanken, Sorgen und Gefühle aufschrieben, blieben sie gesünder als die Studenten der Kontrollgruppe, die nachdachten, ihre Gedanken aber nicht zu Papier brachten. Sich selbst in schriftlicher Form »Geschichten zu erzählen« ist mehr als bloßes Tagebuchschreiben. Tagebücher enthalten tägliche Berichte, die häufig die Beschreibung wahrer Gefühle und analytisches Nachdenken ausschließen. »Geschichtenerzählen« bedeutet Mitteilen, Eingestehen, Nachdenken und Akzeptieren.

3. *Beichten Sie, was Sie für sich zu behalten versuchen.* Hemmungen rauben nicht nur geistige Energie, sie verbrauchen auch eine große Menge körperlicher Energie und schwächen das kardiovaskuläre und das Immunsystem. Die Polynesier bezeichnen das Beichten als *ha'ina*, was bedeutet, daß man die eigenen Ängste, Mängel und Fehlschläge anerkennt und die Verantwortung dafür übernimmt, eine andere Seele verletzt zu haben. Gerichtspsychologen, die mit Lügendetektoren arbeiten, berichten, daß die Angeklagten nervös werden, wenn sie das erste Mal an die Meßgeräte angeschlossen werden. Ein *flooding* setzt ein: Ihr Herz rast, Streßhormone werden ausgeschüttet, und ihre Atmung beschleunigt sich. Wenn jemand während dieses Tests ein Geständnis macht, wird regelmäßig noch ein zweiter Lügendetektor-Test gemacht, um die Resultate des ersten zu verifizieren. Obwohl das Geständnis jetzt bedeutet, daß der Betreffende ins Gefängnis kommt oder zumindest finanzielle Verluste erleidet, zeigt der zweite, nach dem Geständnis durchgeführte Lügendetektortest, daß die Streßsituation vorbei ist. Herzfrequenz, Blutdruck, Atmung und Leitfähigkeit der Haut (ein weiterer Indikator für Streß) sinken alle wieder auf normale Werte. Sogar wenn den Geständigen Handschellen angelegt werden und sie ins Gefängnis geführt werden sollen, stehen die meisten Gesetzesbrecher auf, schütteln die Hand des Mannes, der den Polygraphen bedient hat, und danken ihm. Sobald sie ihre Geschichte erzählt haben, fühlen sie sich offensichtlich ausgeglichener und entspannter.

4. *Bevor Sie sich jemand anderem durch Geschichtenerzählen öffnen, sollten Sie sich sich selbst gegenüber öffnen.* Selbst professionelle Therapeuten senden unbewußt subtile Signale aus, die unsere Darstellung in bestimmter Weise beeinflussen können. Deshalb ist es am besten, zuerst sich selbst die Ge-

schichte zu erzählen, damit man in seiner Darstellung nicht beeinflußt oder zensiert wird. Und denken Sie daran: Sie haben viele Selbste, mit denen Sie reden können, einschließlich derer Ihrer Vorfahren.

5. *Scheuen Sie sich nicht, negative Dinge beim Namen zu nennen.* Machen Sie die Geschichte, die Sie sich selbst oder einem anderen Menschen erzählen, nicht zu einer Affirmationsübung oder einer Demonstration Ihrer extrem positiven Lebenseinstellung. Untersuchungen haben gezeigt, daß Menschen, die negative Wörter in ihren persönlichen, schriftlichen »Geständnissen« benutzten, ihre körperliche Gesundheit verbesserten.[9]

6. *Geloben Sie sich, wenigstens vier oder fünf Tage hintereinander Geschichten zu erzählen.* Anstatt ein Tagebuch zu führen, bei dem Sie bestimmte Eintragungen vergessen oder bewußt auslassen, entscheiden Sie sich, wenigstens vier oder fünf Tage hintereinander etwa eine Stunde lang zu schreiben. Die meisten Menschen sind beim Tagebuchschreiben nicht konsequent, deshalb bietet eine bewußte Entscheidung, mehrere Tage nacheinander für kurze Zeit Einträge zu machen, eine größere Chance, sich selbst eine Geschichte zu erzählen und sich darauf vorzubereiten, jemand anderem eine Geschichte zu erzählen.

7. *Nehmen Sie sich sehr viel Zeit, um Geschichten zu erzählen – und ihnen zuzuhören.* Geschichtenerzählen ist keine einseitige Therapie. Es ist ein interaktiver *lokahi*-(Einigungs)Prozeß, deshalb müssen Sie ebensoviel zuhören, wie Sie reden. Beim Geschichtenerzählen gilt keine psychoanalytische »Fünfzig-Minuten-Stunde«; es kann und sollte, wenn nötig, stundenlang dauern. Wenn Ihr selbstsüchtiges Gehirn sich zu langweilen beginnt, dann ignorieren Sie es. Machen Sie weiter.

Seelenbindung: Von den »Termiten« lernen

Für die Polynesier gibt so etwas wie Scheidung nicht. Jede Bindung ist für die Ewigkeit. Zwar mag es gerichtliche Trennungen geben, aber die polynesische Vorstellung eines grenzenlosen Einsseins bedeutet, daß es keine Möglichkeit gibt, eine Beziehung für beendet zu erklären. In der westlichen Kultur ist die Scheidung zur »Pille nach der Ehe« geworden, die man eben nimmt, wenn »es nicht geklappt hat«. Wissenschaftliche Untersuchungen haben jedoch gezeigt, daß die Scheidung kein Allheilmittel ist: Sie ist im Gegenteil das größte soziale Problem in unserer Gesellschaft.[10]

Eines der klassischen Experimente in der Geschichte der Psychologie wurde von Lewis Terman durchgeführt. Um das Verhältnis von Intelligenz

und Erfolg festzustellen, führte er, beginnend im Jahr 1921, eine Langzeit-
untersuchung an 1528 äußerst intelligenten Kindern durch.[11] Diese intelligenten jungen Leute nannten sich selbst »die Termiten«, und ein Blick auf
die Resultate dieser Studie, die sich über 75 Jahre erstreckte, eröffnet
schockierende Einblicke.

Daß sehr viele »Termiten« inzwischen gestorben sind, wird niemanden
verwundern. Erstaunlich allerdings war, daß, ebenso wie Rauchen, hoher
Blutdruck und andere wohlbekannte Faktoren, die ein Gesundheitsrisiko
darstellen, auch eine Scheidung – sei es die eigene, sei es die der Eltern –
eine der Hauptursachen für einen vorzeitigen Tod war. Untersuchungen
zeigen, daß Scheidungskinder ein um ein Drittel höheres Sterblichkeitsri-
siko haben als Kinder, deren Eltern verheiratet bleiben, bis sie das Alter von
einundzwanzig erreichen.[12] Und Konflikte zwischen den Eltern bezie-
hungsweise eine Trennung der Eltern haben einen größeren Einfluß auf
Psychopathologie und körperliche Krankheit als *der Tod* der Eltern.[13] Ge-
schiedene Menschen begehen mit dreimal größerer Wahrscheinlichkeit
Selbstmord, und Scheidung ist ein wesentlicher Faktor in Zusammenhang
mit der Selbstmordrate und physischer Gewalt.

Die Illusion, daß man eine Beziehung rasch und leicht beenden könne,
hat in unserer Gesellschaft ernstzunehmende negative Konsequenzen für
Gesundheit und Lebensqualität. Das ozeanische Konzept der ewigen Bindungen lehrt, daß man selbst im Falle einer räumlichen Trennung alle
Anstrengungen unternehmen muß, sich auf eine Weise zu verhalten, zu
denken und zu fühlen, die demonstriert, daß eine Beziehung niemals endet
und daß alle Beziehungen Wirkungen haben, die weit über die beiden daran
beteiligten Menschen hinausgehen.

Die »Großen Fünf« einer starken Ehe

Menschen, denen es gelingt, verheiratet zu bleiben, und die von den
seelischen und körperlichen Vorteilen der Ehe profitieren, weisen die, wie
die Psychologen sie nennen, »großen fünf« Charakterzüge auf, die den
Komponenten der Aloha entsprechen.[14] Die »Großen Fünf« einer starken
und gesunden Persönlichkeit sind auch die fünf Merkmale eines liebevollen
Menschen: Gewissenhaftigkeit (*ahonui*), Liebenswürdigkeit (*'olu'olu*), Verbundenheit (*lokahi*), Kooperativität (*ha'aha'a*) und Vertrauen (*akahai*). Termans Untersuchungen beweisen, daß in dem Rennen um den frühen Tod
die braven Buben und Mädchen das Ziel als letzte erreichen.[15] Die Autoren

einer Studie, die Termans Daten in bezug auf Gesundheitsrisiken durch gestörte Beziehungen überprüfte, kommen zu der Schlußfolgerung: Wenn solche Übereinstimmungen im Hinblick auf die Schädlichkeit von Insektiziden, elektromagnetischen Feldern oder einer bestimmten Ernährung gefunden würden ... dann würde wahrscheinlich der nationale Gesundheits-Notstand ausgerufen werden.«[16] Da dieser größte Risikofaktor aber »lediglich« mit Beziehungen in Zusammenhang steht, nehmen wir die Krise ironischerweise nicht zur Kenntnis – und kümmern uns nicht um ihre mögliche Prävention.

Heiraten Sie nicht, bevor Sie nicht fest entschlossen sind, gemäß den fünf Komponenten der Aloha zu leben! Die Ehe ist nur etwas für wirklich erwachsene Menschen, die reif genug und hinlänglich bereit sind, sich langfristig liebevoll zu *verhalten*, um Liebe zu *empfinden*. Man heiratet, um lieben *zu lernen*, nicht, weil man »verliebt« ist. Wie bereits erwähnt, gibt es im Bereich der engen zwischenmenschlichen Beziehungen entscheidende Unterschiede zwischen den Geschlechtern, und das tägliche Einüben von *akahai* oder liebevoller Zärtlichkeit ist *der* Weg, um die Kluft zwischen den Geschlechtern zu überbrücken. Wenn Ihre Ehe in Schwierigkeiten ist, dann fangen Sie sofort an, Aloha zu üben! Es sind nicht nur Sex und Kommunikation, die eine Beziehung retten können, es sind Geduld, seelische Verbundenheit, Liebenswürdigkeit, Selbstlosigkeit, die Bereitschaft, zu verzeihen, und Zärtlichkeit. Wenn Sie nicht gemäß dem Aloha-Prinzip leben, kann eine Ehe eines der größten Risiken für Ihre Gesundheit und Ihr Glück sein.

Fürsorglichkeit: Warum es gut ist, Fremde zu lieben

Die alten Polynesier wußten, was Einstein meinte, als er sagte: »Ein Mensch ist ein Teil des Ganzen, das wir das Universum nennen.« Unser Glück hängt davon ab, daß wir erkennen, daß wir für uns allein, und ohne anderen Freude zu bringen, keine Freude finden können. Einstein sagte weiter, daß wir uns aus dem Gefängnis der Illusion des individuellen Getrenntseins befreien sollten, indem wir den Radius unseres Mitgefühls auf alle Lebewesen und die gesamte Natur in ihrer Schönheit ausweiten.

Ich beende meine Ausführungen über die fünf Prinzipien der Aloha mit *akahai*. Sanfte, liebevolle Freundlichkeit ist ein öffentliches Bekenntnis dazu, daß wir uns entschieden haben, mehr Aloha und deshalb mehr Freude in der Welt zu verbreiten, und zwar als ein Mittel, um Glück in unser eigenes und in das Leben unserer Familie zu bringen.

Der Autor Allan Luks hat sein Leben dem Studium des Altruismus gewidmet. Er fand heraus, daß es unglaublich wirkungsvolle, gesundheitsfördernde Belohnungen dafür gibt, wenn man anderen etwas schenkt und für sie sorgt. Er schreibt vom »Helfer-High«, einem natürlichen Endorphinschub, durch den teilnahmsvolles, selbstloses Schenken belohnt wird. Die Polynesier lehrten, daß es keinen effektiveren und sichereren Weg zu Glück und Lebensfreude gäbe, als zu helfen.

Luks und andere Forscher, die sich mit dem »Allozentrismus« befaßt haben, behaupten, daß die biochemischen Belohnungen des Altruismus in unserer menschlichen Evolution verwurzelt sind. Wie ich in meiner Erörterung der *lokahi* (des Gefühls des Einsseins) schon ausführte, überleben wir am Ende nur dadurch, daß wir kooperieren. Wir sind darauf angelegt, anderen zu geben, weil die Welt nur mit Hilfe des Gebens überleben und uns mit allem Notwendigen versorgen kann.

Der Psychologe Jack Panksepp hat gezeigt, daß die Befriedigung des Bedürfnisses nach sozialem Kontakt und die Ausübung eines unterstützenden Verhaltens bei Tieren regelmäßig einen starken Endorphinschub auslöst.[17] Welche klarere Botschaft könnte uns der Schöpfer übermitteln, als die Tatsache, daß wir, wenn wir anderen helfen, ständig biochemisch belohnt werden?

Nicht nur Mitgefühl, sondern Sympathie ist ein wesentlicher Bestandteil der ozeanischen Geisteshaltung. Mitgefühl bedeutet, das zu fühlen, was andere fühlen, Sympathie heißt, diese Gefühle zu akzeptieren, es wichtig zu nehmen, daß sie vorhanden sind, und zu versuchen, wohlwollend damit umzugehen. Die Polynesier sind der Meinung, es genüge nicht, zu sagen: »Ich weiß, wie du dich jetzt fühlst.« *Akahai* basiert auf der Einstellung: »Es ist mir sehr wichtig, wie du dich fühlst, und ich werde versuchen, dir zu helfen.«

Wie wir gesehen haben, glauben die Polynesier, daß das einigende Prinzip ihres Lebens das Einssein sei, und alle Handlungen, die dieses Einssein fördern, fördern auch unsere Widerstandskraft, Lebensfreude und Gesundheit. Das Wort *waiwai* bedeutet auf hawaiianisch »Reichtum«. *Wai* bedeutet »Wasser«, und die Inselmenschen glauben, daß alles Leben aus dem Wasser komme. *Waiwai* ist die höchste Form des Wohlstands; er drückt sich durch Teilen aus, durch Beschützen und durch die Fürsorge für das Land, die Pflanzen, Tiere und Menschen. Man kann das *wai* ebensowenig kaufen, wie man das *'aina* (Land) besitzen kann, auch wenn man noch so viel Geld hat. Nur, indem man den Menschen und dem Planeten etwas schenkt, kann man zu einem ausgeglichenen und glücklichen Leben finden.

Alan Luks und andere haben gezeigt, daß unser angeborener Altruismus wie ein unbenutzter Muskel verkümmern kann, wenn wir ihn nicht regelmäßig üben. Ausgehend von den Erkenntnissen Alan Luks' und anderer sowie von den polynesischen Lehren über *kohuna* oder Helfen, mache ich im Folgenden sechs Vorschläge, wie Sie den »inneren Helfer« trainieren können.

Altruistisches Aloha-Aerobic

1. *Helfen Sie wildfremden Menschen.* Zwar ist es wichtig, den Menschen in seiner unmittelbaren Umgebung zu helfen, aber ein solches Geben hat auch eine Schattenseite. Wie es häufig bei Familienmitgliedern, die für chronisch kranke Verwandte sorgen, der Fall ist, kann das ständige und oftmals rückhaltlose Geben und die Selbstaufopferung, die mit einer solchen Pflege einhergeht, Müdigkeit und Depression hervorrufen. Gemäß dem Konzept der *'ohana* oder der »globalen Großfamilie« werden vor allem diejenigen Menschen mit Gesundheit und Glück belohnt, die völlig fremden Menschen etwas geben.
2. *Stellen Sie einen persönlichen Kontakt her.* Schicken Sie keinen Scheck, gehen Sie selbst hin. Das »High des Helfers« ergibt sich durch die Beziehung zwischen zwei Menschen, nicht durch unpersönliche Spenden.
3. *Geben Sie von Ihrer überschüssigen Energie, nicht von Ihrer Substanz.* Wir können jede Übung auch übertreiben, achten Sie deshalb darauf, daß Sie zuerst für Ihre Familie und Ihre eigene Gesundheit sorgen. Das ermöglicht Ihnen, die Energie aufzubringen, anderen zu geben. Ihr zentrales, authentisches Selbst muß beschützt werden, so daß Ihre verschiedenen Selbste sich anderen Menschen und der Gemeinschaft zuwenden können, um ihnen Trost und Hilfe anzubieten.
4. *Geben Sie für ungefähr zwei Stunden pro Woche.* Luks' Untersuchungen haben gezeigt, daß wir, um von den Gesundheits- und Glücksbelohnungen des Altruismus zu profitieren, etwa ebensoviel Zeit pro Woche in das Geben investieren müssen, wie wir in die Ertüchtigung unseres Körpers investieren. Kümmern Sie sich deshalb weniger darum, »Muskeln aus Stahl« zu bekommen, als ein Herz aus Gold.
5. *Bemühen Sie sich nicht um besondere Effektivität.* Helfen bedeutet Geben, nicht »in Ordnung bringen«. Bewerten Sie Ihre liebevolle Zuwendung nicht anhand meßbarer Ergebnisse. Denken Sie an Einsteins Feststellung, daß nicht alles, was zählt, auch zählbar ist und daß nicht alles, was zählbar

ist, zählt. Wetteifern Sie nicht darum, der »beste« oder »tüchtigste«
freiwillige Helfer zu sein, und versuchen Sie nicht, das Leben jener
Menschen, denen Sie zu helfen versuchen, »in Ordnung zu bringen«.
Der Nutzen für andere und letztlich für Sie selbst und Ihre Familie
resultiert daraus, daß Sie einfach für jemanden da sind, der Sie braucht
und den Sie, bis Sie ihm erstmals die Hand reichten, als Fremden
betrachtet hatten.

Liebevoller Humor

Thomas Sydenham, ein Arzt des 17. Jahrhunderts, erklärte, »die Ankunft
eines guten Clowns [habe] einen wohltuenderen Einfluß auf die Gesundheit
einer Stadt als die von 200 mit Arzneien beladenen Eseln.« Zum Abschluß
dieser Darstellung der Komponenten der Aloha kann ich Ihnen keine
vergnüglichere *ha'awina* zur Verbreitung von Aloha empfehlen, als durch
gemeinsames Lachen Freude zu schenken.

Sie werden entdecken, daß Lachen die ideale Möglichkeit ist, Geduld,
Verbundenheit, Liebenswürdigkeit, Demut und Freundlichkeit zu einer
heiteren Grundhaltung werden zu lassen, die den Menschen in Ihrer Umgebung Freude vermittelt. Lachen ist sozusagen eine fröhliche Explosion
unseres siebten Sinnes. Lachen zeigt, daß wir das, was Freude bringt, zu
schätzen wissen und daß wir unsere Freude mit anderen teilen möchten.
Lachen signalisiert, daß wir genügend Geduld besessen haben, um das
Komische im natürlichen Chaos des Lebens zu erkennen und – wenn wir
gerade eine schlechte Zeit durchmachen – auf die guten Zeiten zu warten.
Es zeigt, daß wir bereit sind, auch in schlechten Zeiten die Hand auszu-
strecken und eine Verbindung herzustellen und die guten Zeiten mit anderen Menschen zu teilen. Es weist darauf hin, daß wir genügend friedfertig
und freundlich sind, um mit einem anderen Menschen herzlich zu lachen,
und bescheiden genug, uns über unsere eigene Unzulänglichkeit zu amüsie-
ren. Es zeigt, daß wir demütig genug sind zu wissen, wie dumm wir
manchmal sein können. Schließlich ist ein gemeinsames Lachen eine hervorragende Möglichkeit, Freude in den Wind zu streuen, damit sie überall
und zu allen Menschen hinwehen kann.

Insgesamt fühlen sich Menschen mit einem Sinn für Humor weniger
gestreßt und sind gesünder. Ein paar Minuten Lachen senkt den Streßhor-
monspiegel und erhöht die Anzahl der im Blut kreisenden Antikörper für
fast 36 Stunden. Es ist kein Zufall, daß wir am besten und am herzlichsten

lachen, wenn wir es zusammen mit anderen tun. Wissenschaftliche Untersuchungen haben zudem gezeigt, daß Lachen objektive Streßfaktoren weniger belastend erscheinen läßt und soziale Unterstützung durch andere hervorrufen kann. Es kann zwischenmenschliche Konflikte entschärfen, den Lernerfolg von Schülern steigern, das Überleben von Ehen fördern, soziale Beziehungen am Arbeitsplatz verbessern und sogar ein Mittel sein, um der existentiellen Realität des Todes ins Auge zu schauen. Es gibt mittlerweile Beweise dafür, daß ein Sinn für Humor mit einer verbesserten Immunabwehr in Zusammenhang steht und daß Mütter, die während der Schwangerschaft viel lachten und Sinn für Humor zeigten, weniger krank waren und daß ihre Babys weniger unter Infektionen litten.[18]

Zuletzt ein Wort der Warnung: Während freundlicher und sanfter Humor für alle Beteiligten wohltuend ist, neigen sarkastische, »aggressivwitzige« Menschen zu Gesundheitsproblemen und Freudlosigkeit. Humor kann bekanntlich auch als Waffe eingesetzt werden. Der amerikanische Zeitungsredakteur C.L. Edson sagte: »Wir lieben Witze, die uns bestätigend auf die Schulter klopfen, während sie dem anderen einen Tritt versetzen, so daß er die Treppe runterfällt.« Der Humor, der uns verbindet, ist der Humor, der uns heilt. Vergessen Sie deshalb nicht, daß Ihre Scherze angemessen und freundlich sein sollten.

Akahai Ha'awina: Lektion in Zärtlichkeit

Um *akahai* in Ihrem eigenen Leben wirksam werden zu lassen, versuchen Sie es einmal mit dieser täglichen Übung. Verpflichten Sie sich, jeden Tag einem völlig fremden Menschen zu helfen. Sie können etwas ganz Einfaches tun, beispielsweise jemandem im Straßenverkehr Vorfahrt gewähren, jemandem helfen, Pakete zu tragen, jemandem in einer Schlange den Vortritt lassen, mit einem Fremden über einen albernen Scherz lachen oder etwas anderes tun, was wohlwollende Anteilnahme zum Ausdruck bringt. Ihre *akahai*-Geste kann auch etwas sehr viel Bedeutungsvolleres sein, beispielsweise ein Gebet für einen Fremden zu sprechen, den Sie im Laufe des Tages gesehen haben. Wenn wir Aloha leben und an der großen Freude, Heilkraft und Gesundheit teilhaben wollen, die sie jedem bringt, den sie berührt, dann müssen wir ein sehr viel liebevolleres und fürsorglicheres Leben leben, als es in unserer modernen Zivilisation normalerweise üblich ist.

Die Hawaiianer sagen *malama pono*, was wörtlich »achtsam, fürsorglich sein« bedeutet. *Malama pono* bedeutet auch, dabei zu helfen, daß die Dinge so bleiben, wie sie »eigentlich« gedacht waren: in einem liebevollen Gleichgewicht. Das Aloha-Prinzip verlangt nach einem Leben der Achtsamkeit, damit wir dabei helfen können, die Welt in ein besseres Gleichgewicht zu bringen und sie darin zu halten. Ein sanftes, unkritisches, großzügiges Leben zu leben, ein Partner zu sein und kein Unterdrücker, sich anderen zu öffnen und ihnen zu helfen und die humorvolle Seite der Alltagsprobleme zu sehen, mit denen wir alle konfrontiert sind – das ist der Weg der *akabai*.

Aloha leben

In diesem dritten Teil werden die fünf Prinzipien der Aloha und die bereits vorgestellten Forschungsergebnisse auf enge zwischenmenschliche Beziehungen, Kindererziehung, Arbeit, Heilung und die Fürsorge für unseren Planeten angewandt. Jedes der fünf Kapitel in diesem letzten Abschnitt basiert auf meinen Interviews mit den Kahuna und Kupuna Polynesiens, die mich ihren Dritten Weg zu Glück und Gesundheit lehrten. Jedes Kapitel enthält einen Fragebogen, in dem Ihr Talent zu Lebenslust und -freude getestet wird und der Ihnen helfen soll einzuschätzen, in welchem Maße Sie Ihren siebten Sinn in den verschiedenen Lebensbereichen nutzen. Auf jeden dieser Tests folgen sogenannte »Freude-Regeln« – Gedächtnishilfen, wie Sie das Aloha-Prinzip an jedem Tag Ihres Lebens anwenden können.

In diesem dritten Teil werden Sie lernen ...

• wie Sie Ihre intimsten zwischenmenschlichen Beziehungen stärken und glücklicher machen,
• wie Sie fröhliche Kinder großziehen,
• wie Sie trotz der sich ständig verändernden Aufgaben Freude an Ihrer Arbeit finden,
• wie Sie durch unglückliche Zeiten in Ihrem Leben lernen und
• wie Sie die Welt zu einem fröhlicheren und gesünderen Ort machen können.

Zwölftes Kapitel

Der Aufbau einer beglückenden Partnerschaft

*»Häufig denken wir, wenn wir unser Studium der ›Eins‹ beendet haben,
wüßten wir automatisch auch alles über die ›Zwei‹,
weil ›zwei‹ schließlich ›eins und eins‹ ist.
Wir vergessen, daß wir auch noch das ›und‹ begreifen müssen.«*
A. Eddington

Man geht häufig davon aus, daß Ehen aus Gründen wie zunehmende soziale Gewalt, finanzielle Probleme, Verabschiedung von Gesetzen, die die Scheidung erleichtern, und wegen anderer sozialer Faktoren, die unsere intimen Beziehungen belasten, scheitern. Sowohl die moderne Wissenschaft als auch die ozeanische Weisheit betonen, daß eheliche Schwierigkeiten weniger das *Ergebnis* solcher Faktoren sind als deren Ursache.[1] Unser Mangel an Einssein, Verbundenheit und einer kooperativen, toleranten Einstellung, die die Polynesier *lokahi* nennen, ist *das* wesentliche soziale Problem unserer Zeit, und die Unfähigkeit, dauerhafte, liebevolle Beziehungen aufrechtzuerhalten, ist der Grund für einen großen Teil des Unglücks und der Gesundheitsprobleme in unserem Leben.

Im voraufgegangenen Kapitel habe ich dargelegt, inwiefern die landläufigen Vorstellungen über die »Liebe« einschränkend und bis zu einem gewissen Grade ungesund sind. Diese Vorstellungen werden durch bestimmte Mythen darüber genährt, was Liebe sei und wie sie uns beeinflusse. Viele unserer heutigen Ideen über die Liebe verdanken wir den »Lehren« westlicher Psychologen, denen Selbstverwirklichung mehr gilt als »das Überleben des Wir«, die sich mehr auf Funktionsstörungen als auf Freude konzentrieren und Zweierbeziehungen durch Einzeltherapie glauben heilen zu können.

Inwieweit haben *Sie* eine richtige Vorstellung von der Natur der Liebe? Machen Sie den folgenden Test, und finden Sie es selbst heraus!

1. Gegensätze ziehen sich an . . .   *richtig/falsch*
2. Liebe ist ein Gefühl . . .   *richtig/falsch*
3. Unser/e Geliebte/r sollte zugleich auch unser/e
   beste/r Freund/in sein . . .   *richtig/falsch*
4. Lebenskrisen können eine Beziehung zerstören . . .   *richtig/falsch*
5. Guter Sex ist für eine dauerhafte Beziehung wichtig . . .   *richtig/falsch*

Jüngste wissenschaftliche Untersuchungen haben erwiesen, daß die obigen Aussagen *durchweg* falsch sind. Eine intime Beziehung mit jemandem einzugehen, der einem so weitgehend wie möglich ähnelt, ist die beste Voraussetzung für die dauerhafteste, gesündeste, glücklichste Verbindung.[2] Entgegen weitverbreiteten romantischen Mythen ist »Liebe«, wie man einen anderen Menschen behandelt, und *kein* emotionaler Zustand, in den man sich plötzlich hineinversetzt fühlt.[3] Zwar wird häufig behauptet, jemanden zu mögen sei eine Voraussetzung dafür, daß man ihn lieben kann, aber die Wissenschaft hat eindeutig bewiesen, daß »Mögen« und »Lieben« nur entfernte Verwandte sind.[4] Jemanden zu mögen ist leicht; es bedeutet, daß man diejenigen Eigenschaften an ihm wertschätzt, die einem ein gutes Gefühl vermitteln. Lieben verlangt zu bewirken, daß *der andere* sich gut fühlt, und sich selbst sehr gut zu fühlen, wenn es einem gelingt.

Der sogenannte »Romeo-und-Julia-Faktor« zeigt, daß es eher solche Beziehungen sind, die viele Krisen überstanden haben, die wahrscheinlich gutgehen und lang andauern werden, als solche, die in einer großartigen, romantischen Welt schwelgen.[5] Jede Krise erzeugt in uns eine einzigartige, starke Energie. Wenn diese Energie von zwei Menschen, die die Notwendigkeit des Leidens begreifen, konstruktiv genutzt wird, dann ist das Ergebnis eine dauerhafte und immer stärker werdende Liebe.

Die letzte – und für viele vielleicht überraschende – Erkenntnis ist, daß allzuviel guter Sex die Entwicklung und Erhaltung einer dauerhaften Intimität in Wirklichkeit beeinträchtigt. Sex kann zu einer Abkürzung für leidenschaftliches Engagement werden und uns dazu verleiten, nicht genügend harte Arbeit, Zeit und persönliche Verletzlichkeit zu investieren, um zu reden, zuzuhören und zu verstehen. Auf die Frage, was das Wichtigste in ihrer Beziehung sei, gaben die meisten der Befragten an, daß es zu neunundneunzig Prozent nichts mit Sex zu tun habe.[6]

Dieses Kapitel weist Ihnen den beglückenden polynesischen Weg zu einer dauerhaften, liebevollen, von Freude erfüllten Beziehung. Es zeigt außerdem, wie unsere moderne Einstellung, Liebe vor allem als ein individuelles *Gefühl* zu betrachten und Beziehungen danach zu bewerten, ob sie das Selbst befriedigen, eine wesentliche Ursache des Freudemangel-Syndroms ist.

Die Polynesische Partnerschaft

Wissenschaftler haben drei verschiedene Typen von Ehe identifiziert.[7] Die *unbeständige Beziehung*, charakterisiert durch häufige Konflikte und emotionale Ausbrüche, und die *konfliktscheue* Beziehung, in der ein Partner sich dem anderen unterordnet, um Konflikte zu vermeiden, entsprechen dem Dominanz-Modell, das im zehnten Kapitel erörtert wurde. Der dritte Typ, die *bestätigende Beziehung*, ähnelt der ozeanischen Intimität und orientiert sich an einer von Lust und Lebensfreude erfüllten Partnerschaft. Sie zeichnet sich dadurch aus, daß dem Wohlergehen der Familie mehr Bedeutung beigemessen wird als persönlichen Bedürfnissen. Häufige Kompromisse, kooperatives Verhalten und das ruhige Durcharbeiten von Problemen sind in ihr die Regel. In der ozeanischen Tradition ist diese primäre intime Beziehung vor allem durch *Mitgefühl* gekennzeichnet.

Wissenschaftliche Untersuchungen der jüngsten Zeit haben nachgewiesen, daß die ozeanische Tradition von Anfang an auf dem richtigen Weg war. Die Ehe ist dann stark und dauerhaft, wenn zwei Menschen zusammenfinden, die es gelernt haben, gemeinsam zu leiden, und sich zugleich auf romantische Weise zueinander hingezogen fühlen. Das gemeinsame Bemühen der Partner, aktiv zu lieben, liebevoll zu handeln, anstatt Liebe zu »erzeugen«, verleiht der Ehe Dauer. Shakespeare pries diese Liebe in *Die beiden Veroneser* mit den Worten: »Nicht liebt, / Wer nimmer offenbart die Liebe.«

Das Aloha-Prinzip in einer intimen Beziehung zu verwirklichen erfordert sehr viel mehr als gute Kommunikation, aufregenden Sex und romantische Zaubertricks. Eine gute Beziehung basiert auf der Fähigkeit, genügend geduldig, miteinander verbunden, liebenswürdig, selbstlos und zärtlich zu sein, damit die Beziehung auch in den schlechten Zeiten hält. Eine solche Beziehung erkennt und akzeptiert Unterschiede zwischen den Partnern, und sie basiert auf der Voraussetzung, daß man eine gemeinsame Anstrengung unternehmen will, sie zu einer Quelle der Freude für beide Partner zu machen – *und* für jeden, der von dieser Beziehung beeinflußt wird.

Unterschiedliche Auffassungen im Hinblick auf Nähe und Intimität, die Häufigkeit der sexuellen Kontakte und die »romantischen« Aspekte der Beziehung sind durchaus normal. Beziehungen scheitern, wenn ein Partner an seinen Ansichten festhält und nicht bereit ist, einen neuen, gemeinsamen Standpunkt zu erarbeiten. Nach ozeanischer Auffassung werden zwei Selbste zu einem einzigen Selbst mit einer völlig neuen »Wir«-Orientierung im Hinblick auf die vielen Gesichter und Ausdrucksformen der Liebe.

Zwar kann eine ozeanische Partnerschaft durchaus auch erotisch sein, aber sie basiert vor allem auf Toleranz und Geduld. Sie beruht auf Dauerhaftigkeit, auf der Annahme, daß die Beziehung niemals enden *wird*, weil sie, wie alle natürlichen Verbindungen, niemals enden *kann*. Selbstverwirklichung spielt eine weniger wichtige Rolle als hingebungsvolle Liebe zum Partner und darüber hinaus zur Familie. Häufig wird die Beziehung eher zum Wohl der Gemeinschaft als zum Wohl der zwei Hauptbeteiligten geschlossen. Sie ist sozusagen ein Hula für zwei, ein Tanz der liebevollen Zärtlichkeit, in dem das Einssein *mit* der Welt und eine fürsorglich-beschützende Einstellung *zu* dieser Welt gefeiert werden.

Die Qualität einer ozeanischen Beziehung gründet auf der Freude, die sie in sich und aus sich heraus für alles in ihrer Umgebung erzeugt. Sie ist der Kern der *'ohana* (Familie) und muß deshalb der kräftigen Wurzel einer wachsenden Pflanze ähneln. Mit Hilfe des folgenden Tests können Sie den Gehalt an Freude und ozeanischer Intimität Ihrer Beziehung ermitteln. Sie und Ihr Partner sollten die Fragen zunächst für sich beantworten und danach die Ergebnisse miteinander diskutieren.

Test: Eine erfreuliche Beziehung

»Trifft genau auf uns zu«: 2
»Trifft manchmal auf uns zu«: 1
»Trifft nie auf uns zu«: 0

1. Freuen Sie sich jeden Tag darauf, einander zu sehen, und beginnen und beenden Sie den Tag mit liebevollen Worten füreinander?
2. Haben Sie Spaß daran, zusammen zu spielen – Karten, Schach, Brettspiele, Golf, Tennis –, oder haben Sie Spaß an anderen vergnüglichen gemeinsamen Aktivitäten?
3. Machen Sie einander wenigstens fünfmal häufiger Komplimente, als Sie einander kritisieren, und sagen Sie in Gegenwart anderer Positives über Ihren Partner?
4. Lachen Sie häufig zusammen, und freuen Sie sich über die Scherze und den Humor des anderen?

5. Fällt es Ihnen leicht, zu vergeben und zu vergessen?
6. Teilen Sie fast alles miteinander? Leben Sie ohne Besitzansprüche? Sind Sie frei von dem Wunsch, die Beziehung zu dominieren?
7. Sitzen Sie ruhig beisammen und genießen es, einfach so, ohne fernzusehen oder zu lesen?
8. Haben Sie häufiger Sex, als Sie sich streiten?
9. Respektieren Sie einander, selbst wenn einer von Ihnen sich unreif verhält?
10. Sind Ihre Familie und die Welt aufgrund Ihrer Beziehung ein besserer Ort?

Gesamtpunktzahl: _____

16–20	= Eine erfreuliche Beziehung
12–15	= Die Beziehung bedarf mehr geteilter Freude
11 und darunter	= Die Beziehung bedarf dringend mehr geteilter Freude

Im folgenden fünf Vorschläge – ich nenne sie »Freude-Regeln« –, wie Sie eine dauerhaftere, natürliche, von Lust und Freude erfüllte Beziehung kultivieren können.

Erste Freude-Regel für die Beziehung:
Glückliche, gesunde Beziehungen basieren mehr auf Geduld als auf Leidenschaft

Vergessen Sie nicht: Sie und Ihr Partner haben sowohl einen Narren als auch einen Weisen geheiratet. Tolerieren Sie Ihre jeweiligen Schwächen als Anzeichen für ein einzigartiges Potential und dafür, daß Sie einander brauchen.

Geduldige Partner: Ahonui **in der Beziehung**   Heiraten Sie nicht, um Liebe zu finden, heiraten Sie, wenn Sie zu lieben bereit sind. Heiraten Sie mit Bedacht und Einfühlungsvermögen, nicht aus einem romantischen und leidenschaftlichen Impuls heraus. Erzeugen Sie Tag für Tag Liebe, indem Sie liebevoll handeln, nicht, indem Sie versuchen, Liebe zu empfinden. Vergessen Sie nicht: Das Fundament einer guten Ehe ist, der richtige Partner *zu sein*, nicht, den richtigen Partner *zu haben*. Eine von Freude erfüllte

Beziehung verlangt, daß wir Tag für Tag versuchen, genau der Mensch zu sein, mit dem wir gern verheiratet wären.

Ich kann diesen Punkt nicht genug betonen: Heutzutage scheitern Ehen, weil sie den Zweck, den wir ihnen ungerechtfertigterweise zugeschrieben haben, nicht erfüllen können: uns mehr Selbstverwirklichung zu ermöglichen. Wenn beide Partner ständig die Beziehung nur zu ihrem eigenen Vorteil nutzen, ständig etwas herausholen und nichts hineingeben, dann wird bald nichts mehr übrig sein, das die Beziehung am Leben erhält, und sie wird langsam sterben. Eine gesunde Beziehung verlangt, daß beide Partner sich entscheiden zusammenzuarbeiten, um einander zu fördern.

Lust ist niemals von Dauer. Zwar sind Erotik und körperliche Anziehung wesentliche Aspekte der Kennenlernphase, aber diese Gefühle sind vergänglich. Sie sind die Kraft, die eine Beziehung überhaupt entstehen läßt, aber da wir in einem äußerst persönlichen und verletzlichen Bereich davon betroffen sind, werden sie niemals stark genug sein, um die Beziehung durch die Wirrungen eines aufregenden, chaotischen, sinnvollen Lebens hindurch aufrechtzuerhalten. Wenn Sie glauben, Sie hätten sich verliebt, suchen Sie sich ein stilles Plätzchen und ruhen sich aus, bis der Anfall vorüber ist. Dann wenden Sie sich wieder Ihrer Beziehung zu, und beginnen Sie, sich liebevoll zu verhalten.

Wissenschaftliche Untersuchungen haben gezeigt, daß dauerhafte Beziehungen etwa sieben Jahre brauchen, bis sich ein tragfähiges »Wir-Gefühl« entwickelt hat, deshalb ist *ahonui* (Geduld) eine entscheidende Voraussetzung für eine starke Beziehung.[8] Wenn wir liebevoll genug sind, uns Zeit zu lassen, damit sich eine solche Bindung entwickeln kann, dann wird diese Bindung das Risiko einer ernsthaften Erkrankung verringern und helfen, geschädigte Herzen zu heilen.

Ein intime Partnerschaft durchläuft folgende drei Phasen:

1. *Die aufregend-romantische Phase.* Dies ist die Zeit der »Anziehung«; wir fühlen uns körperlich sehr stark zu unserem Partner hingezogen. Die bindende Kraft ist Erregung, keine Entscheidung. Diese Phase geht immer vorüber.
2. *Die Sucht-/Abhängigkeitsphase.* Diese Zeit ist dadurch charakterisiert, daß wir uns von unserem Partner gleichsam aufgesogen fühlen und selbst versuchen, unseren Partner »aufzusaugen«. Möglicherweise denken wir fast ununterbrochen an ihn und empfinden eine vorübergehende, kindliche, völlige Abhängigkeit von ihm.
3. *Die Entscheidungsphase: Trennung, Zuneigung oder Bindung.* Es kommt immer

ein Zeitpunkt, wo wir eine Entscheidung fällen müssen: die Beziehung zu beenden, uns auf sie einzulassen, so wie sie ist, oder sie als wachsendes System fortwährend zu erschaffen und auszugestalten.

Ohne Geduld wird die Beziehung nicht einmal bis zur Entscheidungsphase – geschweige denn über sie hinaus – überleben. Unser Bedürfnis nach einer Familie und danach, Kinder zu haben, kann sich in außerehelichen Affären, durch die wir uns erneut der Illusion einer starken Erotik hingeben, verlieren, und die Beziehung erleidet einen irreparablen Schaden.

Ein Kahuna schilderte mir seine Auffassung von einer intimen Beziehung: »Wenn du glaubst, du seist verliebt, dann ist es nur die Selbstsucht, die dich leitet. Liebe ist kein Gefühl, sie ist eine Entscheidung. In der Liebe geht es darum, wie du einen Menschen behandelst, nicht, welche Gefühle du für ihn empfindest. Es geht darum, was du Tag für Tag *mit* einem Menschen und *für* einen Menschen tust, nicht, welche drängenden und starken Gefühle dieser Mensch in dir hervorzurufen vermag. Wenn du einmal gelernt hast, liebevoll zu *handeln*, dann ist die Liebe für die Ewigkeit. Es dauert viele, viele Jahre, bis man gelernt hat, jemanden zu lieben, deshalb mußt du mit deinem Partner und mit dir selbst unbeirrbar geduldig sein. Wenn du meinst, du würdest dich ›entlieben‹, dann heißt das, du bist nur zu faul, um wirklich zu lieben, und du handelst nicht liebevoll genug. Nur sehr geduldige Menschen sollten heiraten, denn dauerhafte Liebe bedeutet sehr harte Arbeit für eine sehr lange Zeit. Jeder kann sich verlieben, aber verliebt zu *bleiben* ist eine bestimmte Art, wie zwei Menschen einen Tag nach dem anderen miteinander verbringen.«

Zweite Freude-Regel für die Beziehung: Beziehungen sind für die Ewigkeit, deswegen kommt es gar nicht in Frage, daß wir unsere beenden

Je mehr wir davon reden, eine Beziehung zu beenden, desto dringender brauchen wir eine.

Paare für die Ewigkeit: Lokahi **in der Beziehung**   Wenn wir einmal verheiratet sind, dann sollten wir um fast jeden Preis versuchen, verheiratet zu *bleiben*. Es gibt natürlich Situationen, wo eine Scheidung unvermeidlich ist. Ich sage meinen Patienten, sie sollten eine Scheidung nur unter einer der folgenden drei Bedingungen in Erwägung ziehen: Ehebruch, Mißhandlung oder Suchtprobleme. Selbst unter diesen drei Bedingungen sollten Sie zunächst professionelle Hilfe suchen und Ihr Bestes tun, um trotz aller Schwierigkeiten doch noch eine funktionierende Ehe zustande zu bringen. Die körperlichen, emotionalen und mentalen Auswirkungen einer Trennung oder Scheidung sind fast immer schlimmer, als zusammenzubleiben – selbst in einer Beziehung, die bei weitem nicht optimal ist –, und es erfordert möglicherweise weniger Energie, das Problem innerhalb der Beziehung zu lösen, als sich auf deren Ende vorzubereiten und dieses zu verkraften. Ich habe nur selten jemanden getroffen, bei dem das eigene Leben oder das Leben der Menschen in seiner Umgebung langfristig dadurch gesünder und glücklicher geworden wäre, daß er sich scheiden ließ.

Den meisten von uns gefällt die Vorstellung, Vater oder Mutter zu sein, und sie machen sich Gedanken darüber, wie man gesunde und glückliche Kinder großzieht. Leider haben wir unsere Fähigkeit, unsere intimsten Beziehungen zu schützen und zu fördern, bisher noch nicht genügend entwickelt. Behandeln Sie Ihre Ehe pfleglich, und fördern Sie sie, wie Sie ein heranwachsendes Kind fördern würden, denn eine Beziehung ist eine Einheit, die Sie beide gemeinsam erschaffen und die mehr ist als die Summe Ihrer zwei Personen. Wenn Sie die Beziehung beenden, dann machen Sie sich bewußt, daß Sie so handeln, als würden Sie ein Kind wegwerfen.

Dritte Freude-Regel für die Beziehung: Vermeiden Sie Sarkasmus, Anschuldigungen, Unterstellungen, Forderungen und herabwürdigende Äußerungen

In Worten liegt Kraft (Mana), und *wie* Sie reden, ist ebenso wichtig wie das, *was* Sie sagen.

Liebenswürdige Partner: 'Olu'olu **in der Beziehung**   Gegensätze ziehen sich an, aber bald, und fast unausweichlich, stoßen sie einander auch wieder ab. Wollen Sie eine starke Beziehung aufbauen, suchen Sie nach jemandem, der Ihnen weitgehend ähnelt und das Bild Ihres »perfekten Selbst« ist; und wenn Sie diesen Menschen gefunden haben, versuchen Sie, sich ihm anzugleichen. Wenn Sie bereits in einer Beziehung leben, sollten Sie eher stärker daran arbeiten, Ihrem Partner in dem, was Sie an ihm bewundern, nachzueifern, als zu versuchen, Ihren Partner dazu zu bewegen, mehr wie Sie selbst zu werden.

Häufig nehmen wir uns die größten Freiheiten und Rücksichtslosigkeiten gerade gegenüber jenen Menschen heraus, denen wir am nächsten stehen. Dies mag zum Teil auf Verhaltensweisen zurückzuführen sein, die uns in den Beziehungen zu unseren Eltern und Geschwistern zur Gewohnheit geworden sind. Zum Teil sind diese Verhaltensweisen auch das Ergebnis eines Machtungleichgewichts, das von der Gesellschaft akzeptiert – oder gar propagiert – wird. Aber sogar in gesunden Beziehungen kann das Wohlgefühl, das sich durch Vertrautheit und Vertrauen einstellt, uns leicht dazu verleiten, uns in einen Zustand der »Liebesfaulheit« hineingleiten zu lassen. Wir werden möglicherweise nachlässig in unserer Wortwahl, vergessen, »Danke« oder »Entschuldigung« zu sagen oder die einfachsten Höflichkeitsregeln gegenüber dem Menschen zu beachten, der eine außergewöhnliche Höflichkeit am meisten verdient. Vielleicht aus Erschöpfung nach der Euphorie der Anfangsphase einer intimen Beziehung bemühen wir uns nicht mehr intensiv darum, freundlich zu sein, und sind manchmal freundlicher und höflicher zu Fremden als zu unserem eigenen Ehepartner. Viele Ehen leiden schlichtweg unter schlechten Manieren und Unhöflichkeit, die man gegenüber einem völlig Fremden oder Arbeitskollegen niemals an den Tag legen würde.

Um eine Freude bringende Beziehung aufzubauen, vermeiden Sie Sarkasmus, denn die Reaktion darauf ist Rückzug. Vermeiden Sie Anschuldigungen, denn sie führen zu Rebellion. Hüten Sie sich vor Unterstellungen, denn sie machen eine sinnvolle Kommunikation unmöglich und können leicht zu selbsterfüllenden Prophezeiungen werden. Und vermeiden Sie es, Forderungen zu stellen, denn sie führen zu Auseinandersetzungen und Gegenforderungen. Würdigen Sie Ihren Partner niemals herab, denn Unterwerfung und Gefühle der Hilflosigkeit oder ein Muster von Gegenangriffen und emotionalem Rückzug sind die unvermeidliche Folge.

Vierte Freude-Regel für die Beziehung:
Machen Sie fünf Komplimente, bevor Sie einmal kritisieren

Kritik führt immer zu negativen körperlichen Reaktionen, die rationales Denken, liebevolle Gefühle und fürsorgliches Verhalten beeinträchtigen.

Den Partner loben: Ha'aha'ha **in der Beziehung**   Wie wir bereits gesehen haben, vermag Kritik, wenn sie ausgesprochen wird, um eine Veränderung in einer Beziehung zu bewirken, letztlich die Beziehung zu zerstören, da sie ein *flooding* und einen emotionalen Rückzug auslöst, der sich körperlich, emotional und mental auswirkt. Beziehungen können sich an veränderte Umstände anpassen und wachsen, wenn die Partner sich konstruktiv über bestimmte Verhaltensweisen beschweren, die um des Systems willen verändert werden müssen. Beziehungen, in denen man einander entgegenkommt, sind fröhliche, von Freude erfüllte Beziehungen. Sie sind angenehm, weil die Partner sich intensiv bemühen, sich verständnisvoll und liebenswürdig zu verhalten. Sie sind frei von feindseligen Angriffen und selbstsüchtigen Bemühungen, den eigenen Willen durchzusetzen. Statt dessen sind diese Beziehungen dadurch charakterisiert, daß beide Partner einander helfen, einen neuen und besseren Weg zu finden, um zu lieben. Sie zeichnen sich durch das gemeinschaftliche, kooperative Bemühen aus, auf kreative Weise zu leben, und nicht durch Rivalität oder den Anspruch, so viel wie möglich von einem anderen Menschen zu profitieren.

Ein Kahuna sagte: »Wenn du deinen Partner niedermachst, dann wird er genau *da* bleiben und sich so fühlen. Versuch immer, deinen Partner aufzubauen, gib ihm ein gutes Gefühl, und setze alles ein, damit sein Leben besser wird, weil er mit dir zusammen ist.«

Fünfte Freude-Regel für die Beziehung: Versuch's mit etwas Zärtlichkeit

Wenn Sie sich liebevoll verhalten, werden Sie Liebe empfinden.

Den Partner glücklich machen: Akahai in der Beziehung   Ein Kahuna sagte: »Die Menschen des Westens reden von ›Kodependenz‹, als sei das eine Krankheit, aber wir betrachten sie als die gesündeste Form einer Beziehung. In jeder Beziehung sollten die beiden Partner voneinander abhängig sein; jeder sollte für den anderen sorgen, sich bemühen, ihn zu erfreuen, und ihn beschützen.« In unserem westlichen Kulturkreis wird das »Trotz-allem-Zusammenbleiben« als Ausdruck von »Kodependenz« und das Ringen mit natürlichen Entwicklungskrisen als »Funktionsstörung« betrachtet. Der ozeanische Weg ist, »auf kreative Weise voneinander abhängig« zu sein, indem man sich intensiv bemüht, seinem Partner zu helfen, wenn er bedrückt ist, da man weiß und akzeptiert, daß wir alle mit den Herausforderungen des Lebens zu kämpfen haben und nicht »gestört« sind, wenn wir streiten, traurig sind oder mit unseren Problemen nicht besonders gut fertig zu werden scheinen. Nur wenn die gesunde Abhängigkeit in der

Liebe *einseitig* ist, geraten unsere Beziehungen in Schwierigkeiten. Was für
unseren Partner wichtig ist, sollte für uns ebenso wichtig sein, wie es unser
Partner selbst für uns ist.

Sex kann einer der aufregendsten und erfüllendsten Aspekte einer Beziehung sein, aber zugleich auch eines ihrer größten Risiken. Wie bereits
ausgeführt, kann Sex ein schnell verfügbarer Ersatz für intensive Interaktion
sein. Er kann zu einem Ersatz für andere, intimere Arten der Kommunikation werden – oder zu einem Mittel, diese zu umgehen. Nur allzu häufig
wird Sex zu einem Mittel des Streßabbaus, zu einer Möglichkeit, sich am
Ende des Tages zu entspannen, sich zu befriedigen oder sich nach einem
Streit wieder zu versöhnen. Wenn Sex überwiegend zu einem Hilfsmittel
wird, sich abzureagieren oder vor den Problemem zu fliehen, und eher zu
einer Therapie als zu einem Ausdruck von Verbundenheit und Fürsorglichkeit, dann beraubt er die Beziehung ihres lebenswichtigen Mana.

Nehmen Sie sich die Zeit, einfach zusammenzusein, einander zu berühren und zu halten, und nehmen Sie über das Physische hinaus Verbindung
miteinander auf. Ihr siebter Sinn kann Ihr erotischter Sinn sein, weil er alle
Ihre anderen Sinne koordiniert und schärft, aber ohne Geduld und Konzentration wird er sich nicht manifestieren. Wenn Sie zusammen sind, dann
nehmen Sie wahr, wie sehr die Anwesenheit Ihres Partners Sie beglückt,
und spüren Sie, wie *Ihre* Anwesenheit Ihren *Partner* beglückt. Ein solches
Beisammensein ist körperlich spürbar. Fühlen Sie es in Ihrer Haut, in Ihrem
Bauch oder im Kopf? Können Sie es fast »riechen?« Läuft es wie ein
Energiestrom von Ihren Fingerspitzen zu Ihrem Herzen? Einer meiner
Patienten nannte diese Art des Beisammenseins »stummen Sex haben«.

Eine Kupuna, die seit 57 Jahren verheiratet war, beschrieb den ozeanischen Weg, Beziehungen zu pflegen, mit folgenden Worten: »Mein Mann
und ich betrachten unsere Ehe als das Geschenk, das wir am meisten
wertschätzen. Es ist ein so wunderbares Geschenk, daß wir zusammensein
und einander auf die Sonnenuntergänge und Sonnenaufgänge aufmerksam
machen dürfen, daß wir niemals etwas tun würden, um dieses Geschenk zu
ruinieren. Ohne einander könnte es keine Freude geben.«

Dreizehntes Kapitel

In schwierigen Zeiten glückliche Kinder großziehen

»Ich nehme meine Kinder überall hin mit,
aber sie scheinen immer wieder den Weg nach Hause zu finden.«
Erma Brombeck

Welches sind Ihrer Meinung nach die Dinge, die Ihre Kinder und die Kinder Ihrer Verwandten und Freunde über das Leben lernen sollten? Die polynesische Antwort auf diese Frage ist immer spontan und eindeutig, so wie die einer hawaiianischen Mutter: »Ich möchte, daß mein *keiki* (Kind) Aloha lernt – wie man liebt. Ich möchte, daß sie jeden Tag Aloha lebt und später ihrerseits ihre Kinder lehrt, wie man Aloha lebt.« Die Gesundheit und das Glück dieser Welt hängen von den Kindern ab, die wir ihr schenken, und viele Wissenschaftler sind darüber besorgt, daß man heute bei der Erziehung der Kinder ein größeres Gewicht auf Leistung, Erwerb und Autonomie als auf selbstlose Liebe legt.

Wie wir in den ersten zwei Teilen dieses Buches gesehen haben, nimmt die Depression bei unseren Kindern in einem alarmierenden Ausmaß zu. Es ist schockierend zu erfahren, daß selbst bei Kindern *unter zehn* die Zahl der Selbstmorde und versuchten Selbstmorde steigt. So sehr wir uns auch bemüht haben, unseren Kindern alles zu geben – wir scheitern auf erschreckende Weise an der Aufgabe, sie die eine Fähigkeit zu lehren, die ihnen ein Höchstmaß an Glück und Gesundheit bringen würde: emotionale Intelligenz – ein geduldiges, fröhliches, vom Prinzip des Gebens und Nehmens geprägtes Leben zu führen.

»Gute Eltern« zu sein bedeutet heutzutage, erfolgreiche Kinder großzuziehen, die fähig sind, mit anderen Kindern zu konkurrieren. In den Familien unserer Vorfahren dagegen war einer für den anderen verantwortlich; man sorgte gegenseitig füreinander. Kinder wurden nicht »großgezogen«, sie lebten, arbeiteten und übernahmen die Werte, die ihnen durch das

Familiensystem vermittelt wurden. Man erwartete von ihnen, daß sie ihren Teil zum Wohl der Familie beitrugen, und sie waren verpflichtet, ihren Eltern, Großeltern und Geschwistern, auch während sie selbst noch den Schutz der Familie brauchten, um heranzureifen, bei *deren* Entwicklung zu helfen. Die Polynesier haben noch immer diese besondere Vorstellung von Familie. Die Hawaiianer verwenden dafür das Wort *'ohana*.

Die Institutionalisierung oder Computerisierung der Familie

Hier auf dem Festland haben wir uns der Bedeutung der Familie und des Familiensystems entkleidet. Wir haben unsere Familien irgendwelchen Institutionen übergeben. Die wichtigste und schwierigste Aufgabe im Leben – jemandem zu helfen, in einer hektischen und sich verändernden Welt aufzuwachsen – wurde zu einer vergessenen Kunst. Scheidung, Trennung, alleinerziehende Eltern (was fast immer »alleinerziehende Mutter« bedeutet), Ganztagskindergärten und lange Tage in Schulen, in denen die Gewalt zunimmt und die mit der Rückkehr in eine leere Wohnung enden, werden in zunehmendem Maße zur Norm. Wie ein Zwölfjähriger mir erschreckenderweise sagte: »Es macht keinen Spaß, groß zu werden. Und ich bin nicht sicher, ob es die Sache überhaupt wert ist.«

Zwar betonen unsere Politiker, wie sehr die Familie ihnen am Herzen liege, aber viele von ihnen sind selbst geschieden und vernachlässigen ihre eigenen Kinder, um diejenigen von potentiellen Wählern zu küssen. Familien, deren Mitglieder weit voneinander entfernt wohnen, und ein gehetzter Lebensstil führten zu emotionaler »Obdachlosigkeit«. Familienmitglieder essen oder spielen nur selten miteinander, und ein Großteil der Freude des Heranwachsens und Lernens geht durch unsere krampfhaften Bemühungen verloren, unseren Kindern *Dinge* zu kaufen, um ihnen einen »Wettbewerbsvorteil« zu verschaffen.

Anstatt uns die Zeit zu nehmen, Fernsehsendungen auszuwählen, die wir uns gemeinsam mit unseren Kindern anschauen könnten, haben wir den »V-Chip« entwickelt, der den Fernsehkonsum unserer Kinder in unserer Abwesenheit zensiert. Unsere Kinder verbringen mehr Zeit im Internet als auf unserem Schoß. Ganztagskindergärten, Computer und Fußgängerzonen sind das »Zuhause«, das wir unseren jungen Leuten anbieten.

Ob es uns nun gefällt oder nicht, Computer und Institutionen können weder Aloha lehren noch fröhliche Kinder großziehen. Für Kinder zu sorgen ist eine Aufgabe, die für eine einzelne Person zu komplex ist, und sie

verlangt, daß wir uns ihr mit Liebe, instinktivem Verantwortungsbewußtsein und Spiritualität widmen. Stabile, dauerhafte Paarbeziehungen haben
sich deshalb entwickelt, damit zwei Individuen für die sehr abhängigen
Nachkommen sorgen konnten, die wir Säugetiere – und insbesondere wir
Menschen – nun einmal viele Jahre lang haben. Feste Strukturen innerhalb
des Stammes und organisch gewachsene Gemeinschaften sorgten dafür,
daß Ehemänner und Ehefrauen selten für lange Zeiträume getrennt bleiben
mußten, und selbst wenn einmal eine Trennung nötig wurde, war die
Gemeinschaft klein genug und hatte einen genügend engen Zusammenhalt,
um ein schützendes Auge auf die Kinder zu werfen.

Bei der *'ohana*, dem ozeanischen Begriff von Familie, wird das Kind oder
keiki wie ein Sämling behandelt (*keiki* bedeutet auch eine junge Pflanze).
Während die *keiki* sich entwickeln, müssen alle für sie sorgen und sie
beschützen, aber zu ihrer Entwicklung gehört auch das Sorgen für andere
keiki und *makua* (Eltern). Der Begriff *'ohana* unterstreicht die Wichtigkeit
einer zuverlässigen, gelassenen, fröhlichen Einstellung zur Kinderpflege.
Mahlzeiten sind heilige Rituale, in denen Lektionen des Respekts vorgelebt
und gelehrt werden. Den Ahnen und lebenden älteren Familienmitgliedern
wird Ehre erwiesen, und man erwartet von Kindern, daß sie der Familie
helfen und für ihr Wohl arbeiten. Wenn man einem Kind nicht die Chance
gibt, nicht nur für die engsten Angehörigen, sondern auch für alle älteren
Mitglieder der Gemeinde und für die Gemeinschaft als Ganzes auf respektvolle Weise zu sorgen, dann wird dies als schlimmste Form der Kindesmißhandlung betrachtet.

Ho'oponopono: Ozeanische Familientherapie

Die Aloha-Herangehensweise an das »Familiesein« bedeutet gemeinsames
Singen, Tanzen, Fischen, Spielen und Wandern – nicht, die Kinder zur
Ballettstunde oder zum Fußballtraining zu chauffieren. Wenn sich familiäre
Probleme und Konflikte ergeben, dann werden sie sofort zur Sprache
gebracht. Das Ritual, in dessen Rahmen dies geschieht, heißt *ho'oponopono*,
wörtlich etwa »es wieder in Ordnung bringen«, das Familiensystem wieder
ins Gleichgewicht bringen.

Zu *ho'oponopono* gehört ein stundenlanges Miteinander-Reden, damit die
Familie wieder zu einem friedlichen Gleichgewicht zurückfindet. Zuerst
wird ein *pule 'ohana* (Familiengebet) verrichtet. Darauf folgt eine Zeit, die
mit »Geschichtenerzählen« verbracht wird, um herauszufinden, welche

Person oder Personen den Familienkodex der Aloha verletzt haben.
Schließlich muß eine deutlich erkennbare Wiedergutmachung geleistet
werden – in Form einer Entschuldigung, einer Entschädigung für einen
Übergriff, eines Ersatzes für einen zerbrochenen Gegenstand oder in Form
einer Verpflichtung zu einem liebevolleren und fürsorglicheren Verhalten.
Wenn das *ho'oponopono* vorbei ist, darf niemand in der Familie mehr über das
Problem reden. Ein *pule 'ohana* wird gesprochen, und man veranstaltet eine
kleine Feier, um das Ende des Konflikts und die Wiederherstellung von *pono*
(Ausgeglichenheit) zu signalisieren.

Der gesamte Prozeß basiert auf einer heiligen Verpflichtung, das Familienleben nach den fünf Prinzipien der Aloha zu leben. Für die Familie zu
beten ist nicht nur angenehm und erbaulich, sondern auch ein Weg, um die
heilende Energie Gottes und der Ahnen auf das Problem zu lenken. Würde
Ihre Familie von ihrer eigenen Form des *ho'oponopono* profitieren? Haben Sie
eigene Lern- und »Befriedungs«-Rituale, die häufiger vollzogen werden
sollten? Glückliche Familien verbringen mindestens ebensoviel Zeit zu
Hause, »um die wichtigen Dinge zu tun«, wie sie außerhalb des Hauses
arbeiten, um die wichtigen Dinge kaufen zu können.

Um das Ausmaß an gesunder Lebenslust und -freude in Ihrem eigenen
Familienleben einzuschätzen, sollten Sie den folgenden Test machen.
Wenn möglich, sollte sich die ganze Familie dem Test unterziehen und
anschließend die Ergebnisse diskutieren.

Test zur Zufriedenheit im Familienleben

»Trifft genau auf uns zu«: 2
»Trifft manchmal auf uns zu«: 1
»Trifft fast nie auf uns zu«: 0

1. Nehmen die Mitglieder Ihrer Familie jeden Tag mindestens *eine* fröhliche, friedliche Mahlzeit gemeinsam ein?
2. Wird in Ihrem Haus viel gelacht?
3. Werden ältere Familienmitglieder respektiert und mit geduldiger
   Freundlichkeit behandelt?
4. Hat Ihre Familie ihre eigenen Rituale und Gewohnheiten, die schon
   seit Jahren praktiziert und auch heute noch fröhlich befolgt werden?
5. Handelt Ihre Familie nach dem Prinzip, daß niemand mit seiner Haus-

arbeit fertig ist, solange nicht alle fertig sind? Packen alle mit an und helfen bei allen anfallenden Aufgaben?

6. Spielen die Mitglieder Ihrer Familie gemeinsam Spiele, an denen jeder freiwillig teilnimmt?
7. Wird in Ihrer Familie sehr wenig ferngesehen?
8. Kann man sich in Ihrer Familie alles sagen – haben alle Familienmitglieder das Gefühl, sie könnten jedem alles erzählen?
9. Würde Ihre Familie sich hinter jedes einzelne Mitglied stellen und es unterstützen, was auch immer geschehen mag?
10. Gibt es in Ihrer Familie weder Gezänk noch Beschimpfungen noch herabsetzende Bemerkungen?

Gesamtpunktzahl: _____

16–20	= Eine glückliche Familie
12–15	= Die Familie muß mehr Freude miteinander teilen
11 und darunter	= Die Familie muß dringend mehr Freude miteinander teilen

Im Folgenden einige Vorschläge, die Ihnen helfen sollen, die gemeinsam erlebte Freude zu vermehren.

Erste Freude-Regel für das Familienleben:
Alle Familienmitglieder treffen
alle Entscheidungen gemeinsam

Die psychische Verfassung der Familie übt ständig eine prägende Wirkung auf das Gehirn jedes Kindes und jedes Erwachsenen in der Familie aus – deshalb sollten Sie sich bemühen, bei sich und anderen ein seelisches Klima der Geduld zu schaffen.

Ein seelisches Klima der Geduld herstellen: Ahonui **für die Familie**   Die neuropsychologische Forschung hat mittlerweile bewiesen, was die polynesischen Kahuna schon seit Jahrhunderten wußten. Unser Gehirn ist bei der Geburt nicht völlig ausgebildet, sondern bildet, solange wir leben, ständig neue Zellen und Verbindungen. Das Gehirn des jüngsten Kindes und des ältesten Großvaters oder der ältesten Großmutter werden fortwährend durch die Familienatmosphäre, d. h. durch eine Art »verbindender zerebra-

ler Umwelt« um- und ausgebaut. Ob wir glückliche Liebeslandkarten mit
gut etablierten Fröhlichkeitszentren ausbilden oder wütende Zornschablo-
nen ätzen, hängt von der Atmosphäre ab, die die gesamte Familie gemeinsam schafft.

Die psychoneuroimmunologische Forschung zeigt, daß es möglich ist,
die Entwicklung des Gehirns positiv in Richtung auf geduldige Freude zu
beeinflussen, indem man eine verläßliche Umgebung schafft, in der ver-
nünftige Risiken ohne Angst vor Zurückweisung eingegangen werden können. Das funktioniert sogar dann noch, wenn wir erwachsen sind, aber das
kindliche Gehirn ist in besonderem Maße empfänglich für einen Prozeß,
den man »für die Freude auslichten« nennen könnte.

Kinder werden mit Millionen mehr Neuronen oder Gehirnzellen geboren, als ihr erwachsenes Gehirn jemals brauchen wird. Durch einen Prozeß,
den man *neurologisches Auslichten* (engl. *neurological pruning*) nennt, verliert das
Gehirn die neuronalen Verbindungen oder Synapsen, die weniger häufig
benutzt werden, und entwickelt dafür starke Verbindungen in den synapti-
schen Schaltstellen, die am häufigsten benutzt worden sind. Dieses »Auslichten« ermöglicht es dem Gehirn, sich mehr auf das zu konzentrieren, was
durch frühe Erfahrungen besonders ausgebildet wurde. Wenn also diese
Erfahrungen durch ein ruhiges, ausgeglichenes Familienleben gekennzeichnet wurden, dann entwickelt sich das Gehirn zu einem geduldigen Gehirn.
Wenn im Familiensystem Feindseligkeit, Kritik und körperliche oder emotionale Gewalt vorherrschten, dann bleiben nur die wütenden, selbstsüchtigen, ungeduldigen Leitungsbahnen des Gehirns erhalten.

Das Auslichten erfolgt beständig und sehr rasch. Alte Synapsen verschwinden und neue bilden sich innerhalb von Stunden oder Tagen. Tatsächlich wird das Gehirn des Menschen bis zum Erwachsensein und sogar
bis zu einem späten Zeitpunkt seines Lebens geformt.[1] Wenn wir das
Aloha-Prinzip in unserem Familienleben lehren und vorleben, dann kultivieren wir einen wunderschönen Garten, in dem Kinder zu liebevollen,
fürsorglichen Mitgliedern des Familiensystems heranwachsen.

Als Eltern und als soziale Gemeinschaft sind wir die Gärtner der nächsten
Ernte von Erwachsenen. Wenn wir unsere Kinder mit Aloha großziehen,
dann werden wir eine Welt der Ausgeglichenheit und der Geduld ernten.
Wenn wir unsere zarte Saat vernachlässigen oder sie der Ungeduld, der
Aggression und der Feindseligkeit aussetzen, dann ernten wir eine Generation intoleranter, egoistischer, gehetzter Menschen und darüber hinaus
eine aggressive, gewalttätige Welt.

Ein Kahuna sagte: »Unsere *keiki* sind unsere Blumen, und wir sind ihre

Wurzeln. Eines Tages werden sie selbst Wurzeln sein, deshalb müssen wir sie hegen und pflegen und sie lehren, wie sie auch uns pflegen und für uns sorgen. Wir müssen mit unseren *keiki* geduldig sein. Man würde doch auch eine Blume nicht anschreien, um sie zum Wachsen zu bringen.«

Zweite Freude-Regel für das Familienleben: Häufiger gemeinsam ins Freie gehen

Der in jüngster Zeit zu beobachtende Trend, sich, abgesehen von ein paar »Urlauben« oder Ausflügen in die Natur, zu Hause »einzuigeln«, beraubt die Familien des lebensnotwendigen Lichts.

Gemeinsam sonniger werden: Lokahi **in der Familie**   Wieviel Zeit verbringen die Mitglieder Ihrer Familie gemeinsam in der freien Natur? Die Antwort auf diese einfache Frage sagt sehr viel darüber aus, wieviel Freude Ihre Familie miteinander teilt. Ein Mangel an »Breitspektrum-Licht« Sonnenlicht, steht, wie man heute weiß, in engem Zusammenhang mit einer Gemütsstörung, die man *Saisonal Abhängige Depression* (SAD) nennt. Zu ihren Symptomen gehören Angst, Widerwillen dagegen, zur Arbeit oder zur Schule zu gehen, Vernachlässigung sozialer Kontakte, Selbstkritik, Einschlafschwierigkeiten und unruhiger Schlaf, durch Schlafmangel verursachte Unfähigkeit, am Morgen aufzustehen, und *Anhedonie* (die Unfähigkeit, sich an den kleinen Dingen des Alltags zu freuen).

Ungefähr 20 Prozent aller Menschen sind anfällig für SAD, weil sie außerordentlich lichtempfindlich sind. Die Symptome zeigen sich gewöhnlich bei Eintritt ins Teenageralter und können ein Leben lang weiterbestehen. Im Gegensatz zu Menschen mit einer klinischen Depression neigen Menschen, die unter SAD leiden, nicht dazu, den Appetit zu verlieren; im Gegenteil, sie stopfen sich geradezu mit Essen voll. Meine klinische Arbeit ergab Hinweise darauf, daß nicht nur Menschen, die tatsächlich unter SAD leiden, sondern ihre gesamten Familien an einem Mangel an gesundem Licht leiden.

Zwar gibt es dafür viele mögliche Erklärungen, aber soviel steht für mich fest, daß Familien, die gemeinsam ins Freie gehen, tendenziell weniger Konflikte haben, daß sie ihre Konflikte rascher lösen und sich als Gruppe vitaler fühlen. Untersuchungen haben gezeigt, daß es besonders den Leuchtstofflampen, die in Wohnungen und Schulen benutzt werden, an ultraviolettem Licht mangelt. Schüler in Schulen mit »Tageslicht-Leuchtröhren« leiden nur unter nahezu halb so vielen Krankheiten wie Schüler in Schulen mit Leuchtstofflampen. Und die Patienten in meiner Klinik, die sich mit ihren Angehörigen häufiger natürlichem Licht aussetzen, berichten ebenfalls, daß in ihrer Familie weniger Krankheitsfälle auftreten.

Eine Beleuchtung von 2500 Lux, eine Lichtstärke, die in etwa derjenigen entspricht, der wir ausgesetzt sind, wenn wir an einem hellen Frühlingstag am Fenster stehen, regt das Gehirn zu Lebenslust und Freude an. Die Zirbeldrüse, ein winziges Organ in der Mitte des Gehirns direkt hinter den Augen, sondert eine Substanz namens *Melatonin* ab. Licht stimuliert die Absonderung dieses Hormons, und infolgedessen schläft man leichter ein. Daraus ergibt sich ein natürlicher, ruhiger Lebensrhythmus.

Wenn wir uns häufiger ausruhen, hebt sich unsere Stimmung, und wir können uns leichter freuen. Eine ausgeglichene, keinen starken Stimmungsschwankungen ausgesetzte Familie ist eine weniger gereizte, stärker verbundene Familie. Polynesische Familien genießen den Luxus natürlichen Sonnenlichts an fast jedem Tag ihres Lebens, und viele Familien profitieren davon, indem sie mehrere Tage in der Woche Schwimmen oder Angeln gehen, mit dem Boot fahren oder gemeinsam picknicken. Wenn Ihnen die Atmosphäre in Ihrer Familie Sorgen macht, dann versuchen Sie doch einmal, ein gemeinsames Wochenende im Freien zu verbringen, und beobachten Sie, wie die Stimmung sich in der folgenden Woche hebt.

Es gibt auch eine umgekehrte Form von SAD, bei der Menschen sich im Licht des Sommers deprimiert fühlen und im Winter stärker erregt und manisch sind. Dies wird möglicherweise dadurch verursacht, daß man sich im Sommer in verdunkelten Zimmern aufhält, in denen die Klimaanlagen summen, oder durch eine besondere Empfindlichkeit gegenüber Hitze. Gemeinsam mit den Kindern bei milden Temperaturen im Freien zu spielen und sich dabei maßvoll dem Sonnenlicht auszusetzen trainiert aber das Gehirn, mit Aloha zu denken.

Vergessen Sie nicht, daß das Konzept der *'ohana* die Gemeinschaft, Pflanzen, Tiere, Fische, Steine und Bäume einschließt. Deshalb sollte ein »Familienausflug« keine Besichtigungstour sein, sondern dazu dienen, das Verbundensein mit der Natur zu spüren. Wenn Sie dazu beitragen, die Erde zu heilen, indem Sie als freiwilliger Helfer etwa Abfälle im Wald einsammeln oder Bäume pflanzen, so wird das Ihre Familie – und die ganze Weltfamilie – stärken.

Ein Kahuna sagte: »Die Familie muß mit der ganzen Familie zusammensein. Die ganze Familie ist das Land, die Natur. Wandert als ganze Familie in die Natur hinaus, und Ihr werdet gemeinsam wachsen wie die *'ohi'a-lehua-*

Blume, die aus den Steinen des Vulkans wächst. Die 'ohi'a-Blume zeigt sich in vielen Gestalten, aber sie wächst immer in Büscheln, so wie die Sonne sie aus dem warmen Stein herauszieht. Sie hat unterschiedlich geformte Blätter und Blüten in vielen Formen und Schattierungen, aber alle gedeihen durch die Sonne und den Regen. Deine Familie wird durch die 'aina geheilt.«

Dritte Freude-Regel für das Familienleben: Nur die Ruhe – Gefühle sind keine Fakten, und sie brauchen auch nicht immer zum Ausdruck gebracht zu werden

Entgegen dem, was die Populärpsychologie uns weismachen will, hat das »Herauslassen« von Gefühlen nur einen geringen therapeutischen Wert, kann aber ernste gesundheitliche Schäden nach sich ziehen.

Gelassenheit trainieren: 'Olu'olu **in der Familie**   Die Areale des Gehirns, die sich über unsere impulsiveren, tieferen Gehirnbereiche hinwegsetzen können, sind auch diejenigen, die sich am langsamsten entwickeln. Jeder kann ein wütendes, ungeduldiges, feindseliges, egoistisches Kind großziehen, denn die tieferen Gehirnbereiche (die diese Gefühle verarbeiten) haben einen Entwicklungsvorsprung gegenüber den ruhigen, geduldigen, liebevollen Bereichen des Gehirns. Als Eltern und Erzieher können wir beeinflussen, ob ein Gehirn schon im Kindesalter – und danach in der Jugend, bis hinein ins Erwachsenenalter – sich gemäß der Glücks- oder der Ungedulds-Reaktion entwickelt.[2] Indem wir unseren Kindern und jungen Erwachsenen beibringen, nicht zuzulassen, daß ihre auf Streßreaktionen programmierten tieferen Gehirnbereiche ihre Handlungen bestimmen, indem wir mit ihnen über eine angenehme und vergnügliche Lebensführung reden und, was noch wichtiger ist, indem wir ihnen eine solche Lebensführung vorleben, können wir dazu beitragen, daß sich die Stirnlappen und die Schaltkreise des Gehirns, die auf solche Verhaltensweisen programmiert sind, entwickeln und anfangen, eine immer stärkere Kontrolle auszuüben.

Vielleicht eines der wichtigsten Ziele des Gehirntrainings bei Kindern ist, ihnen beizubringen, wie sie sich beruhigen können, wenn sie wütend sind. Wenn ein Kleinkind wütend ist, dann nimmt man es in der Regel in den Arm und schaukelt es, bis es sich wieder beruhigt hat. Nicht nur wird das Kind dadurch getröstet, es lernt auf diese Weise außerdem auch, wie man sich selbst und andere tröstet. Die Polynesier wissen, daß man ein Kind auch dadurch die »Kunst« des Tröstens lehren kann, daß man ihm erlaubt, die älteren Familienmitglieder zu trösten. Wenn Sie sich einmal die Zeit nehmen, moderne Paare bei ihren Erziehungsbemühungen zu beobachten, dann werden Sie feststellen, daß viele Eltern unsicher zu sein scheinen, wie man mit einem unglücklichen oder störrischen Kind umgehen sollte. Vielleicht ist das deshalb der Fall, weil sie selbst zu selten beruhigt wurden und man ihnen niemals beibrachte, wie man einen anderen Menschen auf liebevolle und zärtliche Weise besänftigt.

Die Untersuchungen des Psychologen John Gottman demonstrieren, wie wichtig es ist, andere zu beruhigen – eine Aktivität, die sowohl in dem Beruhigenden als auch in dem Beruhigten die Glücksreaktion auslösen kann. Dabei spielt einmal der mit dem Herzen verbundene *Vagusnerv*, außerdem die Nebennieren und der Mandelkern eine wichtige Rolle. Alle drei wirken aufeinander ein, um das zu schaffen, was Gottman den *vagalen Tonus* nennt. Wenn dieser Tonus durch Zorn geprägt ist, dann ist das Ergebnis die Streßreaktion. Man kann aber gezielt üben, vagale Wut zu beschwichtigen.[3] Gottman hat gezeigt, daß es hilft, Gelassenheit zu entwickeln und zu einem angenehmen Familienmitglied zu werden, wenn man mit Kindern sanft und geduldig über ihre Gefühle redet und ihnen beibringt, wie man diese Gefühle *versteht*, anstatt ihnen bloß Ausdruck zu verleihen. Das eigene Leben mit einem gedämpften vagalen Tonus zu leben bietet einem sich entwickelnden Kind das beste Rollenvorbild.

Ein Kupuna, der häufig *ho'oponopono* für hawaiianische Familien durchführt, die in Schwierigkeiten sind, sagte: »Wenn jemand krank ist, dann schaue ich mir immer die ganze Familie an, um festzustellen, wie ihr Tonus ist. Manchmal kann ich einen wütenden Tonus spüren, und ich weiß, daß niemand geheilt werden kann, bevor sich nicht alle beruhigt haben. Wir machen *ho'oponopono* und versuchen, die Dinge wieder in Ordnung zu bringen. Es geht nicht darum, daß wir nur unsere Gefühle zum Ausdruck bringen. Wir reden über sie und bringen jedem bei, daß er mehr als nur seine Gefühle ist.«

Vierte Freude-Regel für das Familienleben: Achten Sie darauf, wie andere Familienmitglieder sich fühlen

Versuchen Sie, die Gefühle Ihrer Familie zu erspüren, und nehmen Sie die subtilen Signale wahr, die ein Bedürfnis nach Unterstützung ausdrücken.

»Emotionale Bildung«: Ha'aha'a **in der Familie**   Wir investieren viel Zeit und Geld in die intellektuelle Erziehung unserer Kinder. Es hat für uns eine große Bedeutung, wann ein Kind reden lernt, aber wir achten kaum darauf, ob es auch *zuhören* lernt. Familien und Schulen vernachlässigen die *emotionale* Bildung: die Entwicklung der Fähigkeit, die Gefühle anderer Menschen zu deuten, sich um sie zu kümmern und feinfühlig mit ihnen umzugehen.[4]

Die Erzieherin Karen Stone McCown hat einen »selbstwissenschaftlichen Lehrplan« entwickelt – obwohl man in diesem Zusammenhang besser von einer »Wissenschaft der geringeren Selbstbezogenheit« sprechen sollte.[5] McCown definiert die Lernziele zwar in Kategorien wie »Lebenstüchtigkeit«, »Sozialkompetenz« und »emotionales Lernen«, aber im Grunde lehrt sie die fünf Komponenten der Aloha. Anstatt das Schwergewicht auf Wettbewerb, Selbstausdruck und Macht zu legen, lehrt sie die Kinder, wie man bei anderen Menschen den Schmerz, die Sehnsucht nach Freude und die Angst vor Einsamkeit erkennt. Sie bringt ihnen bei, nonverbale Signale wahrzunehmen, anhand derer sie erkennen können, daß ein anderer Mensch wütend, bekümmert oder ängstlich ist.

Um ein glückliches, gesundes Familienleben zu haben, müssen wir aus uns selbst *heraus-* und in andere *hinein*gehen. Wir müssen aufhören, uns wegen möglicher »Kodependenz« Sorgen zu machen, und härter daran arbeiten, eine positive *Interdependenz* (gegenseitige Abhängigkeit) zu fördern. Ein hervorragender Weg, um bei uns selbst und bei unseren Kindern *ha'aha'a* (emotionale Bildung) zu entwickeln, ist die sogenannte *Wahrnehmungspause.* Ein Kupuna erklärte dies sehr überzeugend: »Es ist eine Weise, den Kontakt herzustellen, bevor die eigentliche Kommunikation beginnt. Bevor du zu jemandem ein einziges Wort sagst, solltest du zunächst ein paar Sekunden lang innehalten und still sein. Schau dir dein Gegenüber an, bevor du redest. Lies, bevor du redest, an seinem Gesicht und seiner Körperhaltung ab, wie er sich fühlt, anstatt einfach nur einzuschätzen, wie er auf das, was du sagst, reagieren wird. Bemühe dich weniger darum, zu beeinflussen, als darum, Einheit zu schaffen. Stell mit den Augen eine Verbindung her, bevor du den Mund benutzt. Fang nie an zu reden, ohne vorher zu schauen, und sag nie etwas, ohne vorher einen prüfenden Blick auf den anderen geworfen zu haben.«

Fünfte Freude-Regel für das Familienleben:
Für das Bedürfnis nach Körperkontakt gibt es
keine Altersbeschränkung

Jeder weiß, wieviel Trost und Streicheleinheiten Babys verlangen, aber viele von uns vergessen, wieviel Körperkontakt, Kuscheln und sanftes Streicheln wir auch später in unserem Leben brauchen.

In Kontakt bleiben: Akahai **in der Familie**   Zwar übt das Gehirn eine starke Kontrolle über den Körper aus, aber auch der Körper beeinflußt und formt seinerseits das Gehirn. Bei Neugeborenen hilft ein sanftes Berühren und Schaukeln, jene Zentren des Gehirns zu entwickeln, die uns in unserem Erwachsenenleben am meisten Freude und Lebenslust vermitteln.[6] In einem sehr realen, psychoneuroimmunologischen Sinne beginnt und endet unsere Erotik, unsere Zärtlichkeit und Sinnlichkeit (unser *akahai*) in der Wiege.

Direkt hinter dem limbischen System befindet sich der Teil des Gehirns, der für Gleichgewicht, Ausgewogenheit und Koordination zuständig ist. Dieses aus drei Lappen bestehende Gebilde ist das *Zerebellum* oder Kleinhirn. Es kontrolliert die zeitliche Koordinierung gut eintrainierter Bewegungen, wie wir sie etwa beim Autofahren, Schwimmen und anderen Aktivitäten verrichten, von denen wir sagen, daß man sie, einmal gelernt, nie wieder vergißt. Das Zerebellum steuert außerdem Bewegungen, die zu schnell sind, um unserer bewußten Kontrolle zu unterliegen, wie beispielsweise beim Klavierspielen oder Tanzen. Die Neurologen sind jetzt dabei zu entdecken, daß dieses »kleine Gehirn« sehr viel mehr ist als ein bloßes Zentrum für zeitliche Koordinierung, Harmonisierung und mechanisch ablaufende Aktivitäten.

Dr. James Prescott, ein Entwicklungs-Neuropsychologe vom National Institute for Child Health and Human Development, vermutet, daß man die Entwicklung des Zerebellums und damit einer ausgeglicheneren und fröhlicheren Persönlichkeit fördert, wenn man ein Kind in den ersten Monaten und Jahren seines Lebens sanft liebkost, es schaukelt und ihm vorsingt.[7] Er nimmt an, daß ein Mangel an solchen sanften, schaukelnden Bewegungen in späteren Jahren verwirrte und ängstliche Überreaktionen auf ähnliche Bewegungen hervorrufen wird. Es können zornige und sogar aggressive Ersatzhandlungen auftreten, die tatsächlich eine Anpassung an eine als fremd empfundene Zärtlichkeit darstellen – eine Form von emotionaler Hyper-Reaktivität.

Nur allzu häufig ziehen wir uns, gerade dann, wenn unsere heranwachsenden Kinder sanften Trost und liebevolle, schaukelnde Umar-
mungen brauchen, körperlich und emotional von ihnen zurück. In unserer
modernen Gesellschaft hat die Erotophobie solche Ausmaße angenommen,
daß der Kampf gegen sexuellen Mißbrauch häufig absurde Formen an-
nimmt. Diese Erotophobie leugnet die Macht der liebevollen Berührung.
Genauso wie sie den Körperkontakt von Ehepartnern auf sexuelle Handlungen begrenzt, setzt sie der liebevollen Berührung von Kindern durch ihre
Eltern enge Grenzen. Häufig haben wir geradezu Angst davor, unsere
heranwachsenden Kinder zu berühren und zu trösten. Aber in schwierigen
Zeiten *müssen* wir sie in die Arme nehmen und liebevoll schaukeln ... und
wir selbst brauchen es, von ihnen in die Arme genommen und geschaukelt
zu werden. Wenn wir hoffen, in der Liebe, bei unserer Arbeit und beim
Spiel Harmonie zu finden, dann müssen wir zu einem sanfteren und zärt-
licheren Lebensrhythmus zurückkehren.

Ein Kahuna faßte das *akahai*-Element einer glücklichen und beglük-
kenden *'ohana* in folgender Geschichte zusammen: »Großvater ist sehr, sehr
alt und schwach. Er ist über hundert Jahre alt, aber niemand kennt sein
genaues Alter. Großvater kann seinen Darm nicht mehr kontrollieren, und
wir müssen mehrmals täglich seine Windel wechseln. Jetzt müssen wir ihn
pflegen, und er muß geschaukelt und gewiegt werden. Niemandem macht
das etwas aus, und wir tun es alle abwechselnd – die Kinder, die Eltern, die
Onkel und die Tanten. Warum auch nicht? Wir haben auch ein neues Baby
in unserer *'ohana*, und das müssen wir ja auch wickeln und schaukeln. Das
Baby braucht es, und Großvater hat es sich verdient. Großvater hat für uns
alle weit mehr getan als das Baby. Manchmal schaukeln wir Großvater und
das Baby zusammen im selben Schaukelstuhl, in dem schon unsere *aukama*
(Ahnen) schaukelten. Das ist der eigentliche Sinn der *'ohana*.«

Vierzehntes Kapitel

Mit Liebe arbeiten – Gesundheit und Ausgeglichenheit am Arbeitsplatz

>*»Ich liebe die Arbeit. Sie fasziniert mich.*
>*Ich könnte stundenlang dabeisitzen und zugucken.«*
>Jerome K. Jerome

Fast jeder von uns arbeitet oder würde gern arbeiten. Tatsächlich verbringen die meisten von uns mehr Zeit damit zu arbeiten, als zu spielen oder mit unserer Familie zusammenzusein. Ob unsere Arbeit eine Quelle großer Freude ist oder ein Vorbote von Streß, Ausgebranntsein, Zorn oder Depression, hängt weitgehend davon ab, *warum* wir arbeiten. Bevor Sie etwas über die ozeanische Art zu arbeiten erfahren, sollten Sie den folgenden »Arbeits-Motivations«-Test machen. Kreuzen Sie den Punkt oder die Punkte an, die die eigentlichen Gründe, warum Sie jeden Tag zur Arbeit gehen, am besten beschreiben.

Der Arbeits-Motivations-Test

1. *Produktivität:* Arbeiten Sie, weil Sie das Gefühl haben, Sie müßten eine Menge Dinge fertigstellen oder erledigen? Der Schriftsteller Isaac Asimov sagte: »Wenn mein Arzt mir sagen würde, ich hätte nur noch sechs Minuten zu leben, dann würde ich nicht grübeln. Ich würde ein wenig schneller tippen.«
2. *Wissen:* Arbeiten Sie, um das gesammelte Wissen der Menschheit zu vermehren? Die Anthropologin Margared Mead sagte: »Ich wurde zum Glauben erzogen, daß einzig die Arbeit von Wert sei, die dazu beiträgt, die Menge der exakten Informationen in der Welt zu vermehren.«
3. *Gerechtigkeit:* Arbeiten Sie, um die Welt für andere zu einem sichereren und gerechteren Ort zu machen? Der Bürgerrechtler Martin Luther

King sagte: »Ich habe einen Traum, ... daß meine vier kleinen Kinder eines Tages in einem Land leben werden, wo sie nicht nach ihrer Hautfarbe beurteilt werden, sondern nach ihrem Charakter.«

4. *Autonomie:* Arbeiten Sie, um unabhängig zu sein? Die Künstlerin Georgia O'Keeffe sagte: »Ich kann nicht leben, wo ich möchte, nicht fahren, wohin ich möchte, nicht tun, was ich möchte ... da entschied ich, daß ich schrecklich dumm war, nicht wenigstens so zu malen, wie ich wollte.«

5. *Macht:* Arbeiten Sie, um Prestige, Anerkennung und Einfluß zu gewinnen? Der frühere US-Außenminister Henry Kissinger sagte: »Macht ist das beste Aphrodisiakum.«

6. *Pflicht:* Arbeiten Sie, weil Sie glauben, jeder Mensch *sollte* arbeiten? Die Politikerin Eleanor Roosevelt sagte: »Was Leistungen angeht, so habe ich getan, was ich unter den jeweiligen Umständen tun mußte.«

7. *Ehrgeiz:* Arbeiten Sie, um sich vor anderen auszuzeichnen und ihnen überlegen zu sein? Die Goldmedalliengewinnerin Florence Griffith Joyner sagte: »Wenn du so lange die Zweitbeste gewesen bist, dann kannst du dich entweder damit abfinden oder versuchen, die Beste zu werden. Ich beschloß, den Versuch zu machen, die Beste zu sein.«

8. *Geld:* Arbeiten Sie, um mehr zu bekommen, mehr zu haben, mehr zu besitzen und mehr zu tun? Der surrealistische Maler Salvador Dali sagte: »Das Geld so sehr zu lieben wie ich es liebe, grenzt an Mystik. Geld hat etwas Erhabenes.«[1]

9. *Sieg:* Hat Arbeit für Sie etwas von einem Wettkampf? Der frühere Footballcoach Vince Lombardi sagte einmal: »Gewinnen ist nicht alles. Es ist das *einzige.*«

11. *Zwang:* Arbeiten Sie, weil Sie keine andere Wahl haben? Aristoteles schrieb: »Jede Arbeit, für die der Mensch bezahlt wird, nimmt den Geist gefangen und erniedrigt ihn.«

12. *Umweltbewußtsein:* Arbeiten Sie, um den Planeten zu heilen? Jeannette Armstrong, eine Ökopsychologin und Aktivistin für Eingeborene überall auf der Welt schreibt: »Wir sind verantwortlich für die Erde. Wir sind Hüter der Erde, weil wir Erde *sind.* Wir alle sind Erde.«

Welche Motive haben Sie wiedererkannt, die für Sie ein wesentlicher Grund sind, Tag für Tag zur Arbeit zu gehen? Welche es auch sein mögen – wenn Sie nicht den Punkt »Umweltbewußtsein« angekreuzt haben, dann wird Ihre Arbeit Ihnen, Ihrer Familie und der Welt im allgemeinen wahrscheinlich nicht das Glück und die Gesundheit bringen, die Sie brauchen.

Im Sinne der Polynesier Vorzügliches leisten

Als Sigmund Freud gebeten wurde, die Voraussetzungen für ein gesundes Leben zu benennen, antwortete er: »Lieben und Arbeiten.« Er meinte, daß ein gesunder Ausgleich zwischen Arbeit, um Geld zu verdienen, und der Liebe zu einem anderen Menschen, damit das Leben lebenswert wird, der Weg zu einem von Freude erfüllten und gesunden Dasein ist. Die Polynesier fanden jenen Ausgleich in dem, was sie *po'okela* nannten, »vorzügliche Arbeit«, die darauf basiert, daß man der Erde einen höheren Stellenwert einräumt als jedem persönlichen Ziel.

In unserer modernen Welt arbeiten wir uns im wahrsten Sinne des Wortes zu Tode. Der Durchschnittsmensch, der heute seinen ersten Job antritt, wird im Laufe seines Lebens mindestens zehnmal seinen Arbeitsplatz wechseln. Streß am Arbeitsplatz ist nach wie vor eine der führenden Krankheitsursachen und zudem der Grund für Milliardenverluste aufgrund von Ineffizienz, Verzweiflung, Unpünktlichkeit und häufigem Fehlen. Wenn sich am Arbeitsplatz Möglichkeiten eröffnen, um Freude zu tanken, dann scheinen viele von uns zu beschäftigt, zu überfordert, zerstreut oder abgestumpft zu sein, um sie überhaupt wahrzunehmen.

Dagegen betrachten die Polynesier Arbeit als eine unschätzbare Gelegenheit, Respekt für die Welt und Verbundenheit mit der Gemeinschaft zum Ausdruck zu bringen. Das erste Kriterium zur Einschätzung ihrer Arbeit ist, ob sie ihnen und anderen Glück und Gesundheit bringt. Erfolg stellt sich ein, wenn man entsprechend den fünf Prinzipien der Aloha lebt.

Informelle Erhebungen über die Arbeit

Ich fragte 300 meiner Studenten am Henry Ford Community College: »Welchen Beruf möchten Sie ausüben, nachdem Sie Ihren Abschluß gemacht haben?« Hundertsiebzig von ihnen antworteten, sie hätten keine Ahnung, und die anderen waren sich nicht sicher. Die meisten erklärten, sie besuchten das College, weil es zu diesem Zeitpunkt nichts anderes gäbe, was sie in ihrem Leben tun konnten, oder weil ihre Eltern von ihnen erwarteten, daß sie aufs College gingen.

Als ich die außerordentlich erfolgreichen Menschen fragte, die ich für dieses Buch interviewte, ob sie mit ihrer Arbeit glücklich seien, gaben sie wertende Antworten, in denen finanzielle Zufriedenheit oder das Erreichen eines sozialen Status die wesentlichen Aspekte waren. Als sie den »Arbeits-Motivations-Test« machten, gab es nur wenige, die den Punkt »Umweltbe-wußtsein« ankreuzten, aber fast alle hakten die Punkte »Produktivität«, »Autonomie«, »Macht«, »Pflicht«, »Ehrgeiz«, »Sieg« und »Geld« ab. Sie antworteten nicht, daß sie das täten, was sie gerne tun wollten, sondern daß sie täten, was ihnen greifbare Belohnungen bringe. Einige gaben an, sie arbeiteten nur, weil ihre erfolgreichen Eltern von ihnen erwarteten oder verlangten, daß sie ins Familiengeschäft einstiegen.

Als ich die Kinder – zehn Jungen und neun Mädchen im Alter von 4 bis 16 – einiger dieser Erfolgsmenschen fragte, was sie einmal werden wollten, antworteten alle außer vier, daß sie es nicht wüßten. Die anderen antworteten, daß sie wahrscheinlich das tun würden, was ihr Vater oder ihre Mutter taten, weil man von ihnen erwartete, daß sie ins Familiengeschäft einstiegen.

Das Bestreben, als Erwachsener etwas zu tun, das dem eigenen Leben und dem Leben anderer Menschen Freude und Bedeutung verleiht, stand weit unten auf der Liste der Gründe für das Arbeiten. Die einzige Antwort, die dem Aloha-Prinzip entsprach, kam von einem vierjährigen Mädchen, das meine Frage mit einem Lächeln beantwortete und sagte: »Ich möchte sehr, sehr glücklich sein und alle anderen Menschen sehr sehr glücklich machen.« Als sie ihre Antwort gab, lachten die anderen Kinder sie aus.

Um einzuschätzen, wie glücklich Sie mit Ihrer Arbeit sind, machen Sie den folgenden Test. Wie jeder andere der fünf Aloha-Tests in diesem Abschnitt ist dieser Test kein »Selbst-«, sondern ein »Uns-Test«, der mit Blick auf Ihre Familie (oder Ihren engen Freundes- und Bekanntenkreis) beantwortet werden sollte.

Arbeitsfreude-Test

»Trifft genau auf uns zu«: 2
»Trifft manchmal auf uns zu«: 1
»Trifft nie auf uns zu«: 0

1. Freuen sich die Mitglieder Ihrer Familie darauf, daß Sie am Ende des Arbeitstages wieder nach Hause kommen?
2. Hat Ihre Familie Spaß an Berichten über schöne oder merkwürdige Erlebnisse bei der Arbeit, wenn Sie zu Hause davon erzählen?
3. Bekommen Sie in Ihrer Familie Anerkennung für das, was Sie an Ihrem

Arbeitsplatz tun? Wissen Ihre Angehörigen, was Sie tun, und begreifen
sie es?

4. Ist die ganze Familie an dem interessiert, was Sie an Ihrem Arbeitsplatz
   tun?
5. Würde Ihre Familie sagen, daß Sie Ihre Arbeit lieben?
6. Würden viele Mitglieder Ihrer Familie Ihre Arbeit ebenfalls gern tun?
7. Glaubt Ihre Familie, daß das, was Sie tun, für andere und die Welt von
   Nutzen ist?
8. Ist Ihre Familie frei von Ängsten, was die Sicherheit Ihres Arbeitsplatzes betrifft?
9. Würden die anderen Mitglieder Ihrer Familie sagen, sie selbst seien
   Ihnen ebenso wichtig wie Ihre Arbeit und Sie würden genausoviel Zeit
   für sie aufbringen wie für Ihre Arbeit?
10. Würde Ihre Familie sagen, Sie lassen sich bei Ihrer Arbeit von Ihren
    Wertvorstellungen anstatt von persönlichen Zielen leiten, und Sie
    arbeiten, um das Leben für alle Menschen zu verbessern, anstatt den
    Wohlstand für einige wenige zu erhöhen?

Gesamtpunktzahl: _____

16–20	= Fröhliche, gesunde Arbeit
12–15	= Sie haben einen Bedarf an gesünderer Arbeit, die mehr Freude bringt
11 und darunter	= Sie brauchen unbedingt einen gesünderen, befriedigenderen Job

Ausgehend vom ozeanischen Dritten Weg zum Wohlbefinden und vom
Aloha-Prinzip mache ich Ihnen im Folgenden fünf Vorschläge, die Ihnen
helfen werden, Ihre Punktzahl beim Arbeitsfreude-Test zu erhöhen.

Erste Freude-Regel für die Arbeit:
Arbeiten Sie, um zu leben,
aber leben Sie niemals, um zu arbeiten

Ihre Arbeit soll dazu dienen, daß Sie selbst, Ihre Familie und die Welt am Leben und gesund bleiben. Arbeit ist ein wesentlicher *Aspekt* des Lebens, aber sie ist nicht der *Sinn* des Lebens.

Geduldiges Arbeiten: Ahonui **bei der Arbeit**   Wenn unsere Arbeit zum einzigen Sinn und Zweck unseres Lebens wird, dann ist es nur eine Frage der Zeit, bis unser Leben überhaupt keinen Sinn mehr hat. Wir haben in diesem Buch immer wieder gesehen, daß Ausgewogenheit *(pono)* für Gesundheit und Glück von entscheidender Bedeutung ist; diese Feststellung hat niemals mehr Gültigkeit als in diesem Zusammenhang. Wenn wir so viel arbeiten, daß wir kaum noch Zeit zu lieben haben, dann frißt die Arbeit am Ende unsere Liebe auf. Wir sind so sehr abgelenkt und beschäftigt, daß die Menschen, die uns eigentlich lieben möchten, Angst bekommen, uns mit ihren Bedürfnissen, Befürchtungen, Hoffnungen und Träumen zu »belästigen«. Wenn unser einziges Ziel im Leben die Arbeit ist, dann ist unsere Arbeit nie beendet. Wenn wir um unserer »Selbstverwirklichung« willen arbeiten, dann werden die Menschen, die uns eigentlich wichtig sein sollten, zu einer lästigen Pflicht, die uns von unserem Ziel ablenkt. Am Ende sind wir isoliert, allein.

Ein Kahuna sagte: »Wenn du feststellst, daß du fast die ganze Zeit an deine Arbeit denkst, dann weißt du, daß du daran arbeitest, den Verstand zu verlieren. Wenn du lebst, um zu arbeiten, dann wird das ganze Leben Arbeit. Wenn du liebevoll arbeitest und hart daran arbeitest zu lieben, dann wird die Welt aufgrund deiner Arbeit zu einem liebevolleren Ort, denn diese Arbeit ist von liebevoller Energie begleitet.«

Eine große Gefahr in unserer heutigen Gesellschaft ist die Tatsache, daß wir zweimal so hart arbeiten wie unsere Urgroßeltern, aber nur halb soviel Freude an unserer Arbeit haben und nur halb soviel Zeit, mit unserer Familie zusammenzusein. Häufig betrachten wir Arbeit als einen Weg, unser Selbst zu definieren, anstatt der Welt von unserem Selbst abzugeben. Damit Ihre Arbeit Ihnen Glück und Gesundheit bringt, müssen Sie erkennen, daß sie nur *einer* von vielen Wegen ist, wie Sie Ihre Liebe zur Welt zeigen und verwirklichen können.

Zweite Freude-Regel für die Arbeit:
Ihre Arbeit gehört nicht Ihnen, sondern uns allen

Ihre Arbeit als etwas zu betrachten, was Ihnen allein gehört, führt nur zu einem Übermaß an Verantwortung bei gleichzeitig sehr geringem Einfluß.

Arbeiten mit dem Gefühl des Einsseins: Lokahi **bei der Arbeit**   Gemeinschaftliches Arbeiten ist die Form von Arbeit, die am meisten Freude bringt. Das primäre Gesundheitsrisiko der Arbeit, große Verantwortung in Kombination mit wenig Macht, kann nur verringert werden, indem man sich bemüht, die Macht der Gruppe zu nutzen, anstatt nach autonomer Kontrolle zu streben. Wenn Arbeit zu einem Mittel wird, um einen bestimmten Status und Einfluß zu erlangen oder sich ein »Revier« zu sichern, dann ist sie ein Wettkampf, kein Beitrag zum Gemeinwohl. Wir mögen uns noch so sehr gegen diese Erkenntnis sperren, aber wir können niemals allein arbeiten. Jede Aufgabe ist eine kollektive Aufgabe, selbst wenn wir zu Hause arbeiten oder per Computer kommunizieren. Die moderne Forschung und die polynesische Weisheit empfehlen einmütig: Wenn irgend möglich, dann arbeiten Sie in der Gruppe, gemeinschaftlich mit anderen Menschen.

Unser Bedürfnis nach Verbundenheit zeigt sich beispielhaft an den beliebtesten Themen der Datenautobahn. Im Internet wird immer mehr Zeit damit verbracht, über zwei Dinge zu kommunizieren: Sex und das Paranormale. Ein Grund, warum diese Themen das meiste Interesse auf sich ziehen, liegt darin, daß dies die Dinge sind, die für uns am wichtigsten sind: intime Verbundenheit mit anderen und die Geheimnisse des Lebens.

Ein Kahuna sagte: »Denk nie, du *seist* dein Job oder dein Job *gehöre* dir. Du füllst nur eine Rolle aus, ähnlich einem Schauspieler, der eine Rolle in einem Stück übernimmt. Früher haben das andere gemacht, und später werden es andere machen. Wenn du im Ozean schwimmst, bist du nicht der einzige Schwimmer. Du bist wahrscheinlich auch nicht der beste Schwimmer. Es ist nicht dein Ozean. Und ob du es nun weißt oder nicht: Es gibt Millionen von Geschöpfen, die um dich herumschwimmen. Du bist bloß ein menschlicher Fisch in einem riesigen Schwarm von tierischen Fischen. Du bist ein Mensch, der an dem teilhat, woran jeder Mensch und alle Dinge teilhaben. Aber wenn du einen Teil des Ozeans für dich allein beanspruchst oder wenn du den ganzen Ozean verschluckst, dann wirst du ertrinken. Wenn du dich abmühst, um der beste Schwimmer zu werden, dann entgeht dir die Freude des Schwimmens.«

Dritte Freude-Regel für die Arbeit:
Ringen Sie nicht mit Ihrer Arbeit –
freuen Sie sich über ihren Sinn

Um bei Ihrer Arbeit glücklich und gesund zu bleiben, rufen Sie sich die
Gründe, warum Sie arbeiten, ins Gedächtnis, und achten Sie darauf, daß
einer dieser Gründe ein ökologischer ist.

Angenehmes Arbeiten: **'Olu'olu **bei der Arbeit   Wissenschaftler haben
festgestellt, daß es so etwas wie den »Schwarzen-Montags-Faktor« gibt.
Am Montagmorgen gegen neun Uhr erleiden mehr Menschen einen töd-
lichen Herzinfarkt als zu irgendeiner anderen Zeit der Woche. Kein anderes Lebewesen stirbt an einem bestimmten Tag häufiger als an einem
anderen, aber wir Menschen scheinen so unglücklich mit unserer Arbeit zu
sein, daß sie uns buchstäblich das Herz brechen kann. Wissenschaftliche
Untersuchungen haben gezeigt, daß Todesfälle nicht nur deshalb zu Beginn
der Arbeitswoche gehäuft auftreten, weil der Wechsel von der Wochenend-
ruhe zur Stoßzeit am Montagmorgen einen besonderen Streß verursacht,
sondern auch, weil die emotionale Belastung, zu einem Arbeitsplatz zurückzukehren, der uns nicht ausreichend glücklich macht, allzu groß ist.
    Um den Schwarzen-Montags-Faktor in Ihrem Leben auszuschalten, set-
zen Sie sich jeden Montagmorgen, bevor Sie zur Arbeit gehen, einen
Moment lang ruhig hin, und machen Sie sich bewußt, warum Sie arbeiten.
Wenn Sie beispielsweise LKW-Fahrer sind, stellen Sie sich vor, daß Sie Ihre
Arbeit tun, weil andere die Waren brauchen, die Sie ihnen bringen, und
nicht deshalb, weil Ihr Boß Sie feuern wird, wenn Sie nicht auftauchen.
Fragen Sie sich: »Wem wird letztlich durch das, was ich tue, geholfen, und
auf welche Weise hilft das, was ich tue, diesen Menschen?«
    Ein Kahuna sagte: »Fischen und das Anbauen von Taropflanzen ist sehr
schwierig, aber beides ist nicht wirklich Arbeit, weil wir dadurch mit der
Erde Verbindung aufnehmen. Beide Tätigkeiten sind eher freudige als harte
Arbeit, weil sie uns die Gelegenheit geben, uns mit der Erde zu vereinen und
der Erde zu helfen. Was sonst könnte mehr Freude bringen? Wir freuen uns
auf jeden neuen Morgen, weil er uns eine weitere Chance gibt, mit der Erde
zusammenzusein. Selbst wenn wir erschöpft sind und am Ende des Tages
die Schmerzen im Rücken spüren, betrachten wir diese Schmerzen als
Liebesschmerzen, so wie man sie spürt, wenn man sehr heftig Liebe gemacht hat. Es sind die Signale deines Körpers, daß du die 'aina geliebt hast.«

Vierte Freude-Regel für die Arbeit:
Definieren Sie Ihre Arbeit sich selbst und anderen
gegenüber im Hinblick auf ihren Sinn,
nicht auf ihre Anforderungen

Wenn jemand Sie fragt, womit Sie sich Ihren Lebensunterhalt verdienen, dann sollten Sie Ihre Antwort im Hinblick auf den letztendlichen *Sinn* Ihrer Arbeit formulieren und keine detaillierte Arbeitsplatzbeschreibung liefern.

Demütiges Arbeiten: Ha'aha'a **bei der Arbeit**   In einer Gesellschaft, die Status, Leistung und meßbaren Anzeichen des Erfolgs großen Wert beimißt, gerät man leicht in Versuchung, mit seinen Leistungen anzugeben. Die Kraft des Hochgefühls, das der Helfer empfindet, liegt darin, daß Geben und Teilen uns sehr viel glücklicher machen, als jede Selbstbestätigung dies vermöchte. Sich den Wert und den tieferen Sinn – nicht die spezifischen Aufgabenstellungen – seiner Arbeit bewußtzumachen ist der beste Weg, um Erschöpfung zu vermeiden.

Sich »demütig« Gedanken darüber zu machen, ob wir auch die »gebührende Anerkennung« bekommen, und uns vielmehr zu bemühen, unser Bestes zu tun, um den *Zweck* unserer Arbeit zu erfüllen.

Ein Kupuna sagte: »Du kannst nur ausgebrannt sein, wenn du sehr, sehr heiß geworden bist. Wenn du dich an Werten wie Liebe, Fürsorglichkeit, Fairness und *aloha 'aina* (Liebe zur Erde) orientierst, dann kannst du nicht ausbrennen, weil der natürliche Atem der Erde dich kühlt. Das ist die eigentliche Bedeutung von Aloha. Du fühlst den gesunden, frischen Atem der *'aina*, wenn du ihr atmen hilfst.«

Fünfte Freude-Regel für die Arbeit:
Nicht hart, sanft arbeiten

Wenn Sie hart arbeiten, dann wird Ihre Arbeit hart.

Liebevolles Arbeiten: Akahai **bei der Arbeit**   Achten Sie darauf, ob Ihre Arbeit Sie anstrengt. Haben Sie in Ihrer Schreibtischschublade eine »Arbeitsstreß-Apotheke« mit Aspirin und Medikamenten gegen Sodbrennen? Welche Rückmeldung gibt Ihr Körper Ihnen darüber, wie Sie arbeiten? Hartes und schnelles Arbeiten führt fast immer zu Leistungsabfall und sogar zu Verletzungen. Wenn Sie die Signale, die Ihr Körper Ihnen in Zusammenhang mit Ihrer Arbeit sendet, bewußt zur Kenntnis nehmen, können Sie Möglichkeiten entdecken, die Umstände Ihrer Arbeit angenehmer und vergnüglicher zu gestalten.

Achten Sie nicht nur darauf, was am Arbeitsplatz passiert, sondern auch darauf, wieviel Anstrengung Ihre Arbeit Sie kostet und wieviel Kraft es Sie kostet, den Weg von zu Hause bis zum Arbeitsplatz und wieder zurück zu bewältigen. Wie viele Ihrer Beschwerden und Schmerzen am Ende des Tages sind auf Ihre Pflichten und Aufgaben zurückzuführen, und wie viele Ihrer Stunden verbringen Sie damit, in der Hauptverkehrszeit krampfhaft das Lenkrad zu umklammern?

Viele von uns verbringen wöchentlich fast einen ganzen Arbeitstag damit, den Weg zur Arbeit und wieder nach Hause zurückzulegen. Wenn Sie dies nicht vermeiden können, machen Sie das Beste daraus. Sorgen Sie dafür, daß diese Stunden mit die entspannendsten und vergnüglichsten der ganzen Woche werden. Hören Sie entspannende Musik oder interessante Sprechkassetten, bilden Sie Fahrgemeinschaften, damit Sie mit anderen über das Leben (nicht die Arbeit!) reden können, und versuchen Sie, mit dem Verkehr zu fließen (flow!), anstatt dagegen anzukämpfen.

Hier sind sechs weitere Vorschläge, wie Sie sich Ihre Arbeit erleichtern können:

1. *Beantworten Sie Anrufe sofort.* Der Druck steigt mit der Anzahl unbeantworteter Anrufe, und die, die anrufen, werden, während sie warten, wahrscheinlich immer ungeduldiger und ärgerlicher. Sagen Sie nicht, Sie würden jemanden zurückrufen, wenn Sie es nicht wirklich vorhaben. Wenn Sie es sagen, dann tun Sie es auch.

2. *Nehmen Sie sich immer die Zeit, Anrufer und Besucher zu fragen, wie es ihnen geht.* Tun Sie dies mit wirklichem Interesse, das Ihre Sorge um das Wohlergehen des anderen zum Ausdruck bringt. Wenn Sie zunächst *kein* Interesse haben, machen Sie sich bewußt, daß das Verhalten der Motivation vorausgeht. Bekunden Sie Interesse, um Interesse zu *spüren*. Reagieren Sie ehrlich und angemessen auf die Antwort Ihres Gesprächspartners. Über das Befinden eines Menschen zu reden ist keine Verschwendung wertvoller Arbeitszeit; es ist eine wichtige Voraussetzung dafür, daß gute, sinnvolle Arbeit geleistet werden kann.

3. *Schieben sie Entscheidungen nicht auf die lange Bank.* Verkleinern Sie die Stapel von Papieren und Akten, die sich um Sie herum ansammeln, indem Sie sofort entscheiden, ob Sie Briefe, Aufzeichnungen über telefonische

Botschaften und Memos ablegen oder wegwerfen. Ihre Eingänge-Ablage sollte fast immer nahezu leer sein. Wenn Sie sich einmal falsch entscheiden und etwas wegwerfen, was doch noch gebraucht werden könnte, dann wirkt sich das gewöhnlich weitaus weniger negativ aus als der Druck des »*Eigentlich sollte ich ...*«, der Sie auf die Dauer nur deprimiert macht und Ihnen Ihre Aufgabe als unerfüllbar erscheinen läßt.

4. *Rufen Sie zu Hause an.* Rufen Sie wenigstens einmal am Tag zu Hause an, um Ihren Angehörigen zu zeigen, daß Sie an sie denken, und um sich zu erkundigen, wie alles läuft. Ein solcher Anruf hilft, das Tempo am Arbeitsplatz zu drosseln, und er stärkt das Gefühl der Verbundenheit mit der eigenen Familie. Diese Anrufe vermindern auch den reaktiven Streß, den von zu Hause eingehende »Problem-Anrufe« auszulösen pflegen.

5. *Vermeiden Sie es, am Arbeitsplatz Gerüchte zu verbreiten.* Ob sie nun wahr sind oder nicht, Gerüchte haben die Eigenart, daß man über jemanden redet, der nicht anwesend und daher nicht in der Lage ist, sich zu verteidigen. Worte haben große Macht – sorgen Sie deshalb dafür, daß Ihre Gespräche sachlich und positiv verlaufen.

6. *Machen Sie so viele Komplimente wie möglich.* Allzu häufig ist das heutige Arbeitsklima durch das Prinzip bestimmt: »An anderen mäkeln und selbst Kritik vermeiden«. Positiv über die Arbeit anderer zu reden ist eine Möglichkeit, negativen Tendenzen am Arbeitsplatz entgegenzuwirken und eine Geisteshaltung zu entwickeln, die nur das Gute sucht – und findet.

Ein Kahuna faßte diese Herangehensweise mit folgenden Worten zusammen: »Je verbissener du fischst, desto weniger beißen die Fische. Sie spüren deinen Streß, und sie möchten sich nicht jemandem schenken, der so viel negative Energie ausstrahlt. Genieße den Ozean, den Himmel, die Wolken und die Menschen, mit denen du fischst. Dann werden die Fische kommen, um mit dir zusammenzuarbeiten, damit alles in ein Gleichgewicht (*pono*) kommt. Ihr Job ist, nette Fische zu sein, die zu netten Fischern kommen. Dein Job ist, dich zu bemühen, ein netter Fischer zu sein.«

Fünfzehntes Kapitel

Lieben und lernen durch die
schweren Zeiten

»Es ist nicht die Aussicht auf Tod, Krankheit, Entbehrung oder Armut,
was den menschlichen Geist zerstört –
es ist die Angst davor, allein und ungeliebt im Universum zu sein.«
Anthony Welsh

Für die Inselmenschen ist Leiden ein wesentlicher Bestandteil des Glücks. Sie wissen, daß es nur zwei Wege gibt, um Sinn und Ziel im Leben zu erkennen – Epiphanie und Leiden. Die plötzliche Offenbarung und Erleuchtung einer Epiphanie ist eine wunderbar starke Erfahrung. Epiphanien erleben gewöhnlich Menschen, die hinreichend offenen Geistes und Herzens sind, um von den alltäglichen Wundern zu lernen. Wenn wir den beglückenden Wundern des Alltags gegenüber wach und offen sind und unsere Furcht vor dem Heiligen überwinden, dann können wir große Weisheit und Freude in den natürlichen, spontanen Epiphanien unseres Lebens finden.

Der zweite Weg zu beglückender Erleuchtung, das Leiden, ist der schwierigere, aber ganzheitlichere. Die Kümmernisse des Lebens können uns deutlich vor Augen führen, warum wir leben und woran wir uns in unserem Leben freuen können. Die erste der »vier edlen Wahrheiten« des Buddha lautet: »Alles Dasein ist leidvoll.«[1] Der Dritte Weg zum Wohlbefinden lehrt, daß zwischen gesundem Leiden, das sich natürlicherweise *durch* die Krankheiten, die Verluste und die universalen Katastrophen des Lebens einstellt, und dem verzweifelten Leiden, das aus dem *Widerstand gegen* Schwierigkeiten resultiert, dagegen, nicht »alles haben zu können« – aus der Enttäuschung, nicht »seinen vollen Anteil zu bekommen« und vom Kosmos »ungerecht« behandelt zu werden – ein gewaltiger Unterschied besteht.

Mir persönlich wurde dieser Unterschied klar, als ich an Krebs erkrankte.

Während meine Hüften von der Krankheit zerfressen wurden, war der Schmerz unerträglich. Ich litt entsetzlich und haderte häufig mit dem Schicksal, das mich diese schreckliche Erfahrung durchmachen ließ. Während dieser Zeit erkrankte auch einer meiner Hunde schwer. Desi war eine melancholisch dreinblickende Bassethündin, die ebenfalls große Schmerzen litt. Während ich jammerte, klagte und über die Ungerechtigkeit meiner Situation wütete, pflegte Desi langsam zum Fenster zu gehen, sich in die Sonne zu legen und laut zu stöhnen. Immer, wenn sie sich bewegte, winselte sie leise vor sich hin, aber ansonsten ruhte sie sich aus und wedelte mit dem Schwanz, wenn ich sie anschaute. Genau wie ich hatte Desi Schmerzen und litt schrecklich unter ihrer Krankheit. Im Gegensatz zu Desi aber verschlimmerte *ich* mein Leiden durch eine selbstsüchtige und märtyrerhafte Einstellung zum Leben. Desi leistete keinen Widerstand gegen ihre Situation, aber ich verbrachte Stunden damit zu fragen, warum *ich* derjenige sein mußte, der eine solche Last zu tragen hatte. Die gesunde Einstellung zum Leiden, die ich schließlich von den Kahuna lernte und über die ich in diesem Kapitel schreibe, anerkennt, daß Leiden unvermeidlich ist. Leiden ist eine unverzichtbare Voraussetzung des Geschenks, am Leben zu sein. Seelisches Elend dagegen ist etwas, wofür man sich entscheidet. Es erwächst daraus, daß man sich nicht bemüht, die Katastrophen des Lebens zu verstehen.

Zwar gefällt es niemandem, emotionale, körperliche oder seelische Schmerzen zu leiden oder die unbegreifliche Erfahrung eines tiefen Verlusts machen zu müssen, aber dies bleibt niemandem von uns erspart. Großes Leiden kann eine wirkungsvolle Lernhilfe sein, um das Leben besser zu verstehen und zu genießen. Gemäß dem Aloha-Prinzip zu leben bedeutet, offen zu sein – nicht nur angesichts der Großartigkeit einer Epiphanie, sondern auch angesichts der Herausforderung des Leidens.

Häufig schrecken wir vor den Krisen zurück, die immer wieder in unser Leben einbrechen, und versuchen mit aller Kraft, zu dem zurückzukehren, was wir als normal, glücklich und unproblematisch betrachten. Genauso wie wir, um entsprechend den Aloha-Prinzipien leben zu können, unsere Furcht vor dem Heiligen überwinden müssen, müssen wir auch unsere Furcht vor den immer neuen Herausforderungen des Lebens überwinden.

Ein Kahuna sagte: »Wir haben Angst vor der Furcht, sind deprimiert über unsere Traurigkeit und unglücklich über unser Unglücklichsein. Das Ergebnis ist, daß wir allzu ängstlich werden, um an unseren Herausforderungen zu wachsen, zu mutlos, um aus unseren Verlusten zu lernen, und zu niedergeschlagen, um aus den natürlichen und notwendigen Zeiten des Kummers gestärkt hervorzugehen. Der Weg der Aloha besteht darin, aus all unseren Erfahrungen zu lernen, daran zu wachsen und uns anzuschauen, was auch immer die Götter und unsere Ahnen als Lernangebot für uns bereithalten.«

Das Gesetz der kumulativen Katastrophen

Es scheint eine bittere Lebensregel zu geben, die man »magnetisches Unglück« nennen könnte. Menschen, die eine Menge Probleme haben, scheinen sogar noch mehr Probleme anzuziehen. Möglicherweise erinnern Sie sich an Zeiten in Ihrem eigenen Leben, als etwas schrecklich mißlang und kurz darauf gleich mehrere weitere Projekte oder Hoffnungen ebenfalls in die Brüche gingen. Ein Grund dafür ist, daß wir, wenn wir durch eine Krise herausgefordert, abgelenkt und geschwächt sind, für weitere Krisen anfällig werden. Was aber gibt es – über die reaktive Anfälligkeit, die Erschöpfung und die Überforderung hinaus, unter denen wir in schwierigen Zeiten leiden – für einen Grund, daß Probleme die Kraft haben, mehr Probleme anzuziehen?

In meiner klinischen Arbeit habe ich festgestellt, daß Menschen, die eine »Unglücksserie« durchmachen, häufig von einigen ihrer engsten Freunde zurückgewiesen werden. Obwohl ihre Probleme sehr real sind und sie sie nicht selbst verschuldet haben, möchten die anderen einfach nichts darüber hören. Sie ziehen sich häufig zurück, so, als wollten sie damit ausdrücken: »Ich mag einfach nichts mehr darüber hören. Du tust mir leid, aber es stört mich, mit all diesen negativen Dingen belästigt zu werden. Ich fange sogar an, ein bißchen wütend auf dich zu werden, und das macht mich ärgerlich auf mich selbst, daß ich so wenig einfühlsam bin. Tatsächlich habe ich sogar ein bißchen Angst, daß deine Probleme auf mich abfärben könnten, deshalb sei mir bitte nicht böse, daß ich mich von all dem zurückziehe. Viel Glück und auf Wiedersehen.«

Das Gesetz der kumulativen Katastrophen lehrt nicht nur, daß Probleme mehr Probleme anzuziehen scheinen, sondern daß der Rückzug anderer aufgrund dieser Probleme eine Isolation verursacht, die noch zu weiteren Problemen führt. Ein Weg, um dies einzudämmen, besteht darin, sich ernsthaft zu bemühen, in Zeiten des Leids soziale Kontakte aufrechtzuerhalten. Negativer Energie durch soziale Unterstützung entgegenzuwirken ist *ein* Schlüssel, um mit Leiden umzugehen; leider sind nur wenige bereit, mit Menschen zusammenzusein, die Probleme haben. Anderen ein wenig Freude zu bereiten, sogar, wenn wir selbst leiden, ist eine gute Möglichkeit, mit der Belastung und dem Schmerz umzugehen, die unser einsames Gehirn beschäftigen. Mit anderen Worten: Den Versuch zu machen, ein wenig Freude zu verbreiten, wenn wir selbst Schmerzen leiden, ist der beste Weg, um die Schmerzen für sich selbst und andere zu verringern.

Um das Ausmaß einzuschätzen, in dem die Aloha-Prinzipien den Einfluß des Trübsal-Faktors in Ihrem eigenen Leben neutralisieren, machen Sie den folgenden Test. Wie alle Tests im dritten Teil, ist auch dieser kein »Selbst-«, sondern ein Wir-Test. Die »Polynesier« lehren, daß alle Schmerzen und alles Glück in einem größeren Zusammenhang stehen und eine systemische Reaktion sind. Der Grund dafür ist das Mana oder die ungemilderte, unmittelbare Energie, die in Zeiten des Aufruhrs erzeugt wird.

Der »Wachstum durch Schmerz«-Test

»Trifft genau auf uns zu«: 2
»Trifft manchmal auf uns zu«: 1
»Trifft nie auf uns zu«: 0

1. Witzeln Ihre Angehörigen und Freunde mit Ihnen über Ihre Probleme, selbst wenn diese sehr ernst sind?
2. Vermeidet Ihre Familie, wenn ernste Probleme auftauchen, Schuldzuweisungen und Anklagen?
3. Beginnen die Mitglieder Ihrer Familie in schweren Zeiten, häufiger und intensiver miteinander zu reden, anstatt sich voneinander zurückzuziehen?
4. Ist Ihre Familie frei von Selbstmitleid und Märtyrerbewußtsein, und vermeidet sie es, ein extrem und anscheinend ständig bedürftiges Mitglied auszugrenzen?
5. Freuen sich die Mitglieder Ihrer Familie in Zeiten der Krise, daß sie einander haben, anstatt zu schmollen und sich voneinander zurückzuziehen?
6. Wird in Ihrer Familie gemeinsam gebetet, geredet oder meditiert, wenn Probleme auftauchen?
7. Kann jeder in Ihrer Familie jedem anderen Familienmitglied alles erzählen und seine wahren Ängste und Sorgen zum Ausdruck bringen?
8. Wird in Ihrer Familie zusammen geweint?
9. Ist Ihre Familie wahrhaftig – d. h., setzt sie sich mit Problemen ehrlich

auseinander, anstatt eine optimistische Fassade und eine positive Haltung zur Schau zu tragen?

10. Wird Ihre Familie durch ihren Schmerz gestärkt, anstatt sich dadurch
schwächen und auseinanderreißen zu lassen?

Gesamtpunktzahl: _____

16–20	= Ihre Familie wird durch Leiden stärker
12–15	= In Zeiten des Leidens muß Ihre Familie mehr mit-einander kommunizieren
11 und darunter	= Ihre Familie braucht in Zeiten des Leidens drin-gend mehr Kommunikation und gegenseitige Un-terstützung

Der Psychiater Viktor Frankl schrieb: »Selbst das hilflose Opfer einer
hoffnungslosen Situation, das mit einem Schicksal konfrontiert ist, das es
nicht ändern kann, kann sich über sich selbst erheben, kann über sich selbst
hinauswachsen und dadurch sich selbst verändern.« Diese Herangehensweise an Krisen ist ein wesentlicher Aspekt des Aloha-Prinzips: Es
geht darum, sich durch Herausforderungen zu verändern.

Im Folgenden fünf Vorschläge, die Ihnen und Ihrer Familie helfen können, mit den natürlichen Krisen des Lebens fertig zu werden:

Erste Freude-Regel für die Heilung:
Mit einer Prise Mumm, einer Prise Lebenskunst und einer
großen Prise Liebe wird auch dies vorübergehen

Wir können unseren siebten Sinn nicht täuschen. So sehr wir uns auch
bemühen mögen, eine positive Haltung einzunehmen oder die Möglichkeiten der Visualisierung zu nutzen – wenn wir uns nicht in Geduld üben,
damit unsere wahre Natur zutage treten und uns leiten kann, betrügen wir
uns nur selbst und blockieren unsere natürlichen Heilkräfte.

Das Gesetz der Vergänglichkeit: Ahonui **und Leiden**   Nichts ist von
Dauer. Kein Mensch, Ort, Ding oder Gefühl ist für die Ewigkeit. In den
Zeiten, wo uns das Leben so vorkommt, als sei es nicht wert, gelebt zu
werden, ist die wichtigste Regel, an die wir uns erinnern sollten: »Auch das
geht vorüber.« Auf welche Weise wir jedoch dazu beitragen, *daß* es vorüber-

geht, entscheidet darüber, ob wir zu passiven Opfern, ausgebrannten Kämpfern oder liebevollen Heilern werden.

Niemand von uns hat sein Schicksal völlig in der Hand. Daß wir eine solche Kontrolle ausüben können, ist eine typische westliche Wohlstandsbürger-Vorstellung. Menschen, die in Armut leben, sehen diese Möglichkeit der Kontrolle nicht und haben häufig das Gefühl, daß, mögen sie sich auch noch so sehr bemühen, nichts so läuft, wie sie es sich wünschen. Dennoch hält unsere Gesellschaft an dem bereits erwähnten »Dominanz-Modell« bzw. an der sogenannten *primären Kontrollorientierung* fest. Wir versuchen ständig, die Realität unseren Bedürfnissen anzupassen, indem wir unsere Mitmenschen, Situationen und Ereignisse verändern. Dies ist eine »Kampf«-Orientierung.

Der Psychologe Warren Berland arbeitet mit Menschen, die an Krebs erkrankt sind. Er untersuchte, warum einige Krebspatienten mit äußerst schlechter Prognose weitaus länger lebten, als ihre Ärzte ihnen vorhergesagt hatten, oder schließlich sogar gesundeten. Seine Untersuchungen ergaben, daß es nicht immer »Kampfgeist« ist, was ein unerwartet langes Überleben bewirkt. Berland fand heraus, daß lediglich rund 16 Prozent der Menschen in seiner Gruppe, die »wie durch ein Wunder« überlebten, als »entschlossene Kämpfer«, die an persönliche Krisen gemäß der primären Kontrollorientierung bzw. dem Dominanzmodell herangingen, eingestuft werden konnten.[2] Aber das gemeinsame Charakteristikum all jener, die unerwartet überlebten, war, daß sie es, auf ihre jeweils einzigartige Weise, *geschafft* hatten, *aufgrund* ihrer Krebserkrankung mehr Freude am Leben zu finden, und fähig waren, *diese Freude mit anderen zu teilen.*[3]

Der östliche Kulturkreis hat eine *sekundäre Kontrollorientierung* gegenüber dem Leben und der Krankheit entwickelt. Man geht mit der Realität um, indem man die eigenen Einstellungen, Ziele und Gefühle ändert, nicht, indem man gegen die Krankheit ankämpft. Das Ziel ist, eine neue, akzeptierendere Einstellung zu entwickeln. Berlands Untersuchungen zeigen, daß ungefähr 30 Prozent der Menschen, die wieder gesunden, eine »östliche« (»Nicht widerstreben« oder »damit leben lernen) Einstellung zu den Problemen des Lebens entwickeln. Sie akzeptieren die Tatsache, daß Krisen ein Teil des Lebens sind und daß man sich an sie gewöhnen muß. Diese Herangehensweise spiegelt sich in einigen japanischen Sprichwörtern wie »Verlieren ist Gewinnen« oder: »Ein Weidenzweig bricht auch nicht unter einer gewaltigen Schneelast« und »Die wahre Toleranz besteht darin, das Unerträgliche zu ertragen.«[4]

Den ozeanischen Ansatz könnte man als den *tertiären Kontrollansatz* bezeichnen, eine Kombination von westlichem »Kämpfen« und östlichem »Fließen«. Dem Bemühen, Partnerschaften zu retten und zu heilen und die Verbindung mit anderen und der Welt aufrechtzuerhalten, kommt dabei eine besondere Bedeutung zu. Leiden wird dabei als ein notwendiger Teil des Lebens betrachtet, was jedoch nicht bedeutet, daß man sich einem solchen Leiden passiv überließe. Die *ahonui* (geduldige) Art, mit Leiden umzugehen, ist, sich stärker zu bemühen, mit den unmittelbaren Familienmitgliedern, den *aumakua* (Ahnen) und dem *Ke Akua* (dem Höchsten Wesen) in Verbindung zu sein und zugleich hart zu arbeiten, um wieder zu seinem Gleichgewicht und der Verbundenheit mit der Erde zurückzufinden.

Zwar bilden sich die Polynesier nicht ein, sie könnten alles kontrollieren, aber sie glauben auch nicht, daß sie *überhaupt keine* Kontrolle hätten. Die heilende Kraft liegt in der Verbundenheit. Wenn Polynesier »Wunder wirken«, dann ist das zu einem Teil auf Mut, zu einem Teil auf Lebenskunst und vor allem auf die Gruppe zurückzuführen.

Eine in jüngster Zeit durchgeführte Studie über Frauen, die an Brustkrebs erkrankt waren, zeigte, daß diejenigen, die sich für die tertiäre Kontroll-Herangehensweise an das Heilen entschieden, in ihren Langzeitprognosen sehr viel besser abschnitten. Sie machten sich wegen ihres Leidens keine Schuldgefühle und hatten nicht das Gefühl, daß sie hätten härter kämpfen sollen, um die Krankheit von vornherein zu vermeiden. Sie überließen sich nicht ihrem Schicksal, sondern hatten das Gefühl, viel tun zu können, um den Verlauf ihrer Krebserkrankung zu beeinflussen. Sie pflegten die Kontakte zu anderen Menschen, um weiterhin in ihrem Alltag Freude und Liebe zu finden. Sie kämpften so engagiert gegen ihre Krankheit, daß sie nicht nur bloße Opfer waren, akzeptierten sie als Teil des Schicksals, so daß keine Selbstanklagen aufkamen, und pflegten ihre Freundschaften und die Beziehung zu ihrem Partner, um die soziale Unterstützung zu bekommen, die für jede Genesung von so entscheidender Bedeutung ist.

Menschen, die ihre Genesung durch Aloha unterstützen und dabei Geduld, Liebenswürdigkeit, Verbundenheit, Zärtlichkeit und Selbstlosigkeit üben, sind diejenigen, die Krisen am besten bewältigen. Eine Frau aus der obenerwähnten Gruppe, die in dieser Weise an ihre Krankheit heranging, erzählte, daß ihr Leben jetzt befriedigender und glücklicher sei, als sie es je für möglich gehalten hätte. Am Ende sagte sie: »Liebe zum Leben? Dies ist die *beste Zeit* meines Lebens!«[5] Berlands Studie über Menschen, die sich nach einer Krebserkrankung wieder erholten, zeigt, daß die meisten derjenigen, die »wie durch ein selbstbewirktes Wunder« gesundeten, nämlich mehr als 54 Prozent, diese »Partnerschafts-Methode« praktizierten.

Ein Kahuna beschrieb die tertiäre Kontroll-Orientierung der Polynesier so: »Wir wehren uns nicht gegen die Krisen in unserem Leben, aber wir unterwerfen uns ihnen auch nicht. Wenn wir surfen, dann kämpfen wir nicht gegen die Welle an, sonst wird sie uns verschlingen. Wir unterwerfen uns ihr aber auch nicht, denn dann bringt das Surfen keinen Spaß. Wir reiten auf der Welle und genießen dies so intensiv wie möglich, und wir lernen dadurch, wie man die Wellen noch besser reitet. Wir betrachten alles gesunde Leiden als einen Prozeß, an dem alle teilhaben – mit dem Mut, den uns die Kraft der *'ohana* verleiht, der Liebe zum Leben (Aloha), die *Ke Akua* (Gott) und die *aukuma* (Ahnen) uns schenken, und der *ahonui* (Geduld), um alle diese Dinge in *pono* (Ausgewogenheit) zusammenfließen zu lassen, damit das Leiden für uns alle einen Sinn erhält und uns zu größerer Ganzheit *(holo'oko'a)* verhilft. Wenn du ganz bist, dann bist du geheilt, ob deine Krankheit geheilt ist oder nicht. Wenn du geheilt werden willst, dann mußt du in Zeiten der Herausforderung nicht nur deinen eigenen Lebenssinn finden, sondern diesen Sinn auch anderen vermitteln.«

Zweite Freude-Regel für die Heilung: Wenn's innen weh tut, aus sich herausgehen. Die Hand ausstrecken. Selbstheilung ist nicht möglich.

Schmerz kann uns auf die unerträglichste Weise isolieren. Das selbstsüchtige Gehirn fürchtet um sein Überleben und kümmert sich um nichts und niemand sonst. Es wird ungeduldig und stellt *unsere* Geduld auf eine harte Probe, aber wir dürfen unter keinen Umständen aufhören, aus uns herauszugehen und außerhalb unserer selbst Hilfe zu suchen.

Geteiltes Leid: Lokahi **und Leiden**   Sophokles sagte: »Es gibt ein Wort, das uns von aller Last und Qual des Lebens heilt; das Wort heißt *Liebe*.« Epiphanien sind meist etwas sehr Persönliches und »passieren« in der Regel einfach. Zwar steigern viele Dinge, die wir bewußt und unbewußt tun, unsere Sensibilität gegenüber solchen Erfahrungen, aber diese haben immer etwas Spontanes und Rückbezügliches. Manchmal kann eine großartige Erkenntnis über den Sinn des Lebens unsere Seele erleuchten, wenn wir allein am Strand sitzen und einen Sonnenuntergang betrachten. Erleuchtetes Leiden, der andere Weg zu heilender Ganzheit, verlangt in sehr viel stärkerem Maße, daß wir aus uns herausgehen, und kann ohne äußere Hilfe nicht erreicht werden.

Verbundenheit ist der Katalysator der Heilkraft. Ohne diese Verbundenheit verwandelt sich Leiden rasch in den noch größeren Schmerz der
Isolation. Wie Sie in diesem Buch immer wieder gelesen haben, lehrten die
Polynesier schon vor vielen Jahrhunderten, wofür die Psychoneuroimmunologie mittlerweile eindeutige Beweise hat: daß soziale Unterstützung von
wesentlicher Bedeutung für Gesundheit und Heilung ist. Wann immer wir
leiden, sollten wir dieses Leiden als ein Indiz für unser Bedürfnis nach einer
tieferen Verbundenheit mit anderen Menschen, Gott und der Erde begreifen, aber niemals als ein Anzeichen dafür, daß wir in unserem Bemühen,
einen ausreichend engen Kontakt mit unserer Umwelt aufzunehmen, versagt hätten. Reden Sie sich nicht ein, daß Sie mehr Kampfgeist hätten
beweisen oder eine positivere Einstellung oder irgendeine besondere persönliche Philosophie hätten entwickeln sollen. Machen Sie sich keine
Vorwürfe, daß Sie nicht ausreichend Kontakt aufgenommen hätten. Betrachten Sie Ihr Leiden als eine Aufforderung, wie schmerzhaft auch immer,
eine höhere Ebene der Verbundenheit zu erreichen – eine Verbundenheit, die viele, die weniger leiden, möglicherweise niemals kennenlernen
werden.

Je mehr wir leiden, desto mehr sollten wir versuchen, anderen Menschen
eine Freude zu machen. Wenn Sie im Krankenhaus liegen, schicken Sie
Blumen an Ihre Angehörigen, die sich Ihretwegen Sorgen machen. Alle
Krankheit wird durch mangelnde Verbundenheit auf irgendeiner – körperlichen, neurohormonalen, emotionalen und/oder spirituellen – Ebene verursacht. Alles Genesen und fast alles Heilen erfordert die Wiederherstellung der Verbundenheit im physischen Bereich und die Entwicklung einer
biophysischen Ausgewogenheit. Es erfordert eine emotionale Verbundenheit mit unseren Angehörigen und Freunden, sowohl den gegenwärtigen als
auch den einstigen, und eine spirituelle Wiedervereinigung mit unseren
unsichtbaren Quellen der Kraft.

Eine Kupuna beschrieb den *lokahi*-Aspekt des Leidens mit folgenden
Worten: »Betrachte deinen Schmerz als einen kleinen Schubs, mit dem die
Götter dich über den Rand der Sicherheit hinausstoßen. Klag dich nicht an,
aber mach dir bewußt, daß du irgendwo in deinem Leben zahlreichere und
tiefere Verbindungen schaffen mußt.«

Dritte Freude-Regel für die Heilung:
Wenn wir leiden, brauchen die anderen
nicht darunter zu leiden

Sie brauchen soviel sozialen Kontakt, wie Sie bekommen können, und der beste Weg, um die Fäden des Lebens nicht abreißen zu lassen, ist, sich zu bemühen, selbst dann freundlich zu sein, wenn Sie sich schrecklich fühlen.

Das Glück des Verzeihens: 'Olu'olu und Leiden   Als ich mit dem Krebs rang und mich einer Chemotherapie und einer Knochenmarkstransplantation unterziehen mußte, wurde mir plötzlich klar, daß irgend etwas in meinem Umfeld schrecklich schieflief. Während meine Frau, meine Söhne, meine Mutter und mein Bruder mein Selbstmitleid ertrugen, begannen viele meiner engsten Freunde, sich zurückzuziehen – zum Teil deshalb, weil ich mich selbst von ihnen zurückzog oder sie vertrieb. Ich weiß jetzt, daß es ihre eigene Angst war, die bewirkte, daß sie sich hilflos fühlten, aber ich weiß auch, daß mein Leiden es meinen Mitmenschen schwermachte, mit mir zusammenzusein. Allzu häufig sprach ich über meinen eigenen Schmerz und die Ungerechtigkeit meiner Lage, und meine Feindseligkeit strahlte auf die Menschen in meiner Umgebung aus. Aber niemand zog sich von meiner Hündin Desi zurück, als sie krank war, weil sie, selbst in ihrem Leiden, anderen ihre rückhaltlose Liebe schenkte.

Eine der größten Herausforderungen, die die Zeiten des Leidens für uns bereithalten, ist, trotz aller Schmerzen liebenwürdig zu bleiben. Möglicherweise ist die höchste Prüfung, die das Leiden uns auferlegt, die Herausforderung, zu lieben, während wir leiden. Als ich lernte zu fragen, wie andere sich fühlten und was sie erlebten, und weniger über mich selbst und mehr über meine Umwelt zu reden, spürte ich, wie die Menschen zu mir zurückkehrten. Obwohl mein Schmerz sie hatte zurückweichen lassen, fühlten sie sich durch das, was ich sie durch meine Erfahrungen lehrte, wieder zu mir hingezogen. Ich wurde im wörtlichen Sinn zu einem Doktor, d. h., zu einem Lehrenden.

Ein Kahuna beschrieb diese Herangehensweise mit folgenden Worten: »Je schlechter du dich fühlst, desto mehr mußt du dich bemühen, anderen ein gutes Gefühl zu geben. Indem du das tust, werden sie sich durch die Lektionen über das Leben, die du ihnen anzubieten hast, und das beglückende Mana (Energie), das du ihnen schenkst, zu dir hingezogen fühlen. Das bedeutet nicht, daß du nicht über deinen Schmerz sprechen und nicht sagen sollst, wie du dich fühlst. Es bedeutet, daß du es mit Aloha tun mußt, ohne Unfreundlichkeit, und daß du dabei ständig auf deine 'ohana (Familie) Rücksicht nehmen mußt. Ob du wirklich gesund wirst, zeigt sich daran, wie freundlich du sein kannst, wenn du dich wirklich schlecht fühlst. Denk an den Bumerang: Was du aussendest, wird zu dir zurückkehren. Schick Liebenswürdigkeit in die Welt, denn das ist die Medizin, die du brauchst.«

Vierte Freude-Regel für die Heilung:
Ihr Leiden ist nie Ihr Privatbesitz. Was gibt Ihnen das Recht, der unglücklichste Mensch auf Erden sein zu wollen

Da Schmerz uns tendenziell auf uns selbst zurückwirft, können wir, wenn wir Kummer und Schmerzen leiden, sogar noch selbstsüchtiger und fordernder werden, als wir normalerweise schon sind. Aber genau das Gegenteil ist nötig, um heilen zu können.

Demut im Schmerz: Ha'aha'a **und Leiden**   »Warum gerade ich?« Dies ist eine Frage, die wir uns alle stellen – oder eines Tages stellen werden. Die übliche westliche Antwort lautet häufig: »Du hast es verdient. Du mußt irgendwie etwas falsch gemacht haben, also steh es durch, und kämpf dagegen an.« Die übliche östliche Antwort spiegelt die entgegengesetzte Einstellung: »Warum *nicht* du? Das Leben ist voll von Kummer und Schmerzen. Finde dich damit ab.« Die übliche ozeanische Antwort lautet: »Es liegt gar nicht an dir. Wir leiden alle. Es zeigt sich im Augenblick an dir lediglich deutlicher als an uns anderen. Du bringst das Leiden für uns alle zum Ausdruck.«

Da die Polynesier glauben, daß wir auf jeder Ebene mit allem in Verbindung stehen, verlangen Zeiten des Leidens und der Schmerzen, daß wir uns mit größtmöglicher Klarheit bewußtmachen, wie unwichtig unser eigenes Selbst ist und wie stark die heilende Kraft des Ganzen. Die Gefahr der Schmerzen besteht darin, daß sie uns von der heilsamen Zärtlichkeit uns nahestehender Menschen isolieren. Die Herausforderung der Schmerzen besteht darin, weiterhin den Versuch zu machen, in Verbindung zu bleiben, selbst wenn die Qual so groß ist, daß wir den unbändigen Wunsch verspüren, uns in uns zurückzuziehen. Die Verheißung der Schmerzen besteht darin, daß wir lernen werden, daß der Fortbestand des physischen Selbst sehr viel weniger zählt, als in jedem Augenblick die Gegenwart des liebevollen, ewigen Geistes in uns und um uns herum erfahren zu dürfen.

Ich weiß, was Schmerzen sind. Ich erblindete infolge einer beidseitigen Netzhautablösung, hatte mehrere Nierenkoliken, meine Knochen wurden durch Krebs zerstört, und ich war den toxischen Wirkungen der Chemotherapie und der Ganzkörperbestrahlung ausgesetzt. Ich erinnere mich, daß ich das dringende Bedürfnis hatte, mich nur noch auf mich selbst zu konzentrieren. Je mehr ich das jedoch tat, desto stärker wurden meine Qualen. Wenn meine Frau und meine Kinder mich umarmten und festhielten, wurde der körperliche Schmerz nicht geringer – aber er erschien mir weniger »persönlich«, weniger beherrschend und dauerhaft.

In Momenten, als ich dem Tod ins Auge sah, lernte ich eine wesentliche Lektion, die ich eigentlich bereits von meinen sterbenden Patienten hätte lernen sollen. Das Verlassen dieser Welt vollzieht sich in zwei Phasen: dem Aufgeben des Lebens und dem eigentlichen Sterben. Ich habe noch nie einen Menschen gesehen, der im Augenblick des Todes Schmerzen gelitten hätte. In dem Moment hilft uns der Körper immer mit einer Flut von Endorphinen und anderen inneren Schmerzmitteln. Dann, wenn wir es am meisten brauchen, überschwemmen sie unseren Organismus mit allem, was den Schmerz lindert. Als es aber darum ging, das Leben aufzugeben, habe ich schreckliche Kämpfe und unvorstellbare Schmerzen gesehen. Und ich habe begriffen, daß wir uns zur Linderung *dieses* Schmerzes ein eigenes Rezept ausstellen müssen.

Die Polynesier lehren, daß die Phase, in der wir das Leben aufgeben, ihre eigene spirituelle Anästhesie bereithält, aber anders als die natürlichen Endorphine, die beim körperlichen Tod zum Einsatz kommen, tritt *sie* nicht von selbst in Aktion: Um Zugang zu unserer spirituellen Anästhesie zu finden, müssen wir erkennen, daß der Verlust des körperlichen Selbst letztlich irrelevant ist. Ein Kahuna sprach von demütigem Sterben und heilender *ha'aha'a:* »Wenn du einmal erkannt hast, daß du nicht allein bist und daß das Selbst, auf das du dich so sehr fixiert hast, nichts ist als eine bequeme Illusion, dann wird das körperliche Sterben weniger beängstigend. Wir werden häufig dadurch geheilt, daß wir uns des Ganzen bewußt sind, aber wahrhaft geheilt können wir nur werden, wenn das Selbst aufhört zu existieren. Wenn du traurig bist, nimm Kontakt zu anderen auf. Wenn du weinst, halte durch. Wenn du Angst hast, klammere dich fest. Wenn die Zeit gekommen ist, laß los.«

Fünfte Freude-Regel für die Heilung:
Vergessen Sie nicht, daß der Körper den Geist bestimmt, und entspannen Sie sich, um zu genesen. Bürden Sie dem Gehirn nicht alle Last des Schmerzes auf

Der Körper kann viel tun, um dem Geist bei seiner heilenden Arbeit zu helfen. Indem wir die Signale unseres Körpers beachten und unseren Körper als etwas behandeln, das seine eigene Weisheit besitzt, maximieren wir unser Heilungspotential.

Zärtlichkeit in schrecklichen Zeiten: Akahai **und Leiden**   Da unser Gehirn sein »Revier« auf selbstsüchtige Weise beschützt, bewirkt es, wenn wir emotionale oder körperliche Schmerzen leiden, gewöhnlich eine hohe körperliche Anspannung. Es macht sich auch dann zum Kampf bereit, wenn gar kein äußerer Feind erkennbar ist. Wenn eine Mutter ihr Kind, das sich wehgetan hat, tröstet und wiegt, wenn sie ihm vorsingt und sagt: »Ist ja schon gut ... es wird alles wieder gut«, dann deshalb, weil sie das »Kampfprogramm« des Gehirns außer Kraft setzen will. Alles Leiden wird durch körperliche Anspannung verstärkt, deshalb sollten Sie, wenn Sie körperlich oder emotional leiden, am besten tief einatmen, die Schultern fallen lassen und mit einem lauten Seufzer wieder ausatmen. Den Atem aus dem Körper herauszulassen kann denjenigen Teil der Schmerzen lindern, der durch unsere körperliche Anspannung verschlimmert wird.

Bei Widrigkeiten reagiert das Gehirn mit Kampfbereitschaft, während eigentlich Liebe notwendig wäre. In Krankenhäusern kann man beobachten, daß Patienten allerlei Behandlungen unterzogen werden, und die meisten dieser Behandlungen sind mit ein wenig Unbehagen verbunden. Was man in Krankenhäusern allerdings weniger häufig beobachtet, sind echte Fürsorglichkeit und liebevolle Zuwendung. Sanfter körperlicher Kontakt wird durch die ungeschriebenen Gesetze des Krankenhauses nahezu verboten oder verhindert. Einer meiner Patienten sagte: »Ich bezahle 30 Dollar pro Nacht für ein Zimmer im Holiday Inn, und ich kann darin mit meiner Frau so viel und so häufig schlafen, wie ich will. Ich bezahle mehr als 300 Dollar pro Tag für mein Krankenhauszimmer, und meine Frau und ich haben noch nicht einmal genug Privatsphäre, um uns küssen zu können. Ich bin seit Wochen nicht *ein* Mal zärtlich berührt worden.«

Erwachsene, die emotionale oder körperliche Schmerzen leiden, brauchen es genauso wie Kinder, berührt, gehalten, gewiegt und getröstet zu werden. Wenn wir leiden, hilft es uns, solche zärtliche Liebe zu geben und zu empfangen. In der New-Age-Medizin wird viel über die heilende Berührung geredet, und wissenschaftliche Untersuchungen belegen, daß eine solche Berührung tatsächlich die Kraft hat, Schmerz zu lindern und Heilung und sogar völlige Genesung zu fördern. Die Polynesier lehren, daß wir auch dann das Bedürfnis haben, einem anderen Menschen körperliche Lust zu bereiten, wenn wir Schmerzen oder Kummer haben. Um zu gesunden, müssen wir nicht nur der »Berührte«, sondern auch der »Berührer« sein. Dies ist ist heilende Kraft von *akabai*, sanfter Zärtlichkeit.

Ein Kahuna beschrieb dies mit folgenden Worten: »Wenn du mit Schmerz, Verlust und Leiden konfrontiert bist, dann mußt du dich an fünf Dinge erinnern. Sei geduldig, denn auch das geht vorüber. Bleib in Verbindung, denn Beziehungen müssen stark sein, um das Vorübergehen zu ermöglichen. Sei auch unter Schmerzen liebenswürdig, denn das wird dir die Aloha bringen, die du brauchst, um zu genesen und anderen Heilung zu schenken. Bring dein kleinliches Selbstmitleid zum Schweigen, und hüte dich vor Selbstanklagen, denn du machst nur das durch, was wir alle durchmachen müssen. Vor allem gib anderen weiterhin deine Aloha. *Benutze* dein Leiden nicht, sondern teile es mit anderen, indem du dich ihnen öffnest und *sie* lehrst, was *du* aus deinem Schmerz lernst. Halte und tröste sie, um sie wissen zu lassen, daß sie ebenfalls geborgen sein werden, wenn sie einmal selbst in diese Lage kommen.«

Sechzehntes Kapitel

Freude für die Welt – für unseren verzauberten Planeten sorgen

»Der Mensch ist nur ein kurzer Augenblick in einem unendlichen Fluß des Lebens,
nicht dessen Endpunkt. In der Beziehung zwischen den Arten,
in gegenwärtigen und früheren Gemeinschaften,
entdecken wir die wahre Natur der Welt, in der wir leben.«

Richard Leakey

Neunundneunzig Komma neun Prozent aller Arten, die jemals auf der Erde gelebt haben, sind heute ausgestorben.[1] Allein während der fünf großen Phasen des Massensterbens, die das Leben auf unserem Planeten an den Rand der völligen Vernichtung brachten, sind fast 30 Millionen der mehr als 30 Milliarden Spezies, die jemals auf der Erde gelebt haben, für immer verschwunden. In diesem letzten Kapitel erläutere ich das wichtigste aller fünf Aloha-Prinzipien und wie man es praktisch anwendet: das Konzept der *aloha 'aina* oder der liebevollen Fürsorge und der Wieder-Verzauberung der Erde. Wir sind ein zerbrechlicher und abhängiger Teil der Erde, und letztlich ist alles gesunde Glück untrennbar an die Bedingung geknüpft, daß wir uns ein neues »Öko-Bewußtsein« für gemeinschaftliche, globale, ausgewogene Freude zu eigen machen.

Auf welche Weise wir unseren Partner, unsere Familie und unsere Arbeit lieben und wie wir persönliche Krisen durchstehen, hängt ebensostark davon ab, wie wir unseren Planeten betrachten und mit ihm umgehen, wie davon, wie wir uns selbst sehen. Eine Kahuna sagte: »Anstatt bloß Blumen für unsere *Leis* zu pflücken, sollten wir uns selbst als Blumen betrachten, die ein Teil des Blütenkranzes sind. Wir brauchen die Erde sehr viel mehr, als die Erde uns braucht. Wir müssen unserem Heim viel mehr Liebe entgegenbringen, oder wir werden am Ende alle obdachlos sein.«

Eine düstere Warnung und eine strahlende Hoffnung

Ich beende dieses Buch mit einer Warnung und einer Hoffnung zugleich. Die Warnung ist, daß es schon bald kein Leben mehr geben wird, das wir genießen könnten, wenn wir unseren Planeten weiterhin verwüsten, indem wir ihn rücksichtslos aussaugen, als sei er etwas von uns Getrenntes, und indem wir ihn weiterhin ausplündern, um persönlichen Reichtum anzuhäufen. Die Polynesier lehren, daß alle Gesundheit und alles Glück von der 'aina kommen und daß man sie respektieren, beschützen und auf maßvolle Weise genießen müsse. Leider schütten wir, auf unserer Jagd nach Selbstverwirklichung, die eigentliche Quelle all dieser Belohnungen mehr und mehr zu. Selbst unsere Grundbedürfnisse – Essen, Kleidung und Obdach für die Bevölkerung der Erde – werden nicht länger erfüllt werden können, wenn wir weiterhin jedes Jahr mehr als zwei Prozent der Wälder der Erde abholzen, giftige Abwässer in unseren Meeren verklappen, das Klima mit unserer ungesunden, unnatürlichen Hitze auf chaotische Weise verändern und biologisches Unheil stiften, indem wir im Namen des Fortschritts in unberührte Lebensräume eindringen. Ein Kahuna sagte warnend: »Niemand von uns ist an irgendeinem Ort der Erde wirklich ein Tourist. Wir alle entstammen diesem Ort, und wir alle leben hier und brauchen diesen Ort, um zu überleben. Ob wir es nun wissen oder nicht: Überall dort, wo wir sind, sind wir zu Hause.« Das Aloha-Prinzip fordert von uns, daß wir uns dieser Erkenntnis entsprechend verhalten.

Sie haben im Verlaufe dieses Buches immer wieder gelesen, daß der Dritte Weg zum Wohlbefinden, den das Aloha-Prinzip uns weist, zu großen Hoffnungen auf ein gesundes und glückliches Leben berechtigt. Während die polynesische Aloha uns so viele Erkenntnisse über ein wunderbares Leben schenkt, enthält sie zugleich auch eine traurige Warnung: Der Teil der Erde, den wir das Paradies selbst nennen – die Inseln des Pazifischen Ozeans – liegt im Sterben.

Vor allem aufgrund der Einflüsse des Westens und des Ostens, aber auch infolge bestimmter irregeleiteter Verhaltensweisen der Polynesier selbst, stirbt auf den Hawaii-Inseln jedes Jahr nachweislich wenigstens eine Spezies aus.[2] Wie viele weitere Arten im gesamten pazifischen Raum ohne unser Wissen aussterben, möchte ich lieber nicht schätzen. Seit dem ersten Kontakt mit Menschen ist die Hälfte der auf den Hawaii-Inseln heimischen Vogelarten ausgestorben. Die radioaktiven Rückstände der Kernwaffenversuche des Westens und des Ostens verseuchen das Land, die Luft und das

Wasser. Während ich diese Worte schreibe, erschüttern Atomtests die Inseln, schleudern Fische in die Luft und töten die Pflanzen, Tiere und Menschen, die nichts von den territorialen Konflikten der Kontinentalmächte wissen.

Von meinem Haus auf Maui aus kann ich direkt auf die Insel Kahoolawe schauen. Früher hieß sie *Konola;* das ist der Name eines alten polynesischen Gottes, der Gottheit des Ozeans und all seiner Tiere, des reinen Wassers und allen Wachstums auf der Erde und in den Meeren. Bis vor ein paar Jahren nutzte das Militär die Insel Kahoolawe, um dort zu Übungszwecken Bomben abzuwerfen. Ich konnte Tag und Nacht die Explosionen hören, und häufig erschütterten sie unser Haus. Ich sah, wie die Wale die Orientierung verloren und strandeten. Ich sah, wie eine gewaltige Dynamitexplosion alles Quellwasser von der Insel wegdrückte. Als ich mir die gequälte Insel anschaute, die der Honokahuna Bay unmittelbar gegenüberliegt, konnte ich sie weinen hören. Den Menschen des Westens fällt es möglicherweise schwer zu glauben, man könnte eine Insel weinen hören, aber diejenigen unter uns, die *aloha 'aina* für Hawaii empfinden, wissen, daß wir ihren Schmerz spüren und ihr Schluchzen hören.

Meine Frau Celest Kalalani hat zusammen mit einer Gruppe von Hawaiianern, die sich *Protect Kaho'olawe 'Ohana* nennt und sich dafür engagiert, diesen verwundeten Ort zu heilen, eine Zeitlang auf Kahoolawe kampiert. Während sie dort lebten, spürten Celest und die Kaho'olawe 'Ohana die Anwesenheit von Ahnen, die ebenfalls um diesen Ort weinten. Aber sie alle sagen, sie hätten selten ein solches Potential für Heilung und Freude gespürt, wie wenn sie sich auf Kahoolawe aufhalten. Diese Erfahrung – an der beglückenden Heilung der Erde teilzuhaben – ist das wahre irdische Glück.

Im Widerspruch zum modischen Gerede von Selbsthilfe, Gesundheit und Glück lehrt das Aloha-Prinzip, daß der wahre Weg zum Wohlbefinden darin besteht, Gesundheit zu schaffen, indem man dem Planeten hilft. Wenn wir weiterhin danach streben, uns selbstsüchtige, kurzfristige Lust zu verschaffen, und dabei in Kauf nehmen, der *'aina*, also dem Planeten Erde, Schmerzen zuzufügen, dann werden das Glückspotential und das Geschenk des Lebens für immer verloren sein. Und schuld daran wird niemand anders als wir sein.

Die Ökopsychologie gesunder Freude

Es gibt einen relativ neuen Teilbereich der Psychologie, der sich Ökopsychologie nennt. Die Ökopsychologie betrachtet Gesundheit als ein Phänomen, das weniger das Individuum als den gesamten Planeten betrifft. Ihr Idealziel ist eher eine glückliche, gesunde Erde als zufriedene, gesunde Individuen. Die Ökopsychologie geht, wie der engagierte Ökologe Richard Leakey ebenfalls ausführt, davon aus, daß wir Menschen lediglich die glücklichen Überlebenden von mehr als zwanzig biotischen Krisen sind, von denen fünf nahezu das gesamte Leben auf der Erde vernichteten. Leakey warnt, daß wir – solange wir lediglich auf der Therapeutencouch liegen und über unsere persönlichen Krisen jammern – die wahre Ursache alles Leidens nicht erkennen können: einen gequälten Planeten. Wenn wir nicht endlich beginnen, mehr gesunde Freude auf unserem Planeten zu verbreiten, dann stehen wir am Ende da wie außer Rand und Band geratene Schüler, die ihre Schule demolieren, oder hochmütige Geistwesen, die ihr Paradies zerstören.

Diese Sichtweise, die von der gegenseitigen Verbundenheit aller natürlichen Phänomene ausgeht, ist den Naturwissenschaften nicht neu. Der Biologe Edward Wilson geht sogar so weit, den Menschen als eine »ökologische Anomalie« zu bezeichnen, »die nicht ewig weiterbestehen kann«.[3] Er schreibt: »Es ist möglich, daß Intelligenz bei der falschen Spezies [dem Menschen] sich zwangsläufig als eine für die Biosphäre fatale Kombination erweisen mußte. Vielleicht ist es ein Gesetz der Evolution, daß Intelligenz gewöhnlich ihr eigenes Aussterben verursacht.«[4] Wenn Wilson Recht hat – und unsere gegenwärtige *ego-* statt *öko*psychologische Fixierung spricht durchaus dafür –, dann wird das nächste Massensterben das letzte sein: die sechste biotische Katastrophe, die nichts als einen unfruchtbaren und toten Planeten zurücklassen wird.

Wir müssen die Warnungen der Inselmenschen, die in einem Mikrokosmos innerhalb unseres himmlischen Planeten leben, unbedingt ernst nehmen. Sie spüren die uns allen drohenden Gefahren weit unmittelbarer als wir, weil ihre Inseln kleiner sind als unsere kontinentalen Inseln und die gesamte Insel Erde. Von ihrem ozeanischen Zuhause aus sehen sie Tag für Tag die Zukunft der Erde.

Öko-Immunität: Das Immunsystem der Erde

Ein Kahuna sagte warnend, daß auch die Erde, ebenso wie die Menschen, ein Immunsystem besitze. Und die Erde ist gegenwärtig dabei, ihre Abwehrkräfte gegen das stärkste Antigen, mit dem sie je zu kämpfen gehabt hat, zu mobilisieren: uns. Wir beginnen, zu einer planetarischen Autoimmunkrankheit zu werden, die von der Erde abgewehrt wird.

Die Anzeichen für diese Immunabwehr sind überall sichtbar. Antibiotika sind nicht mehr so wirksam, wie sie es einmal waren. Neue tödliche Viren tauchen aus den Regenwäldern auf und werden in Flugzeugen, die zu Virusbomben werden, um den ganzen Planeten gejettet. Mehr und mehr Menschen verlieren durch neue, stärkere und anpassungsfähigere Bakterien ihr Leben, und alte Krankheiten wie Malaria und Tuberkulose flammen wieder auf und bringen uns erneut um. Jedes Jahr bedrohen uns neue und tödlichere Grippeviren, und die Epidemiologen wissen, daß es nur eine Frage der Zeit ist, bevor ein Virus, der ein Schwein im ländlichen China tötet, Millionen von Menschen überall auf der Welt das Leben kostet. Ein Buch über den beglückenden Weg zum Wohlbefinden wäre verantwortungslos, wenn es nicht deutlich darlegte, daß das Bemühen, Freude auf der Welt zu verbreiten, die wichtigste Voraussetzung für gesundes Glück ist.

Es folgt der letzte Test dieses Buches. Es ist der wichtigste von allen, die Sie gemacht haben, denn er gestattet Ihnen einzuschätzen, wieweit Ihr Herz und Ihre Seele durch eine ökopsychologische Herangehensweise an das Leben beschützt und gestärkt sind. Vor langer Zeit sagte ein Politiker sinngemäß, daß wir entweder lernen, unseren paradiesischen Planeten *gemeinsam* zu genießen, oder wir werden, während wir ihn zerstören, einsam, jeder für sich, sterben.

Der »Planetarische-Freude-Test«

»Trifft genau auf uns zu«: 2
»Trifft manchmal auf uns zu«: 1
»Trifft nie auf uns zu«: 0

1. Bemüht sich Ihre Familie, so wenig wie möglich zu vergeuden? Wird das meiste von dem, was Sie kaufen, verbraucht, und bleibt daher sehr wenig Müll zurück?

2. Lebt Ihre Familie umweltbewußt, werden viele Dinge wiederverwertet?
3. Versucht Ihre Familie, fossile Brennstoffe zu sparen, indem sie im Winter den Thermostat herunterdreht und im Sommer nur selten die Klimaanlage anstellt?
4. Bemüht sich Ihre Familie, so oft wie möglich öffentliche Verkehrsmittel wie Busse und Bahnen zu benutzen?
5. Bemüht man sich in Ihrer Familie, den Energieverbrauch zu drosseln, indem man die Lampen ausschaltet und den Thermostat niedriger stellt, wenn niemand zu Hause ist?
6. Opfert Ihre Familie regelmäßig Zeit, um die Umwelt zu säubern, beispielsweise den Müll, den andere hinterlassen haben, zu beseitigen, Flüsse und Bäche zu reinigen und an gemeinsamen Umweltaktionen teilzunehmen?
7. Empfindet Ihre Familie Liebe und Respekt für die Natur, und vermeidet sie es, sie in ihrem Gleichgewicht zu stören?
8. Betrachtet Ihre Familie die Erde mehr als einen lebenden, atmenden Organismus denn als etwas, worauf das Leben stattfindet und das man benutzt?
9. Bemüht sich Ihre Familie, weniger »Dinge« zu besitzen und ehrer Dinge an andere weiterzugeben, als noch mehr davon anzuschaffen?
10. Kann Ihre Familie wenigstens *eine* Sache nennen, die sie heute gemeinsam getan hat, um zur Heilung und zum Schutz der Erde beizutragen?

Gesamtpunktzahl: _____

16–20	= Sie machen dem Planeten Freude
12–15	= Sie sollten sich bemühen, dem Planeten mehr Freude zu machen
11 und darunter	= Sie müssen sich unbedingt bemühen, dem Planeten mehr Freude zu machen

Zum Abschluß dieses letzten Kapitels – und des ganzen Buches – möchte ich Ihnen fünf letzte Freude-Regeln nennen, die dazu beitragen können, die Welt so glücklich zu machen, wie Sie und Ihre Familie hoffentlich sein möchten.

Erste Freude-Regel für unseren Planeten:
Fuß vom Gas! Überhöhtes Tempo bringt den Planeten um

Hast – ob nun beim Autofahren, beim Konsumieren oder einfach allgemein im Alltag – beraubt den Planeten letztlich seiner Energie.

Ein geduldigerer Planet: Ahonui **und die Erde**   Das rasende Tempo des modernen Lebens verbraucht direkt oder indirekt die natürlichen Ressourcen der Erde. Ein Tourist sagte zu einem hawaiianischen Fremdenführer: »Ich wünschte, ich hätte mehr Zeit für dieses wunderbare Fleckchen Erde!« Ohne eine Antwort zu erwarten, fragte der Hawaiianer scherzend: »Wieviel Zeit würden Sie ungefähr brauchen?« Aber der Tourist nahm die Frage ernst und antwortete: »Noch etwa zwei Tage. Ich habe einen Jeep, ein Motorrad und ein Fischerboot gemietet. Bevor ich die Insel verlasse, würde ich gern noch drachenfliegen und Jet-ski laufen.« Unter einem »entspannenden« Urlaub verstand dieser Tourist also, kanisterweise Treibstoff vergeuden, pfundweise Ruß in die Atmosphäre blasen und den Tod von Hunderten von Meerestieren verschulden. Der Fremdenführer sagte mir: »Daß jeder, der Hawaii besucht, wiederkommen möchte, liegt zum Teil daran, daß er, obwohl er hier gewesen ist, nicht wirklich hier gewesen ist. Die Leute rennen nur dauernd herum und suchen nach dem Paradies, selbst wenn sie mittendrin sind.«

Überhöhtes Tempo tötet – die Menschen und die Erde. Wenn wir den Fuß vom Gas nehmen, geben wir der Erde die Chance, wieder zu Atem zu kommen und sich zu regenerieren. Eine geduldigere Herangehensweise an das Leben schenkt uns nicht nur mehr persönliche Freude, sondern ist auch gut für die Umwelt. Wie wir schon mehrfach gesagt haben, führt Geduld zu einer Einsparung von Energie und einer Entlastung sämtlicher Organe. In ähnlicher Weise geben wir der Erde, wenn wir sie weniger unter Druck setzen, eine Chance zum Atmen – die Chance, ihre eigene Aloha zu erleben, die sie mit uns teilt.

Zweite Freude-Regel für unseren Planeten:
Egoistische Fürwörter tun der Erde weh

Sagen Sie weniger häufig »ich, mir, mich und mein«, und gewöhnen Sie sich statt dessen an, häufiger »unser« zu sagen.

Das Erdreich miteinander teilen: Lokahi **und die Erde**   Ein Kahuna sagte zu mir: »Du wirst festgestellt haben, daß es in Polynesien nur sehr wenige Zäune gibt. Wenn doch Mauern und Zäune vorhanden sind, dann wurden sie gewöhnlich von *haoles* oder aufgrund von *haole*-Gesetzen errichtet. Es gibt keine Grenzsteine zwischen den Tarofeldern, keine Wände auf dem Ozean und keinen Zaun zwischen der Erde und dem Himmel. Wir müssen lernen, daß die Erde nicht dazu da ist, daß wir sie in Grundstücke einteilen. Früher oder später wird die Erde versuchen, die klaffenden Wunden, die wir ihr beibringen, zu heilen. Ein Taifun wird die Mauern umblasen, und ein Tsunami wird sie fortspülen.«

Wenn es um unsere Gesundheit und unser Glück geht, dann müssen wir und unsere Familien uns entscheiden, ob wir die Erde benutzen – oder ein schützender Teil von ihr werden wollen. Wenn es unser Ziel ist, zu besitzen, zu kontrollieren, zu bauen und zu entwickeln, dann werden wir am Ende alle unter der Zerstörung des natürlichen Gleichgewichts zu leiden haben. Wenn wir es lernen, in einem kleinen Haus zu leben, anstatt ständig neue und größere Häuser zu erwerben, und mit *einem* Auto anstatt zweien auszukommen, und wenn wir bereit sind, die Erde mit all ihren Bewohnern zu teilen, dann werden wir und die ganze Erde mit einem glücklichen und gesunden Leben belohnt werden.

Dritte Freude-Regel für unseren Planeten:
Konkurrenzdenken und Konflikte bringen den Planeten um

Hören Sie auf, zu versuchen, sich Ihr Stück des planetarischen Kuchens zu grabschen, und beginnen Sie, anderen zu helfen, einen gesünderen Planeten zu schaffen.

Heilende Zusammenarbeit: 'Olu'olu **und der Planet**   Millionen von Menschen starben in Kriegen, bei denen es um nichts anderes als territoriale Interessen ging. Ich bin mehrmals um die Welt gereist, und das meiste von dem, was ich sah, war, anders als meine Heimat Hawaii, von Kriegen gezeichnet. Denkmäler für Kriegshelden sind ebenso allgegenwärtig wie die Narben des Tötens. Die Polynesier betrachten die Natur als das größte Denkmal überhaupt, und so kämpfen sie auch nicht, um sich Land anzueignen oder es auszubeuten. Da sie, im Gegensatz zu den Festlandmenschen, keine territorialen Ansprüche haben, konnten Fremde, die nach Polynesien kamen, ungehindert ihre Mauern und Zäune errichten und »Eigentumsrechte« geltend machen. Unzählige Hotels säumen die Küste von Honolulu und der Nachbarinseln und ergießen ihre Abwässer ins Meer, so daß die Korallen sterben und der weiche Sandstrand sich in eine harte Steinwüste verwandelt. Der Passatwind verbreitet den Gestank der Abwässer, der die wunderbaren Düfte der immer seltener werdenden einheimischen Planzen überdeckt. Ein Polynesier bemerkte bitter: »Hawaii wird allmählich zur paradiesischsten Kloake der Erde.«

Zwar wird immer wieder behauptet, daß Wettbewerb etwas Natürliches sei, aber tatsächlich ist es friedliche Zusammenarbeit, was zum gesündesten und letztlich glücklichsten Planeten mit den glücklichsten, gesündesten Menschen und anderen Lebewesen führt.

Vierte Freude-Regel für unseren Planeten: Wollen, was Sie haben, anstatt ständig zu versuchen, das zu bekommen, was Sie wollen

Daran arbeiten, weniger zu haben und auf mehr Reichtum auf Kosten anderer zu verzichten, ist der Königsweg zu gesunder Freude.

Ziele aufgeben: Ha'aha'a **und die Erde**   Der Osten wie der Westen haben spezifische Ziele, die sie motivieren und vorantreiben. Im Westen wird der Erwerb von Gütern, Eigentum und Status als höchstes Lebensziel betrachtet. Der Osten legt großen Wert auf Selbsterkenntnis und spirituelle »Befreiung«. Auf dem ozeanischen Weg geht es darum, *ohne* irgendwelche Ziele zu leben.

Ein Leben ohne Ziele ist *nicht* gleichbedeutend mit einem ziellosen, richtungslosen, sinnlosen Leben. Es bedeutet, ein liebevolles Leben zu leben, frei von dem äußeren Druck, sich etwas aneignen zu müssen, und dem inneren Drang, sein Selbst zu »verbessern«. Es bedeutet, völlig im Hier und Jetzt zu leben, in einer Partnerschaft mit der Natur. Es bedeutet, innezuhalten, um den Sonnenuntergang zu betrachten, durch den Wald zu schlendern, leise mit den Blumen zu reden und an der Schaffung einer Gesellschaft mitzuwirken, deren Werte selbstlose Liebe, altruistische Arbeit, ein umfassender und einfühlsamer Begriff der Familie und kollektive Heilung anstatt Selbstheilung sind.

Fünfte Freude-Regel für unseren Planeten: Handeln Sie so, als wären Sie der Vater oder die Mutter der Erde

Behandeln Sie die Erde so, als sei sie ein verletzliches heranwachsendes Kind, das Tag für Tag Ihre bedingungslose Liebe braucht.

Die Erde bemuttern: Akahai **und der Planet**   Vielleicht mehr als alles andere ist gesundes Glück im Paradies Erde ein sanftes, zärtliches, liebevolles Nutzen der Chance, alle hier zusammen sein zu dürfen. Wenn wir vergessen, daß wir schon im Paradies sind, können wir Heimweh bekommen – obwohl wir bereits daheim *sind*. Ich hoffe, dieses Buch wird Ihnen helfen, das Glück wiederzufinden, das darin liegt, mit den Menschen, die man liebt, zusammenzuleben und Ihre Aloha nach außen strahlen zu lassen, damit jeder Mensch, jede Pflanze und jedes Tier sie einatmen kann. Die Forschungsergebnisse, die ich in diesem Buch vorgestellt habe, zeigen, daß eine solche »ökopsychologische Lebensweise« der Weg zu Gesundheit und Freude ist. Die alten Lehren Polynesiens erinnern uns daran, daß alles Alte wieder neu werden kann.

Wie Alan Thein Durning, ehemals wissenschaftlicher Projektleiter im Worldwatch Institute und jetzt Chef des Northwest Watch in Seattle, erklärt, bleibt uns nur dann eine Chance auf ein freudvolles und gesundes Leben, wenn das reichste Fünftel der Weltbevölkerung endlich begreift, daß seine materiellen Bedürfnisse mehr als befriedigt sind, und seine weiteren Bestrebungen auf nicht-materielle Quellen der Erfüllung richtet.[5] Durning fragt, ob wir imstande sein werden, unsere Konsumwirtschaft in eine konservierende Ökonomie zu verwandeln.

So wie es Generationen von Polynesiern mehr als 2000 Jahre lang gelehrt haben, fragt Durning, ob wir fähig sein werden, die Freude zu empfinden, wieder gemeinsam »zu Hause« zu sein. Wie die von mir eingefügten polynesischen Begriffe zeigen, ist seine Definition des »Nachhausekommens« eine fast vollkommene Definition des Aloha-Prinzips: Ein »glückliches Zuhause« ist eine Rückkehr zu » ... der alten Ordnung der Familie ['ohana], der Gemeinschaft [lokahi], sinnvoller Arbeit [po'okela] und einem guten Leben; zu einer Ehrfurcht vor Kompetenz, Kreativität und der ganzen Schöpfung [ha'aha'a]; zu einem Lebensrhythmus, der uns Zeit läßt, den Sonnenuntergang zu bewundern und am Saum des Wassers entlangzuschlendern [ahonui]; zu Gemeinschaften, die es wert sind, daß man ihnen ein ganzes Leben weiht ['olu 'olu] und zu alltäglichen Kultstätten, in denen der Geist der Erinnerung an frühere Generationen [aloha 'aina] gegenwärtig ist.«[6]

Maholo nui loa (recht herzlichen Dank) für Ihre Bereitschaft, über einen neuen Weg zum Wohlbefinden nachzudenken. *Aloha kakahiaka kaua!* (Guten Morgen!)

Anmerkungen

Erstes Kapitel: Atem schöpfen – und unser Leben retten

1. Jon Kabat-Zinn: *Full Catastrophy Living*. New York: Delta, 1990, S. 17. (Deutsch: *Stark aus eigener Kraft*. Scherz, 1997)
2. Da die polynesische Kultur nur wenigen Menschen vertraut ist, sind diesbezügliche Klischeevorstellungen und Mißverständnisse weit verbreitet. Beispielsweise wissen die meisten, daß der Hula ein traditioneller hawaiianischer Tanz ist, aber sie sind sich nicht darüber klar, daß es keine Darbietung ist, die der Unterhaltung dient; er ist eine Form des Gebets, eine alte, heilige Tradition.
   Ich hoffe, daß Sie durch die Lektüre dieses Buches einen Eindruck von der wahren polynesischen Kultur in all ihrem Reichtum, ihrer Tiefe und Weisheit gewinnen werden.
3. J. McCormick: *Lancet*, August 1994.
4. Die Tatsache, daß subjektives Glücksgefühl von den objektiven, realen Gegebenheiten unabhängig ist, wird in D. G. Myers: *The Pursuit of Happiness* (New York: William Morrow, 1992) thematisiert.
5. L. Dossey: *Healing Words*, S. 7.
6. Eine verständliche und sorgfältig recherchierte Darstellung der Natur der Depression findet sich in M. Seligman: *Pessimisten küßt man nicht*. Droemer Knaur, 1991.
7. J. Freedman: *Happy People*. New York: Harcourt Brace Jovanovich, 1978.
8. Die wissenschaftliche Arbeit des Kardiologen Dean Ornish deutet darauf hin, daß ein Gefühl der glücklichen Verbundenheit, gepaart mit einer fettarmen Diät und regelmäßiger Bewegung, Schlüsselfaktoren sind, um verstopfte Arterien ohne einen chirurgischen Eingriff zu reinigen. Siehe D. Ornish: *Dr. Dean Ornish's Program for Reversing Heart Disease*. New York: Random House, 1998.
9. Entgegen den psychologischen Mythen über Persönlichkeitsstrukturen, die für Herzleiden und Krebs prädisponieren sollen, gibt es keine stichhaltigen Beweise dafür, daß ein solcher Zusammenhang tatsäch-

lich besteht. Siehe K. R. Pelletier: *Sound Mind, Sound Body: A New Model for Lifelong Health.* New York: Simon and Schuster, 1994.

10. B. Bower: »Anxiety Before Surgery May Prove Healthful«, *Science News,* 20, Juni 1992, 141, S. 407.

11. L. A. Sagan: »Family Ties: The Real Reason People Are Living Longer«, *The Sciences,* März/April 1988, S. 21–29.

12. H. C. Mitchell: »The Periodic Health Exam: Genesis of a Myth«, *Annals of Internal Medicine,* 95, 1981, S. 733–35.

13. B. Bower: »Depressing News for Low-Cholesterol Men«, *Science News,* 143, 16. Januar 1993, S. 137.

14. »Exercise: Health Links Need Hard Proof, Say Researchers Studying Mechanisms«, *Journal of the American Medical Association,* 265, Nr. 22, 1991, S. 298.

Zweites Kapitel: Freude – der siebte Sinn

1. M. K. Dudley: *Man, Gods and Nature.* Honululu, HI: Na Kane O Ka Malo Press, 1990, S. 121.

2. Antonio R. Damasio: *Irrtum, Fühlen, Denken und das menschliche Gehirn.* dtv, 1977.

3. R. Restak: *The Brain Has a Mind of Its Own.* New York: Harmony Books, 1991, S. 13.

4. Für detaillierte Ausführungen über *vocatio* und das Nähren der Seele, siehe Thomas Moore: *Der Seele Flügel geben. Das Geheimnis von Liebe und Freundschaft.* Droemer Knaur, 1995.

5. J. Hillman: *A Blue Fire: Selected Writings by James Hill.* New York: Harper and Row, 1989.

6. C. G. Jung: *Erinnerungen, Träume, Gedanken.* Walter Verlag, 1997.

Drittes Kapitel: Der Aloha-Test

1. L. R. Brody und J. A. Hall: »Gender and Emotion«, in: M. Lewis und J. Haviland (Hrsg.): *Handbook of Emotions.* New York: Guilford Press, 1993.

Viertes Kapitel: Einladung ins Paradies

1. Für einen umfassenden Überblick über den Stand der Forschung, die sich mit einer gesunden Einstellung zum Alltagsleben befaßt, siehe G. E. Valliant: *The Wisdom of the Ego*. Cambridge, MA: Harvard University Press, 1993.
2. M. Friedman und R. H. Roseman: *Type Behavior and Your Heart*. New York, Ballantine, 1974.
3. Für eine Diskussion des physikalischen Begriffs der Zeit und des Konzepts der Ewigkeit als »jetzt« siehe P. Coveney und R. Highfield: *The Arrow of Time*. New York: Fawcett Columbine, 1991.
4. James Ogilvy: *Living Without Goals*. New York: Currency/Doubleday, 1995, S. 17. (Deutsch: *Anleitung zu einem Leben ohne Ziele*. Kabel, 1997.)
5. Mihaly Csikszentmihalyi und Isabella Csikszentmihalyi: *Die außergewöhnliche Erfahrung im Alltag. Die Psychologie des Flow-Erlebnisses*. Klett-Cotta, 1995.
6. R. R. McCrae und P. T. Costa: »Adding Liebe and Arbeit.«
7. T. O'Conner: »Therapy for a Dying Planet«, in T. Roznak, M. Gomes und A. Kanner: *Ecopsychology*. San Francisco, CA: Sierra Club Books, 1995.
8. R. Williams und V. Williams: *Anger Kills*. New York: Harper Perennial, 1993, S. 4.
9. R. S. Eliot und D. Breo: *Is It Worth Dying For?* Toronto, Canada: Bantam, 1984, S. 85.
10. Dazu siehe etwa James Pennebaker: *Sag, was dich bedrückt. Die befreiende Kraft des Redens*. Econ, 1991.
11. B. H. Kaplan: »The Power of Forgiveness: A Comment on *Anger Kills*«, *Advances: The Journal of Mind-Body Health*, 10, no. 2.: Frühling 1992, S. 3–14.
12. R. und V. Williams: *Anger Kills*.
13. Zitiert nach A. Kohn: *No Contest*. Boston, MA: Houghton Mifflin, 1986, S. 45.
14. Kohn: *No Contest*.
15. J. H. Hertz (Hrsg.): *Sayings of the Fathers*. New York: Behrman House, 1945.
16. Allen Luks und Peggy Payne: *Der Mehrwert des Guten. Wenn Helfen zur heilenden Kraft wird*. Herder, 1998.

17. Siehe z. B. H. S. Friedman (Hrsg.): *Hostility, Coping and Health*. Washington D. C.: American Psychological Association, 1992.
18. Viele Philosophen und Lehrer haben diese Fragen in unterschiedlicher Form gestellt. Siehe Jack Kornfield und Josef Goldstein: *Einsicht durch Meditation*. Scherz, 1998.
19. Abraham Maslow: *Psychologie des Seins*. Fischer, 1994.
20. G. I. Engel: »Sudden and Rapid Death During Psychological Stress: Folk Lore or Folk Wisdom?« *Annals of Internal Medicine*, 74, 1971, S. 771–82.
21. L. Dossey: *Healing Words: The Power of Prayer and the Practice of Medicine*. New York: HarperCollins, 1993.
22. D. J. Benor: *Healing Research: Holistic Energy Medicine and Spirituality*. Bd. 1. Helix Verlag, 1992.
23. J. S. Levon: »How Prayer Heals: A Theoretical Model«, *Alternative Therapies*, 2, Nr. 1, Januar 1996, S. 66–73.
24. R. C. Dujardin: »Faith in Medicine: Experts Explore the Link between Spirituality and the Healing Arts«, 7D.

Fünftes Kapitel: Die Wiederverzauberung des Alltags

1. Mihaly Csikszentmihalyi: *Kreativität. Wie Sie das Unmögliche schaffen und Ihre Grenzen überwinden*. Klett-Cotta, 1997.
2. Für eine ausführliche Diskussion unserer evolutiv erworbenen Vorliebe für Negativität siehe Csikszentmihalyi: *Kreativität*.
3. Ebenda.
4. J. Henry: *Stress, Health and the Social Environment*. New York: Springer Verlag, 1977.
5. Robert, M. Sapolsky: *Warum Zebras keine Migräne kriegen. Wie Stress den Menschen krank macht*. Piper, 1996.
6. »The Psychologies of the East and West: Contrasting Views of the Human Condition and Potential«, in R. Walsh und D. H. Shapiro: (Hrsg.): *Beyond Health and Normality: Explorations in Exceptional Well-Being*. New York: Van Nostrand Reinhold, 1983, S. 54–55.
7. B. G. Maslow: *Abraham Maslow: A Memorial Volume*. Monterey, CA: Brooks-Cole, 1972.

Sechstes Kapitel: »Zerebrale G-Punkte« – die Neuropsychologie der Freude

1. J. Olds und N. Milner: »Positive Reinforcement Produced by Electrical Stimulation of Septal Area and Other Regions of Rat Brain«, *Journal of Comparative Physiology and Psychology*, 47, Nr. 419, 1954.
2. P. MacLean: »On the Evolution of Three Mentalities«, in S. Arieti und G. Chrzanowke (Hrsg.): *New Dimensions in Psychiatry: A World View*. Band II. New York: John Wiley, 1977.
3. R. J. Davidson: »Emotion and Affective Style: Hemispheric Substrates«, *Psychological Science*, 3, 1992, S. 39–43.
4. C. B. Pert u. a.: »Opiate Agonists and Antagonists Discriminated by Receptor Binding in the Brain«, *Science*, 182, 1973, S. 1359–61.
5. Robert Ornstein und David Sobel: *Gesund durch Lebensfreude*. Rowohlt, 1997.
6. Ch. Darwin: *The Expression of the Emotions in Man and Animals*. New York: Philosophic Library, S. 1872.
7. G. B. Duchenne: *The Mechanisms of Human Facial Expressions, or Electro-Physiological Analysis of the Expression of the Emotions*. New York: Cambridge University Press, 1990.
8. Siehe R. E. Kleiger u. a.: »Time Rate Measurements of Heart Rate Variability«, *Ambulatory Electrocardiology*, 10, 1992, S. 487–98.
9. R. McCraty, M. Atkinson und W. A. Tiller: »New Electrophysiological Correlates Associated with Intentional Heart Focus«, *Subtle Energies*, 4, 1995, S. 251–68.
10. D. L. Childre: *Freeze Frame: Fast Action Stress Relief*. Boulder Creek, CA: Planetary Publications, 1994.
11. J. Gorman: *The Man with No Endorphins and Other Reflections on Science*. New York: Penguin Books, 1988, 52–53.
12. Siehe E. Diener und R. Cropronzono: »Cognitive Operations Associated with Individual Differences in Affect Intensity«, *Journal of Personality and Social Psychology*, 53, Nr. 4, Oktober 1987, S. 767–74.
13. J. Hopper: »The Brain's Rivers of Rewards«, *American Health*, Dezember 1987, S. 36–41.
14. Zitiert nach H. Dreher: *The Immune Power Personality*. New York: Dutton, 1995, S. 15.
15. Sapolsky, Robert, M.: *Why Zebras Don't Get Ulcers*. New York: W. H. Freeman, 1994, S. 159.

16. Eine faszinierende Erörterung des weltweit verbreiteten Mythos vom verlorenen Goldenen Zeitalter findet sich bei R. Heinberg: *Memories and Visions of Paradise*. Los Angeles, CA: Jeremy Tarcher, 1989.
17. M. Beckwith: *Hawaiian Mythology*. Honolulu, HI: University of Hawaii Press, 1970.
18. K. Ring: *Heading Toward Omega*. New York: Morrow, 1985, S. 197.
19. Zitiert nach M. Kinder: *Going Nowhere Fast*. New York: Prentice Hall, 1990, S. 3.
20. Fred O. Donaldson: »Play to Win and Every Victory Is a Funeral«, *Somatics*, Frühling/Sommer 1984, S. 29.
21. R. Heinberg: *Memories and Visions of Paradise*. S. 249.

Siebtes Kapitel: Die Freuden der Geduld – Erfolg im Stil der Aloha

1. R. J. Samuelson: *The Good Life and Its Discontents*. New York: Times Books, 1996.
2. R. J. Samuelson: *The Good Life*. Siehe auch: »Great Expectations«, *Newsweek*, 8. Januar 1996, S. 24–33.
3. K. R. Jamison: »Manic-Depressive Illness and Creativity«, *Scientific American*, Februar 1995, S. 62–67.
4. J. Kagan: *Galen's Prophecy: Temperament in Human Nature*. New York: Harper Collins, 1994, S. 165.
5. Kagan: *Galen's Prophecy*, S. 165.
6. D. C. McClelland: *The Achieving Society*. Princeton, NY: Van Nostrand, 1971.
7. Stephen R. Covey: *Die sieben Wege zur Effektivität*. Heyne, 1996.
8. F. Herzberg: *Work and the Nature of Man*. Cleveland, OH: World Publishers, 1971.
9. E. L. Deci, J. Nezleck und L. Sheinman: »Characteristic of the Rewarder and Intrinsic Motivation of the Rewardee«, *Journal of Personality and Social Psychology*, 40, 1981, S. 1–10.
10. K. R. Pelletier: *Healthy People in Unhealthy Places*. New York: Delacorte Press/Seymour Lawrence, 1984.
11. J. M. Rhodes: »When is Overwork Not Overwork?« (Vortrag beim Jahrestreffen der Academy of Psychosomatic Medicine, 17. November 1978). Siehe auch J. I. Walker: »Prescription for the Stressed Physician«, *Behavioral Medicine*, September 1980, S. 12–17.

Achtes Kapitel: Der Kreis der Verbundenheit – die Illusion des Getrenntseins überwinden

1. Zitiert in Joan Borysenko und M. Borysenko: *The Power of the Mind to Heal*. Carson, CA: Hay House, 1994.
2. Abraham Maslow: *Motivation und Persönlichkeit*. Rowohlt, 1991.
3. Zitiert in H. Dreher: *The Immune Power Personality*. New York: Dutton, 1995, S. 49.
4. W. Ruberman u. a.: »Psychosocial Influences on Mortality After Myocardial Infarction«, *New England Journal of Medicine*, 311, Nr. 9, 1984, S. 186–204.
5. L. Berkman und S. Syme: »Social Networks, Host Resistance, and Mortality: A Nine-Year Follow-up Study of Alameda Residents«, *American Journal Epidemiology*, 109, 1982, S. 186–204.
6. C. D. Jenkins: »Psychological and Social Precursors of Coronary Disease«, *New England Journal of Medicine*, 284, 1971, S. 244–55.
7. Zu einer Erörterung des Begriffs der »verbindenden Transzendenz« siehe Fritjof Capra und David Steindl-Rast: *Wendezeit im Christentum. Perspektiven für eine aufgeklärte Theologie*. dtv, 1993.
8. F. Capra und D. Steindl-Rast: *Belonging to the Universe*. New York: HarperSan Francisco, 1991, S. 8–9.
9. F. Capra und D. Steindl-Rast: *Belonging to the Universe*, S. 98.
10. Rupert Sheldrake: *Sieben Experimente, die die Welt verändern könnten. Anstiftung zur Revolutionierung des wissenschaftlichen Denkens*. Scherz, 1996.
11. Sein neues Buch, *Sieben Experimente, die die Welt verändern könnten*, wurde von Larry Dossey in der Zeitschrift *Alternative Therapies* rezensiert (Januar 1996, S. 102–104).

Neuntes Kapitel: Die Kraft der Liebenswürdigkeit – keine Freude, kein Gewinn

1. Es gibt viele Checklisten (*inventories*) zur Einschätzung von Wut. In diesem Abschnitt habe ich einiges aus dem »Anger Inventory« übernommen, das von C. Spielberger in Zusammenarbeit mit G. Jacobs und anderen entwickelt wurde. Siehe dazu auch Martin Seligman: *Erlernte Hilflosigkeit*. Psychologie Verlags Union, 1995.

2. R. Williams und V. Williams: *Anger Kills.* New York: Harper Perennial, 1993, S. 4–14.

3. Ärger *auszudrücken,* nicht ihn lediglich zu *empfinden,* treibt unseren Blutdruck in die Höhe und verringert die Pumpleistung unseres Herzens um fünf Prozent. Die Forschungsergebnisse über das Ausdrücken von Feindseligkeit werden in R. und V. Williams: *Anger Kills* zusammengefaßt.

4. Martin Seligman: *Erlernte Hilflosigkeit.*

5. J. Hokanson und M. Burgess: »The Effects of Status, Type of Frustration, and Aggression on Vascular Processes«, *Journal of Abnormal and Social Psychology, 655,* 1962. S. 232–37.

6. Dieses Forschungsprojekt wurde in der Mayo Clinic (Rochester, Minnesota) durchgeführt und in der medizinischen Zeitschrift *Lancet* (Februar 1966) veröffentlicht. Für eine Rezension siehe »Heart Patients' Pent-Up Emotions Shorten Life-Span«, *Body/Mind, The Detroit Free Press,* 27. Februar 1966, 10F.

7. Siehe Robert M. Sapolsky: *Warum Zebras keine Migräne kriegen. Wie Stress den Menschen krank macht.* Piper, 1996.

8. Die Theorie vom krebsanfälligen »Typ C« findet sich in L. Temoshok und H. L. Dreher: *The Type C Connection: The Behavioral Links to Cancer and Your Health.* New York: Random House, 1992.

9. Eine Studie wies auf eine größere Häufigkeit von Krebs sowohl für »Explodierer« wie für »Nicht-Explodierer« hin. Siehe S. Greer und T. Morris: »Psychological Attributes of Women Who Develop Breast Cancer«, *Journal of Psychosomatic Research, 19,* 1975, S. 147–53. Die unterschiedlichen Forschungsergebnisse im Hinblick auf die »Typ C«-Persönlichkeit weisen darauf hin, daß dies kein sehr hilfreiches Konstrukt ist, um die Ätiologie des Krebses zu verstehen.

10. C. Ironson u. a.: »Effects of Anger on Left Ventricle Rejection Fraction in Coronary Artery Disease«, *American Journal of Cardiology, 70,* 1992, S. 281–85.

11. M. Weissman und E. Paykel: *The Depressed Woman.* Chicago: University of Chicago Press, 1974, S. 138–53.

12. S. Nolen-Hoeksma, J. Girus und M. Seligman: »Depression in Children of Families in Turmoil« (unveröffentlichtes Manuskript). Siehe auch H. Friedman u. a.: »Psychosocial and Behavioral Predictors of Longevity«, *American Psychologist, 50,* Nr. 2, Februar 1995, S. 69–78.

13. J. Wallerstein und S. Blakeley: *Second Chances: Men, Women and Children a Decade after Divorce.* New York: Ticknor and Fields, 1989.

14. S. Feshbach: »The Catharsis Hypothesis and Some Consequences of Interaction with Aggression and Neutral Play Objects«, *Journal of Personality*, 24, 1956, S. 449–62. Siehe auch C. Tavris: *Anger: The Misunderstood Emotion*. New York: Touchstone, 1989.
15. H. S. Friedman (Hrsg.): *Personality and Disease*. New York: John Wiley, 1990.
16. Martin Seligman: *Erlernte Hilflosigkeit*.
17. Daniel Goleman: *Emotionale Intelligenz*. dtv, 1997.

Zehntes Kapitel: Die Magie der Bescheidenheit – das Selbst zum Schweigen bringen und die Seele retten

1. L. Thomas: *The Atlanta Constitution*, 3. Mai 1980, S. 1–3, zitiert nach R. J. Bulger: »Narcissus, Pogo and Lew Thomas' Wager«, *Journal of the American Medical Association*, 245, Nr. 14, 1981, S. 1450–54.
2. Stephen R. Covey: *Die sieben Wege zur Effektivität. Ein Konzept zur Meisterung Ihres beruflichen und privaten Lebens*. Campus, 1995.
3. Zitiert nach J. Lawlor: »Clan of the Seven Habits«, *USA Weekend*, 12–14, Januar 1966, S. 4–5.
4. J. Lawlor: »Clan of the Seven Habits«, S. 4.
5. Mihaly Csikszentmihalyi und Isabella Csikszentmihalyi: *Die außergewöhnliche Erfahrung im Alltag. Die Psychologie des Flow-Erlebnisses*. Klett-Cotta, 1995.
6. Viktor Frankl: *Der Mensch auf der Suche nach dem Sinn*. Vortrag von 1990. Toncassette Vier Türme.
7. R. D. Putnam: »Bowling Alone: A Harvard Professor Examines America's Dwindling Sense of Community«, *The Chonicle of Higher Education*, 1. März 1996, A10–11.
8. J. L. Collier: *The Rise of Selfishness in America*. New York: Oxford University Press, 1991.
9. Zitiert nach J. Winokur: *The Portable Curmudgeon*. New York: New American Press, 1991.
10. Siehe A. Campbell: *The Sense of Well-Being in America*. New York: McGraw-Hill, 1981.
11. J. Powell: *Happiness Is an Inside Job*. Valencia, CA: Tabor Press, 1989.
12. Zitiert nach A. T. Durning: »Are We Happy Yet?«, S. 71.
13. Eine Analyse des Hydra- und des Proteus-Mythos und einen Überblick über den Stand der immunologischen Forschung mit besonderem Be-

zug zu den westlichen Theorien, die diese Mythen repräsentieren, findet sich in Henry Dreher: *The Immune Power Personality*. New York: Dutton, 1995.

14. P. W. Linville: »Self-Complexity as a Cognitive Buffer Against Stress-Related Illness and Depression«, *Journal of Personality and Social Psychology*, 1987, 52, Nr. 4, S. 663–76.

15. R. Lipton: *The Protean Self: Human Resilience in an Age of Fragmentation*. New York: Basic Books, 1993.

Kapitel 11: Durch Schenken beschenkt werden – versuch's mit etwas Zärtlichkeit

1. L. Dossey: *Meaning and Medicine*. New York: Bantam Books, 1991, S. 117.
2. M. K. Pukui und S. H. Elbert: *Hawaiian Dictionary*. Honolulu, HI: University of Hawaii Press, 1986, S. 276.
3. Eine Erörterung dieses Zitates und der dahinterstehenden Vorstellungen finden sich in meinem Buch *The Ten Laws of Lasting Love*. New York: Avon Books 1993.
4. R. Eisler: *Sacred Pleasure*. New York: HarperCollins, 1996.
5. Einige der am sorgfältigsten konzipierten und gründlichsten wissenschaftlichen Untersuchungen über Zweierbeziehungen wurden von J. Gottman und Kollegen an der University of Washington durchgeführt. Viele meiner Empfehlungen in diesem Kapitel basieren auf seiner Arbeit. Siehe John Gottman: *Laß uns einfach glücklich sein! Der Schlüssel zu einer harmonischen Partnerschaft*. Heyne, 1998.
6. Siehe John Gottman: *Laß uns einfach glücklich sein!*
7. P. Ekman und W. Frieson: *Unmasking the Face*. Eaglewood Cliffs, NJ: Prentice Hall, 1975.
8. J. W. Pennebaker: »The Psychophysiology of Confession: Linking Inhibitory and Psychosomatic Processes«, *Journal of Personality and Social Psychology*, 52, 1987.
9. H. S. Friedman u. a.: »Psychosocial and Behavioral Predictors of Longevity«, *American Psychologist*, 50, Nr. 2, Februar 1995, S. 69–78.
10. H. S. Friedman u. a.: »Psychosocial and Behavioral Predictors of Longevity«, S. 71.
11. L. M. Terman und M. H. Oden: *Genetic Studies of Genius: The Gifted Children Grow Up*. Stanford, CA: Stanford University Press. 1974.

12. C. Tennant: »Parental Loss in Childhood: Its Effects in Adult Life«, *Archives of General Psychiatry*, 45, 1988, S. 1045–50.
13. H. S. Friedman, u. a.: »Psychosocial and Behavioral Predictors of Longevity«, S. 71.
14. R. R. McCrae und P. T. Costa: »Adding Liebe and Arbeit: The Full Five-Factor Modell of Well-Being«, *Personality and Social Psychology Bulletin*, 17, 1991, S. 227–32.
15. H. S. Friedman u. a.: »Psychosocial and Behavioral Predictors of Longevity«.
16. H. S. Friedman u. a.: »Psychosocial and Behavioral Predictors of Longevity«, S. 76–77.
17. J. Panksepp, N. Najam und F. Soares: »Morphine Reduces Social Cohesion in Rats«, *Pharmacology, Biochemistry, and Behaviour*, 11, 1979. S. 131–34.
18. K. M. Tilton und M. C. Totten: »Psychological Factors, Immunocompetence and Health of Breast-Feeding Mothers and Their Infants«, *Journal of Genetic Psychology*, 2, 1980, S. 155–62.

Zwölftes Kapitel: Der Aufbau einer beglückenden Partnerschaft

1. John Gottman: *Laß uns einfach glücklich sein! Der Schlüssel zu einer harmonischen Partnerschaft.* Heyne, 1998.
2. D. Byrne, C. R. Ervin und J. Lamberth: »Continuity Between Two Experimental Studies of Attraction and Real-Life Couples Dating«, *Journal of Personality and Social Psychology*, 16, 1970, S. 157–65.
3. Fromm, E.: *Die Kunst des Liebens.* Ullstein, 1996.
4. Rubin, Z.: *Liking and Loving: An Invitation to Social Psychology.* New York: Holt, 1973.
5. R. Driscoll, K. E. Davis und M. E. Lipetz: »Parental Interference and Romantic Love: True Romeo and Juliet Effect«, *Journal of Personality and Social Psychology*, 24, 1972, S. 1–10.
6. C. Rubenstein: »The Modern Art of Courting Love«, *Psychology Today*, Juli 1983, S. 40–49.
7. John Gottman: *Laß uns einfach glücklich sein!*
8. Helen Fisher: *Anatomie der Liebe. Warum Paare sich finden, sich binden und auseinandergehen.* Droemer Knaur, 1995.

Dreizehntes Kapitel: In schwierigen Zeiten
glückliche Kinder großziehen

1. D. Hubel, T. Weisel und S. Levay: »Plasticity of Ocular Columns in Monkey Striate Cortex«, *Philosophical Transaction of the Royal Society of London*, 278, 1977.
2. B. Kulb: »Brain Development, Plasticity, and Behavior«, *American Psychologist*, 44, 1989.
3. J. Gottman: *What Predicts Divorce: The Relationships Between Marital Processes and Marital Outcomes.* Hillsdale, NJ: Erlbaum Associates, 1993.
4. Eine hervorragende Erörterung und Präsentation des diesbezüglichen Forschungsstands findet sich bei Daniel Goleman: *Emotionale Intelligenz.*
5. K. F. Stone und H. Q. Dillehunt: *Self-Science: The Subject Is Me.* Santa Monica, CA: Goodyear Publishing, 1978.
6. M. J. Meaney u. a.: »Effect of Neonatal Handling on Age-Related Impairments Associated with the Hippocampus«, *Science*, 239, 1988, S. 755–68.
7. J. Prescott: »Phylogenetic and Ontogenetic Aspects of Human Affectional Development«, in R. Gemme und C. Wheeler (Hrsg.): *Selected Proceedings of the 1976 International Congress of Sexology.* New York: Plenum Publishers, 1977.

Vierzehntes Kapitel: Mit Liebe arbeiten –
Gesundheit und Ausgeglichenheit am Arbeitsplatz

1. Diese ersten acht Zitate finden sich in C. Wade und C. Tavris: *Psychology.* New York: HarperCollins College Publishers, 1996, S. 426–27.

Fünfzehntes Kapitel: Lieben und lernen
durch die schweren Zeiten

1. Diese Annahme ist der Ausgangspunkt für eines der erfolgreichsten Bücher aller Zeiten – M. Scott Peck: *Der wunderbare Weg. Eine neue Psychologie der Liebe und des spirituellen Wachstums.* Goldmann, 1996.
2. F. M. Rothbaum u. a.: »Changing the World and Changing the Self: A

Two-Process Model of Achieving Control«, *Journal of Personality and Social Psychology*, 42, 1982, S. 5–37.

3. W. Berland: »Unexpected Cancer Recovery: Why Patients Believe They Survive«, *Advances*, 11, Nr. 4, Herbst 1995, S. 5–19.
4. W. Berland: »Unexpected Cancer Recovery«, S. 13.
5. Zitiert nach Berland: »Unexpected Cancer Recovery«, S. 13.

Sechzehntes Kapitel: Freude für die Welt – für unseren verzauberten Planeten sorgen

1. Die in diesem Kapitel verwendeten Statistiken sind Richard Leakey und Roger Levin, *Die sechste Auslöschung* (Fischer, 1996), entnommen – einer gründlichen, gut dokumentierten Erörterung des drohenden globalen Aussterbens.
2. Nach einem in Leakey, *Die sechste Auslöschung*, zitierten Manuskript von S. Pimm.
3. E. O. Wilson: »Is Humanity Suicidal?« *New York Times Magazine*, 30. Mai 1993, S. 26.
4. E. O. Wilson: »Is Humanity Suicidal?« Siehe auch E. O. Wilson: *The Diversity of Life*. New York: W. W. Norton, 1992, S. 192.
5. A. T. Durning: »Are We Happy Yet?« in L. R. Brown und J. Hillman (Hrsg.): *Ecopsychology: Restoring the Earth and Healing the Mind*. San Francisco, CA: Sierra Club Books, 1995, S. 68–76.
6. A. T. Durning: »Are We Happy Yet?« S. 76.

Polynesisches Glossar

Im Folgenden werden die im Text verwendeten hawaiianischen und polynesischen Wörter aufgelistet. Viele andere polynesische Inseln haben ihre
eigenen Wörter und Redewendungen. Um der Einfachheit und Kürze
willen werden in diesem Buch vor allem hawaiianische Wörter und Mythen
als ein Beispiel für die kraftvollen und schönen Sprachen Polynesiens
benutzt. Die Definitionen basieren auf *The Hawaiian Dictionary* von M.K.
Pukui und S.H. Elbert (Honolulu: University of Hawaii Press, 1986), und
die Bedeutung wurde durch meine Interviews mit *kupuna* (Ältesten), *kahuna*
(Heilern) und *kumu* (Lehrern) in Hawaii noch genauer eingegrenzt.

Ahonui: Geduld; geduldig und tolerant.
A'i: Hals.
'Aka 'aka: lachen.
Akahai: sanft, liebevoll, zärtlich.
Aloha: Mitgefühl, Liebe, Fürsorge, Sympathie, Freundlichkeit und viele
   weitere Bedeutungen, die sich alle auf geteilte, gemeinschaftliche Freude
   am Leben beziehen.
Aloha 'aina: Liebe zur Erde, was bedeutet, ein Leben zu leben, das geprägt ist
   von Respekt für alle Dinge und dem Teilen und dem Schutz aller Dinge.
Aumakua: Familien- oder persönliche Götter, vergöttlichte Ahnen, die die
   Gestalt von Haien oder anderen Fischen oder Tieren annehmen können.
Ha'ina: Geständnis.
Ha'aha'a: demütig, anspruchslos, bescheiden.
Ha'awina: Lektion, Auftrag, Aufgabe, Geschenk.
Hanai: ein Kind liebevoll umsorgen und nähren, das von seinen leiblichen
   Eltern einer anderen Person oder Familie übergeben wurde, damit es von
   dieser großgezogen werde.
Hava'iki: heiliges Land der Ahnen.
Hei mai: komm hierher!
Ho'i mai: komm zurück!
Holo'oko'a: ganz.

Ho'okipa: Großzügigkeit; geben, fürsorglich behandeln, teilen.

Ho'oponopono: die rituelle Wiederherstellung von Gleichgewicht und Gesundheit innerhalb eines vorübergehend »gestörten« Familienverbandes.

Hula: polynesischer Tanz, der das Verbundensein mit der *'aina,* den Ahnen und der *'obana* zum Ausdruck bringen soll.

Kalo: die Taropflanze, das wichtigste Grundnahrungsmittel in Polynesien.

Kahiko: alte, traditionelle Ausdrucksform des Hula.

Kahuna: Priester, Heiler, Zauberer; ein »Bewahrer des Geheimnisses« eines gesunden, glücklichen Lebens.

Ke Aukua: Gott, das Höchste Wesen.

Keiki: Kind, Abkömmling.

Kahola: Wal.

Kokua: helfen.

Kumu: Lehrer

Kupuna: »Ältester«, geachteter Alter, Großvater, Verwandter.

Lamalama ka'ili: vor Gesundheit strotzen.

Lokahi: Einheit, Eintracht, Harmonie.

Lolo: Gehirn, Knochenmark.

Makua: Elternteil.

Malama: für jemanden oder etwas sorgen, es beschützen, erhalten.

Malamalama: Licht des Wissens, Erleuchtung, Klarheit des Denkens.

Mana: Übernatürliche oder göttliche Kraft oder Energie, manifestiert sich in der Natur häufig als Wunder.

Mana'o: Gedanke, Idee, Glaube, Meinung.

Na'auao: gelehrt, aufgeklärt, erleuchtet, intelligent, weise.

'Ohana: Familie, Verwandter, Verwandte im weitesten Sinne, häufig die Ahnen einschließend.

'Oli'a lehua: eine der ersten Blumen, die aus der stummen vulkanischen Landschaft hervorsprießt; es heißt, sie werde von *Hi'iaka i ka poli Pele* (der Schwester der Vulkangöttin Pele) besonders bevorzugt.

'Olu'olu: freundlich, liebenswürdig, nett.

Pa'anai: sich den Wundern des Alltagslebens hingeben und sich daran freuen.

Pahaku: Felsen oder Stein.

Paio: sich streiten oder kämpfen.

Pana'i: Gegenseitigkeit, Vergeltung (im positiven wie negativen Sinne), Rache.

Pu'uwai aloha: aus dem Herzen heraus geben.

Pele: Vulkangöttin.

Pili: sich anschließen, hinzufügen, nahekommen.

Poi: für die Hawaiianer das, was das Leben ausmacht; eine Speise, die aus gekochten Tarokörnern hergestellt wird. Sie wird als ein Symbol für das Leben, die Familie und die Ahnen betrachtet.

Pololei: korrekt oder richtig miteinander verbunden oder aneinander angeschlossen.

Pono: Gleichgewicht, Rechtschaffenheit, Korrektheit; die »Art«, wie das Leben und die Lebensführung sein sollte.

Po'okela: exzellent, herausragend; diese Eigenschaft wird durch ein Leben erreicht, das sich an Werten, nicht an Zielen orientiert.

Pule: ein Gebet oder ein Segen, der Verbundenheit mit der *'aina*, den Ahnen und dem Schöpfer zum Ausdruck bringt.

Uhane: Seele, Geist, aber mit Anklängen an den psychologischen Begriff des »Ich«.

Unibipili: Geist eines Toten, vergegenwärtigt in seinen Knochen und seinem Haar. Man sorgt liebevoll für ihn; das Wort besitzt aber auch Anklänge an den psychologischen Begriff des »Es«.

Waiwai: großer Reichtum; abgeleitet von dem hawaiianischen Wort für »Wasser«. Es bedeutet Reichtum durch respektvolle Behandlung und Wertschätzung der Geschenke der Natur.

Bibliographie

Borysenko, Joan: *The Power of the Mind to Heal*. Carson, CA: Hay House, 1994.

Campbell, J., und B. Meyers: *The Power of Myth*. New York: Anchor, 1988.

Capra, Fritjof, und David Steindl-Rast: *Wendezeit im Christentum. Perspektiven für eine aufgeklärte Theologie*. dtv, 1993.

Chopra, Deepak: *Länger leben und jung bleiben*. Lange Medien 1995.

Childre, D. L.: *Freeze-Frame: Fast Action Stress Relief*. Boulder Creek, CA: Planetary Publications, 1994.

Covey, Stephen R.: *Die sieben Wege zur Effektivität. Ein Konzept zur Meisterung Ihres beruflichen und privaten Lebens*. Heyne, 1996.

Csikszentmihalyi, Mihaly: *Kreativität. Wie Sie das Unmögliche schaffen und Ihre Grenzen überwinden*. Klett-Cotta, 1997.

– und Isabella Csikszentmihalyi: *Die außergewöhnliche Erfahrung im Alltag. Die Psychologie des Flow-Erlebnisses*. Klett-Cotta, 1995.

Darwin, Charles: *The Expression of the Emotions in Man and Animals*. New York: Philosophic Library, 1872.

Damasio, Antonio R.: *Irrtum, Fühlen, Denken und das menschliche Gehirn*. dtv, 1997.

Dossey, L.: *Healing Words*. New York: HarperCollins, 1993.

– *Meaning and Medicine*. New York: Bantam Books, 1991.

Dreher, H.: *The Immune Power Personality*. New York: Dutton Books, 1995.

Einstein, A.: »Religion and Science« in: *Ideas and Opinions*. New York: Crown Publishers, 1954, S. 36–40.

Erikson, E.: *Identity*. London: Faber and Faber, 1958.

Fisher, Helen: *Anatomie der Liebe. Warum Paare sich finden, sich binden und auseinandergehen*. Droemer Knaur, 1995.

Frankl, Viktor: *Der Mensch auf der Suche nach dem Sinn*. Vortrag von 1990. Tonkassette »Vier Türme«.

Fromm, Erich: *Die Kunst des Liebens*. Ullstein, 1996.

Goleman, David: *Emotionale Intelligenz*. dtv, 1997.

Gorman, J.: *The Man with No Endorphins and Other Reflections on Science*. New York: Penguin Books, 1998.

Gottman, Joan: *Laß uns einfach glücklich sein! Der Schlüssel zu einer harmonischen Partnerschaft.* Heyne, 1998.

Heinberg, R.: *Memories and Visions of Paradise.* Los Angeles CA: Jeremy Tarcher, 1989.

Jung, Carl Gustav: *Erinnerungen, Träume, Gedanken.* Walter Verlag, 1997.

Kabat-Zinn, Jon: *Stark aus eigener Kraft. Im Alltag Ruhe finden – Das umfassende Meditationsprogramm für alle Lebenslagen.* Scherz, 1997.

Kagan, J.: *Galen's Prophecy: Temperament in Human Nature.* New York: Harper Collins, 1994.

Kornfield, Jack: *Geh den Weg des Herzens. Meditation für den Alltag.* Kösel, 1997.

Kornfield, Jack, und Josef Goldstein: *Einsicht durch Meditation.* Scherz, 1998.

Leakey, Richard, und Roger Levin: *Die sechste Auslöschung.* Fischer, 1996.

Luks, Allen, und Peggy Payne: *Der Mehrwehrt des Guten. Wenn Helfen zur heilenden Kraft wird.* Herder, 1998.

Maslow, Abraham: *Motivation und Persönlichkeit.* Rowohlt, 1991.

– *Psychologie des Seins.* Fischer, 1994.

Meyers, D. G.: *The Pursuit of Happiness.* New York: William Morrow, 1992.

Moore, Thomas: *Der Seele Flügel geben. Das Geheimnis von Liebe und Freundschaft.* Droemer Knaur, 1995.

Ogilvy, James: *Anleitung zu einem Leben ohne Ziele. Wege zur persönlichen Freiheit und Kreativität.* Kabel, 1997.

Ornish, D.: *Dr. Dean Ornish's Program for Reversing Heart Disease.* New York: Random House, 1998.

Ornstein, Robert, und David Sobel: *Gesund durch Lebensfreude.* Rowohlt, 1997.

Pearsall, P. A.: *Healing Intimacy: The Power of Loving Connection.* New York: Crown, 1994.

– *Making Miracles.* New York: Avon Books, 1991.

– *The Pleasure Principle: Discovering a New Way to Health.* Audiotape Series. Morton Grove, IL: Nightingale-Conant Corporation, 1995.

– *Superimmunity: Master Your Emotions and Improve Your Health.* New York: McGraw-Hill, 1987.

– *The Ten Laws of Lasting Love.* New York: Avon Books, 1993.

Peck, M. Scott: *Der wunderbare Weg. Eine neue Psychologie der Liebe und des spirituellen Wachstums.* Goldmann, 1996.

Pelletier, K. R.: *Sound Mind, Sound Body: A New Model for Lifelong Health.* New York: Simon and Schuster, 1994.

Pennebaker, James William: *Sag, was dich bedrückt. Die befreiende Kraft des Redens.* Econ, 1991.

Powell, J.: *Happiness is an Inside Job.* Valencia, CA: Tabor Press, 1989.

Prather, H., und G. Prather: *I Will Never Leave You*. New York: Bantam, 1996.

Restak, R.: *The Brain Has a Mind of Its Own*. New York: Harmony Books, 1991.

Sapolsky, Robert: *Warum Zebras keine Migräne kriegen. Wie Stress den Menschen krank macht*. Piper, 1996.

Seligman, Martin: *Pessimisten küßt man nicht*. Droemer Knaur, 1991.

– *Erlernte Hilflosigkeit*. Psychologie Verlags Union, 1995.

Sheldrake, Rupert: *Sieben Experimente, die die Welt verändern könnten. Anstiftung zur Revolutionierung des wissenschaftlichen Denkens*. Scherz, 1996.

Tavris, C.: *Anger: The Misunderstood Emotion*. New York: Touchstone, 1989.

Valiant, G. E.: *The Wisdom of the Ego*. Cambridge, MA: Harvard University Press, 1993.

Walsh, R., und D. H. Shapiro: *Beyond Health and Normality: Explorations in Exceptional Well-Being*. New York: Van Nostrand Reinhold, 1983.

Williams, R., und V. Williams: *Anger Kills*. New York: HarperPerennial, 1993.

Wilson, E. O.: »Is Humanity Suicidal?« *New York Times Magazine* (Mai 1993) 26.